高职高专经管类专业核心课程教材

税法

微课版

主　编 ◎ 姜　燕　王新芳　吴　勃
副主编 ◎ 徐　洲　陈瑶彬　张香芹
　　　　李荣华　汪慧萍

清华大学出版社
北京

内 容 简 介

本书以我国最新颁布的税收法律、法规和规范性文件为依据，系统介绍了我国的税法体系和各个税种的具体征收规定。本书重点、难点突出，解析透彻，深入浅出，引入真实案例，以案为鉴、以案释法、以案说法，根植学生的法律意识、品德意识，培养正确的价值观。

本书是微课版教材，配有丰富的微课视频，扫描书中二维码即可观看。书中围绕需要掌握的知识点，精心筛选适量的习题，供学生扫码练习，检测学习效果，满足个性化学习的需求。本书定位明确，理论难度适中，既可作为高职院校财经、管理类专业学生的专业用书，也可作为各种财税培训机构和企业财务、税务人员的参考资料。

本书封面贴有清华大学出版社防伪标签，无标签者不得销售。

版权所有，侵权必究。举报：010-62782989，beiqinquan@tup.tsinghua.edu.cn。

图书在版编目（CIP）数据

税法：微课版 / 姜燕，王新芳，吴勃主编. -- 北京：清华大学出版社，2025.2.
（高职高专经管类专业核心课程教材）. -- ISBN 978-7-302-68211-0

Ⅰ. D922.22

中国国家版本馆 CIP 数据核字第 20255PX369 号

责任编辑：刘士平
封面设计：张鑫洋
责任校对：李　梅
责任印制：丛怀宇

出版发行：清华大学出版社
网　　址：https://www.tup.com.cn, https://www.wqxuetang.com
地　　址：北京清华大学学研大厦 A 座　　　邮　编：100084
社 总 机：010-83470000　　　邮　购：010-62786544
投稿与读者服务：010-62776969, c-service@tup.tsinghua.edu.cn
质量反馈：010-62772015, zhiliang@tup.tsinghua.edu.cn
课件下载：https://www.tup.com.cn, 010-83470410

印 装 者：天津安泰印刷有限公司
经　　销：全国新华书店
开　　本：185mm×260mm　　印　张：24.25　　字　数：616 千字
版　　次：2025 年 2 月第 1 版　　印　次：2025 年 2 月第 1 次印刷
定　　价：69.00 元

产品编号：106842-01

前 言
FOREWORD

截至2024年7月,我国现行共有18个税种,其中立法税种已达13个,另外,还有一部税收程序法——《中华人民共和国税收征收管理法》,共14部税收法律。已经立法的税种包括企业所得税、个人所得税、资源税、城市建设维护税、车船税、印花税、船舶吨税、车辆购置税、契税、烟叶税、环保税、耕地占用税和关税等。《中华人民共和国立法法》规定:"税种的设立、税率的确定和税收征收管理等税收基本制度,只能制定法律。"上述已立法税种均有相应的法律、法规作为征税依据,确保了税收的合法性和规范性。这些税种涵盖了不同领域的经济活动,体现了税收的广泛性和调节功能。

本书共十四章,全面系统地介绍了我国的税法体系和各个税种的具体征收规定,重点突出了税额计算、税收优惠及税收征收管理等知识。本书编写人员长期从事税法教学和财税研究工作,具有丰富的教育教学经验和较高的理论研究水平。编写人员在吸收国内同类教材编写经验的基础上,更注重实用性和教育性,旨在将税收法治思维植根于学生心中,为学生将来走向工作岗位打下坚实的基础。本书主要具有以下特色。

(1) 校企合作共同开发教材。组建校企教材编写团队,吸纳一线专业技术人员深度参与教材开发;融入优秀工业文化、企业文化、技能文明等内容;加强工作价值观引导和职业道德教育,增强学生的专业认同和职业自信;培养劳模精神、劳动精神、工匠精神,提升职业综合素质,充分发挥学校和企业的优势。

(2) 甄选实时发生的与教材内容一致的典型事件、案例、政策、新闻等内容,将其呈现在教材中,通过以案为鉴、以案释法、以案说法,启发学生进行思考,潜移默化地培养学生正确的价值观、世界观和人生观,有意识地强化税收法治教育,树立依法纳税、诚信纳税的法律意识,筑牢信仰之基、绷紧法律之弦,警钟长鸣。

(3) 采用微课版设计,编写教师将每章的重点内容和相关习题解析录制成微课,具有直观、可听可视、可练可互动的特点,以满足个性化、情境化教学和学习需要,提升学生自主学习和可持续发展能力。全书共81个微课视频,供使用者扫码观看,方便学生学习。

全书由昆山登云科技职业学院、江苏联合职业技术学院,以及长期从事数字财税理论政策研究、数字财税信息化应用研究、财税大数据应用研究、企业财税数字化标准与评估模型等研究的上海东方数字财税技术发展研究院共同完成。其中昆山登云科技职业学院管理学院院长许哲毓博士担任主审;姜燕、王新芳、吴勃老师担任主编;上海东方数字财税技术发展研究院徐洲院长和昆山登云科技职业学院的陈瑶彬、张香芹、李荣华、汪慧萍担任副主编。本教材的编写成果已纳入2024年度江苏省社科应用研究精品工程课题。

本书具体编写分工为:姜燕编写第一章、第十三章及第十四章;王新芳编写第二章、第三章;吴勃编写第四章、第七章;陈瑶彬编写第五章、第九章;张香芹编写第六章、第八章;李荣华编写第十一章、第十二章；汪慧萍编写第十章；徐洲为本书的编写提供了丰富的财税教学案例和数字化教学资源。本书初稿完成后，由姜燕进行了初审，许哲毓进行了总审，最后由姜燕、王新芳统纂定稿。在本书的编写过程中，我们参阅了大量资料，并吸收了一些同行的成果，在此一并向他们表示衷心的感谢！由于税收领域本身的变化比较频繁，加之水平有限、时间仓促，书中疏漏之处在所难免，恳请读者批评、指正。

编　者

2024 年 12 月

目 录

第一章 税法认知 ... 1
- 第一节 税收概述 ... 4
- 第二节 税法概述 ... 6
- 第三节 税法要素 ... 10
- 第四节 税法的原则 ... 12
- 第五节 税收法律关系 ... 14
- 第六节 税务权利与义务 ... 16
- 今言税语 知识点梳理 ... 17
- 练一练 ... 18

第二章 增值税法 ... 21
- 第一节 增值税概述 ... 24
- 第二节 纳税义务人 ... 25
- 第三节 征税范围 ... 27
- 第四节 税率和征收率 ... 40
- 第五节 增值税的计税方法 ... 44
- 第六节 一般计税方法应纳税额的计算 ... 46
- 第七节 简易计税方法应纳税额的计算 ... 55
- 第八节 进口环节应纳税额的计算 ... 56
- 第九节 税收优惠 ... 57
- 第十节 出口货物、劳务和跨境应税行为退（免）增值税 ... 66
- 第十一节 征收管理 ... 71
- 今言税语 知识点梳理 ... 74
- 练一练 ... 74

第三章 消费税法 ... 81
- 第一节 征收范围和纳税义务人 ... 83
- 第二节 税率 ... 87
- 第三节 计税依据和应纳税额的计算 ... 89
- 第四节 出口应税消费品退（免）税 ... 99
- 第五节 征收管理 ... 100
- 今言税语 知识点梳理 ... 102
- 练一练 ... 103

第四章　企业所得税法 · 108

- 第一节　企业所得税概述 · 111
- 第二节　应纳税所得额的计算 · 113
- 第三节　资产的税务处理 · 137
- 第四节　亏损弥补 · 146
- 第五节　税收优惠 · 147
- 第六节　企业所得税的计算 · 164
- 第七节　企业所得税的征收管理 · 170
- 第八节　企业所得税年度汇算清缴专题篇 · 172
- 今言税语　知识点梳理 · 175
- 练一练 · 176

第五章　个人所得税法 · 180

- 第一节　个人所得税概述 · 183
- 第二节　个人所得税税率及应纳税所得额的确定 · 185
- 第三节　个人所得税的计算 · 192
- 第四节　个人所得税的征收管理 · 207
- 第五节　个人所得税年度汇算清缴专题篇 · 208
- 今言税语　知识点梳理 · 212
- 练一练 · 212

第六章　关税法和船舶吨税法 · 216

- 第一节　关税概述 · 218
- 第二节　关税税率 · 219
- 第三节　关税完税价格与应纳税额的计算 · 221
- 第四节　关税减免与征收管理 · 229
- 第五节　船舶吨税法 · 233
- 今言税语　知识点梳理 · 237
- 练一练 · 237

第七章　土地增值税法 · 241

- 第一节　土地增值税概述 · 243
- 第二节　土地增值税征税范围、税率 · 245
- 第三节　税收优惠 · 253
- 第四节　土地增值税应纳税额的计算 · 255
- 第五节　征收管理 · 256
- 今言税语　知识点梳理 · 257
- 练一练 · 258

第八章　资源税法和环境保护税法 · 262

- 第一节　资源税概述 · 265
- 第二节　资源税征税范围 · 266
- 第三节　资源税应纳税额的计算 · 271

第四节　资源税税收优惠 272
　　第五节　资源税征收管理 273
　　第六节　环境保护税法 274
　　今言税语　知识点梳理 284
　　练一练 284

第九章　房产税法、契税法、城镇土地使用税法和耕地占用税法 288
　　第一节　房产税法 290
　　第二节　契税法 294
　　第三节　城镇土地使用税法 298
　　第四节　耕地占用税法 301
　　今言税语　知识点梳理 304
　　练一练 305

第十章　车辆购置税法和车船税法 308
　　第一节　车辆购置税法 310
　　第二节　车船税法 316
　　今言税语　知识点梳理 319
　　练一练 320

第十一章　印花税法 321
　　第一节　印花税概述 323
　　第二节　印花税征税范围、纳税人和税率 324
　　第三节　印花税应纳税额的计算 327
　　第四节　印花税税收优惠 328
　　第五节　印花税征收管理 330
　　今言税语　知识点梳理 331
　　练一练 331

第十二章　城市维护建设税法和烟叶税法 334
　　第一节　城市维护建设税法 336
　　第二节　教育费附加和地方教育附加的有关规定 339
　　第三节　烟叶税法 341
　　今言税语　知识点梳理 342
　　练一练 342

第十三章　税收征收管理法 345
　　第一节　税收征收管理法概述 347
　　第二节　税务管理 348
　　第三节　税款征收 355
　　第四节　税务检查 356
　　第五节　法律责任 358
　　今言税语　知识点梳理 362

练一练 ··· 362
第十四章　税务行政法制 ·· 365
　　第一节　税务行政处罚 ··· 367
　　第二节　税务行政复议 ··· 369
　　第三节　税务行政诉讼 ··· 372
　　今言税语　知识点梳理 ··· 376
　　练一练 ··· 376

参考文献 ·· **378**

第一章 税法认知

税法即税收法律制度,是国家权力机关和行政机关制定的用于调整税收关系的法律规范的总称,是国家法律的重要组成部分。它是以宪法为依据,调整国家与社会成员在征纳税方面的权利与义务关系,维护社会经济秩序和税收秩序,保障国家利益和纳税人合法权益,是国家税务征管机关和纳税人从事税收征收管理与税款缴纳活动的法律依据。税法的正式渊源包括宪法、税收法律、税收法规、部委规章和有关规范性文件、地方性法规、地方政府规章和有关规范性文件、自治条例和单行条例、国际税收条约或协定、习惯、判例、税收通告。税和法历来是不可分割的,有税必有法,无法便无税,税法是税收的表现形式,税收必须以税法为依据。

税收——国之根本

学习目标

知识目标

(1) 学习税收的概念、税收的特征,税收的基本原则和适用原则。
(2) 学习税法的概念、税法的分类及税法的构成要素。
(3) 学习税收法律关系的概念、构成及税务行政主体的权利与义务。

能力目标

(1) 能掌握税法的概念、税收法律关系和税法的构成要素。
(2) 能理解税法的分类及我国税法的立法体制。
(3) 熟悉税务行政主体的权利与义务。

素养目标

(1) 培养学生的税收意识和社会责任感,激发他们为国家建设和发展贡献力量的热情。
(2) 培育学生依法纳税的理念,树立遵纪守法和诚信纳税的基本意识。

内容导航

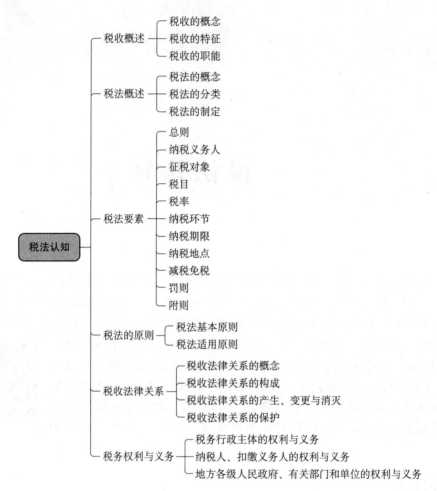

以案为鉴

安顺破获一起偷税案件——工程款"久拖不结",是未完工还是……

近期,国家税务总局贵州省税务局安顺市税务局第一稽查局,根据上级移交的疑点线索,对安顺市 H 装修公司实施税收检查,查实该企业通过虚假列支、不及时确认收入等方式,隐匿营业收入 4 601 万元,如图 1-1 所示。

案源信息显示:H 装修公司曾为安顺市 L 房地产公司提供园林施工服务,该工程已基本完工,并开始交付使用,但企业却并未申报工程收入。因此,怀疑该企业具有逃避纳税嫌疑。调查取证结束后,检查人员对该公司法定代表人郭某、财务负责人陈某进行了询问。面对检查人员出示的翔实证据,郭某和陈某无法自圆其说,承认企业存在不计和少计收入、逃避纳税的违法事实,并按照检查人员要求,提供了涉案园林工程、自然人装修工程相关的结算依据及成本核算资料。

图 1-1　国家税务总局贵州省税务局官网截图

 以案释法

《税收征收管理法》第六十三条:"纳税人伪造、变造、隐匿、擅自销毁账簿、记账凭证,或者在账簿上多列支出或者不列、少列收入,或者经税务机关通知申报而拒不申报或者进行虚假的纳税申报,不缴或者少缴应纳税款的,是偷税。对纳税人偷税的,由税务机关追缴其不缴或者少缴的税款、滞纳金,并处不缴或者少缴税款50%以上五倍以下的罚款;构成犯罪的,依法追究刑事责任。"

问题思考与讨论

(1) 本案是一起典型的建筑装饰工程企业逃避纳税的违法案件。涉案企业利用多数人在装修时不开具发票的情况,采取在账簿上不计或少计收入的方式,虚假申报以逃避纳税,其违法行为在行业中具有一定的代表性。

(2) 本案告诫人们不要存有侥幸心理,要遵守法律法规,自觉依法纳税,承担相应的社会责任,维护健康的行业秩序。

 以案说法

取之于民、用之于民

我们生活在这个国家,就有义务给国家交税,这是一件天经地义的事。俗话说,民以食为天,国以税为本。税收看似与我们的生活无关,其实,税收无时无刻不在我们身边。

大到买房买车,我们需要缴纳房产税和车辆购置税;小到购买日常生活用品,虽然不是直接缴纳,但税款包含在所购商品的价格中。我们走在平坦宽敞、绿树成荫的街道上,夜晚有明亮的路灯,日常生活有通畅的水电气及通信网络,出行有地铁、高铁,还有教育、国家安全、社会秩序、养老、医疗、失业保障,以及社会救济、社会福利、自然灾害等方面的保障,这些都与税收有关。所有这一切又都实实在在地体现了税收"取之于民、用之于民",揭示出我们人人都是税收回报的受益人。

税收是国家富强、社会安定、人民安居乐业的有力支撑。国家的健康发展和职能运行需要强有力的保障,这包括和平的环境及足够的资金。

同学们,在我们的日常生活中,还有哪些与税收有关的例子呢?

第一节 税 收 概 述

一、税收的概念

税收是国家为了满足社会公共需要,凭借政治权力,按照法律的规定,强制、无偿地征收财政收入的一种形式。税收是国家(政府)公共财政最主要的收入形式和来源。理解税收的内涵需要从以下四个方面来把握。

租庸调制与两税法

(一)税收的目的是满足社会公共需要

税收是一种工具,其目的是为国家取得财政收入,从而满足社会公共需要;国家在履行社会公共职能、满足社会公共需要的过程中,必然会产生相应的财力、物力消耗,形成一定的公共支出。公共支出通常不可能由公民个人、企业的自愿捐赠来覆盖,而只能由国家通过强制征税的方式,由经济组织、单位和个人来负担。国家征税的目的是满足提供社会公共产品、弥补市场失灵和促进公平分配等需要。

(二)税收是国家取得财政收入的一种形式

税收所表现的是按照法律的规定,通过强制的征收,把纳税单位和个人的收入转移到政府手中,形成财政收入。

财政收入是指政府为履行其职能、实施公共政策和提供公共物品与服务需要而筹集的一切资金的总和。财政收入表现为政府部门在一定时期内(一般为一个财政年度)所取得的货币收入。财政收入是衡量一国政府财力的重要指标,政府在社会经济活动中提供公共物品和服务的范围和数量,在很大程度上取决于财政收入的充裕状况。财政收入的形式主要有税收收入、国有资产收益、国债收入、收费、罚没及其他收入等;其中,税收是国家财政收入最重要的收入形式和最主要的收入来源(约占85%),国家可以制定法律向其管辖范围内的任何人或任何行为课征一定数额的税款,从而为国家的公共支出提供充足的资金来源。我国近几年税收收入占财政收入的百分比如表1-1所示。

表1-1 税收收入占财政收入百分比

年度	税收收入(亿元)	财政收入(亿元)	税收收入占财政收入百分比(%)
2018	156 401	183 352	85.30
2019	157 992	190 382	82.99
2020	154 310	182 895	84.37
2021	172 731	202 539	85.28
2022	166 614	203 703	81.79
2023	181 129	216 784	83.55

(三)税收的征税主体是国家,征税依据是国家政治权力

税收这种工具是由国家来掌握和运用的,因此征税权归国家所有。相应地,行使征税权的主体必然是国家,即征税办法由国家制定颁布实施,征税活动由国家组织进行,税收收入由国家支配管理。由于政府是国家的具体形式和现实体现,因此,征税权具体由政府行使,其征税依据为国家政治权力。

（四）税收是对国民收入的再分配

在社会主义制度下，国民收入必须进行再分配，税收是国家财政收入最重要的收入形式和最主要的收入来源。因此，税收本质上体现的是一种分配关系。通过国民收入的再分配，把物质生产部门创造的一部分原始收入转给不直接参与国民收入创造的非物质生产部门，以形成"派生收入"，从而满足文化教育、医疗卫生、国家行政和国防安全等部门的发展需要，并支付这些部门劳动者的劳动报酬。

> 练习1-1（单选题） 税收是国家取得财政收入的一种重要工具，其本质是一种（　　）。
> A. 生产关系
> B. 分配关系
> C. 社会关系
> D. 阶级关系

税收的本质

二、税收的特征

税收的特征通常被概括为"三性"，即无偿性、强制性、固定性。税收是以国家为主体的分配形式，同时具备"三性"就是税收，缺少其中任何一项，都不能称其为税收。这使税收与利润、地租、利息、工资等一般经济分配形式，以及发行货币、发行国债、收费、罚没、国有资产收益等其他财政收入形式区别开来。

（一）无偿性

税收的无偿性是指国家征税以后，其收入就成为国家所有，不再直接归还纳税人，也不支付任何报酬。

国家投入一定的人力、物力支出形成的公共产品和设施是共享的，社会成员从公共的设施和服务中得到的利益无法直接计量和收费，这决定了国家对社会成员提供的公共服务只能是无偿的。因此，国家筹集满足公共需要的社会费用也是无偿的，无偿性是税收特征的核心。

税收的无偿性有两层含义，一是针对具体纳税人是无偿的，但对全体纳税人而言是有偿的；二是虽不能直接偿还，但是要间接地偿还给纳税人。

（二）强制性

税收的强制性是指国家依据法律征税，而并非一种自愿缴纳。纳税人必须依法纳税，否则就要受到法律的制裁。征税方式的强制性是由税收的无偿性决定的。

税收的强制性体现在两个方面，一方面是税收关系的建立具有强制性，即税收的征收完全是凭借国家拥有的政治权力；另一方面是税收的征收过程具有强制性，即如果出现了税务违法行为，国家可以依法采取强制征税措施，并要求纳税人承担一定的法律责任。

（三）固定性

税收的固定性是指国家以法律形式预先规定征税对象和征收比例，便于征纳双方共同遵守。征税对象和征收比例确定以后，征纳双方需要严格遵守，不能随意变动。税收的固定性既包括时间上的连续性，又包括征收比例上的限度性。

税收的固定性可以从三个方面来理解，一是以税法的形式明确了纳税人、征税对象和税率等内容；二是税收的征收标准在一定范围（一个国家或地区）内是统一的；三是征纳双方的税收法律关系在一定时期内是相对稳定的。

但是，也不能把固定性理解为征税对象和征收比例的永久不变。随着经济的发展和政治条件的变化，税收的纳税人、征税对象和征收比例都会不断改变的。不过，在一定时期内，它们会保持相对稳定。税收的固定性是由无偿性和强制性共同决定的，是为了避免税收的滥征和随意加征，从而保证社会稳定。

三、税收的职能

税收的本质是体现在作为权力主体的国家，在财政收入的分配活动中，同社会集团、社会成员之间所形成的特定分配关系。这种分配关系是社会整体产品分配关系和生产关系的有机组成部分。税收的职能是指税收客观存在的固有的功能，它是由税收的本质决定的，是税收本质的体现。

税收的三项基本职能包括：财政职能、调节职能、监督职能。

（一）财政职能

财政职能也称收入职能，是指税收通过参与社会产品和国民收入的分配再分配，为国家取得财政收入的功能。

（二）调节职能

调节职能是指通过税收分配，实现社会总需求与总供给的平衡，并对经济产生某种影响，国家通过这种影响来贯彻自身的方针和政策，达到一定的政治和经济目的。

（三）监督职能

监督职能既涉及宏观层次，也涉及微观层次，包括监督经济运行及纳税人的生产经营活动。具体表现在掌握税源、了解情况、发现问题、督促纳税人依法纳税，以及同违反税法行为做斗争，维护社会生活秩序等方面。

第二节 税法概述

一、税法的概念

税法即税收法律制度，是国家权力机关及其授权的行政机关制定的调整国家与纳税人之间在征纳税方面的权利及义务关系的法律规范的总称。

税法构建了国家和纳税人依法征税、依法纳税的行为准则体系，其目的是保障国家利益和纳税人的合法权益，维护正常的税收秩序，保证国家的财政收入。税法是税收制度的法律表现形式，是税收制度的核心内容。

二、税法的分类

在税法体系中，按税法的功能作用、权限划分、法律级次的不同，可分为不同类型的税法。

（一）按照税法的职能作用不同

按照税法的职能作用的不同，税法可分为税收实体法和税收程序法。

1. 税收实体法

税收实体法主要是指确定税种立法,具体规定各税种的征收对象、征收范围、税目、税率、纳税地点等。例如,增值税、消费税、企业所得税、个人所得税、资源税、房产税、城镇土地使用税、印花税、车船税、土地增值税、城市维护建设税、车辆购置税、契税和耕地占用税等,都属于税收实体法。

2. 税收程序法

税收程序法是指税务管理方面的法律,主要包括税收管理法、纳税程序法、发票管理法、税务机关法、税务机关组织法、税务争议处理法等。例如,《中华人民共和国税收征收管理法》。

(二)按照主权国家行使税收管辖权的不同

按照主权国家行使税收管辖权的不同,税法可分为国内税法和国际税法。

国内税法一般是按照属人或属地原则,规定一个国家的内部税收制度。国际税法是指国家间形成的税收制度,主要包括双边或多边国家间的税收协定、条约和国际惯例等。一般而言,国际税法的效力高于国内税法。

(三)按照税收立法权限或者法律效力的不同

按照税收立法权限或者法律效力的不同,可以划分为税收法律、税收行政法规、税收部门规章和税收规范性文件等。

练习1-2(单选题) 下列各项中,属于税收实体法的是( )。
A.《税务程序法》
B.《税务机关组织法》
C.《税收征收管理法》
D.《企业所得税法》

税收实体法

三、税法的制定

(一)税收立法机关

根据《中华人民共和国宪法》《中华人民共和国全国人民代表大会组织法》《中华人民共和国国务院组织法》《中华人民共和国立法法》和《中华人民共和国地方各级人民代表大会和地方各级人民政府组织法》的规定,我国的立法体制是全国人大及其常委会行使立法权,制定法律;国务院及其所属各部委有权根据宪法和法律制定行政法规和部门规章;地方人民代表大会及其常务委员会,在不同宪法、法律、行政法规相抵触的前提下,有权制定地方性法规,但要报全国人大常委会和国务院备案;民族自治地方的人大有权依照当地民族的政治、经济和文化的特点,制定自治条例和单行条例。

各有权机关根据国家立法体制规定所制定的一系列税收法律、法规、规章和规范性文件,构成了我国的税收法律体系。需要说明的是,税法有广义和狭义之分。广义的税法包括各级有权机关制定的税收法律、法规、规章和规范性文件,是税法体系的总称;狭义的税法特指由全国人大及其常委会制定和颁布的税收法律,专指某一部法。由于制定税收法律、法规和规章的机关不同,其法律级次不同,因此其法律效力也不同。

1. 全国人大和全国人大常委会制定的税收法律

《宪法》第五十八条规定:"全国人民代表大会和全国人民代表大会常务委员会行使国家立

法权"。这一规定明确了我国税收法律的立法权由全国人民代表大会和全国人大常委会行使,其他任何机关都没有制定税法的权利。因此,税收法律是指由全国人民代表大会和全国人大常委会制定的法律。除宪法外,税收法律具有税收法律体系中最高的法律效力,也是其他机关制定税收法规和税收规章的法律依据。

中国现行的税收法律包括《中华人民共和国个人所得税法》《中华人民共和国企业所得税法》《中华人民共和国车船税法》《中华人民共和国资源税法》等。截至目前,我国现行共有18个税种,其中立法税种已达13个;另外,还有一部税收程序法律《中华人民共和国税收征收管理法》,共14部税收法律。

2. 全国人大或全国人大常委会授权立法

除全国人大和人大常委会的立法外,在没有相关的税收法律情况下,全国人民代表大会及其常务委员会可以授权国务院制定一些具有法律效力的税收暂行条例。授权立法与制定行政法规不同,国务院经授权立法所制定的规定或条例等,具有国家法律的性质和地位,其法律效力高于行政法规,在立法程序上还需报全国人大常委会备案。

授权立法就是指全国人大及其常委会根据需要授权国务院,制定某些具有法律效力的暂行规定或者条例。

1984年9月1日,全国人大常委会授权国务院改革工商税制和发布有关税收条例。1985年,全国人大授权国务院在经济体制改革和对外开放方面可以制定暂行的规定或者条例,这些都是授权国务院立法的依据。按照这两次授权立法,国务院在1994年1月1日起实施的工商税制改革中,制定实施了增值税、营业税、消费税、资源税、土地增值税、企业所得税6个暂行条例。

授权立法在一定程度上解决了我国经济体制改革和对外开放工作急需法律保障的当务之急。税收暂行条例的制定和公布施行,为全国人大及其常委会的立法工作提供了有益的经验和条件,在条件成熟时将这些条例上升为法律做好了准备。

3. 国务院制定的税收行政法规

国务院作为最高国家权力机关的执行机关,是国家最高行政机关,拥有广泛的行政立法权。我国《宪法》规定,国务院可"根据宪法和法律,规定行政措施,制定行政法规,发布决定和命令。"税收行政法规就是国家最高行政机关即国务院制定的、在全国范围内普遍适用的法律形式,效力仅次于宪法和法律,高于地方性法规、部门规章、地方规章的地位。行政法规不得同宪法、法律相抵触,否则无效。国务院发布的《中华人民共和国企业所得税暂行条例》《中华人民共和国增值税暂行条例》和《中华人民共和国税收征收管理法实施细则》等,都是税收行政法规。

4. 地方人大及其常委会制定的税收地方性法规

税收地方性法规是由地方人民代表大会及其常委会制定的,该制定权只限于省一级的人民代表大会、省、自治区、直辖市政府所在地的市,以及经国务院批准的较大的市的人民代表大会。该权力不得下放到下一级政府。

根据《中华人民共和国地方各级人民代表大会和地方各级人民政府组织法》的规定,省、自治区、直辖市的人民代表大会以及省、自治区的人民政府所在地的市和经国务院批准的较大的市的人民代表大会,有制定地方性法规的权利。由于我国在税收立法上坚持"统一税法"的原则,因此,地方权力机关制定的税收地方性法规不是无限制的,而是要严格按照税收法律的授权行事。目前,除海南省、民族自治区按照全国人大授权立法规定,在遵循宪法、法律和行政法规的基础上,可以制定有关税收的地方性法规外,其他省、市一般都无权制定税收地方性法规。

5. 国务院税务主管部门制定的税收部门规章

《宪法》第九十条规定:"各部、各委员会根据法律和国务院的行政法规、决定、命令,在本部门的权限内,发布命令、指示和规章。"有权制定税收部门规章的税务主管机关是财政部、国家税务总局和海关总署。其制定规章的范围包括对有关税收法律、法规的具体解释,对税收征收管理的具体规定、办法等。税收部门规章在全国范围内具有普遍适用效力,但不得与税收法律、行政法规相抵触。例如,财政部颁发的《中华人民共和国增值税暂行条例实施细则》、国家税务总局颁发的《税务代理试行办法》等都属于税收部门规章。

6. 地方政府制定的税收地方规章

根据《地方各级人民代表大会和地方各级人民政府组织法》的规定:"省、自治区、直辖市以及省、自治区的人民政府所在地的市和国务院批准的较大的市的人民政府,可以根据法律和国务院的行政法规,制定规章。"按照"统一税法"的原则,上述地方政府制定税收规章,都必须在税收法律、行政法规明确授权的前提下进行,并且不得与税收法律、行政法规相抵触。没有税收法律、行政法规的授权,地方政府是无权制定税收规章的,凡是越权制定的税收规章均没有法律效力。例如,国务院发布实施的城市维护建设税、房产税等地方性税种暂行条例,都规定省、自治区、直辖市人民政府可根据条例制定实施细则。

🖥 提炼点睛

怎么区分税收行政法规、税收规章和税收规范性文件?

税收行政法规是国务院制定的,在法律形式中的效力低于宪法和税收法律(这是由全国人大及其常委会制定的)。而税收规章是由国务院税务主管部门制定的(如财政部、国税总局和海关总署),在法律形式中的效力低于税收行政法规。税收规范性文件一般指县以上(含本级,最高到省级)税务机关制定的地方性税收适用性文件,在法律形式中的效力最低。

练习1-3(单选题) 下列各项中,属于行政法规的是( )。
A. 财政部制定的《会计从业资格管理办法》
B. 国务院制定的《中华人民共和国外汇管理条例》
C. 全国人大常委会制定的《中华人民共和国矿产资源法》
D. 江苏省人大常委会制定的《江苏省消费者权益保护条例》

行政法规

(二) 税收立法程序

税收立法程序是指有权的机关,在制定、认可、修改、补充、废止等税收立法活动中,必须遵循的法定步骤和方法。目前,我国税收立法程序主要包括以下几个阶段。

1. 提议阶段

无论是税法的制定,还是税法的修改、补充和废止,一般由国务院授权其税务主管部门(财政部、国家税务总局及海关总署)负责立法的调查研究等准备工作,并提出立法方案或税法草案,上报国务院。

2. 审议阶段

税收行政法规由国务院负责审议。税收法律在经国务院审议通过后,以议案的形式提交全国人大常委会的有关工作部门,在广泛征求意见并做修改后,提交全国人大或全国人大常委会审议通过。

3. 通过和公布阶段

税收行政法规在由国务院审议通过后，会以国务院总理名义发布实施。税收法律则在全国人大或全国人大常委会开会期间，先听取国务院关于制定税收议案的说明，然后经过讨论并以简单多数的方式通过后，最后以国家主席的名义发布实施。

第三节 税法要素

税法要素一般包括总则、纳税义务人、征税对象、税目、税率、纳税环节、纳税期限、纳税地点、减税免税、罚则和附则等。

一、总则

总则主要包括立法依据、立法目的、适用原则等。例如，《耕地占用税法》规定："为了合理利用土地资源，加强土地管理，保护耕地，制定本法。"此条突出了该法制定的目的，即"立法目的"。

二、纳税义务人

纳税义务人或纳税人又称为纳税主体，是税法规定的直接负有纳税义务的单位和个人。纳税人有两种基本形式：自然人和法人。自然人包括本国公民，也包括外国人和无国籍人。法人是具有民事权利能力和民事行为能力，依法独立享有民事权利和承担民事义务的组织。我国的法人主要有四种：机关法人、事业法人、企业法人和社团法人。

三、征税对象

征税对象又称课税对象、征税客体，是指税法规定对什么征税，也是征纳税双方权利义务共同指向的客体或标的物，它是区别不同税种的主要标志。例如，消费税的征税对象是《消费税暂行条例》所列举的应税消费品，房产税的征税对象是房屋，企业所得税的征税对象是应税所得，增值税的征税对象是在境内发生的应税销售行为及进口货物等。

征税对象是税法最基本的要素，它决定了某一种税的基本征税范围，同时，也决定了各个不同税种的名称。例如，消费税、土地增值税、个人所得税等，这些税种因征税对象不同、性质不同，税名也就不同。征税对象按其性质不同，通常可划分为流转额、所得额、财产、资源、特定行为五大类，并据此将税收相应地分为五大类，即流转税（或称商品和劳务税）、所得税、财产税、资源税和特定行为税。

四、税目

税目是各个税种所规定的具体的征税项目，反映具体的征税范围，是对课税对象质的界定。设置税目的目的首先是明确具体的征税范围，凡列入税目的即为应税项目，未列入税目的则不属于应税项目。其次，划分税目也是贯彻国家税收调节政策的需要，国家可根据不同项目的利润水平及国家经济政策等为依据制定高低不同的税率，以体现不同的税收政策。

五、税率

税率是对征税对象的征收比例或征收程度。税率是计算税额的尺度,也是衡量税负轻重与否的重要标志。我国现行的税率主要有以下四种。

(一) 比例税率

比例税率是对同一征税对象,不分数额大小,规定相同的征收比例。例如,我国的增值税、城市维护建设税、企业所得税等采用的都是比例税率。

(二) 定额税率

定额税率即按征税对象确定的计算单位,直接规定一个固定的税额。目前采用定额税率的有城镇土地使用税和车船税等。

(三) 超额累进税率

超额累进税率是把征税对象按数额的大小分成若干等级,对每一等级规定一个税率,税率依次提高,应税所得额每超过一个规定的等级,对超过的部分按高一级的税率计算征税,各级税额之和为应纳税额。目前,我国采用这种税率的税种主要是个人所得税。

(四) 超率累进税率

超率累进税率是以征税对象数额的相对率划分为若干级距,分别规定相应的差别税率,相对率每超过一个级距的,对超过的部分就按高一级的税率计算征税。目前,我国税收体系中采用这种税率的税种是土地增值税。

六、纳税环节

纳税环节主要指税法规定的征税对象在从生产到消费的流转过程中应当缴纳税款的环节。例如,流转税在生产和流通环节纳税、所得税在分配环节纳税等。商品从生产到消费要经历诸多流转环节,各环节都存在销售额,都可能成为纳税环节。但考虑到税收对经济的影响、财政收入的需要及税收征管的能力等因素,国家常常对在商品流转过程中所征税种规定不同的纳税环节。按照某税种征税环节的多少,可以将税种划分为一次课征制或多次课征制。

七、纳税期限

纳税期限是指税法规定的关于税款缴纳时间,即纳税时间方面的限定。税法关于纳税时间的规定,有以下三个相关概念。

一是纳税义务发生时间,是指应税行为发生的时间。例如,《增值税暂行条例》规定采取预收货款方式销售货物的,其纳税义务发生时间为货物发出的当天。

二是纳税期限,指纳税人每次发生纳税义务后,并不需要立即缴纳税款。税法规定了每种税的纳税期限,即每隔固定时间汇总一次纳税义务的时间。例如,《增值税暂行条例》规定,增值税的具体纳税期限分别为1日、3日、5日、10日、15日、1个月或者1个季度。纳税人的具体纳税期限,由主管税务机关根据纳税人应纳税额的大小分别核定;不能按照固定期限纳税的,可以按次纳税。

三是缴库期限,即税法规定的纳税期满后,纳税人将应纳税款缴入国库的期限。例如,《增值税暂行条例》规定,纳税人以1个月或者1个季度为1个纳税期的,自期满之日起15日内申报纳税;以 1 日、3 日、5 日、10 日或者 15 日为 1 个纳税期的,自期满之日起 5 日内预缴税款,于次月 1 日起 15 日内申报纳税并结清上月应纳税款。

八、纳税地点

纳税地点主要是指根据各个税种纳税对象的纳税环节和有利于对税款的源泉控制而规定的纳税人(包括代征、代扣、代缴义务人)的具体申报缴纳税收的地点。

九、减税免税

减税免税主要是对某些纳税人和征税对象采取减少征税或者免予征税的特殊规定。

十、罚则

罚则主要是指对纳税人违反税法的行为采取的处罚措施。

十一、附则

附则一般都规定了与该法紧密相关的内容,例如,税法的解释权、生效时间等。

> 练习 1-4（单选题） 我国税法构成要素中能够区别不同类型税种的主要标志是（   ）。
> A. 税率
> B. 纳税人
> C. 征税对象
> D. 纳税期限

税法的构成要素

第四节　税法的原则

税法的原则反映税收活动的根本属性,是税收法律制度建立的基础。税法原则包括税法基本原则和税法适用原则。

一、税法基本原则

税法基本原则是统领所有税收规范的根本准则,是贯穿税法的立法、执法、司法和守法全过程的具有普遍性指导意义的法律准则。

（一）税收法定原则

税收法定原则是税法最基本的原则,是税法基本原则中的核心。税收法定原则的基本含义可概括为:税法的各类构成要素都必须由法律予以明确规定;税法主体及其权利和义务都必须由法律予以确认;没有法律依据,国家就不能课赋和征收税收,国民也不得被要求缴纳税款。税收法定原则包括两个基本要素,第一是征税必须立法;第二是纳税也必须立法。

税收法定原则包括税收要件法定原则和税务合法性原则。

1. 税收要件法定原则

税收要件法定原则是指有关纳税人、课税对象、课税标准等税收要件必须以法律形式作出规定,且有关课税要素的规定必须尽量明确。具体来说,它包括以下几点要求。

(1) 国家开征的任何税种都必须由法律对其进行专门确定才能实施。

(2) 国家对任何税种征税要素的变动都应当按相关法律的规定进行。

(3) 征税的各个要素不仅应当由法律作出专门的规定,而且这种规定还应当尽量明确。

如果规定不明确,则会产生漏洞或者歧义。在税收的立法过程中,对税收的各要素加以规定时,还应当采用恰当准确的用语,使之明确化,尽量避免使用模糊性的文字。

2. 税务合法性原则

税收合法性原则是指税务机关按法定程序依法征税,不得随意减征、停征或免征,无法律依据不征税。

(1) 要求立法者在立法的过程中要对各个税种征收的法定程序加以明确规定,这样既可以使纳税得以程序化,提高工作效率,节约社会成本,又尊重并保护了税收债务人的程序性权利,促使其增强纳税意识。

(2) 要求征税机关及其工作人员在征税过程中,必须按照税收程序法和税收实体法的规定来行使自己的职权,履行自己的职责,充分尊重纳税人的各项权利。

(二) 税收公平原则

税收公平原则包括税收横向公平和纵向公平,即税收负担必须根据纳税人的负担能力分配,负担能力相等,税负相同;负担能力不等,税负不同。税收公平原则源于法律上的平等性原则,所以许多国家的税法在贯彻税收公平原则时,都特别强调"禁止不平等对待"的法理,禁止对特定纳税人给予歧视性对待,也禁止在没有正当理由的情况下对特定纳税人给予特别优惠。

(三) 税收效率原则

税收效率原则包含两个方面:一是经济效率;二是行政效率。前者要求税法的制定要有利于资源的有效配置和经济体制的有效运行,后者要求提高税收行政效率,节约税收征管成本。

(四) 实质课税原则

实质课税原则是指应根据客观事实确定是否符合课税要件,并根据纳税人的真实负担能力决定纳税人的税负,而不能仅考虑相关外观和形式。

二、税法适用原则

税法适用原则是指税务行政机关和司法机关运用税收法律规范解决具体问题所必须遵循的准则。税法适用原则并不违背税法基本原则,而且在一定程度上体现着税法基本原则。但是与税法基本原则相比,税法适用原则含有更多的法律技术性准则,更为具体化。这些法律技术性准则包括以下几个方面。

(一) 法律优位原则

法律优位原则的基本含义为法律的效力高于行政立法的效力,其作用主要体现在处理不同等级税法的关系上。法律优位原则明确了税收法律的效力高于税收行政法规的效力,对此还可以进一步推论为税收行政法规的效力优于税收行政规章的效力。即当效力低的税法与效力高的税法发生冲突时,效力低的税法是无效的。

(二)法律不溯及既往原则

法律不溯及既往原则是绝大多数国家所遵循的法律程序技术原则。其基本含义为一部新法实施后,对新法实施之前人们的行为不得适用新法,而只能沿用旧法。在税法领域内坚持这一原则,目的在于维护税法的稳定性和可预测性,使纳税人能在知道纳税结果的前提下作出相应的经济决策,税收的调节作用才会较为有效。

(三)新法优于旧法原则

新法优于旧法原则也称后法优于先法原则,是指当新法、旧法对同一事项有不同规定时,新法的效力优于旧法。其作用在于避免因法律修订带来新法、旧法对同一事项有不同的规定而引起法律适用的混乱,为法律的更新与完善提供适用上的保障。新法优于旧法原则在税法中普遍适用,但是当新税法与旧税法处于普通法与特别法的关系时,以及某些程序性税法引用"实体从旧、程序从新"原则时,可以例外。

(四)特别法优于普通法原则

特别法优于普通法原则,其含义为,当两部法律对同一事项分别作出一般和特别规定时,特别规定的效力高于一般规定的效力。特别法优于普通法原则打破了税法效力等级的限制,即居于特别法地位的级别较低的税法,其效力可以高于作为普通法的级别较高的税法。

(五)实体法从旧、程序法从新原则

这一原则的含义包括两个方面:一是实体税法不具备溯及力,即在纳税义务的确定上,以纳税义务发生时的税法规定为准,实体性的税法规则不具有向前的溯及力;二是程序性税法在特定条件下具备一定的溯及力,即对于新税法公布实施之前发生,却在新税法公布实施之后进入税款征收程序的纳税义务,原则上新税法对其具有约束力。

(六)程序法优于实体法原则

程序法优于实体法原则是关于税收争讼法的原则,其基本含义为在诉讼发生时,税收程序法优于税收实体法。适用这一原则,是为了确保国家课税权的实现,不因争议的发生而影响税款的及时、足额入库。

第五节 税收法律关系

一、税收法律关系的概念

税收法律关系是税法确认和调整的国家与纳税人之间、国家与国家之间及各级政府之间在税收分配过程中形成的权利与义务关系。国家征税与纳税人纳税在形式上表现为利益分配的关系,但经过法律明确其双方的权利与义务后,这种关系实质上已上升为一种特定的法律关系。了解税收法律关系,对于正确理解国家税法的本质,严格依法纳税、依法征税都具有重要的意义。

二、税收法律关系的构成

税收法律关系在总体上与其他法律关系一样,都是由税收法律关系的主体、客体和内容三

方面构成的,但在三方面的内涵上,税收法律关系又具有一定的特殊性。

(一)税收法律关系的主体

法律关系的主体是指法律关系的参加者。税收法律关系的主体即税收法律关系中享有权利和承担义务的当事人。在我国,税收法律关系的主体包括征纳双方：一方是代表国家行使征税职责的国家行政机关,包括国家各级税务机关和海关;另一方是履行纳税义务的人。由于我国对于纳税人的确定,采取的是属地兼属人的原则。因此,履行纳税义务的人包括法人、自然人和其他组织,在华的外国企业、组织、外籍人、无国籍人,以及在华虽然没有机构、场所,但有来源于中国境内所得的外国企业或组织。

(二)税收法律关系的客体

税收法律关系的客体即税收法律关系主体的权利和义务所共同指向的对象,也就是征税对象。例如,流转税法律关系的客体是货物或劳务收入,所得税法律关系的客体是生产经营所得和其他所得,财产税法律关系的客体是财产。

(三)税收法律关系的内容

税收法律关系的内容是主体所享有的权利和所应承担的义务,这是税收法律关系中最实质的东西,也是税法的灵魂。它规定权利主体可以有什么行为,不可以有什么行为,若违反了这些规定,须承担相应的法律责任。

税务机关的权利主要表现在依法进行征税、税务检查及对违章者进行处罚;其义务主要是向纳税人宣传、咨询、辅导、解读税法,及时把征收的税款解缴国库,依法受理纳税人对税收争议的申诉等。

纳税义务人的权利主要有申请退还多缴的税款、延期纳税权、依法申请减免税权、申请复议和提起诉讼权等,其义务主要是按税法规定办理税务登记、进行纳税申报、接受税务检查、依法缴纳税款等。

三、税收法律关系的产生、变更与消灭

税法是引起税收法律关系的前提条件,但税法本身并不能产生具体的税收法律关系。税收法律关系的产生、变更与消灭必须有能够引起税收法律关系产生、变更或消灭的客观情况,也就是由税收法律事实来决定的。税收法律事实可以分为税收法律事件和税收法律行为。税收法律事件是指不以税收法律关系权力主体的意志为转移的客观事件。例如,自然灾害可以导致税收减免,从而改变税收法律关系内容。税收法律行为是指税收法律关系主体在正常意志支配下作出的活动。例如,纳税人开业经营即产生税收法律关系,纳税人转业或停业就会造成税收法律关系的变更或消灭。

四、税收法律关系的保护

税收法律关系是同国家利益及企业和个人的权益相联系的。保护税收法律关系,实质上是保护国家正常的经济秩序、保障国家财政收入和维护纳税人的合法权益。税收法律关系的保护形式和方法有很多,例如,税法中关于限期纳税、征收滞纳金和罚款的规定,《中华人民共和国刑法》对构成逃避缴纳税款、抗税罪给予刑罚的规定,以及税法中对纳税人不服税务机关征税处理决定的,可以申请复议或提出诉讼的规定等,都是对税收法律关系的直接保护。税收

法律关系的保护对权利主体双方是平等的,不能只对一方保护,而对另一方不予保护。同时对其享有权利的保护,就是对其承担义务的制约。

第六节 税务权利与义务

一、税务行政主体的权利与义务

由税务机关征收的税种适用《税收征收管理法》,该法规主要规定了在税收征收管理中,税务机关和纳税人的权利与义务。《税收征收管理法》第一条规定:"为了加强税收征收管理,规范税收征收和缴纳行为,保障国家税收收入,保护纳税人的合法权益,促进经济和社会发展,制定本法。"此条规定对《税收征收管理法》的立法目的作出了高度概括。

《税收征收管理法》明确了税务行政主体是税务机关。《税收征收管理法》第五条规定:"国务院税务主管部门主管全国税收征收管理工作。各地国家税务局和地方税务局应当按照国务院规定的税收征收管理范围分别进行征收管理。"税务行政管理相对人是纳税人、扣缴义务人和其他有关单位。税务机关和税务人员的权利与义务具体如下。

(一)税务机关和税务人员的权利

(1)负责税收征收管理工作。

(2)税务机关依法执行职务,任何单位和个人不得阻挠。

(二)税务机关和税务人员的义务

(1)税务机关应当广泛宣传税收法律、行政法规,普及纳税知识,无偿地为纳税人提供纳税咨询服务。

(2)税务机关应当加强队伍建设,提高税务人员的政治业务素质。

(3)税务机关、税务人员必须秉公执法、忠于职守、清正廉洁、礼貌待人、文明服务,尊重和保护纳税人、扣缴义务人的权利,依法接受监督。

(4)税务人员不得索贿受贿、徇私舞弊、玩忽职守,不征或者少征应征税款;不得滥用职权多征税款或者故意刁难纳税人和扣缴义务人。

(5)各级税务机关应当建立健全内部制约和监督管理制度。

(6)上级税务机关应当对下级税务机关的执法活动依法进行监督。

(7)各级税务机关应当对其工作人员执行法律、行政法规和廉洁自律准则的情况进行监督检查。

(8)税务机关负责征收、管理、稽查、行政复议人员的职责应当明确,并相互分离、相互制约。

(9)税务机关应为检举人保密,并按照规定给予奖励。

(10)税务人员在核定应纳税额、调整税收定额、进行税务检查、实施税务行政处罚、办理税务行政复议时,与纳税人、扣缴义务人或者其法定代表人、直接责任人有下列关系之一的,应当回避:①夫妻关系;②直系血亲关系;③三代以内旁系血亲关系;④近姻亲关系;⑤可能影响公正执法的其他利益关系。

二、纳税人、扣缴义务人的权利与义务

(一)纳税人、扣缴义务人的权利

(1)纳税人、扣缴义务人有权向税务机关了解国家税收法律、行政法规的规定,以及与纳

税程序有关的情况。

(2) 纳税人、扣缴义务人有权要求税务机关为纳税人、扣缴义务人的情况保密。税务机关应当为纳税人、扣缴义务人的情况保密。

保密是指纳税人、扣缴义务人的商业秘密及个人隐私。纳税人、扣缴义务人的税收违法行为不属于保密范围。

(3) 纳税人依法享有申请减税、免税、退税的权利。

(4) 纳税人、扣缴义务人对税务机关所作出的决定,享有陈述权、申辩权,依法享有申请行政复议、提起行政诉讼、请求国家赔偿等权利。

(5) 纳税人、扣缴义务人有权控告和检举税务机关、税务人员的违法违纪行为。

(二) 纳税人、扣缴义务人的义务

(1) 纳税人、扣缴义务人必须依照法律、行政法规的规定缴纳税款、代扣代缴、代收代缴税款。

(2) 纳税人、扣缴义务人和其他有关单位应当按照国家有关规定如实向税务机关提供与纳税和代扣代缴、代收代缴税款有关的信息。

(3) 纳税人、扣缴义务人必须接受税务机关依法进行的税务检查。

三、地方各级人民政府、有关部门和单位的权利与义务

(一) 地方各级人民政府、有关部门和单位的权利

(1) 地方各级人民政府应当依法加强对本行政区域内税收征收管理工作的领导或者协调,支持税务机关依法执行职务,依照法定税率计算税额,依法征收税款。

(2) 各有关部门和单位应当支持、协助税务机关依法执行职务。

(3) 任何单位和个人都有权检举违反税收法律、行政法规的行为。

(二) 地方各级人民政府、有关部门和单位的义务

(1) 任何机关、单位和个人不得违反法律、行政法规的规定,擅自作出税收开征、停征及减税、免税、退税、补税和其他与税收法律、行政法规相抵触的决定。

(2) 收到违反税收法律、行政法规行为检举的机关和负责查处的机关应当为检举人保密。

税务机关依法征税,纳税人依法履行纳税义务,全面落实纳税人权利,既是《税收征收管理法》的核心问题,也是真正贯彻实施《税收征收管理法》的立法意图、落实税收法定原则的重要途径。

知识点梳理

税收是国家为了满足社会公共需要,凭借政治权力,按照法律的规定,强制、无偿地收取财政收入的一种形式。税收是国家(政府)公共财政最主要的收入形式和来源。

税收具有无偿性、强制性、固定性三项特征。以国家为主体的分配,同时具备"三性"就是税收,缺少其中任何一项,都不能称其为税收。

税收的三项基本职能:财政职能、经济职能、监督职能。

税法即税收法律制度,是国家权力机关及其授权的行政机关制定的调整国家与纳税人之

间在征纳税方面的权利及义务关系的法律规范的总称。税法是税收制度的法律表现形式，是税收制度的核心内容。

按照税法的职能作用的不同，税法可分为税收实体法和税收程序法。

按照税收立法权限或者法律效力的不同，可以划分为税收法律、税收行政法规、税收部门规章和税收规范性文件等。

我国的立法体制是全国人民代表大会及其常委会行使立法权，制定法律；国务院及其所属各部委有权根据宪法和法律制定行政法规和部门规章；地方人民代表大会及其常务委员会在不同宪法、法律、行政法规相抵触的前提下，有权制定地方性法规，但要报全国人大常委会和国务院备案；民族自治地方的人民代表大会有权依照当地民族的政治、经济和文化的特点，制定自治条例和单行条例。各有权机关根据国家立法体制规定所制定的一系列税收法律、法规、规章和规范性文件，构成了我国的税收法律体系。

税法的立法程序包括提议阶段、审议阶段、通过和公布阶段。

税法要素一般包括总则、纳税义务人、征税对象、税目、税率、纳税环节、纳税期限、纳税地点、减税免税、罚则和附则等。

税法原则包括税法基本原则和税法适用原则。

税收法律关系是税法确认和调整的国家与纳税人之间、国家与国家之间及各级政府之间在税收分配过程中形成的权利与义务关系。税收法律关系的主体包括征纳双方：一方是代表国家行使征税职责的国家行政机关，包括国家各级税务机关和海关；另一方是履行纳税义务的人。

练一练

一、单项选择题

1. 下列有关税法概念的表述正确的是（　　）。
   A. 税法是调整税务机关和纳税人之间权利与义务关系的法律规范的总称
   B. 税法只具有义务性法规的特点
   C. 税法的综合性特点是由税收的无偿性和强制性的特点决定的
   D. 税法是税收制度的核心内容
2. 纳税人即纳税主体，是指直接负有纳税义务的（　　）。
   A. 单位和个人　　B. 法人　　C. 自然人　　D. 扣缴义务人
3. 税法的本质是（　　）。
   A. 正确处理国家与纳税人之间因税收而产生的税收法律关系和社会关系
   B. 保证征税机关的权利
   C. 一种分配关系
   D. 为纳税人和征税单位履行义务给出规范
4. 在税收制度的基本要素中，体现征税程度的是（　　）。
   A. 纳税人　　B. 征税对象　　C. 税率　　D. 计税依据
5. 下列税法效力判断原则中，表述错误的是（　　）。
   A. 层次高的法律优于层次低的法律　　B. 国际法优于国内法
   C. 特别法优于普通法　　D. 程序法从旧、实体法从新
6. 下列各项中，属于税务机关义务的是（　　）。
   A. 依法征管

B. 进行税务检查

C. 对违法行为进行处罚

D. 按照规定付给扣缴义务人代扣、代收手续费

7. 下列各项中,属于税收法律关系客体的是( )。

　　A. 征税人　　　　B. 课税对象　　　　C. 纳税人　　　　D. 纳税义务

8. 税收权利主体是( )。

　　A. 征税方　　　　B. 纳税方　　　　C. 征纳双方　　　　D. 中央政府

9. 我国税收法律关系权利主体中,纳税义务人的确定原则是( )。

　　A. 国籍原则　　　　　　　　B. 属地原则

　　C. 实际住所原则　　　　　　D. 属地兼属人原则

10. 我国税收立法权规定,地方政府有权制定的是( )。

　　A. 税收法律　　　　　　　　B. 地方性税收法规

　　C. 部门规章　　　　　　　　D. 地方规章

11. 下列各项中,属于行政法规的是( )。

　　A.《企业所得税税前扣除办法》　　B.《中华人民共和国会计法》

　　C.《中华人民共和国公司法》　　　D.《企业财务会计报告条例》

12. 下列选项中,属于税收法律关系中最实质的东西,也是税法的灵魂的是( )。

　　A. 税收法律关系的内容　　　　B. 税收法律关系的产生、变更与消灭

　　C. 权利主体　　　　　　　　　D. 税收法律关系的保护

二、多项选择题

1. 下列有关税法概念说法正确的有( )。

　　A. 税法是国家制定的用于调整国家和纳税人之间在征纳税方面的权利及义务关系的法律规范的总称

　　B. 制定税法的目的是保障国家利益和纳税人的合法权益

　　C. 税收的特征是强制性、无偿性和固定性

　　D. 税法是国家凭借其权利,利用税收工具参与社会产品和国民收入分配的法律规范的总称

2. 税收的特征包括( )。

　　A. 强制性　　　　B. 无偿性　　　　C. 有偿性　　　　D. 固定性

3. 按照税收立法权限或者法律效力的不同,税法分为( )。

　　A. 税收法律　　　　　　　　B. 税收行政法规

　　C. 税收部门规章　　　　　　D. 税收规范性文件

4. 税法的立法程序通常包括的阶段有( )。

　　A. 提议阶段　　　　　　　　B. 审议阶段

　　C. 通过和公布阶段　　　　　D. 试行阶段

5. 税法的构成要素主要包括( )。

　　A. 纳税义务人　　B. 征税对象　　　C. 税目　　　　D. 税率

6. 税法的基本原则包括( )。

　　A. 税收法定原则　　　　　　B. 税收公平原则

　　C. 税收效率原则　　　　　　D. 实质课税原则

7. 下列各项中,属于我国税收法律关系权利主体的有(　　)。
   A. 各级税务机关　　　　　　　　B. 各级人民政府
   C. 海关　　　　　　　　　　　　D. 财政机关
8. 根据税法的职能作用,税法可分为(　　)。
   A. 税收基本法　　　　　　　　　B. 税收普通法
   C. 税收实体法　　　　　　　　　D. 税收程序法
9. 在税收执法过程中,对其适用性或法律效力的判断上,一般按以下原则掌握(　　)。
   A. 层次高的法律优于层次低的法律
   B. 同一层次的法律中,特别法优于普通法
   C. 国内法优于国际法
   D. 实体法从新,程序法从旧
10. 税收执法权和行政管理权是国家赋予税务机关的基本权利,税收执法权具体包括(　　)。
    A. 税款征收权　　　　　　　　　B. 税务检查权
    C. 税务行政复议裁决权　　　　　D. 税务稽查权

三、判断题

1. 税法只适用于自然人,不涉及法人。(　　)
2. 税法的制定与修改完全由行政机关决定,不需要立法机关的参与。(　　)
3. 国家对税务机关的不当行政行为不负任何责任。(　　)
4. 不同国家的税法对纳税人的义务和享受优惠有所不同。(　　)
5. 纳税人可以自行选择税务机关进行纳税申报。(　　)
6. 税目是征纳税双方权利义务共同指向的客体或标的物。(　　)
7. 缴纳税款的时间可以根据个人的意愿进行调整。(　　)
8. 纳税人可以自行决定向税务机关申报纳税时间。(　　)
9. 税法不适用于国家机关、军队等特定单位。(　　)
10. 纳税人对税务机关的税务决定有异议时,可以提起行政诉讼进行申诉。(　　)

四、简答题

1. 如何理解税收的特征?
2. 如何理解税收法律制度的含义,其意义是什么?
3. 我国现行税收制度的法律级次主要包括哪几个层次?
4. 税法可以分为哪些类型?

第二章

增值税法

　　增值税是以商品和劳务在流转过程中产生的增值额作为征税对象而征收的一种流转税。按照我国增值税法的规定,增值税是对在我国境内销售货物或者加工、修理修配劳务(以下简称劳务),销售服务、无形资产、不动产及进口货物的单位和个人,就其销售货物、劳务、服务、无形资产、不动产(以下统称应税销售行为)的增值额和货物进口金额为计税依据而课征的一种流转税。

　　增值税法是指国家制定的用以调整增值税征收与缴纳之间权利和义务关系的法律规范。

　　增值税之所以能够在世界上众多国家推广,是因为其可以有效地防止商品在流转过程中的重复征税问题,并使其具备保持税收中性、普遍征收、税收负担由最终消费者承担、实行税款抵扣制度、实行比例税率、实行价外税制度等特点。

增值税发展历程

 学习目标

知识目标

(1) 学习增值税的概念,掌握增值税的类型。

(2) 学习增值税的四种计税方法。

(3) 学习增值税纳税征收管理规定。

能力目标

(1) 掌握增值税的征税范围,能够准确判断增值税的征税范围。

(2) 掌握增值税纳税人的分类标准,能够区分一般纳税人和小规模纳税人。

(3) 掌握各种税率和征收率的适用范围,能够正确判断适用的税率和征收率。

(4) 掌握增值税应纳税额的计算方法,能够正确计算增值税应纳税额。

素养目标

(1) 树立遵守准则、提高技能、保守秘密和文明服务的职业道德。

(2) 培养永不言败、坚韧不拔的意志。

（3）培养积极主动承担责任的勇气。

（4）培养马克思主义世界观、正确的政治观、科学的人生价值和社会主义道德观。

内容导航

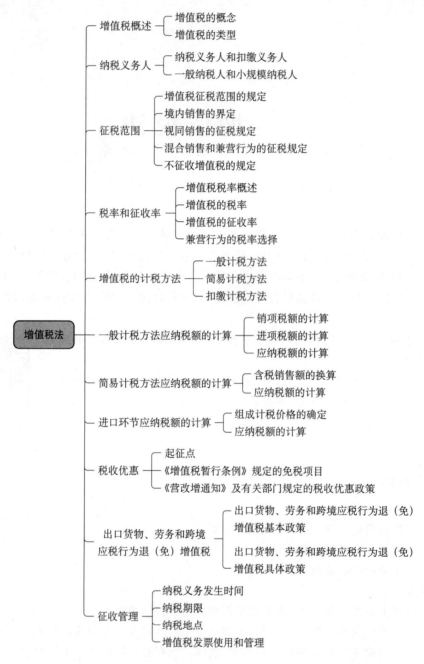

以案为鉴

四川省攀枝花市警税联合依法查处一起向医药企业虚开增值税发票案件

国家税务总局攀枝花市税务局稽查局根据精准分析线索，联合公安经侦部门依法查处一起向医药企业虚开增值税发票案件,捣毁虚开窝点4个,如图2-1所示。

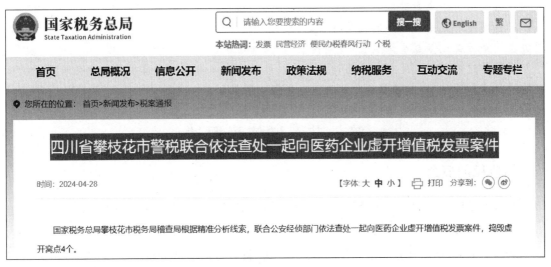

图 2-1　国家税务总局官网截图

经查,犯罪团伙控制多家医药咨询服务个体工商户,在没有开展真实业务的情况下,向多家医药企业虚开增值税普通发票56份,价税合计金额425万元。

 以案释法

虚开增值税专用发票的,处3年以下有期徒刑或者拘役,并处2万元以上20万元以下罚金;虚开的税款数额较大或者有其他严重情节的,处3年以上10年以下有期徒刑,并处5万元以上50万元以下罚金;虚开的税款数额巨大或者有其他特别严重情节的,处10年以上有期徒刑或者无期徒刑,并处5万元以上50万元以下罚金或者没收财产。依据《中华人民共和国发票管理办法》《中华人民共和国行政处罚法》等相关法律法规规定,宋波因犯虚开增值税发票罪被判处有期徒刑1年,缓刑1年,并处罚金10万元。

问题思考与讨论

(1)虚构业务向生产企业虚开增值税专用发票,是各地税务部门重点稽查的对象,相关部门对于此类涉税违法行为的态度也是"零容忍"。对此,你怎么看?

(2)建议企业远离虚开发票违法行为,切勿为了牟取非法利益或是不懂法律而虚开、乱开或开假的发票,以免触犯法律。

 以案说法

纳税是我们日常生活中的一部分

增值税是对商品从生产到销售产生增值的一种流转税。增值税在我国是比较重要的税收种类,国家现在大力提倡"节用裕民",而税收来自人民,也需要服务于人民。

当前,世界上有140多个国家和地区都实行了增值税。1993年12月13日,国务院发布了《中华人民共和国增值税暂行条例》,随后在12月25日,财政部制发了《中华人民共和国增值税暂行条例实施细则》,自1994年1月1日起施行。增值税已经成为中国最主要的税种之一,增值税的收入占中国全部税收的60%以上,是最大的税种。增值税由国家税务局负责征收,税收收入中50%为中央财政收入,50%为地方收入。进口环节的增值税由海关负责征收,税收收入全部为中央财政收入。

征税问题一直是人们不断讨论的话题,绝大多数人都没有向税务机关缴纳过增值税,但几乎每个人每天都或多或少地负担(或间接缴纳)着增值税。

真的是这样吗?你是如何负担增值税的?最近一次间接缴纳增值税是在什么时候?

通过本章的学习,能够帮助你找到以上问题的答案。

第一节 增值税概述

一、增值税的概念

增值税是以单位和个人生产经营过程中取得的增值额为课税对象征收的一种税。

(一)理论增值额

从理论上讲,增值额是企业在生产经营过程中新创造的那部分价值。即货物或劳务价值中的"V+M"部分,在我国相当于净产值或国民收入部分。

现实经济生活中,对增值额可以从以下两个方面理解。

第一,从一个生产经营单位来看,增值额是指该单位销售货物或提供劳务的收入额扣除为生产经营这种货物或劳务而外购的那部分货物或劳务价款后的余额。

第二,从一项货物或劳务来看,增值额是该货物或劳务经历的生产和流通的各个环节所创造的增值额之和,也就是该项货物或劳务的最终销售价值。

(二)法定增值额

实行增值税的国家,据以征税的增值额都是一种法定增值额,并非理论增值额。法定增值额可以等于理论增值额,也可以大于或小于理论增值额。造成法定增值额与理论增值额不一致的一个重要原因是对外购固定资产的处理办法不同。

二、增值税的类型

增值税按对外购固定资产处理方式的不同,可划分为生产型增值税、收入型增值税和消费型增值税。

(一)生产型增值税

生产型增值税是指计算增值税时,不允许扣除任何外购固定资产的价款,作为课税基数的法定增值额除包括纳税人新创造价值外,还包括当期计入成本的外购固定资产价款部分,即法定增值额相当于当期工资、利息、租金、利润等理论增值额和折旧额之和。

从整个国民经济来看,这一课税基数大体相当于国民生产总值的统计口径,因此称为生产型增值税。此种类型的增值税对固定资产存在重复征税,而且越是资本有机构成高的行业,重复征税就越严重。这种类型的增值税虽然不利于鼓励投资,但可以保证财政收入。

(二)收入型增值税

收入型增值税是指计算增值税时,对外购固定资产价款只允许扣除当期计入产品价值的折旧费部分,作为课税基数的法定增值额相当于当期工资、利息、租金和利润等各增值项目之和。

从整个国民经济来看,这一课税基数相当于国民收入部分,因此称为收入型增值税。此种类型的增值税从理论上讲是一种标准的增值税,但由于外购固定资产价款是以计提折旧的方式分期转入产品价值的,且转入部分没有逐笔对应的外购凭证,因此给凭发票扣税的计算方法带来困难,从而影响了这种方法的广泛采用。

(三) 消费型增值税

消费型增值税是指计算增值税时,允许将当期购入的固定资产价款一次全部扣除,作为课税基数的法定增值额相当于纳税人当期全部销售额扣除外购的全部生产资料价款后的余额。

从整个国民经济来看,这一课税基数仅限于消费资料价值的部分,因此称为消费型增值税。此种类型的增值税在购进固定资产的当期因扣除额大幅增加,会减少财政收入。但这种方法是最适合规范凭发票扣税的计算方法,因为凭固定资产的外购发票可以一次将其已纳税款全部扣除,既便于操作,也便于管理,所以是三种类型中最简便、最能体现增值税优越性的一种类型。我国目前实行消费型增值税。

【例 2-1】 假定某企业报告期货物销售额为 78 万元,从外单位购入的原材料等流动资产价款为 24 万元,购入机器设备等固定资产价款为 40 万元,当期计入成本的折旧费用为 5 万元。

根据上述资料计算该企业的理论增值额及不同情形下的法定增值额,结果如表 2-1 所示。

生产型增值税:不允许扣除任何外购固定资产价款,法定增值额>理论增值额;收入型增值税:允许扣除当期计入产品价值折旧费部分,法定增值额=理论增值额;消费型增值税:允许当期购入固定资产价款一次性扣除,法定增值额<理论增值额。

表 2-1 该企业的理论增值额及不同情形下的法定增值额

国别	项目				
	货物销售额(万元)	允许扣除的外购流动资产价款(万元)	允许扣除的外购固定资产价款(万元)	法定增值额(万元)	法定增值额同理论增值额的差额(万元)
甲国	78	24	0	54	5
乙国	78	24	5	49	0
丙国	78	24	40	14	-35

第二节 纳税义务人

一、纳税义务人和扣缴义务人

(一) 纳税义务人

在中华人民共和国境内销售货物、加工修理修配劳务(以下简称劳务)、服务、无形资产和不动产及进口货物的单位和个人,为增值税的纳税人。这里所称个人,指个体工商户和其他个人。

单位是指一切从事销售或进口货物、提供劳务、销售服务、无形资产或不动产的单位,包括企业、行政单位、事业单位、军事单位、社会团体及其他单位。

个人是指从事销售或进口货物、提供劳务、销售服务、无形资产或不动产的个人,包括个体工商户和其他个人。

单位以承包、承租、挂靠方式经营的,承包人、承租人、挂靠人(以下统称承包人)以发包人、出租人、被挂靠人(以下统称发包人)名义对外经营并由发包人承担相关法律责任的,以该发包人为纳税人。否则,以承包人为纳税人。

对报关进口的货物,以进口货物的收货人或办理报关手续的单位和个人为进口货物的纳税人。对代理进口货物,以海关开具的完税凭证上的纳税人为增值税纳税人。

资管产品运营过程中发生的增值税应税行为,以资管产品管理人为增值税纳税人。

建筑企业与发包方签订建筑合同后,以内部授权或者三方协议等方式,授权集团内其他纳税人(以下称第三方)为发包方提供建筑服务,并由第三方直接与发包方结算工程款的,由第三方缴纳增值税,与发包方签订建筑合同的建筑企业不缴纳增值税。

(二)扣缴义务人

中华人民共和国境外(以下简称境外)的单位或个人在境内提供应税劳务,在境内未设有经营机构的,其应纳税款以境内代理人为扣缴义务人;在境内没有代理人的,以购买者为扣缴义务人。

境外单位或个人在境内销售服务、无形资产或者不动产,在境内未设有经营机构的,以购买方为增值税扣缴义务人。财政部和国家税务总局另有规定的除外。

二、一般纳税人和小规模纳税人

增值税纳税人分一般纳税人和小规模纳税人。

(一)一般纳税人

根据2018年2月1日开始执行的《增值税一般纳税人登记管理办法》(国家税务总局令第43号),增值税纳税人年应税销售额超过财政部、国家税务总局规定的小规模纳税人标准的,除按照政策规定选择按照小规模纳税人纳税的和年应税销售额超过规定标准的其他个人外,应当向主管税务机关办理一般纳税人登记。

年应税销售额未超过规定标准的纳税人,会计核算健全,能够提供准确税务资料的,可以向主管税务机关办理一般纳税人登记。会计核算健全是指能够按照国家统一的会计制度规定设置账簿,根据合法、有效凭证进行核算。

(1)年应税销售额是指纳税人在连续不超过12个月或4个季度的经营期内累计应征增值税销售额,包括纳税申报销售额、稽查查补销售额、纳税评估调整销售额。

销售服务、无形资产或者不动产有扣除项目的纳税人,其销售服务、无形资产或者不动产年应税销售额按未扣除之前的销售额计算。纳税人偶然发生的销售无形资产、转让不动产的销售额,不计入销售服务、无形资产或者不动产年应税销售额。

(2)经营期是指在纳税人存续期内的连续经营期间,含未取得销售收入的月份或季度。

纳税申报销售额是指纳税人自行申报的全部应征增值税销售额,其中包括免税销售额和税务机关代开发票销售额。稽查查补销售额和纳税评估调整销售额计入查补税款申报当月(或当季)的销售额,不计入税款所属期销售额。

(3)除国家税务总局另有规定外,纳税人登记为一般纳税人后,不得转为小规模纳税人。

练习 2-1（多选题） 下列销售额应计入增值税纳税人判定标准的有（　　）。

A. 纳税评估调整的销售额
B. 稽查查补的销售额
C. 免税销售额
D. 税务机关代开发票销售额

年应税销售额的确定

（二）小规模纳税人

年应税销售额在 500 万元及以下的纳税人，为增值税小规模纳税人，年应税销售额超过小规模纳税人标准的其他个人按小规模纳税人纳税；年应税销售额超过规定标准但不经常发生应税行为的单位和个体工商户，以及非企业性单位、不经常发生应税行为的企业，可选择按照小规模纳税人纳税。

提炼点睛

税法规定，小规模纳税人实行简易征税办法，不得抵扣进项税额。除个体经营者外，其他个人不属于增值税一般纳税人。因此，在实际工作中，个体经营者是可以注册成为增值税一般纳税人的。

第三节　征 税 范 围

一、增值税征税范围的规定

增值税征税范围包括货物的生产、批发、零售和进口四个环节。2016 年 5 月 1 日以后，营业税改征增值税试点行业扩大到销售服务、无形资产或者不动产，增值税的征税范围覆盖第一产业、第二产业和第三产业。目前，我国增值税的征税范围包括境内销售货物、销售劳务、销售服务、销售无形资产、销售不动产、金融服务及进口货物。

（一）销售货物

货物是指有形动产，包括电力、热力和气体在内。销售货物是指有偿转让货物的所有权。有偿不仅指从购买方取得货币，还包括取得货物或其他经济利益。

（二）销售劳务

劳务是指加工和修理修配劳务。加工是指接收来料承做货物，加工后的货物所有权仍属于委托者的业务，即通常所说的委托加工业务。委托加工业务是指由委托方提供原料及主要材料，受托方按照委托方的要求制造货物并收取加工费的业务。修理修配是指受托对损伤和丧失功能的货物进行修复，使其恢复原状和功能的业务。

提供加工和修理修配劳务是指有偿提供加工和修理修配劳务。但单位或个体工商户聘用的员工为本单位或雇主提供加工、修理修配劳务则不包括在内。

供电企业利用自身输变电设备对并入电网的企业自备电厂生产的电力产品进行电压调节，属于提供加工劳务。供电企业进行电力调压并按照电量向电厂收取的并网服务费，应当征收增值税。

自2020年5月1日起,纳税人受托对垃圾、污泥、污水、废气等废弃物进行专业化处理(即运用填埋、焚烧、净化、制肥等方式,对废弃物进行减量化、资源化和无害化处理处置)后产生货物,且货物归属委托方的,受托方属于提供加工劳务;货物归属受托方的,受托方将产生的货物用于销售时,属于销售货物。

(三) 销售服务

销售服务是指提供交通运输服务、邮政服务、电信服务、建筑服务、现代服务、生活服务及金融服务,其中,金融服务单独列举。

1. 交通运输服务

交通运输服务是指使用运输工具将货物或者旅客送达目的地,使其空间位置得到转移的业务活动,包括陆路运输服务、水路运输服务、航空运输服务和管道运输服务。

(1) 陆路运输服务是指通过陆路(地上或者地下)运送货物或者旅客的运输业务活动,包括铁路运输服务和其他陆路运输服务。

铁路运输服务是指通过铁路运送货物或者旅客的运输业务活动。

其他陆路运输服务是指铁路运输以外的陆路运输业务活动。包括公路运输、缆车运输、索道运输、地铁运输、城市轻轨运输等。

出租车公司向使用本公司自有出租车的出租车司机收取的管理费用,按照陆路运输服务缴纳增值税。

网络平台道路货物运输(以下简称网络货运)经营者和实际承运人均应当依法履行纳税或扣缴税款义务。网络货运经营是指经营者依托互联网平台整合配置运输资源,以承运人的身份与托运人签订运输合同,委托实际承运人完成道路货物运输,承担承运人责任的道路货物运输经营活动。网络货运经营不包括仅为托运人和实际承运人提供信息中介和交易撮合等服务的行为。实际承运人是指接受网络货运经营者委托,使用符合条件的载货汽车和驾驶员,实际从事道路货物运输的经营者。网络货运经营者应遵照国家税收法律法规,依法依规抵扣增值税进项税额,不得虚开虚抵增值税发票等扣税凭证。

(2) 水路运输服务是指通过江、河、湖、川等天然、人工水道或者海洋航道运送货物或者旅客的运输业务活动。水路运输的程租、期租业务,属于水路运输服务。

程租业务是指运输企业为租船人完成某一特定航次的运输任务并收取租赁费的业务。

期租业务是指运输企业将配备有操作人员的船舶承租给他人使用一定期限,承租期内听候承租方调遣,无论是否经营,均按天向承租方收取租赁费,发生的固定费用均由船东负担的业务。

(3) 航空运输服务是指通过空中航线运送货物或者旅客的运输业务活动。

航空运输的湿租业务属于航空运输服务。湿租业务是指航空运输企业将配备有机组人员的飞机承租给他人使用一定期限,承租期内听候承租方调遣,无论是否经营,均按一定标准向承租方收取租赁费,发生的固定费用均由承租方承担的业务。

航天运输服务,按照航空运输服务征收增值税。航天运输服务是指利用火箭等载体将卫星、空间探测器等空间飞行器发射到空间轨道的业务活动。

(4) 管道运输服务是指通过管道设施输送气体、液体、固体物质的运输业务活动。

(5) 有关交通运输服务的其他政策规定。无运输工具承运业务,按照交通运输服务缴纳增值税。无运输工具承运业务是指经营者以承运人身份与托运人签订运输服务合同,收取运费并承担承运人责任,然后委托实际承运人完成运输服务的经营活动。

自2018年1月1日起,纳税人已售票但客户逾期未消费取得的运输逾期票证收入,按照交通运输服务缴纳增值税。

在运输工具舱位承包业务中,发包方和承包方均按照交通运输服务缴纳增值税。

运输工具舱位承包业务是指承包方以承运人身份与托运人签订运输服务合同,收取运费并承担承运人责任,然后以承包他人运输工具舱位的方式,委托发包方实际完成相关运输服务的经营活动。

在运输工具舱位互换业务中,互换运输工具舱位的双方均按照交通运输服务缴纳增值税。

运输工具舱位互换业务是指纳税人之间签订运输协议,在各自以承运人身份承揽的运输业务中,互相利用对方交通运输工具的舱位完成相关运输服务的经营活动。

提炼点睛

交通运输服务中程租、期租、湿租的含义

(1) 水路运输服务中的程租,是指用配备操作人员的船舶完成某一特定航次的运输任务并收取租赁费的业务。

(2) 水路运输服务中的期租,是指将配备有操作人员的船舶租给他人一定期限并收取租赁费的业务。

(3) 航空运输服务中的湿租,是指将配备有机组人员的飞机租给他人一定期限并收取租赁费的业务。

上述三项业务的特点都是配备人员(船舶操作人员、飞机机组人员),所以配备人员的交通工具租赁业务应按照交通运输服务(税率9%)缴纳增值税。相对应地,不配备操作人员、机组人员的光租、干租,属于有形动产租赁服务(税率13%)。

2. 邮政服务

邮政服务是指中国邮政集团公司及所属邮政企业提供邮件寄递、邮政汇兑和机要通信等邮政基本服务的业务活动,包括邮政普遍服务、邮政特殊服务和其他邮政服务。

(1) 邮政普遍服务是指函件、包裹等邮件寄递,以及邮票发行、报刊发行和邮政汇兑等业务活动。

函件是指信函、印刷品、邮资封片卡、无名址函件和邮政小包等。包裹是指按照封装上的名址递送给特定个人或者单位的独立封装的物品,其重量不超过50千克,任何一边的尺寸不超过150厘米,长、宽、高合计不超过300厘米。

(2) 邮政特殊服务是指义务兵平常信函、机要通信、盲人读物和革命烈士遗物的寄递等业务活动。

(3) 其他邮政服务是指邮册等邮品销售、邮政代理等业务活动。

中国邮政速递物流股份有限公司及其子公司(含各级分支机构),不属于中国邮政集团公司所属邮政企业。

3. 电信服务

电信服务是指利用有线、无线的电磁系统或者光电系统等各种通信网络资源,提供语音通话服务,传送、发射、接收或者应用图像、短信等电子数据和信息的业务活动,包括基础电信服务和增值电信服务。

(1) 基础电信服务是指利用固网、移动网、卫星、互联网,提供语音通话服务的业务活动,以及出租或者出售带宽、波长等网络元素的业务活动。

(2) 增值电信服务是指利用固网、移动网、卫星、互联网、有线电视网络，提供短信和彩信服务、电子数据和信息的传输及应用服务、互联网接入服务等业务活动。

卫星电视信号落地转接服务，按照增值电信服务缴纳增值税。纳税人通过楼宇、隧道等室内通信分布系统，为电信企业提供的语音通话和移动互联网等无线信号室分系统传输服务，分别按照基础电信服务和增值电信服务缴纳增值税。

4. 建筑服务

建筑服务是指各类建筑物、构筑物及其附属设施的建造、修缮、装饰，线路、管道、设备、设施等的安装及其他工程作业的业务活动，包括工程服务、安装服务、修缮服务、装饰服务和其他建筑服务。

(1) 工程服务是指新建或改建各种建筑物、构筑物的工程作业，包括与建筑物相连的各种设备或者支柱、操作平台的安装或者装设工程作业，以及各种窑炉和金属结构工程作业。

(2) 安装服务是指生产设备、动力设备、起重设备、运输设备、传动设备、医疗实验设备及其他各种设备、设施的装配、安置工程作业，包括与被安装设备相连的工作台、梯子、栏杆的装设工程作业，以及被安装设备的绝缘、防腐、保温、油漆等工程作业。

固定电话、有线电视、宽带、水、电、燃气、暖气等经营者向用户收取的安装费、初装费、开户费、扩容费及类似收费，按照安装服务缴纳增值税。

(3) 修缮服务是指对建筑物、构筑物进行修补、加固、养护、改善，使之恢复原来的使用价值或者延长其使用期限的工程作业。

(4) 装饰服务是指对建筑物、构筑物进行修饰装修，使之美观或者具有特定用途的工程作业。

(5) 其他建筑服务是指上列工程作业之外的各种工程作业服务，如钻井（打井）、拆除建筑物或者构筑物、平整土地、园林绿化、疏浚（不包括航道疏浚）、建筑物平移、搭脚手架、爆破、矿山穿孔、表面附着物（包括岩层、土层、沙层等）剥离和清理等工程作业。

物业服务企业为业主提供的装修服务，按照建筑服务缴纳增值税。纳税人将建筑施工设备出租给他人使用并配备操作人员的，按照建筑服务缴纳增值税。

5. 现代服务

现代服务是指围绕制造业、文化产业、现代物流产业等提供技术性、知识性服务的业务活动，包括研发和技术服务、信息技术服务、文化创意服务、物流辅助服务、租赁服务、鉴证咨询服务、广播影视服务、商务辅助服务和其他现代服务。

(1) 研发和技术服务包括研发服务、合同能源管理服务、工程勘察勘探服务、专业技术服务。

① 研发服务也称技术开发服务，是指就新技术、新产品、新工艺或者新材料及其系统进行研究与试验开发的业务活动。

② 合同能源管理服务是指节能服务公司与用能单位以契约形式约定节能目标，节能服务公司提供必要的服务，用能单位以节能效果支付节能服务公司投入及其合理报酬的业务活动。

③ 工程勘察勘探服务是指在采矿、工程施工前后，对地形、地质构造、地下资源蕴藏情况进行实地调查的业务活动。

④ 专业技术服务是指气象服务、地震服务、海洋服务、测绘服务、城市规划、环境与生态监测服务等专项技术服务。

自2020年5月1日起,纳税人受托对垃圾、污泥、污水、废气等废弃物进行专业化处理(即运用填埋、焚烧、净化、制肥等方式,对废弃物进行减量化、资源化和无害化处理处置)后未产生货物的,以及专业化处理后产生货物,且货物归属受托方的,受托方属于提供专业技术服务。

(2) 信息技术服务是指利用计算机、通信网络等技术对信息进行生产、收集、处理、加工、存储、运输、检索和利用,并提供信息服务的业务活动,包括软件服务、电路设计及测试服务、信息系统服务、业务流程管理服务和信息系统增值服务。

① 软件服务是指提供软件开发服务、软件维护服务、软件测试服务的业务活动。

② 电路设计及测试服务是指提供集成电路和电子电路产品设计、测试及相关技术支持服务的业务活动。

③ 信息系统服务是指提供信息系统集成、网络管理、网站内容维护、桌面管理与维护、信息系统应用、基础信息技术管理平台整合、信息技术基础设施管理、数据中心、托管中心、信息安全服务、在线杀毒、虚拟主机等业务活动,包括网站对非自有的网络游戏提供的网络运营服务。

纳税人通过蜂窝数字移动通信用塔(杆)及配套设施,为电信企业提供的基站天线、馈线及设备环境控制、动环监控、防雷消防、运行维护等塔类站址管理业务,按照信息技术基础设施管理服务缴纳增值税。

④ 业务流程管理服务是指依托信息技术提供的人力资源管理、财务经济管理、审计管理、税务管理、物流信息管理、经营信息管理和呼叫中心等服务的活动。

⑤ 信息系统增值服务是指利用信息系统资源为用户附加提供的信息技术服务,包括数据处理、分析和整合、数据库管理、数据备份、数据存储、容灾服务、电子商务平台等。

(3) 文化创意服务包括设计服务、知识产权服务、广告服务和会议展览服务。

① 设计服务是指把计划、规划、设想通过文字、语言、图画、声音、视觉等形式传递出来的业务活动,包括工业设计、内部管理设计、业务运作设计、供应链设计、造型设计、服装设计、环境设计、平面设计、包装设计、动漫设计、网游设计、展示设计、网站设计、机械设计、工程设计、广告设计、创意策划、文印晒图等。

② 知识产权服务是指处理知识产权事务的业务活动,包括对专利、商标、著作权、软件、集成电路布图设计的登记、鉴定、评估、认证、检索服务。

③ 广告服务是指利用图书、报纸、杂志、广播、电视、电影、幻灯、路牌、招贴、橱窗、霓虹灯、灯箱、互联网等各种形式为客户的商品、经营服务项目、文体节目或者通告、声明等委托事项进行宣传和提供相关服务的业务活动,包括广告代理和广告的发布、播映、宣传、展示等。

④ 会议展览服务是指为商品流通、促销、展示、经贸洽谈、民间交流、企业沟通、国际往来等举办或者组织安排的各类展览和会议的业务活动。

宾馆、旅馆、旅社、度假村和其他经营性住宿场所提供会议场地及配套服务的活动,按照会议展览服务缴纳增值税。

(4) 物流辅助服务包括航空服务、港口码头服务、货运客运场站服务、打捞救助服务、装卸搬运服务、仓储服务和收派服务。

① 航空服务包括航空地面服务和通用航空服务。

航空地面服务是指航空公司、飞机场、民航管理局、航站等向在境内航行或者在境内机场停留的境内外飞机或者其他飞行器提供的导航等劳务性地面服务的业务活动,包括旅客安全检查服务、停机坪管理服务、机场候机厅管理服务、飞机清洗消毒服务、空中飞行管理服务、飞机起降服务、飞行通信服务、地面信号服务、飞机安全服务、飞机跑道管理服务、空中交通管理服务等。

通用航空服务是指为专业工作提供飞行服务的业务活动,包括航空摄影、航空培训、航空测量、航空勘探、航空护林、航空吊挂播撒、航空降雨、航空气象探测、航空海洋监测、航空科学实验等。

② 港口码头服务是指港务船舶调度服务、船舶通信服务、航道管理服务、航道疏浚服务、灯塔管理服务、航标管理服务、船舶引航服务、理货服务、系解缆服务、停泊和移泊服务、海上船舶溢油清除服务、水上交通管理服务、船只专业清洗消毒检测服务和防止船只漏油服务等为船只提供服务的业务活动。

港口设施经营人收取的港口设施保安费按照港口码头服务缴纳增值税。

③ 货运客运场站服务是指货运客运场站提供的货物配载服务、运输组织服务、中转换乘服务、车辆调度服务、票务服务、货物打包整理、铁路线路使用服务、加挂铁路客车服务、铁路行包专列发送服务、铁路到达和中转服务、铁路车辆编解服务、车辆挂运服务、铁路接触网服务、铁路机车牵引服务等业务活动。

④ 打捞救助服务是指提供船舶人员救助、船舶财产救助、水上救助和沉船沉物打捞服务的业务活动。

⑤ 装卸搬运服务是指使用装卸搬运工具或人力、畜力将货物在运输工具之间、装卸现场之间或者运输工具与装卸现场之间进行装卸和搬运的业务活动。

⑥ 仓储服务是指利用仓库、货场或者其他场所代客贮放、保管货物的业务活动。

⑦ 收派服务是指接受寄件人委托,在承诺的时限内完成函件和包裹的收件、分拣、派送服务的业务活动。收件服务是指从寄件人收取函件和包裹,并运送到服务提供方同城的集散中心的业务活动;分拣服务是指服务提供方在其集散中心对函件和包裹进行归类、分发的业务活动;派送服务是指服务提供方从其集散中心将函件和包裹送达同城的收件人的业务活动。

(5) 租赁服务包括融资租赁服务和经营租赁服务。

① 融资租赁服务是指具有融资性质和所有权转移特点的租赁业务活动。即出租人根据承租人所要求的规格、型号、性能等条件购入有形动产或者不动产租赁给承租人,合同期内租赁物所有权属于出租人,承租人只拥有使用权,合同期满付清租金后,承租人有权按照残值购入租赁物,以拥有其所有权。不论出租人是否将租赁物销售给承租人,均属于融资租赁。

按照标的物的不同,融资租赁服务可分为有形动产融资租赁服务和不动产融资租赁服务,融资性售后回租不按照本税目缴纳增值税。

根据《财政部 国家税务总局关于明确金融、房地产开发、教育辅助服务等增值税政策的通知》(财税〔2016〕140号)第十七条的规定:"自2017年1月1日起,生产企业销售自产的海洋工程结构物,或者融资租赁企业及其设立的项目子公司、金融租赁公司及其设立的项目子公司购买并以融资租赁方式出租的国内生产企业生产的海洋工程结构物,应按规定缴纳增值税,不再适用《财政部 国家税务总局关于出口货物劳务增值税和消费税政策的通知》(财税〔2012〕39号)或者《财政部 国家税务总局关于在全国开展融资租赁货物出口退税政策试点的通知》(财税〔2014〕62号)规定的增值税出口退税政策,但购买方或者承租方为按实物征收增值税的中外合作油(气)田开采企业的除外。2017年1月1日前签订的海洋工程结构物销售合同或者融资租赁合同,在合同到期前,可继续按现行相关出口退税政策执行。"

② 经营租赁服务是指在约定时间内将有形动产或者不动产转让他人使用且租赁物所有权不变更的业务活动。按照标的物不同，经营租赁服务可分为有形动产经营租赁服务和不动产经营租赁服务。

将建筑物、构筑物等不动产或者飞机、车辆等有形动产的广告位出租给其他单位或者个人用于发布广告，按照经营租赁服务缴纳增值税。

车辆停放服务、道路通行服务（包括过路费、过桥费、过闸费等）等按照不动产经营租赁服务缴纳增值税。

水路运输的光租业务、航空运输的干租业务，属于经营性租赁。光租业务是指运输企业将船舶在约定的时间内出租给他人使用，不配备操作人员，不承担运输过程中发生的各项费用，只收取固定租赁费的业务活动。干租业务是指航空运输企业将飞机在约定的时间内出租给他人使用，不配备机组人员，不承担运输过程中发生的各项费用，只收取固定租赁费的业务活动。

（6）鉴证咨询服务包括认证服务、鉴证服务和咨询服务。

① 认证服务是指具有专业资质的单位利用检测、检验、计量等技术，证明产品、服务、管理体系符合相关技术规范、相关技术规范的强制性要求或者标准的业务活动。

② 鉴证服务是指具有专业资质的单位受托对相关事项进行鉴证，发表具有证明力的意见的业务活动，包括会计鉴证、税务鉴证、法律鉴证、职业技能鉴定、工程造价鉴证、工程监理、资产评估、环境评估、房地产土地评估、建筑图纸审核、医疗事故鉴定等。

③ 咨询服务是指提供信息、建议、策划、顾问等服务的活动，包括金融、软件、技术、财务、税收、法律、内部管理、业务运作、流程管理、健康等方面的咨询。

翻译服务和市场调查服务按照咨询服务缴纳增值税。

（7）广播影视服务包括广播影视节目（作品）的制作服务、发行服务和播映（含放映，下同）服务。

① 广播影视节目（作品）制作服务是指进行专题（特别节目）、专栏、综艺、体育、动画片、广播剧、电视剧、电影等广播影视节目和作品制作的服务，包括与广播影视节目和作品相关的策划、采编、拍摄、录音、音视频文字图片素材制作、场景布置、后期的剪辑、翻译（编译）、字幕制作、片头、片尾、片花制作、特效制作、影片修复、编目和确权等业务活动。

② 广播影视节目（作品）发行服务是指以分账、买断、委托等方式，向影院、电台、电视台、网站等单位和个人发行广播影视节目（作品）以及转让体育赛事等活动的报道及播映权的业务活动。

③ 广播影视节目（作品）播映服务是指在影院、剧院、录像厅及其他场所播映广播影视节目（作品），以及通过电台、电视台、卫星通信、互联网、有线电视等无线或有线装置播映广播影视节目（作品）的业务活动。

（8）商务辅助服务包括企业管理服务、经纪代理服务、人力资源服务、安全保护服务。

① 企业管理服务是指提供总部管理、投资与资产管理、市场管理、物业管理、日常综合管理等服务的业务活动。

② 经纪代理服务是指各类经纪、中介、代理服务，包括金融代理、知识产权代理、货物运输代理、代理报关、法律代理、房地产中介、职业中介、婚姻中介、代理记账、拍卖等。

货物运输代理服务是指接受货物收货人、发货人、船舶所有人、船舶承租人或者船舶经营人的委托，以委托人的名义，为委托人办理货物运输、装卸、仓储和船舶进出港口、引航、靠泊等相关手续的业务活动。

代理报关服务是指接受进出口货物的收、发货人委托,代为办理报关手续的业务活动。

拍卖行受托拍卖取得的手续费或佣金收入,按照经纪代理服务缴纳增值税。

③ 人力资源服务是指提供公共就业、劳务派遣、人才委托招聘、劳动力外包等服务的业务活动。

④ 安全保护服务是指提供保护人身安全和财产安全,维护社会治安等的业务活动,包括场所住宅保安、特种保安、安全系统监控及其他安保服务。

纳税人提供武装守护押运服务,按照安全保护服务缴纳增值税。

(9) 其他现代服务是指除研发和技术服务、信息技术服务、文化创意服务、物流辅助服务、租赁服务、鉴证咨询服务、广播影视服务和商务辅助服务以外的现代服务。

纳税人对安装运行后的机器设备提供的维护保养服务,按照其他现代服务缴纳增值税。

自 2018 年 1 月 1 日起,纳税人为客户办理退票而向客户收取的退票费、手续费等收入,按照其他现代服务缴纳增值税。

6. 生活服务

生活服务是指为满足城乡居民日常生活需求提供的各类服务活动,包括文化体育服务、教育医疗服务、旅游娱乐服务、餐饮住宿服务、居民日常服务和其他生活服务。

(1) 文化体育服务包括文化服务和体育服务。

① 文化服务是指为满足社会公众文化生活需求提供的各种服务,包括文艺创作、文艺表演、文化比赛,图书馆的图书和资料借阅,档案馆的档案管理,文物及非物质遗产保护,组织举办宗教活动、科技活动、文化活动,提供游览场所。

② 体育服务是指组织举办体育比赛、体育表演、体育活动,以及提供体育训练、体育指导、体育管理的业务活动。

纳税人在游览场所经营索道、摆渡车、电瓶车、游船等取得的收入,按照文化体育服务缴纳增值税。

(2) 教育医疗服务包括教育服务和医疗服务。

① 教育服务是指提供学历教育服务、非学历教育服务、教育辅助服务的业务活动。

学历教育服务是指根据教育行政管理部门确定或者认可的招生和教学计划组织教学,并颁发相应学历证书的业务活动,包括初等教育、初级中等教育、高级中等教育、高等教育等。非学历教育服务,包括学前教育、各类培训、演讲、讲座、报告会等。教育辅助服务,包括教育测评、考试、招生等服务。

② 医疗服务是指提供医学检查、诊断、治疗、康复、预防、保健、接生、计划生育、防疫服务等方面的服务,以及与这些服务有关的提供药品、医用材料器具、救护车、病房住宿和伙食的业务。

(3) 旅游娱乐服务包括旅游服务和娱乐服务。

① 旅游服务是指根据旅游者的要求,组织安排交通、游览、住宿、餐饮、购物、文娱、商务等服务的业务活动。

② 娱乐服务是指为娱乐活动同时提供场所和服务的业务,包括歌厅、舞厅、夜总会、酒吧、台球、高尔夫球、保龄球、游艺(包括射击、狩猎、跑马、游戏机、蹦极、卡丁车、热气球、动力伞、射箭、飞镖)。

(4) 餐饮住宿服务包括餐饮服务和住宿服务。

① 餐饮服务是指通过同时提供饮食和饮食场所的方式为消费者提供饮食消费服务的业

务活动。

提供餐饮服务的纳税人销售的外卖食品,按照餐饮服务缴纳增值税。纳税人现场制作食品并直接销售给消费者,按照餐饮服务缴纳增值税。

② 住宿服务是指提供住宿场所及配套服务等的活动,包括宾馆、旅馆、旅社、度假村和其他经营性住宿场所提供的住宿服务。

纳税人以长(短)租形式出租酒店式公寓并提供配套服务的,按照住宿服务缴纳增值税。

(5) 居民日常服务是指主要为满足居民个人及其家庭日常生活需求提供的服务,包括市容市政管理、家政、婚庆、养老、殡葬、照料和护理、救助救济、美容美发、按摩、桑拿、氧吧、足疗、沐浴、洗染、摄影扩印等服务。

(6) 其他生活服务是指除文化体育服务、教育医疗服务、旅游娱乐服务、餐饮住宿服务和居民日常服务之外的生活服务。纳税人提供植物养护服务,按照其他生活服务缴纳增值税。

(四)销售无形资产

销售无形资产是指有偿转让无形资产所有权或者使用权的业务活动。

无形资产是指不具实物形态,但能带来经济利益的资产,包括技术、商标、著作权、商誉、自然资源使用权和其他权益性无形资产。

技术包括专利技术和非专利技术。

自然资源使用权包括土地使用权、海域使用权、探矿权、采矿权、取水权和其他自然资源使用权。

纳税人通过省级土地行政主管部门设立的交易平台转让补充耕地指标,按照销售无形资产缴纳增值税,税率为6%。补充耕地指标是指根据《中华人民共和国土地管理法》及国务院土地行政主管部门《耕地占补平衡考核办法》的有关要求,经省级土地行政主管部门确认,用于耕地占补平衡的指标。

其他权益性无形资产包括基础设施资产经营权、公共事业特许权、配额、经营权(包括特许经营权、连锁经营权、其他经营权)、经销权、分销权、代理权、会员权、席位权、网络游戏虚拟道具、域名、名称权、肖像权、冠名权、转会费等。

(五)销售不动产

销售不动产是指有偿转让不动产所有权的业务活动。

不动产是指不能移动或者移动后会引起性质、形状改变的财产,包括建筑物、构筑物等。

建筑物包括住宅、商业营业用房、办公楼等可供居住、工作或者进行其他活动的建造物。构筑物包括道路、桥梁、隧道、水坝等建造物。

转让建筑物有限产权或者永久使用权的,转让在建的建筑物或者构筑物所有权的,以及在转让建筑物或构筑物时一并转让其所占土地的使用权的,按照销售不动产缴纳增值税。

(六)金融服务

金融服务是指经营金融保险的业务活动,包括贷款服务、直接收费金融服务、保险服务和金融商品转让。

1. 贷款服务

贷款是指将资金贷与他人使用而取得利息收入的业务活动。各种占用、拆借资金取得的收入,包括金融商品持有期间(含到期)利息(保本收益、报酬、资金占用费、补偿金等)收入、信用卡透支利息收入、买入返售金融商品利息收入、融资融券收取的利息收入,以及融资性售后回租、押汇、罚息、票据贴现、转贷等业务取得的利息及利息性质的收入，按照贷款服务缴纳增值税。

保本收益、报酬、资金占用费、补偿金是指合同中明确承诺到期本金可全部收回的投资收益。金融商品持有期间（含到期）取得的非保本的上述收益，不属于利息或利息性质的收入，不征收增值税。

融资性售后回租是指承租方以融资为目的，将资产出售给从事融资性售后回租业务的企业后，从事融资性售后回租业务的企业将该资产出租给承租方的业务活动。以货币资金投资收取的固定利润或者保底利润，按照贷款服务缴纳增值税。

2. 直接收费金融服务

直接收费金融服务是指为货币资金融通及其他金融业务提供相关服务并且收取费用的业务活动，包括提供货币兑换、账户管理、电子银行、信用卡、信用证、财务担保、资产管理、信托管理、基金管理、金融交易场所（平台）管理、资金结算、资金清算、金融支付等服务。

3. 保险服务

保险服务是指投保人根据合同约定，向保险人支付保险费，保险人对于合同约定的可能发生的事故因其发生所造成的财产损失承担赔偿保险金责任，或者当被保险人死亡、伤残、疾病或者达到合同约定的年龄、期限等条件时，承担给付保险金责任的商业保险行为。包括人身保险服务和财产保险服务。

人身保险服务是指以人的寿命和身体为保险标的的保险业务活动。

财产保险服务是指以财产及其有关利益为保险标的的保险业务活动。

4. 金融商品转让

金融商品转让是指转让外汇、有价证券、非货物期货和其他金融商品所有权的业务活动。

其他金融商品转让包括基金、信托、理财产品等各类资产管理产品和各种金融衍生品的转让。

纳税人购入基金、信托、理财产品等各类资产管理产品持有至到期，不属于金融商品转让。

纳税人转让因同时实施股权分置改革和重大资产重组而首次公开发行股票并上市形成的限售股，以及上市首日至解禁日期间由上述股份孳生的送、转股，以该上市公司股票上市首日开盘价为买入价，按照金融商品转让缴纳增值税。

（七）进口货物

进口货物是指申报进入我国海关境内的货物。确定一项货物是否属于进口货物，必须看其是否办理了报关进口手续。通常，境外产品要输入境内，必须向我国海关申报进口，并办理有关报关手续。只要是报关进口的应税货物，均属于增值税征税范围。

练习2-2（多选题） 下列应按照有形动产租赁服务缴纳增值税的有（　　）。
A. 航空运输的干租业务
B. 有形动产经营租赁
C. 有形动产融资租赁
D. 水路运输的期租业务
E. 水路运输的程租业务

增值税征收范围：
有形动产租赁服务

练习 2-3（多选题） 根据增值税征税范围的规定,下列说法正确的有( )。
A. 道路通行服务按不动产租赁服务缴纳增值税
B. 向客户收取退票费按其他现代服务缴纳增值税
C. 融资租赁按金融服务缴纳增值税
D. 车辆停放服务按有形动产租赁服务缴纳增值税
E. 融资性售后回租按租赁服务缴纳增值税

增值税征收范围

练习 2-4（单选题） 下列行为不属于增值税现代服务征收范围的是( )。
A. 在游览场所经营索道、摆渡车业务
B. 度假村提供会议场地及配套服务
C. 将建筑物广告位出租给其他单位用于发布广告
D. 为电信企业提供基站天线等塔类站址管理业务

增值税征收范围：
现代服务

二、境内销售的界定

（一）境内销售货物

境内销售货物是指货物的起运地或者所在地在境内。

（二）境内销售服务、无形资产或不动产

境内销售服务、无形资产或不动产,是指服务(租赁不动产除外)或者无形资产(自然资源使用权除外)的销售方或者购买方在境内;所销售或者租赁的不动产在境内;所销售自然资源使用权的自然资源在境内;财政部和国家税务总局规定的其他情形。

（三）不属于在境内销售服务或无形资产

（1）下列情形不属于在境内销售服务或无形资产。
① 境外单位或者个人向境内单位或者个人销售完全在境外发生的服务。
② 境外单位或者个人向境内单位或者个人销售完全在境外使用的无形资产。
③ 境外单位或者个人向境内单位或者个人出租完全在境外使用的有形动产。
④ 财政部和国家税务总局规定的其他情形。
（2）境外单位或者个人发生的下列行为不属于在境内销售服务或者无形资产。
① 为出境的函件、包裹在境外提供的邮政服务、收派服务。
② 向境内单位或者个人提供的工程施工地点在境外的建筑服务、工程监理服务。
③ 向境内单位或者个人提供的工程、矿产资源在境外的工程勘察勘探服务。
④ 向境内单位或者个人提供的会议展览地点在境外的会议展览服务。
（3）境内单位和个人作为工程分包方,为施工地点在境外的工程项目提供建筑服务,从境内工程总承包方取得的分包款收入,视同从境外取得收入。

三、视同销售的征税规定

（一）视同销售货物

单位或者个体工商户的下列行为,视同销售货物。

(1) 将货物交付其他单位或者个人代销。
(2) 销售代销货物。
(3) 设有两个以上机构并实行统一核算的纳税人,将货物从一个机构移送其他机构用于销售,但相关机构设在同一县(市)的除外。

用于销售是指受货机构发生以下情形之一的经营行为。
① 向购货方开具发票。
② 向购货方收取货款。

受货机构的货物移送行为有上述①、②两项情形之一的,应当向所在地税务机关缴纳增值税;未发生上述两项情形的,则应由总机构统一缴纳增值税。

如果受货机构只就部分货物向购买方开具发票或收取货款,则应当区别不同情况计算,并分别向总机构所在地或分支机构所在地税务机关缴纳税款。

(4) 将自产或者委托加工的货物用于非增值税应税项目。
(5) 将自产、委托加工的货物用于集体福利或个人消费。
(6) 将自产、委托加工或购进的货物作为投资,提供给其他单位或个体工商户。
(7) 将自产、委托加工或购进的货物分配给股东或投资者。
(8) 将自产、委托加工或购进的货物无偿赠送给其他单位或者个人。

(二) 视同销售服务、无形资产或者不动产

(1) 单位或者个体工商户向其他单位或者个人无偿提供服务,但用于公益事业或者以社会公众为对象的除外。
(2) 单位或者个人向其他单位或者个人无偿转让无形资产或者不动产,但用于公益事业或者以社会公众为对象的除外。
(3) 财政部和国家税务总局规定的其他情形。

纳税人出租不动产,租赁合同中约定免租期的,不属于视同销售服务。
对上述行为视同销售,按规定计算销售额并征收增值税。

> **练习2-5(判断题)** 判断以下行为是否属于增值税视同销售行为。
> (1) 服装公司将自产的服装交给百货公司代销。
> (2) 化妆品公司将自产的化妆品小样赠送给客户。
> (3) 白酒生产企业将委托加工收回的白酒分配给股东单位。
> (4) 电脑生产企业将自产的笔记本电脑用于年会抽奖,奖励给职工。
>
>
> 增值税视同销售行为

四、混合销售和兼营行为的征税规定

(一) 混合销售

一项销售行为如果既涉及货物又涉及服务,则为混合销售。从事货物的生产、批发或者零售的单位和个体工商户的混合销售行为,按照销售货物缴纳增值税;其他单位和个体工商户的混合销售行为,按照销售服务缴纳增值税。

上述从事货物的生产、批发或者零售的单位和个体工商户,包括以从事货物的生产、批发或者零售为主,并兼营销售服务的单位和个体工商户在内。

自2017年5月1日起,纳税人销售活动板房、机器设备、钢结构件等自产货物的同时提供建筑、安装服务,不属于混合销售,应分别核算货物和建筑服务的销售额,分别适用不同的税率或者征收率。

(二) 兼营行为

兼营行为是指纳税人的经营范围既包括销售货物和劳务,又包括销售服务、无形资产或者不动产。

(1) 纳税人销售货物、劳务、服务、无形资产或者不动产适用不同税率或者征收率的,应当分别核算适用不同税率或者征收率的销售额,未分别核算销售额的,按照以下方法适用税率或者征收率。

① 兼有不同税率的销售货物、劳务、服务、无形资产或者不动产,从高适用税率。

② 兼有不同征收率的销售货物、劳务、服务、无形资产或者不动产,从高适用征收率。

③ 兼有不同税率和征收率的销售货物、劳务、服务、无形资产或者不动产,从高适用税率。

(2) 纳税人兼营免税、减税项目的,应当分别核算免税、减税项目的销售额;未分别核算的,不得减税、免税。

(三) 混合销售与兼营的不同点及其税务处理的规定

混合销售与兼营的区别是混合销售强调在同一项销售行为中存在着不同类别经营项目的混合,销售货款及服务价款是同时从一个购买方取得的;而兼营强调在同一纳税人的经营活动中存在着不同类别经营项目,但这些不同类别经营项目不是在同一项销售行为中发生的。

混合销售与兼营是两个不同的税收概念,因此,在税务处理上的规定也不同。混合销售的纳税主要原则是按经营主业划分,分别按照销售货物、销售服务等不同应税交易征收增值税。兼营的纳税原则是分别核算、分别按照适用税率或征收率征收增值税;对兼营行为不分别核算的,从高适用税率或征收率征收增值税。

五、不征收增值税的规定

下列情形不征收增值税。

(1) 代为收取的同时满足以下条件的政府性基金或者行政事业性收费。

① 由国务院或者财政部批准设立的政府性基金,由国务院或者省级人民政府及其财政、价格主管部门批准设立的行政事业性收费。

② 收取时开具省级以上(含省级)财政部门监(印)制的财政票据。

③ 所收款项全额上缴财政。

(2) 单位或者个体工商户聘用的员工为本单位或者雇主提供取得工资的服务。

(3) 单位或者个体工商户为聘用的员工提供服务。

(4) 各党派、共青团、工会、妇联、中科协、青联、台联、侨联收取党费、团费、会费,以及政府间国际组织收取会费,属于非经营活动,不征收增值税。

(5) 存款利息。

(6) 被保险人获得的保险赔付。

(7) 财政部和国家税务总局规定的其他情形。

① 纳税人根据国家指令无偿提供的铁路运输服务、航空运输服务,属于《营业税改征增值税试点实施办法》(财税〔2016〕36号附件1)规定的以公益活动为目的的服务,不征收增值税。

② 房地产主管部门或者其指定机构、公积金管理中心、开发企业以及物业管理单位代收的住宅专项维修资金。

③ 纳税人在资产重组过程中,通过合并、分立、出售、置换等方式,将全部或者部分实物资产以及与其相关联的债权、负债和劳动力一并转让给其他单位和个人,不属于增值税的征税范围,其中涉及的货物转让,不动产、土地使用权转让行为,不征收增值税。

④ 将全部或者部分实物资产以及与其相关联的债权、负债经多次转让后,最终的受让方与劳动力接收方为同一单位和个人的,也不属于增值税的征税范围,其中货物的多次转让,不征收增值税。

⑤ 自2020年1月1日起,纳税人取得的财政补贴收入,与其销售货物、劳务、服务、无形资产、不动产的收入或者数量直接挂钩的,应按规定计算缴纳增值税。

纳税人取得的其他情形的财政补贴收入,不属于增值税应税收入,不征收增值税。

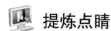 **提炼点睛**

不征税、免税、零税率三者的区别

(1) 不征税就是上述行为不在增值税征税规定范围内,不需要缴纳增税。

(2) 免税是指特定项目虽在增值税的征税范围内,但国家给予政策优惠,允许免征增值税。但免税行为上一环节所负担的增值税进项税额不可以抵扣。

(3) 与免税相似的一个概念是零税率。零税率与免税的最大区别就是在零税率的情形下,上一环节的进项税额仍然可以正常抵扣,或者享受出口退(免)税政策。

(4) 在经济类考试中,不征税、免税和零税率经常出客观题进行考查,需要同学们在学习本部分知识点时,重点进行区别。

第四节 税率和征收率

一、增值税税率概述

(一) 增值税税率概念

增值税税率是按照应税交易的整体税负设计的,用应税交易的销售额乘以增值税税率,即该交易在这一环节所负担的全部增值税税额(包括本环节的应纳税额及以前环节的已纳税额)。这种设计税率的方法用公式表示如下:

$$增值税税率 = \frac{应税交易在本环节的应纳税额 + 以前环节的已纳税额}{应税交易在本环节的销售额} \times 100\%$$

(二) 增值税税率的基本原则

确定增值税税率的基本原则,应是尽可能减少税率档次,或者说不宜采取过多档次的税率。这是由增值税实行税款抵扣的计税方法及其税收中性的特征所决定的。

(1) 税率档次过多,在计算增值税时需划分应税交易属于哪一档税率问题,有时会无法确定。

(2) 多税率容易出现低征高扣或高征低扣情况,导致销项税额与进项税额的计算十分复杂。

(3) 多税率会使增值税失去税收中性的特征。增值税属于中性税种,主要体现普遍调节、公平税负和保证财政收入的作用。

（三）增值税税率的类型

从世界各国设置增值税税率的情况看,税率一般有以下几种类型。

（1）基本税率也称标准税率。这是各个国家根据本国生产力发展水平、财政政策的需要、消费者的承受能力并考虑到历史上货物劳务税税负水平后确定的,适用于绝大多数应税货物和劳务的税率。

（2）低税率即对基本生活用品和劳务确定的适用税率。由于增值税税负最终构成消费者的支出,因此,设置低税率的根本目的是鼓励某些货物或劳务的消费,或者说是照顾消费者的利益,保证消费者对基本生活用品的消费。

（3）高税率即对奢侈品、非生活必需品或劳务确定的适用税率。采用高税率是为了发挥增值税的宏观调控作用,限制某些货物和劳务的消费,增加财政收入。

（4）零税率。一般来说,各国增值税都规定有零税率,其实施范围主要是出口货物。零税率表示出口环节税率为零(即销项为0),但上一个环节负担的进项税额仍然可以正常抵扣,或者享受退税[出口退（免）税政策]。

二、增值税的税率

（一）传统征收范围税率

1. 适用13%税率的情况

除低税率和零税率外的一般应税货物的销售行为、进口货物行为和销售劳务行为,税率为13%,具有一般调节意义。另外,开征消费税能够发挥特定调节作用。

2. 适用9%税率的情况

纳税人销售或者进口下列货物,税率为9%。

（1）粮食等农产品、食用植物油、鲜奶、食用盐。

（2）自来水、暖气、冷气、热水、煤气、石油液化气、天然气、二甲醚、沼气居民用煤炭制品。

（3）图书、报纸、杂志、音像制品、电子出版物。

（4）饲料、化肥、农药、农机、农膜。

（5）国务院及其有关部门规定的其他货物。

农产品是指种植业、养殖业、林业、牧业、水产业生产的各种植物、动物的初级产品。具体征收范围暂继续按照《财政部 国家税务总局关于印发〈农业产品征税范围注释〉的通知》（财税字〔1995〕52号）及现行相关规定执行。

3. 适用出口货物零税率的情况

纳税人出口货物,税率为零;国务院另有规定的除外。

练习2-6（多选题） 下列适用9%税率的有（　　）。

A. 蔬菜罐头
B. 农机零部件
C. 宠物饲料
D. 蜂窝煤
E. 中药饮片

增值税税率适用情形

(二)"营改增"征收范围税率

1. 适用13%税率的情况

纳税人提供有形动产租赁服务,税率为13%。

2. 适用9%税率的情况

纳税人销售交通运输服务、邮政服务、基础电信服务、建筑服务、不动产租赁服务、销售不动产、转让土地使用权,税率为9%。

3. 适用6%税率的情况

纳税人销售服务、无形资产,除以上1点和2点另有规定外,税率为6%。

纳税人通过省级土地行政主管部门设立的交易平台转让补充耕地指标,按照销售无形资产缴纳增值税,税率为6%。补充耕地指标是指根据《中华人民共和国土地管理法》及国务院土地行政主管部门《耕地占补平衡考核办法》的有关要求,经省级土地行政主管部门确认,用于耕地占补平衡的指标。

4. 适用跨境销售服务、无形资产零税率的情况

境内单位和个人跨境销售国务院规定范围内的服务、无形资产,税率为零。

三、增值税的征收率

增值税征收率是指对特定的货物或特定的纳税人发生应税销售行为在某一生产流通环节应纳税额与销售额的比率。增值税征收率适用于两种情况:一是小规模纳税人;二是一般纳税人发生应税销售行为按规定可以选择简易计税方法计税的。

(一)征收率的一般规定

(1)下列情形适用5%征收率。

① 小规模纳税人销售其自建或者取得的不动产。

② 一般纳税人销售其2016年4月30日前自建或者取得的不动产,选择适用简易计税方法的。

③ 房地产开发企业中的小规模纳税人,销售自行开发的房地产项目。

④ 房地产开发企业中的一般纳税人,销售自行开发的房地产老项目,选择适用简易计税方法的。

⑤ 其他个人销售其取得(不含自建)的不动产(不含其购买的住房)。

⑥ 一般纳税人出租(经营租赁)其2016年4月30日前取得的不动产,选择适用简易计税方法的。

⑦ 小规模纳税人出租(经营租赁)其取得的不动产(不含个人出租住房)。

⑧ 其他个人出租(经营租赁)其取得的不动产(不含住房)。

⑨ 个人出租住房,应按照5%的征收率减按1.5%计算应纳税额。

⑩ 一般纳税人和小规模纳税人提供劳务派遣、安全保护服务选择差额纳税的。

⑪ 一般纳税人2016年4月30日前签订的不动产融资租赁合同,或以2016年4月30日前取得的不动产提供的融资租赁服务,选择适用简易计税方法的。

⑫ 一般纳税人收取试点前开工的一级公路、二级公路、桥、闸通行费,选择适用简易计税方法的。

⑬ 一般纳税人提供人力资源外包服务,选择适用简易计税方法的。

⑭ 纳税人转让2016年4月30日前取得的土地使用权,选择适用简易计税方法的。

(2) 除上述适用5%征收率以外的纳税人,选择适用简易计税方法发生的应税销售行为均按照3%征收率征收增值税。

(二) 征收率的特殊规定

(1) 根据增值税法的有关规定,适用3%征收率的某些一般纳税人和小规模纳税人,可以减按2%计征增值税。

① 一般纳税人销售自己使用过的属于《增值税暂行条例》第十条规定不得抵扣且未抵扣进项税额的固定资产,按照简易办法依照3%征收率减按2%征收增值税。

纳税人销售自己使用过的固定资产,适用简易办法依照3%征收率减按2%征收增值税政策的,可以放弃减税,按照简易办法依照3%征收率缴纳增值税,并可以开具增值税专用发票。

已使用过的固定资产是指纳税人根据财务会计制度已经计提折旧的固定资产。

② 小规模纳税人(除其他个人外,下同)销售自己使用过的固定资产,减按2%征收率增值税。

③ 纳税人销售旧货,按照简易办法依照3%征收率减按2%征收增值税。旧货是指进入二次流通的具有部分使用价值的货物(含旧汽车、旧摩托车和旧游艇),但不包括自己使用过的物品。

上述纳税人销售自己使用过的固定资产、旧货按照简易办法依照3%征收率减按2%征收增值税的,按下列公式确定销售额和应纳税额。

$$销售额 = 含税销售额 \div (1 + 3\%)$$

$$应纳税额 = 销售额 \times 2\%$$

(2) 提供物业管理服务的纳税人,向服务接受方收取的自来水水费,以扣除其对外支付的自来水水费后的余额为销售额,按照简易计税方法依3%的征收率计算缴纳增值税。

(3) 小规模纳税人提供劳务派遣服务,可以按照《营改增通知》的有关规定,以取得的全部价款和价外费用为销售额,按照简易计税方法依3%的征收率计算缴纳增值税,也可以选择差额纳税,以取得的全部价款和价外费用,扣除代用工单位支付给劳务派遣员工的工资、福利和为其办理社会保险及住房公积金后的余额为销售额,按照简易计税方法依5%的征收率计算缴纳增值税。

选择差额纳税的纳税人,向用工单位收取用于支付劳务派遣员工工资、福利和为其办理社会保险及住房公积金的费用,不得开具增值税专用发票,可以开具普通发票。

(4) 非企业性单位中的一般纳税人提供的研发和技术服务、信息技术服务、鉴证咨询服务,以及销售技术、著作权等无形资产,可以选择简易计税方法按照3%征收率计算缴纳增值税。

非企业性单位中的一般纳税人提供《营业税改征增值税试点过渡政策的规定》(财税〔2016〕36号)第一条第(二十六)项中的"技术转让、技术开发和与之相关的技术咨询、技术服务",可以参照上述规定,选择简易计税方法按照3%征收率计算缴纳增值税。

(5) 一般纳税人提供教育辅助服务,可以选择简易计税方法按照3%征收率计算缴纳增值税。

(6) 增值税一般纳税人生产销售和批发、零售抗癌药品,可选择按照简易办法依照3%征收率计算缴纳增值税。抗癌药品是指经国家药品监督管理部门批准注册的抗癌制剂及原料药。抗癌药品范围实行动态调整,纳税人选择简易办法缴纳增值税后,36个月内不得变更。

(7) 增值税一般纳税人生产销售和批发、零售罕见病药品,可选择按照简易办法依3%征收率计算缴纳增值税。上述纳税人选择简易办法计算缴纳增值税后,36个月内不得变更。

(8) 罕见病药品是指经国家药品监督管理部门批准注册的罕见病药品制剂及原料药。罕见病药品范围实行动态调整,由财政部、海关总署、税务总局、药监局根据变化情况适时明确。纳税人应单独核算罕见病药品的销售额。未单独核算的,不得适用上述规定的简易征收政策。

(9) 自2020年5月1日至2023年12月31日,从事二手车经销的纳税人销售其收购的二手车,由原按照简易办法依3%征收率减按2%征收增值税,改为减按0.5%征收增值税。

二手车是指从办理完注册登记手续至达到国家强制报废标准之前进行交易并转移所有权的车辆,具体范围按照国务院商务主管部门出台的二手车流通管理办法执行。

四、兼营行为的税率选择

试点纳税人发生应税销售行为适用不同税率或者征收率的,应当分别核算适用不同税率或者征收率的销售额;未分别核算销售额的,按照以下方法适用税率或者征收率。

(1) 兼有不同税率的应税销售行为,从高适用税率。
(2) 兼有不同征收率的应税销售行为,从高适用征收率。
(3) 兼有不同税率和征收率的应税销售行为,从高适用税率。

第五节 增值税的计税方法

增值税的计税方法包括一般计税方法、简易计税方法和扣缴计税方法。

一、一般计税方法

一般纳税人发生应税销售行为适用一般计税方法计税。其计算公式是

$$当期应纳增值税税额 = 当期销项税额 - 当期进项税额$$

【例2-2】 某生产企业为增值税一般纳税人,生产的产品适用13%的增值税率。2023年1月销售产品取得不含税销售额200万元,当月从农业生产者购进农产品作为生产用原材料,收购发票上注明买价70万元,当月领用56万元农产品用于加工;购进其他原材料取得增专发票注明金额100万元,税额13万元。计算当月该月增值税金额。

解析:销项税额 $= 200 \times 13\% = 26$(万元)

进项税额 $= 70 \times 9\% + 56 \times 9\% \div 9\% \times 1\% + 13 = 19.86$(万元)

当月该企业应纳增值税 $= 26 - 19.86 = 6.14$(万元)

二、简易计税方法

小规模纳税人发生应税销售行为适用简易计税方法计税。其计算公式是

$$当期应纳增值税税额 = 当期销售额(不含增值税) \times 征收率$$

一般纳税人发生财政部和国家税务总局规定的特定应税销售行为,也可以选择适用简易计税方法计税,但是不得抵扣进项税额。其主要包括以下情形。

(1) 县级及县级以下小型水力发电单位生产的电力。小型水力发电单位是指各类投资主体建设的装机容量为5万千瓦以下(含5万千瓦)的小型水力发电单位。

(2) 自产的建筑用和生产建筑材料所用的砂、土、石料。

(3) 以自己采掘的砂、土、石料或其他矿物连续生产的砖、瓦、石灰(不含黏土实心砖、瓦)。

(4) 自产的用微生物、微生物代谢产物、动物毒素、人或动物的血液或组织制成的生物制品。

(5) 自产的自来水。

(6) 自来水公司销售自来水。

(7) 自产的商品混凝土(仅限于以水泥为原料生产的水泥混凝土)。

(8) 单采血浆站销售非临床用人体血液。

(9) 寄售商店代销寄售物品(包括居民个人寄售的物品在内)。

(10) 典当业销售死当物品。

(11) 药品经营企业销售生物制品。

(12) 公共交通运输服务。公共交通运输服务包括轮客渡、公交客运、地铁、城市轻轨、出租车、长途客运、班车。班车是指按固定路线、固定时间运营并在固定站点停靠的运送旅客的陆路运输服务。

(13) 经认定的动漫企业为开发动漫产品提供的动漫脚本编撰、形象设计、背景设计、动画设计、分镜、动画制作、摄制、描线、上色、画面合成、配音、配乐、音效合成、剪辑、字幕制作、压缩转码(面向网络动漫、手机动漫格式适配)服务,以及在境内转让动漫版权(包括动漫品牌、形象或者内容的授权及再授权)。

(14) 电影放映服务、仓储服务、装卸搬运服务、收派服务和文化体育服务。

(15) 以纳入营改增试点之日前取得的有形动产为标的物提供的经营租赁服务。

(16) 在纳入营改增试点之日前签订的尚未执行完毕的有形动产租赁合同。

(17) 以清包工方式提供的建筑服务。以清包工方式提供建筑服务是指施工方不采购建筑工程所需的材料或只采购辅助材料,并收取人工费、管理费或者其他费用的建筑服务。

(18) 为甲供工程提供的建筑服务。甲供工程是指全部或部分设备、材料、动力由工程发包方自行采购的建筑工程。

(19) 销售其2016年4月30日前取得的不动产。

(20) 为建筑工程老项目提供的建筑服务。建筑工程老项目是指:①《建筑工程施工许可证》注明的合同开工日期在2016年4月30日前的建筑工程项目。②未取得《建筑工程施工许可证》的,建筑工程承包合同注明的开工日期在2016年4月30日前的建筑工程项目。

(21) 出租其2016年4月30日前取得的不动产。

(22) 提供非学历教育服务。

(23) 一般纳税人收取试点前开工的一级公路、二级公路、桥、闸通行费。

(24) 一般纳税人提供人力资源外包服务。

(25) 一般纳税人2016年4月30日前签订的不动产融资租赁合同,或以2016年4月30日前取得的不动产提供的融资租赁服务。

(26) 纳税人转让2016年4月30日前取得的土地使用权。

(27) 一般纳税人提供劳务派遣服务,可以选择差额纳税,以取得的全部价款和价外费用,扣除代用工单位支付给劳务派遣员工的工资、福利和为其办理社会保险及住房公积金后的余额为销售额,按照简易计税方法依5%的征收率计算缴纳增值税。

(28) 一般纳税人销售电梯的同时提供安装服务,其安装服务可以按照甲供工程选择适用简易计税方法计税。

(29) 房地产开发企业中的一般纳税人以围填海方式取得土地并开发的房地产项目,围填海工程《建筑工程施工许可证》或建筑工程承包合同注明的围填海开工日期在2016年4月30日前的,属于房地产老项目,可以选择简易计税方法按照5%的征收率计算缴纳增值税。

一般纳税人发生财政部和国家税务总局规定的特定应税销售行为,一经选择适用简易计税方法计税,36个月内不得变更。

> **练习2-7(多选题)** 一般纳税人发生财政部和国家税务总局规定的特定应税销售行为,可以选择适用简易计税方法有( )。
> A. 提供非学历教育服务
> B. 电影放映服务
> C. 典当业销售死当物品
> D. 自产的自来水
> E. 提供非学历教育服务

简易计税方法适用情形

三、扣缴计税方法

境外的单位或者个人在境内发生应税销售行为,在境内未设有经营机构的,以购买方为增值税扣缴义务人。应扣缴税额计算公式如下:

$$应扣缴税额=购买方支付的价款÷(1+税率)×税率$$

第六节 一般计税方法应纳税额的计算

我国采用的一般计税方法是间接计算法,即先按当期销售额和适用税率计算出销项税额,然后将当期准予抵扣的进项税额进行抵扣,从而间接计算出当期增值额部分应纳税额。

增值税一般纳税人(除适用简易计税方法外)发生应税销售行为的应纳税额均应等于当期销项税额抵扣当期进项税额后的余额。其计算公式如下:

$$当期应纳税额=当期销项税额-当期进项税额$$

增值税一般纳税人当期应纳税额的多少,取决于当期销项税额和当期进项税额这两个因素。

一、销项税额的计算

销项税额是指纳税人发生应税销售行为时,按照销售额与规定税率计算并向购买方收取的增值税税额。销项税额的计算公式为

$$销项税额=销售额×适用税率$$

从销项税额的定义和公式可以看出,它是由购买方在购买货物、劳务、服务、无形资产、不动产时,一并向销售方支付的税款。对于属于一般纳税人的销售方来说,在没有抵扣其进项税额前,销售方收取的销项税额还不是其应纳增值税税额。

销项税额的计算取决于销售额和适用税率两个因素。在适用税率既定的前提下,销项税额的大小主要取决于销售额的大小。本书将销售额的确认分为以下五种情形。

（一）一般销售方式下的销售额确认

销售额是指纳税人发生应税销售行为时向购买方（承受劳务和服务行为也视为购买方）收取的全部价款和价外费用。需要特别强调的是，尽管销项税额也是销售方向购买方收取的，但是增值税采用的是价外计税方式，即用不含增值税（以下简称不含税）价作为计税依据，因而销售额中不包括向购买方收取的销项税额。

价外费用是指价外收取的各种性质的收费，但下列项目不包括在内。

（1）受托加工应征消费税的消费品所代收代缴的消费税。

（2）同时符合以下条件的代垫运输费用。

① 水运部门的运输费用发票开具给购买方的。

② 纳税人将该项发票转交给购买方的。

（3）同时符合以下条件代为收取的政府性基金或者行政事业性收费。

① 由国务院或者财政部批准设立的政府性基金，由国务院或者省级人民政府及其财政、价格主管部门批准设立的行政事业性收费。

② 收取时开具省级以上财政部门印制的财政票据。

③ 所收款项全额上缴财政。

（4）以委托方名义开具发票代委托方收取的款项。

（5）销售货物的同时代办保险等而向购买方收取的保险费，以及向购买方收取的代购买方缴纳的车辆购置税、车辆牌照费。

凡随同应税销售行为向购买方收取的价外费用，无论会计制度规定如何核算，均应并入销售额计算应纳税额。应当注意，根据国家税务总局的规定，对于增值税一般纳税人（包括纳税人自己或代其他部门）向购买方收取的价外费用和逾期包装物押金，应视为含增值税（以下简称含税）收入，在征税时应换算成不含税收入再并入销售额。

销售额应以人民币计算。纳税人按外币结算销售额的，应当折合成人民币计算。折合率可以选择销售额发生的当天或者当月1日的人民币汇率中间价。纳税人应当在事先确定采用何种折合率，确定后12个月内不得变更。

（二）特殊销售方式下的销售额确认

在销售活动中，为了达到促销的目的，纳税人有多种销售方式选择。在不同销售方式下，销售者取得的销售额会有所不同。增值税相关法律法规对以下几种销售方式分别做了规定。

1. 采取折扣方式销售

折扣销售是指销货方在发生应税销售行为时，因购货方购货数量较大等原因而给予购货方的价格优惠。例如，购买5件商品，销售价格折扣10%；购买10件商品，销售价格折扣20%。根据增值税相关法律法规的规定，纳税人发生应税销售行为并向购货方开具增值税专用发票后，由于购货方在一定时期内累计购买货物、劳务、服务、无形资产、不动产达到一定数量，或者由于市场价格下降等原因，销货方给予购货方相应的价格优惠或补偿等折扣、折让行为，销货方可按现行《增值税专用发票使用规定》的有关规定开具红字增值税专用发票。这里需要解释的包括以下几点。

（1）折扣销售不同于销售折扣。销售折扣是指销货方在发生应税销售行为后，为了鼓励购货方及早偿还货款而协议许诺给予购货方的一种折扣优待。例如，10天内付款，货款折扣2%；20天内付款，货款折扣1%；30天内全价付款。销售折扣发生在应税销售行为之后，是一种融资性质的理财费用。因此,销售折扣不得从销售额中减除。企业在确定销售额时,应把折扣销售与销售折扣严格区分开。

(2) 销售折扣不同于销售折让。销售折让是指企业因售出商品的质量不合格等原因而在售价上给予的减让。就增值税而言,销售折让其实是指纳税人发生应税销售行为后因为劳动成果质量不合格等原因在售价上给予的减让。

(3) 折扣销售仅限于应税销售行为价格的折扣,如果销货方将自产、委托加工和购买的应税销售行为用于实物折扣的,则该实物款额不能从应税销售行为的销售额中减除,并且该实物应按视同销售货物中的赠送他人计算征收增值税。

纳税人发生应税销售行为,将价款和折扣额在同一张发票"金额"栏分别注明的,以折扣后的价款为销售额;未将价款和折扣额在同一张发票"金额"栏分别注明的(无论发票的"备注"栏是否注明折扣额),以价款为销售额,不得扣减折扣额。

纳税人因销售折让、中止或者退回而退还给购货方的增值税额,应扣减当期的销项税额(一般计税方法)或销售额(简易计税方法)。

练习2-8(计算题) 某食品企业为增值税一般纳税人,2022年4月销售货物,开具增值税专用发票注明金额500万元,因购买数量较大给予相应折扣,在同一张发票"金额栏"注明折扣金额250万元。为鼓励买方及早付款,实行现金折扣2/30,1/45,n/90,买方于第40天付款。请计算该企业上述业务的销项税额。

销项税额的计算

2. 采取以旧换新方式销售

以旧换新是指纳税人在销售自己的货物时,有偿收回旧货物的行为。根据增值税相关法律法规的规定,采取以旧换新方式销售货物的,应按新货物的同期销售价格确定销售额,不得扣减旧货物的收购价格。之所以这样规定,是因为销售货物与收购货物是两个不同的业务活动,销售额与收购额不能相互抵减。同时,这也是为了严格增值税的计算征收,防止出现销售额不实、减少纳税的现象。

但是,考虑到金银首饰以旧换新业务的特殊情况,对金银首饰以旧换新业务,可以按销售方实际收取的不含增值税的全部价款征收增值税。

3. 采取还本销售方式销售

还本销售是指纳税人在销售货物后,到一定期限由销售方一次或分次退还给购货方全部或部分价款。这种方式实际上是一种筹资行为,是以货物换取资金的使用价值,到期还本不付息的方法。根据增值税相关法律法规的规定,采取还本销售方式销售货物,其销售额就是货物的销售价格,不得从销售额中减除还本支出。

4. 采取以物易物方式销售

以物易物是一种较为特殊的购销活动,是指购销双方不是以货币结算,而是以同等价款的应税销售行为相互结算,实现应税销售行为购销的一种方式。以物易物双方都应做购销处理,以各自发出的应税销售行为核算销售额并计算销项税额,以各自收到的货物、劳务、服务、无形资产、不动产核算购进金额并计算进项税额。应当注意的是,在以物易物活动中,应分别开具合法的票据,如果收到的货物、劳务、服务、无形资产、不动产不能取得相应的增值税专用发票或其他合法票据的,不能抵扣进项税额。

5. 包装物押金的税务处理

包装物是纳税人包装本单位货物的各种物品。纳税人在销售货物时另收取包装物押金的目的是促使购货方及早退回包装物以便周转使用。

根据增值税相关法律法规的规定,纳税人为销售货物出租出借包装物而收取的押金,单独记账核算,时间在1年以内且未过期的,不并入销售额征税,但对逾期未收回包装物不再退还的押金,应按所包装货物的适用税率计算销项税额。

逾期是指按合同约定实际逾期或以1年为期限,对收取1年以上的押金,无论是否退还均并入销售额征税。当然,在将包装物押金并入销售额征税时,需要先将该押金换算为不含税价,再并入销售额征税。

纳税人为销售货物出租出借包装物而收取的押金,无论包装物周转使用期限长短,超过1年(含1年)以上仍不退还的均并入销售额征税。

国家税务总局《关于加强增值税征收管理若干问题的通知》(国税发〔1995〕192号)规定,从1995年6月1日起,对销售除啤酒、黄酒外的其他酒类产品而收取的包装物押金,无论是否返还及会计上如何核算,均应并入当期销售额征税。对于销售啤酒、黄酒所收取的押金,按上述一般押金的规定处理。

另外,包装物押金不应混同于包装物租金,纳税人销售货物同时收取包装物租金的,在包装物租金收取之时就应该考虑销项税额的征纳问题。

6. 贷款服务的销售额

贷款服务以提供贷款服务取得的全部利息及利息性质的收入为销售额。银行提供贷款服务按期计收利息的,结息日当日计收的全部利息收入,均应计入结息日所属期的销售额,按照现行规定计算缴纳增值税。

证券公司、保险公司、金融租赁公司、证券基金管理公司、证券投资基金及其他经人民银行、银保监会、证监会批准成立且经营金融保险业务的机构发放贷款后,自结息日起90天内发生的应收未收利息按现行规定缴纳增值税,自结息日起90天后发生的应收未收利息暂不缴纳增值税,待实际收到利息时按规定缴纳增值税。

自2018年1月1日起,资管产品管理人运营资管产品提供的贷款服务以2018年1月1日起产生的利息及利息性质的收入为销售额。

7. 直接收费金融服务的销售额

直接收费金融服务以提供直接收费金融服务收取的手续费、佣金、酬金、管理费、服务费、经手费、开户费、过户费、结算费、转托管费等各类费用为销售额。

(三)按差额确定销售额

虽然原营业税的征收范围全行业均纳入了增值税的征收范围,但是目前仍然存在无法通过抵扣机制避免重复征税的情况,因此引入了差额征税的办法,解决纳税人税收负担增加问题。以下项目按差额确定销售额。

1. 金融商品转让的销售额

金融商品转让,按照卖出价扣除买入价后的余额为销售额。转让金融商品出现的正负差,按盈亏相抵后的余额为销售额。若相抵后出现负差,可结转下一纳税期与下期转让金融商品销售额相抵,但年末时仍出现负差的,不得转入下一个会计年度。

上市公司因实施重大资产重组形成的限售股,以及股票复牌首日至解禁日期间由上述股份孳生的送、转股,因重大资产重组停牌的,按照《国家税务总局关于营改增试点若干征管问题的公告》(国家税务总局公告2016年第53号)第五条第(三)项的规定确定买入价;在重大资产重组前已经暂停上市的,以上市公司完成资产重组后股票恢复上市首日的开盘价为买入价。

金融商品的买入价可以选择按照加权平均法或者移动加权平均法进行核算,选择后36个月内不得变更。金融商品转让不得开具增值税专用发票。

2. 经纪代理服务的销售额

经纪代理服务以取得的全部价款和价外费用,扣除向委托方收取并代为支付的政府性基金或者行政事业性收费后的余额为销售额。向委托方收取的政府性基金或者行政事业性收费,不得开具增值税专用发票。

3. 融资租赁和融资性售后回租业务的销售额

(1) 经人民银行、银保监会或者商务部批准从事融资租赁业务的试点纳税人(包括经上述部门备案从事融资租赁业务的试点纳税人),提供融资租赁服务,以取得的全部价款和价外费用,扣除支付的借款利息(包括外汇借款和人民币借款利息)、发行债券利息和车辆购置税后的余额为销售额。

(2) 经人民银行、银保监会或者商务部批准从事融资租赁业务的试点纳税人,提供融资性售后回租服务,以取得的全部价款和价外费用(不含本金),扣除对外支付的借款利息(包括外汇借款和人民币借款利息)、发行债券利息后的余额作为销售额。

(3) 试点纳税人根据2016年4月30日前签订的有形动产融资性售后回租合同,在合同到期前提供有形动产融资性售后回租服务,可继续按照有形动产融资租赁服务缴纳增值税。

4. 航空运输企业的销售额

航空运输企业的销售额不包括代收的机场建设费和代售其他航空运输企业客票而代收转付的价款。

自2018年1月1日起,航空运输销售代理企业提供境外航段机票代理服务,以取得的全部价款和价外费用,扣除向客户收取并支付给其他单位或者个人的境外航段机票结算款和相关费用后的余额为销售额。其中,支付给境内单位或者个人的款项,以发票或行程单为合法有效凭证;支付给境外单位或者个人的款项,以签收单据为合法有效凭证,税务机关对签收单据有疑义的,可以要求其提供境外公证机构的确认证明。

航空运输销售代理企业提供境内机票代理服务,以取得的全部价款和价外费用,扣除向客户收取并支付给航空运输企业或其他航空运输销售代理企业的境内机票净结算款和相关费用后的余额为销售额。其中,支付给航空运输企业的款项,以国际航空运输协会开账与结算计划对账单或航空运输企业的签收单据为合法有效凭证;支付给其他航空运输销售代理企业的款项,以代理企业间的签收单据为合法有效凭证。航空运输销售代理企业就取得的全部价款和价外费用,向购买方开具行程单或开具增值税普通发票。

航空运输销售代理企业是指根据《航空运输销售代理资质认可办法》取得中国航空运输协会颁发的"航空运输销售代理业务资质认可证书",接受中国航空运输企业或通航中国的外国航空运输企业委托,依照双方签订的委托销售代理合同提供代理服务的企业。

5. 客运场站服务的销售额

试点纳税人中的一般纳税人提供客运场站服务,以其取得的全部价款和价外费用,扣除支付给承运方运费后的余额为销售额。

6. 旅游服务的销售额

试点纳税人提供旅游服务,可以选择以取得的全部价款和价外费用,扣除向旅游服务购买方收取并支付给其他单位或者个人的住宿费、餐饮费、交通费、签证费、门票费和支付给其他接团旅游企业的旅游费用后的余额为销售额。

选择上述办法计算销售额的试点纳税人,向旅游服务购买方收取并支付的上述费用,不得开具增值税专用发票,可以开具普通发票。

7. 建筑服务的销售额

试点纳税人提供建筑服务适用简易计税方法的,以取得的全部价款和价外费用扣除支付的分包款后的余额为销售额。分包款是指支付给分包方的全部价款和价外费用。

(四) 视同发生应税销售行为的销售额确定

纳税人发生应税销售行为的价格明显偏低并无正当理由的,或者视同发生应税销售行为而无销售额的,由主管税务机关按照下列顺序确定其销售额。

(1) 按纳税人最近时期发生同类应税销售行为的平均价格确定。

(2) 按其他纳税人最近时期发生同类应税销售行为的平均价格确定。

(3) 按组成计税价格确定。组成计税价格的公式为

$$组成计税价格 = 成本 \times (1 + 成本利润率)$$

注意:公式中的成本利润率由国家税务总局确定。

(五) 含税销售额的换算

我国的增值税是价外税,计税依据中不含增值税本身的数额。一般纳税人发生应税销售行为取得的含税销售额在计算销项税额时,必须将其换算为不含税的销售额。

一般纳税人发生应税销售行为,采用销售额和销项税额合并定价方法的,按照下列公式计算销售额:

$$销售额 = 含税销售额 \div (1 + 税率)$$

注意:公式中的税率为发生应税销售行为时按《增值税暂行条例》的规定所适用的税率。

二、进项税额的计算

进项税额是指纳税人购进货物、劳务、服务、无形资产、不动产支付或者负担的增值税额。进项税额是与销项税额相对应的另一个概念。在开具增值税专用发票的情形下,它们之间的对应关系是,销售方收取的销项税额,就是购买方支付的进项税额。对于任何一个一般纳税人而言,其在经营活动中,既会发生应税销售行为,又会发生购进货物、劳务、服务、无形资产、不动产行为。因此,每一个一般纳税人都会有收取的销项税额和支付的进项税额。

(一) 准予从销项税额中抵扣的进项税额

根据《增值税暂行条例》和《营改增通知》,准予从销项税额中抵扣的进项税额,限于下列增值税扣税凭证上注明的增值税额和按规定的扣除率计算的进项税额。

(1) 从销售方取得的增值税专用发票(含机动车销售统一发票,下同)上注明的增值税额。

(2) 从海关取得的海关进口增值税专用缴款书上注明的增值税额。

(3) 自境外单位或者个人购进劳务、服务、无形资产或者境内的不动产,从税务机关或者扣缴义务人取得的代扣代缴税款的完税凭证上注明的增值税额。

(4) 纳税人购进农产品,按下列规定抵扣进项税额。

① 纳税人购进农产品,取得一般纳税人开具的增值税专用发票或者海关进口增值税专用缴款书的,以增值税专用发票或者海关进口增值税专用缴款书上注明的增值税额为进项税额。

② 从按照简易计税方法依照3%征收率计算缴纳增值税的小规模纳税人取得增值税专用发票的,以增值税专用发票上注明的金额和9%的扣除率计算进项税额。

③ 取得(开具)农产品销售发票或者收购发票的,以农产品销售发票或者收购发票上注明的农产品买价和9%的扣除率计算进项税额。

④ 纳税人购进用于生产或者委托加工13%税率货物的农产品,按照10%的扣除率计算进项税额。

⑤ 购进农产品进项税额的计算公式为

$$进项税额=买价×扣除率$$

⑥ 纳税人从批发、零售环节购进适用免征增值税政策的蔬菜、部分鲜活肉蛋而取得的普通发票,不得作为计算抵扣进项税额的凭证。

⑦ 纳税人购进农产品既用于生产销售或委托受托加工13%税率货物又用于生产销售其他货物服务的,应当分别核算用于生产销售或委托受托加工13%税率货物和其他货物服务的农产品进项税额。未分别核算的,统一以增值税专用发票或海关进口增值税专用缴款书上注明的增值税额为进项税额,或以农产品收购发票或销售发票上注明的农产品买价和9%的扣除率计算进项税额。

⑧ 对烟叶税纳税人按规定缴纳的烟叶税,准予并入烟叶产品的买价计算增值税的进项税额,并在计算缴纳增值税时予以抵扣。购进烟叶准予抵扣的增值税进项税额,按照烟叶收购金额和烟叶税及法定扣除率计算。计算公式为

$$烟叶税应纳税额=烟叶收购金额×税率(20\%)$$

$$准予抵扣的进项税额=(烟叶收购金额+烟叶税应纳税额)×扣除率$$

上述购进农产品抵扣进项税额的办法,不适用于《农产品增值税进项税额核定扣除试点实施办法》中规定的购进农产品。

(5) 收费公路通行费增值税抵扣规定如下。

① 纳税人支付的道路通行费,按照收费公路通行费增值税电子普通发票上注明的增值税额抵扣进项税额。

② 纳税人支付的桥、闸通行费,暂凭取得的通行费发票注明的收费金额按照以下公式计算可抵扣的进项税额:

$$桥、闸通行费可抵扣进项税额=桥、闸发票上注明的金额÷(1+5\%)×5\%$$

(6) 国内旅客运输服务进项税额的抵扣规定。纳税人购进国内旅客运输服务,其进项税额允许从销项税额中抵扣。国内旅客运输服务限于与本单位签订了劳动合同的员工,以及本单位作为用工单位接受的劳务派遣员工发生的国内旅客运输服务。

纳税人未取得增值税专用发票的,暂按照以下规定确定进项税额。

① 取得增值税电子普通发票的,为发票上注明的税额。增值税电子普通发票上注明的购买方"名称""纳税人识别号"等信息,应当与实际抵扣税款的纳税人一致,否则不予抵扣。

② 取得注明旅客身份信息的航空运输电子客票行程单的,按照下列公式计算进项税额:

$$航空旅客运输进项税额=(票价+燃油附加费)÷(1+9\%)×9\%$$

③ 取得注明旅客身份信息的铁路车票的,按照下列公式计算进项税额:

$$铁路旅客运输进项税额=票面金额÷(1+9\%)×9\%$$

④ 取得注明旅客身份信息的公路、水路等其他客票的,按照下列公式计算进项税额:

公路、水路等其他旅客运输进项税额＝票面金额÷(1＋3％)×3％

(二) 不得从销项税额中抵扣的进项税额

纳税人购进货物、劳务、服务、无形资产、不动产，取得的增值税扣税凭证不符合法律、行政法规或者国务院税务主管部门有关规定的，其进项税额不得从销项税额中抵扣。增值税扣税凭证是指增值税专用发票、海关进口增值税专用缴款书、农产品收购发票和农产品销售发票、从税务机关或者境内代理人取得的解缴税款的税收缴款凭证及增值税相关法律法规规定允许抵扣的其他扣税凭证。

根据《增值税暂行条例》和《营改增通知》及其他相关政策的规定，下列项目的进项税额不得从销项税额中抵扣。

(1) 用于简易计税方法计税项目、免征增值税项目、集体福利或者个人消费的购进货物、劳务、服务、无形资产和不动产。

其中涉及的固定资产、无形资产、不动产，仅指专用于上述项目的固定资产、无形资产（不包括其他权益性无形资产）、不动产。但是发生兼用于上述不允许抵扣项目情形的，该进项税额准予全部抵扣。

另外，纳税人购进其他权益性无形资产，无论是专用于简易计税方法计税项目、免征增值税项目、集体福利或者个人消费，还是兼用于上述不允许抵扣项目，均可以抵扣进项税额。

纳税人的交际应酬消费属于个人消费，即交际应酬消费不属于生产经营中的生产投入和支出。

(2) 非正常损失的购进货物，以及相关的劳务和交通运输服务。

(3) 非正常损失的在产品、产成品所耗用的购进货物（不包括固定资产）、劳务和交通运输服务。

(4) 非正常损失的不动产，以及该不动产所耗用的购进货物、设计服务和建筑服务。

(5) 非正常损失的不动产在建工程所耗用的购进货物、设计服务和建筑服务。纳税人新建、改建、扩建、修缮、装饰不动产，均属于不动产在建工程。

上述第(2)~(5)项所说的"非正常损失"，是指因管理不善造成货物被盗、丢失、霉烂变质，以及因违反法律法规造成货物或者不动产被依法没收、销毁、拆除的情形。这些非正常损失是由纳税人自身原因造成的，进而导致征税对象实体的灭失，为保证税负公平，这些损失不应由国家承担，因而纳税人无权要求抵扣进项税额。

上述第(4)、(5)项所说的"货物"，是指构成不动产实体的材料和设备，包括建筑装饰材料和给排水、采暖、卫生、通风、照明、通信、煤气、消防、中央空调、电梯、电气、智能化楼宇设备及配套设施。

(6) 购进的贷款服务、餐饮服务、居民日常服务和娱乐服务。一般情况下，餐饮服务、居民日常服务和娱乐服务主要接受对象是个人。对于一般纳税人购买的餐饮服务、居民日常服务和娱乐服务，难以准确界定接受劳务的对象是企业还是个人。因此，一般纳税人购进的餐饮服务、居民日常服务和娱乐服务的进项税额不得从销项税额中抵扣。

纳税人接受贷款服务向贷款方支付的与该笔贷款直接相关的投融资顾问费、手续费、咨询费等费用，其进项税额不得从销项税额中抵扣。

(7) 适用一般计税方法的纳税人，兼营简易计税方法计税项目、免征增值税项目而无法划分不得抵扣的进项税额，按照下列公式计算不得抵扣的进项税额：

$$\text{不得抵扣的进项税额} = \text{当期无法划分的全部进项税额} \times \frac{\text{当期简易计税方法计税项目销售额} + \text{免征增值税项目销售额}}{\text{当期全部销售额}}$$

主管税务机关可以按照上述公式依据年度数据对不得抵扣的进项税额进行清算。

(8) 已抵扣进项税额的固定资产、无形资产或者不动产,发生不得从销项税额中抵扣进项税额情形的,按照下列公式计算不得抵扣的进项税额:

$$\text{不得抵扣的进项税额} = \text{固定资产、无形资产或者不动产净值} \times \text{适用税率}$$

固定资产、无形资产或者不动产净值是指纳税人根据财务会计制度计提折旧或摊销后的余额。

(9) 纳税人适用一般计税方法计税的,因销售折让、中止或者退回而退还给购买方的增值税额,应当从当期的销项税额中扣减;因销售折让、中止或者退回而收回的增值税额,应当从当期的进项税额中扣减。

(10) 有下列情形之一者,应当按照销售额和增值税税率计算应纳税额,不得抵扣进项税额,也不得使用增值税专用发票。

① 一般纳税人会计核算不健全,或者不能够提供准确税务资料的。

② 应当办理一般纳税人资格登记而未办理的。

三、应纳税额的计算

一般纳税人发生应税销售行为的计算公式是

当期应纳增值税税额 = 当期销项税额 - 当期进项税额 - 上期未抵扣完的进项税额

【例 2-3】 某百货大楼 2021 年 3 月发生经济业务(购销货物税率为 13%)如下。

(1) 销售货物开具增值税专用发票,发票上注明的价款为 1 000 万元。

(2) 向消费者个人销售货物开具增值税普通发票,取得收入 56.5 万元。

(3) 购进货物取得增值税专用发票,发票注明货物金额 600 万元,税额为 78 万元。

(4) 没收包装物押金 4.52 万元。

(5) 将上年购进的 5 万元货物用于职工福利,购进货物取得的增值税专用发票上注明的税额为 0.65 万元。

请计算当月允许抵扣的进项税额及当月应缴纳的增值税税额。

解析: (1) 当月允许抵扣的进项税额 = 78 - 0.65 = 77.35(万元)

(2) 当月销项税额 = [1 000 + 56.5 ÷ (1 + 13%) + 4.52 ÷ (1 + 13%)] × 13% = 137.02(万元)

(3) 当月应缴纳的增值税税额 = 137.02 - 77.35 = 59.67(万元)

【例 2-4】 某生产企业为增值税一般纳税人,其生产的货物适用 13% 的增值税税率,2022 年 3 月该企业的有关生产经营业务如下。

(1) 销售甲产品给某大商场,开具增值税专用发票,取得不含税销售额 80 万元;同时取得销售甲产品的送货运输费收入 5.65 万元(含增值税价格,与销售货物不能分别核算)。

(2) 销售乙产品,开具了增值税普通发票,取得含税销售额 22.6 万元。

(3) 将自产的一批应税新产品用于本企业集体福利项目,成本价为 20 万元,该新产品无同类产品市场销售价格,国家税务总局确定该产品的成本利润率为 10%。

(4) 销售 2017 年 10 月购进作为固定资产使用过的进口摩托车 5 辆,开具增值税专用发票,发票上注明每辆取得不含税销售额 1 万元。

(5) 购进货物取得增值税专用发票,发票上注明的货款金额为 60 万元,税额为 7.8 万元;

另外支付购货的运输费用6万元,取得运输公司开具的增值税专用发票发票上注明的税额为0.54万元。

(6)从农产品经营者(小规模纳税人)购进一批农产品作为生产货物的原材料,取得的增值税专用发票上注明的不含税金额为30万元,税额为0.9万元,同时支付给运输单位的运费为5万元(不含增值税),从运输部门取得的增值税专用发票上注明的税额为0.45万元。本月下旬将购进的农产品的20%用于本企业职工福利。

(7)当月租入商用楼房一层,取得对方开具的增值税专用发票,发票上注明的税额为5.22万元。该楼房的1/3用于工会的集体福利项目,其余为企业管理部门使用。

以上相关票据均符合税法的规定。请按下列顺序计算该企业3月应缴纳的增值税额。

(1)计算销售甲产品的销项税额。
(2)计算销售乙产品的销项税额。
(3)计算自产自用新产品的销项税额。
(4)计算销售使用过的摩托车的销项税额。
(5)计算当月允许抵扣进项税额的合计数。
(6)计算该企业3月合计应缴纳的增值税税额。

解析:(1)销售甲产品销项税额=80×13%+5.65÷(1+13%)×13%=11.05(万元)

(2)销售乙产品销项税额=22.6÷(1+13%)×13%=2.6(万元)

(3)自产自用新产品的销项税额=20×(1+10%)×13%=2.86(万元)

(4)销售使用过的摩托车的销项税额=1×13%×5=0.65(万元)

(5)允许抵扣进项税额=7.8+0.54+(30×10%+0.45)×(1-20%)+5.22=16.32(万元)

(6)该企业3月应缴纳的增值税额=11.05+2.6+2.86+0.65-16.32=0.84(万元)

第七节 简易计税方法应纳税额的计算

一、含税销售额的换算

按简易计税方法计税的销售额不包括其应纳的增值税额,纳税人采用销售额和应纳增值税额合并定价方法的,按照以下公式计算销售额:

$$销售额=含税销售额÷(1+征收率)$$

二、应纳税额的计算

纳税人发生应税销售行为适用简易计税方法的,应该按照销售额和增值税征收率计算应纳税额,并且不得抵扣进项税额。应纳税额的计算公式为

$$应纳税额=销售额(不含增值税)×征收率$$

小规模纳税人一律采用简易计税方法计税。一般纳税人发生某些应税销售行为按规定可以选择适用简易计税方法。例如,一般纳税人提供的公共交通运输服务,以清包工方式提供的建筑服务,可以选择按照简易计税方法计算缴纳增值税。

【例2-5】 某餐馆为增值税小规模纳税人,2019年3月取得含增值税的餐饮收入总额为12.36万元。请计算该餐馆3月应缴纳的增值税额。

解析:(1)3月取得的不含税销售额=12.36÷(1+3%)=12(万元)

(2) 3月应缴纳的增值税税额=12×3%=0.36(万元)

【例 2-6】 某化工原料商店为小规模纳税人。2019年3月从一般纳税人手里购入两批商品,一批取得增值税专用发票,发票上注明货款为 80 000 元,税额为 10 400 元;另一批取得普通发票,发票金额为 70 000 元。当月售给一般纳税人商品 82 000 元,售给小规模纳税人和直接消费者商品 57 050 元,均开具普通发票。请计算该商店当月应缴纳的增值税税额。

解析:(1) 不含税销售额=(82 000+57 050)÷(1+3%)=135 000(元)

(2) 应缴纳的增值税税额=135 000×3%=4 050(元)

第八节 进口环节应纳税额的计算

纳税人进口货物,按照组成计税价格和规定的税率计算应纳税额。

一、组成计税价格的确定

按照《中华人民共和国海关法》和《中华人民共和国进出口关税条例》(以下简称《进出口关税条例》)的规定,一般贸易项下进口货物的关税完税价格是指以海关审定的成交价格为基础的到岸价格。成交价格是指一般贸易项下进口货物的买方为购买该项货物向卖方实际支付或应当支付的价格。到岸价格是指货物价格加上货物运抵我国关境内输入地点起卸前的包装费、运费、保险费和其他劳务费用的价格。特殊贸易下进口的货物,由于进口时没有成交价格作为依据,因而《进出口关税条例》对这些进口货物制定了确定其完税价格的具体办法。

进口货物增值税的组成计税价格中包括已纳的关税税额。组成计税价格的计算公式为

$$组成计税价格=关税完税价格+关税$$

如果进口货物属于《中华人民共和国消费税暂行条例》(以下简称《消费税暂行条例》)规定的应税消费品、该进口货物的组成计税价格中还要包括进口环节已纳的消费税税额。组成计税价格的计算公式为

$$组成计税价格=关税完税价格+关税+消费税$$

二、应纳税额的计算

纳税人进口货物,按照组成计税价格和《增值税暂行条例》规定的税率计算应纳税额,不得抵扣任何税额,即不得抵扣发生在我国境外的各种税金。

$$应纳税额=组成计税价格×税率$$

【例 2-7】 某进出口公司 9 月进口商品一批,海关核定的关税完税价格为 700 万元,当月在国内销售,取得不含税销售额 1 900 万元,该商品的关税税率为 10%,增值税税率为 13%。请计算该公司 9 月进口环节应缴纳的增值税额和国内销售环节应缴纳的增值税税额。

解析:(1) 该公司 9 月进口环节应缴纳的增值税税额=700×(1+10%)×13%
=100.1(万元)

(2) 该公司 9 月国内销售环节应缴纳的增值税税额=1 900×13%−100.1=146.9(万元)

【例 2-8】 某进出口公司当月进口 120 辆小轿车,每辆关税完税价格为 7 万元人民币。该公司当月销出其中的 110 辆,每辆价税合并销售价 22.6 万元。已知小轿车关税税率 10%,消

费税税率为5%,请计算该公司当月应缴纳的增值税税额。

解析:(1) 进口关税=7×10%×120=84(万元)

(2) 进口消费税=(7×120+84)÷(1−5%)×5%=48.63(万元)

(3) 进口增值税=(7×120+84+48.63)×13%

或　　　　　　=[7×120×(1+10%)]÷(1−5%)×13%=126.44(万元)

(4) 当月销项税额=22.6÷(1+13%)×110×13%=286(万元)

(5) 当月应缴纳的增值税税额=286−126.44=159.56(万元)

该公司当月向报关地海关申报缴纳增值税126.44万元,向机构所在地税务局申报缴纳增值税159.56万元。

第九节　税　收　优　惠

纳税人发生应税行为适用免税、减税规定的,可以放弃免税、减税,依照规定缴纳增值税。放弃免税、减税后,36个月内不得再申请免税、减税。纳税人发生应税行为同时适用免税和零税率规定的,纳税人可以选择适用免税或者零税率。

一、起征点

所谓起征点,就是规定一个开始征税的起点标准(如规定起征点为每月销售额1 000元或者5 000元),纳税人销售额未达到起征点的不征税;而达到或者超过起征点的,应当就全部销售额(包括起征点以下的部分)计算纳税。

企业或个人是否需要缴纳增值税,需要根据它的起征点来看,增值税起征点主要适用于个体工商户和其他个人,但不适用于被认定为一般纳税人的个体工商户。

起征点的调整由财政部和国家税务总局规定。增值税起征点幅度如下。

(1) 按期纳税的,为月销售额5 000~20 000元(含本数)。

(2) 按次纳税的,为每次(日)销售额300~500元(含本数)。

依据《财政部 税务总局关于增值税小规模纳税人减免增值税政策的公告》(财政部 税务总局公告2023年第19号)的规定,对月销售额10万元以下(含本数)的增值税小规模纳税人,免征增值税,如图2-2所示。

小规模纳税人以1个季度为1个纳税期的,季度销售额未超过30万元的,免征增值税;小规模纳税人发生增值税应税销售行为,合计月销售额超过10万元,但扣除本期发生的销售不动产的销售额后未超过10万元的,其销售货物、劳务、服务、无形资产取得的销售额免征增值税。增值税小规模纳税人适用3%征收率的应税销售收入,减按1%征收率征收增值税;适用3%预征率的预缴增值税项目,减按1%预征率预缴增值税(本公告执行至2027年12月31日)。

二、《增值税暂行条例》规定的免税项目

(1) 农业生产者销售的自产农产品。

(2) 避孕药品和用具。

(3) 古旧图书。

图 2-2　财政部 税务总局公告 2023 年第 19 号网站截图

（4）直接用于科学研究、科学试验和教学的进口仪器、设备。

（5）外国政府、国际组织无偿援助的进口物资和设备。

（6）由残疾人的组织直接进口供残疾人专用的物品。

（7）销售自己使用过的物品。自己使用过的物品是指其他个人自己使用过的物品。

除前款规定外，增值税的免税、减税项目由国务院规定。任何地区、部门均不得规定免税、减税项目。

三、《营改增通知》及有关部门规定的税收优惠政策

（一）下列项目免征增值税

（1）托儿所、幼儿园提供的保育和教育服务。托儿所、幼儿园是指经县级以上教育部门审批成立、取得办园许可证的实施 0～6 岁学前教育的机构，包括公办和民办的托儿所、幼儿园、学前班、幼儿班、保育院、幼儿园。

公办托儿所、幼儿园免征增值税的收入是指在省级财政部门和价格主管部门审核报省级人民政府批准的收费标准以内收取的教育费、保育费。

民办托儿所、幼儿园免征增值税的收入是指在报经当地有关部门备案并公示的收费标准范围内收取的教育费、保育费。

超过规定收费标准的收费,以开办实验班、特色班和兴趣班等为由另外收取的费用及与幼儿入园挂钩的赞助费、支教费等超过规定范围的收入,不属于免征增值税的收入。

(2) 养老机构提供的养老服务。养老机构是指依照民政部《养老机构设立许可办法》(民政部令第 48 号)设立并依法办理登记的为老年人提供集中居住和照料服务的各类养老机构。养老机构包括依照《中华人民共和国老年人权益保障法》依法办理登记,并向民政部门备案的为老年人提供集中居住和照料服务的各类养老机构。

(3) 残疾人福利机构提供的育养服务。

(4) 婚姻介绍服务。

(5) 殡葬服务。

(6) 残疾人员本人为社会提供的服务。

(7) 医疗机构提供的医疗服务。医疗机构是指依据国务院《医疗机构管理条例》(国务院令第 149 号)及原卫生部(现为卫健委)《医疗机构管理条例实施细则》(卫生部令第 35 号)的规定,经登记取得《医疗机构执业许可证》的机构,以及军队、武警部队各级各类医疗机构。具体包括各级各类医院、门诊部(所)、社区卫生服务中心(站)、急救中心(站)、城乡卫生院、护理院(所)、疗养院、临床检验中心,各级政府及有关部门举办的卫生防疫站(疾病控制中心)、各种专科疾病防治站(所),各级政府举办的妇幼保健所(站)、母婴保健机构、儿童保健机构,各级政府举办的血站(血液中心)等医疗机构。

(8) 从事学历教育的学校提供的教育服务。具体如下。

① 学历教育是指受教育者经过国家教育考试或者国家规定的其他入学方式,进入国家有关部门批准的学校或者其他教育机构学习,获得国家承认的学历证书的教育形式。具体包括以下几种形式。

a. 初等教育:普通小学、成人小学。

b. 初级中等教育:普通初中、职业初中、成人初中。

c. 高级中等教育:普通高中、成人高中和中等职业学校(包括普通中专、成人中专、职业高中、技工学校)。

d. 高等教育:普通本专科、成人本专科、网络本专科、研究生(博士、硕士)、高等教育自学考试、高等教育学历文凭考试。

② 从事学历教育的学校,具体包括以下几种。

a. 普通学校。

b. 经地(市)级以上人民政府或者同级政府的教育行政部门批准成立、国家承认其学员学历的各类学校。

c. 经省级及以上人力资源社会保障行政部门批准成立的技工学校、高级技工学校。

d. 经省级人民政府批准成立的技师学院。

上述学校均包括符合规定的从事学历教育的民办学校,但不包括职业培训机构等国家不承认学历的教育机构。

③ 提供教育服务免征增值税的收入是指对列入规定招生计划的在籍学生提供学历教育服务取得的收入,具体包括经有关部门审核批准并按规定标准收取的学费、住宿费、课本费、作业本费、考试报名费收入,以及学校食堂提供餐饮服务取得的伙食费收入。除此之外的收入,包括学校以各种名义收取的赞助费、择校费等,不属于免征增值税的范围。

学校食堂是指依照《学校食堂与学生集体用餐卫生管理规定》(教育部令第 14 号)管理的

学校食堂。

④ 境外教育机构与境内从事学历教育的学校开展中外合作办学,提供学历教育服务取得的收入免征增值税。中外合作办学是指中外教育机构按照《中华人民共和国中外合作办学条例》(国务院令第372号)的有关规定,合作举办的以中国公民为主要招生对象的教育教学活动。上述"学历教育""从事学历教育的学校""提供学历教育服务取得的收入"的范围,按照《营业税改征增值税试点过渡政策的规定》(财税〔2016〕36号文件附件3)第一条第(八)项的有关规定执行。

(9) 政府举办的从事学历教育的高等、中等和初等学校(不含下属单位),举办进修班、培训班取得的全部归该学校所有的收入。

全部归该学校所有是指举办进修班、培训班取得的全部收入进入该学校统一账户,并纳入预算全额上缴财政专户管理,同时由该学校对有关票据进行统一管理和开具。举办进修班、培训班取得的收入进入该学校下属部门自行开设账户的,不予免征增值税。

(10) 政府举办的职业学校设立的主要为在校学生提供实习场所并由学校出资自办、由学校负责经营管理、经营收入归学校所有的企业,从事《销售服务、无形资产或者不动产注释》中"现代服务"(不含融资租赁服务、广告服务和其他现代服务)、"生活服务"(不含文化体育服务、其他生活服务和桑拿、氧吧)业务活动取得的收入。

(11) 学生勤工俭学提供的服务。

(12) 农业机耕、排灌、病虫害防治、植物保护、农牧保险及相关技术培训业务,家禽、牲畜、水生动物的配种和疾病防治。

农业机耕是指在农业、林业、牧业中使用农业机械进行耕作(包括耕耘、种植、收割、脱粒、植物保护等)的业务;排灌是指对农田进行灌溉或者排涝的业务;病虫害防治是指从事农业、林业、牧业、渔业的病虫害测报和防治的业务;农牧保险是指为种植业、养殖业、牧业种植和饲养的动植物提供保险的业务;相关技术培训是指与农业机耕、排灌、病虫害防治、植物保护业务相关及为使农民获得农牧保险知识的技术培训业务;家禽、牲畜、水生动物的配种和疾病防治业务的免税范围,包括与该项服务有关的提供药品和医疗用具的业务。

动物诊疗机构销售动物食品和用品,提供动物清洁、美容、代理看护等服务,应按照现行规定缴纳增值税。

(13) 采取转包、出租、互换、转让、入股等方式将承包地流转给农业生产者用于农业生产。

(14) 将国有农用地出租给农业生产者用于农业生产。

(15) 从事蔬菜批发、零售的纳税人销售的蔬菜。蔬菜是指可做副食的草本、木本植物,包括各种蔬菜、菌类植物和少数可做副食的木本植物。蔬菜的主要品种参照《蔬菜主要品种目录》执行。

经挑选、清洗、切分、晾晒、包装、脱水、冷藏、冷冻等工序加工的蔬菜,属于本条所述蔬菜的范围。

各种蔬菜罐头不属于本条所述蔬菜的范围。蔬菜罐头是指蔬菜经处理、装罐、密封、杀菌或无菌包装而制成的食品。

纳税人既销售蔬菜又销售其他增值税应税货物的,应分别核算蔬菜和其他增值税应税货物的销售额;未分别核算的,不得享受蔬菜增值税免税政策。

(16) 从事农产品批发、零售的纳税人销售的部分鲜活肉蛋产品。免征增值税的鲜活肉产品是指猪、牛、羊、鸡、鸭、鹅及其整块或者分割的鲜肉、冷藏或者冷冻肉,内脏、头、尾、骨、蹄、翅、爪等组织。

免征增值税的鲜活蛋产品是指鸡蛋、鸭蛋、鹅蛋,包括鲜蛋、冷藏蛋及对其进行破壳分离的蛋液、蛋黄和蛋壳。

上述产品中不包括《中华人民共和国野生动物保护法》所规定的国家珍贵、濒危野生动物及其鲜活肉类、蛋类产品。

从事农产品批发、零售的纳税人既销售部分鲜活肉蛋产品,又销售其他增值税应税货物的,应分别核算上述鲜活肉蛋产品和其他增值税应税货物的销售额;未分别核算的,不得享受部分鲜活肉蛋产品增值税免税政策。

(17) 纪念馆、博物馆、文化馆、文物保护单位管理机构、美术馆、展览馆、书画院、图书馆在自己的场所提供文化体育服务取得的第一道门票收入。

(18) 寺院、宫观、清真寺和教堂举办文化、宗教活动的门票收入。

(19) 行政单位之外的其他单位收取的符合《试点实施办法》第十条规定条件的政府性基金和行政事业性收费(见本章第一节的相关内容)。

(20) 中国邮政集团公司及其所属邮政企业提供的邮政普遍服务和邮政特殊服务。

(21) 中国邮政集团公司及其所属邮政企业为金融机构代办金融保险业务取得的代理收入,在营改增试点期间免征增值税。

(22) 青藏铁路公司提供的铁路运输服务。

(23) 台湾地区航运公司、航空公司从事海峡两岸海上直航、空中直航业务在大陆取得的运输收入。

台湾地区航运公司是指取得交通运输部颁发的"台湾海峡两岸间水路运输许可证"且该许可证上注明的公司登记地址在中国台湾的航运公司。

台湾地区航空公司是指取得中国民用航空局颁发的经营许可或者依据《海峡两岸空运协议》和《海峡两岸空运补充协议》规定,批准经营两岸旅客、货物和邮件不定期(包机)运输业务,且公司登记地址在中国台湾的航空公司。

(24) 纳税人提供的直接或者间接国际货物运输代理服务。

① 纳税人提供直接或者间接国际货物运输代理服务,向委托方收取的全部国际货物运输代理服务收入,以及向国际运输承运人支付的国际运输费用,必须通过金融机构进行结算。

② 纳税人为大陆与香港、澳门、台湾地区之间的货物运输提供的货物运输代理服务参照国际货物运输代理服务有关规定执行。

③ 委托方索取发票的,纳税人应当就国际货物运输代理服务收入向委托方全额开具增值税普通发票。

④ 试点纳税人通过其他代理人,间接为委托人办理货物的国际运输、从事国际运输的运输工具进出港口、联系安排引航、靠泊、装卸等货物和船舶代理相关业务手续,可免征增值税。

试点纳税人提供上述国际货物运输代理服务,向委托人收取的全部代理服务收入,以及向其他代理人支付的全部代理费用,必须通过金融机构进行结算。

试点纳税人为大陆与香港、澳门、台湾地区之间的货物运输间接提供的货物运输代理服务,参照上述规定执行。

(25) 按照国家有关规定应取得相关资质的国际运输服务项目,纳税人取得相关资质的,适用增值税零税率政策,未取得的,适用增值税免税政策。

境内单位和个人以无运输工具承运方式提供的国际运输服务,由境内实际承运人适用增值税零税率；无运输工具承运业务的经营者适用增值税免税政策。

（26）下列利息收入免征增值税。

① 国家助学贷款。

② 国债、地方政府债券。

③ 人民银行对金融机构的贷款。

④ 住房公积金管理中心用住房公积金在指定的委托银行发放的个人住房贷款。

⑤ 外汇管理部门在从事国家外汇储备经营过程中，委托金融机构发放的外汇贷款。

⑥ 统借统还业务中，企业集团或企业集团中的核心企业及集团所属财务公司按不高于支付给金融机构的借款利率水平或者支付的债券票面利率水平，向企业集团或者集团内下属单位收取的利息。

统借方向资金使用单位收取的利息，高于支付给金融机构借款利率水平或者支付的债券票面利率水平的，应全额缴纳增值税。

统借统还业务是指企业集团或者企业集团中的核心企业向金融机构借款或对外发行债券取得资金后，将所借资金分拨给下属单位（包括独立核算单位和非独立核算单位，下同），并向下属单位收取用于归还金融机构或债券购买方本息的业务。也是企业集团向金融机构借款或对外发行债券取得资金后，由集团所属财务公司与企业集团或者集团内下属单位签订统借统还贷款合同并分拨资金，并向企业集团或者集团内下属单位收取本息，再转付企业集团，由企业集团统一归还金融机构或债券购买方的业务。

⑦ 对社保基金会及养老基金投资管理机构在国务院批准的投资范围内，运用养老基金投资过程中，提供贷款服务取得的全部利息及利息性质的收入和金融商品转让收入，免征增值税。

⑧ 对企业集团内单位（含企业集团）之间的资金无偿借贷行为，免征增值税。

⑨ 自2021年11月7日起至2025年12月31日止，对境外机构投资境内债券市场取得的债券利息收入暂免征收企业所得税和增值税。

上述暂免征收企业所得税的范围不包括境外机构在境内设立的机构、场所取得的与该机构、场所有实际联系的债券利息。

（27）金融同业往来利息收入。具体如下。

① 金融机构与人民银行所发生的资金往来业务，包括人民银行对一般金融机构贷款，人民银行对商业银行的再贴现，以及商业银行购买央行票据、与央行开展货币掉期和货币互存等业务。

② 银行联行往来业务。同一银行系统内部不同行、处之间所发生的资金账务往来业务，包括境内银行与其境外的总机构、母公司之间，以及境内银行与其境外的分支机构、全资子公司之间的资金往来业务。

③ 金融机构间的资金往来业务，是指经人民银行批准，进入全国银行间同业拆借市场的金融机构之间通过全国统一的同业拆借网络进行的短期（1年以下含1年）无担保资金融通行为。

④ 金融机构开展下列业务取得的利息收入，属于金融同业往来利息收入。

a. 质押式买入返售金融商品。质押式买入返售金融商品是指交易双方进行的以债券等金融商品为权利质押的一种短期资金融通业务。

b. 持有政策性金融债券。政策性金融债券是指开发性、政策性金融机构发行的债券。

c. 同业存款。同业存款是指金融机构之间开展的同业资金存入与存出业务,其中资金存入方仅为具有吸收存款资格的金融机构。

d. 同业借款。同业借款是指法律法规赋予此项业务范围的金融机构开展的同业资金借出和借入业务。此条所称"法律法规赋予此项业务范围的金融机构"主要是指农村信用社之间及在金融机构营业执照列示的业务范围中有反映为"向金融机构借款"业务的金融机构。

e. 同业代付。同业代付是指商业银行(受托方)接受金融机构(委托方)的委托向企业客户付款,委托方在约定还款日偿还代付款项本息的资金融通行为。

f. 买断式买入返售金融商品。买断式买入返售金融商品是指金融商品持有人(正回购方)将债券等金融商品卖给债券购买方(逆回购方)的同时,交易双方约定在未来某一日期,正回购方再以约定价格从逆回购方买回相等数量同种债券等金融商品的交易行为。

g. 持有金融债券。金融债券是指依法在中华人民共和国境内设立的金融机构法人在全国银行间和交易所债券市场发行的、按约定还本付息的有价证券。

h. 同业存单。同业存单是指银行业存款类金融机构法人在全国银行间市场上发行的记账式定期存款凭证。

(28) 国家商品储备管理单位及其直属企业承担商品储备任务,从中央或者地方财政取得的利息补贴收入和价差补贴收入。

(29) 被撤销金融机构以货物、不动产、无形资产、有价证券、票据等财产清偿债务。被撤销金融机构是指经人民银行、银保监会依法决定撤销的金融机构及其分设于各地的分支机构,包括被依法撤销的商业银行、信托投资公司、财务公司、金融租赁公司、城市信用社和农村信用社。除另有规定外,被撤销金融机构所属、附属企业,不享受被撤销金融机构增值税免税政策。

(30) 保险公司开办的1年期以上人身保险产品取得的保费收入。1年期以上人身保险是指保险期间为1年期及以上返还本利的人寿保险、养老年金保险,以及保险期间为1年期及以上的健康保险。人寿保险是指以人的寿命为保险标的的人身保险。

养老年金保险是指以养老保障为目的,以被保险人生存为给付保险金条件,并按约定的时间间隔分期给付生存保险金的人身保险。养老年金保险应当同时符合下列条件。

① 保险合同约定给付被保险人生存保险金的年龄不得小于国家规定的退休年龄。

② 相邻两次给付的时间间隔不得超过1年。

健康保险是指以因健康原因导致损失为给付保险金条件的人身保险。

(31) 再保险服务。具体如下。

① 境内保险公司向境外保险公司提供的完全在境外消费的再保险服务,免征增值税。

② 试点纳税人提供再保险服务(境内保险公司向境外保险公司提供的再保险服务除外),实行与原保险服务一致的增值税政策。再保险合同对应多个原保险合同的,所有原保险合同均适用免征增值税政策时,该再保险合同适用免征增值税政策;否则,该再保险合同应按规定缴纳增值税。

(32) 下列金融商品转让收入。

① 合格境外投资者(QFII)委托境内公司在我国从事证券买卖业务。

人民币合格境外投资者(RQFII)委托境内公司在我国从事证券买卖业务,以及经人民银行认可的境外机构投资银行间本币市场取得的收入,属于本条所称的金融商品转让收入。银行间本币市场包括货币市场、债券市场及衍生品市场。

② 香港市场投资者(包括单位和个人)通过沪港通买卖上海证券交易所上市 A 股。

③ 对香港市场投资者(包括单位和个人)通过基金互认买卖内地基金份额。

④ 证券投资基金(封闭式证券投资基金,开放式证券投资基金)管理人运用基金买卖股票、债券。

⑤ 个人从事金融商品转让业务。

(33) 中国信达资产管理股份有限公司、中国华融资产管理股份有限公司、中国长城资产管理公司和中国东方资产管理公司及各自经批准分设于各地的分支机构,在收购、承接和处置剩余政策性剥离不良资产和改制银行剥离不良资产过程中开展以下业务,免征增值税。

① 接受相关国有银行的不良债权,借款方以货物、不动产、无形资产、有价证券和票据等抵充贷款本息的,资产公司销售、转让该货物、不动产、无形资产、有价证券、票据及利用该货物、不动产从事的融资租赁业务。

② 接受相关国有银行的不良债权取得的利息。

③ 对各公司回收的房地产在未处置前的闲置期间,免征房产税和城镇土地使用税。对资产公司转让房地产取得的收入,免征土地增值税。

④ 资产公司所属的投资咨询类公司,为本公司收购、承接、处置不良资产而提供的资产、项目评估和审计服务。

资产公司除收购、承接、处置不良资产业务外,从事其他经营业务或发生未规定免税的应税行为,应一律依法纳税。

(34) 个人转让著作权。

(35) 纳税人提供技术转让、技术开发和与之相关的技术咨询、技术服务。

(36) 同时符合下列条件的合同能源管理服务。

① 节能服务公司实施合同能源管理项目相关技术,应当符合原国家质量监督检验检疫总局(现为国家市场监督管理总局)和国家标准化管理委员会发布的《合同能源管理技术通则》(GB/T 24915—2010)规定的技术要求。

② 节能服务公司与用能企业签订节能效益分享型合同,其合同格式和内容,符合《中华人民共和国合同法》和《合同能源管理技术通则》(GB/T 24915—2010)等规定。

(37) 福利彩票、体育彩票的发行收入。

(38) 社会团体收取的会费。社会团体是指依照国家有关法律法规设立或登记并取得《社会团体法人登记证书》的非营利法人。会费是指社会团体在国家法律法规、政策许可的范围内,依照社团章程的规定,收取的个人会员、单位会员和团体会员的会费。社会团体开展经营服务性活动取得的其他收入,一律照章缴纳增值税。

(39) 家政服务企业由员工制家政服务员提供家政服务取得的收入。

(40) 自 2019 年 6 月 1 日至 2025 年 12 月 31 日,为社区提供养老、托育、家政等服务的机构,提供社区养老、托育、家政服务取得的收入,免征增值税。

(41) 土地所有者出让土地使用权和土地使用者将土地使用权归还给土地所有者。

(42) 县级以上地方人民政府或自然资源行政主管部门出让、转让或收回自然资源使用权(不含土地使用权)。

(43) 个人销售自建自用住房。

(44) 为了配合国家住房制度改革,企业、行政事业单位按房改成本价、标准价出售住房取得的收入。

(45) 涉及家庭财产分割的个人无偿转让不动产、土地使用权。

家庭财产分割包括下列情形：离婚财产分割；无偿赠与配偶、父母、子女、祖父母、外祖父母、孙子女、外孙子女、兄弟姐妹；无偿赠与对其承担直接抚养或者赡养义务的抚养人或者赡养人；房屋产权所有人死亡，法定继承人、遗嘱继承人或者受遗赠人依法取得房屋产权。

(46) 个人将购买不足 2 年的住房对外销售的，按照 5% 的征收率全额缴纳增值税。

个人将购买 2 年以上(含 2 年)的住房对外销售的，免征增值税。上述政策适用于北京市、上海市、广州市和深圳市之外的地区。

个人将购买不足 2 年的住房对外销售的，按照 5% 的征收率全额缴纳增值税；个人将购买 2 年以上(含 2 年)的非普通住房对外销售的，以销售收入减去购买住房价款后的差额按照 5% 的征收率缴纳增值税；个人将购买 2 年以上(含 2 年)的普通住房对外销售的，免征增值税。上述政策仅适用于北京市、上海市、广州市和深圳市。

(47) 随军家属就业。具体如下。

① 为安置随军家属就业而新开办的企业，自领取税务登记证之日起，其提供的应税服务 3 年内免征增值税。

享受税收优惠政策的企业，随军家属必须占企业总人数的 60%(含)以上，并有军(含)以上政治和后勤机关出具的证明。

② 从事个体经营的随军家属，自办理税务登记事项之日起，其提供的应税服务 3 年内免征增值税。

随军家属必须有师以上政治机关出具的可以表明其身份的证明。按照上述规定，每一名随军家属可以享受一次免税政策。

(48) 军队转业干部就业。具体如下。

① 从事个体经营的军队转业干部，自领取税务登记证之日起，其提供的应税服务 3 年内免征增值税。

② 为安置自主择业的军队转业干部就业而新开办的企业，凡安置自主择业的军队转业干部占企业总人数 60%(含)以上的，自领取税务登记证之日起，其提供的应税服务 3 年内免征增值税。

享受上述优惠政策的自主择业的军队转业干部必须持有师以上部队颁发的转业证件。

(49) 海南离岛旅客免税购物政策。离岛免税政策是指对乘飞机、火车、轮船离岛(不包括离境)旅客实行限值、限量、限品种免进口税购物，在实施离岛免税政策的免税商店内或经批准的网上销售窗口付款，在机场、火车站、港口码头指定区域提货离岛的税收优惠政策。离岛免税政策免税税种为关税、进口环节增值税和消费税。

(50) 在全岛封关运作前，对在海南自由贸易港注册登记并具有独立法人资格的企业，进口用于生产自用、以"两头在外"模式进行生产加工活动或以"两头在外"模式进行服务贸易过程中所消耗的原辅料，免征进口关税、进口环节增值税和消费税。

(51) 在全岛封关运作前，对在海南自由贸易港注册登记并具有独立法人资格，从事交通运输、旅游业的企业(航空企业须以海南自由贸易港为主营运基地)，进口用于交通运输、旅游业的船舶、航空器、车辆等营运用交通工具及游艇，免征进口关税、进口环节增值税和消费税。

(52) 自 2024 年 1 月 1 日至 2027 年 12 月 31 日，对国家级、省级科技企业孵化器、大学科技园和国家备案众创空间自用及无偿或通过出租等方式提供给在孵对象使用的房产、土地,免征房产税和城镇土地使用税;对其向在孵对象提供孵化服务取得的收入,免征增值税。

本条所称孵化服务是指为在孵对象提供的经纪代理、经营租赁、研发和技术、信息技术、鉴证咨询服务。国家级、省级科技企业孵化器、大学科技园和国家备案众创空间应当单独核算孵化服务收入。

(53) 党报、党刊将其发行、印刷业务及相应的经营性资产剥离组建的文化企业,自注册之日起所取得的党报、党刊发行收入和印刷收入免征增值税,税收政策执行至2027年12月31日。

(54) 对饮水工程运营管理单位向农村居民提供生活用水取得的自来水销售收入,免征增值税,税收政策执行至2027年12月31日。

对于既向城镇居民供水,又向农村居民供水的饮水工程运营管理单位,依据向农村居民供水收入占总供水收入的比例免征增值税。无法提供具体比例或所提供数据不实的,不得享受上述税收优惠政策。

(55) 免征图书批发、零售环节增值税,税收政策执行至2027年12月31日。

(56) 对科普单位的门票收入,以及县级及以上党政部门和科协开展科普活动的门票收入免征增值税,税收政策执行至2027年12月31日。

(57) 自2021年1月1日至2030年12月31日,对卫生健康委委托进口的抗艾滋病病毒药物,免征进口环节增值税。

(二) 增值税即征即退政策

(1) 增值税一般纳税人销售其自行开发生产的软件产品,按13%税率征收增值税后,对其增值税实际税负超过3%的部分实行即征即退政策。

增值税一般纳税人将进口软件产品进行本地化改造后对外销售,其销售的软件产品可享受上款规定的增值税即征即退政策。本地化改造是指对进口软件产品进行重新设计、改进、转换等,单纯对进口软件产品进行汉字化处理不包括在内。

(2) 一般纳税人提供管道运输服务,对其增值税实际税负超过3%的部分实行增值税即征即退政策。所称增值税实际税负,是指纳税人当期提供应税服务实际缴纳的增值税额占纳税人当期提供应税服务取得的全部价款和价外费用的比例。

(3) 经人民银行、银保监会或者商务部批准从事融资租赁业务的试点纳税人中的一般纳税人,提供有形动产融资租赁服务和有形动产融资性售后回租服务,对其增值税实际税负超过3%的部分实行增值税即征即退政策。

本规定所称增值税实际税负,是指纳税人当期提供应税服务实际缴纳的增值税额占纳税人当期提供应税服务取得的全部价款和价外费用的比例。

第十节 出口货物、劳务和跨境应税行为退(免)增值税

出口货物、劳务和跨境应税行为退(免)税是国际贸易中通常采用的并为世界各国所普遍接受的、目的在于鼓励各国出口货物公平竞争的一种退还或免征间接税(目前我国主要包括增值税、消费税)的税收措施,即对出口货物、劳务和跨境应税行为已承担或应承担的增值税和消费税等间接税实行退还或者免征。由于这项制度比较公平合理,它已成为国际社会通行的惯例。

我国的出口货物、劳务和跨境应税行为退(免)增值税是指在国际贸易业务中,对我国报关出口的货物、劳务和跨境应税行为退还或免征其在国内各生产和流转环节按税法规定缴纳的增值税。国家税务总局制定了《适用增值税零税率应税服务退(免)税管理办法》(国家税务总局公告 2014 年第 11 号),即对应征收增值税的出口货物、劳务和跨境应税行为实行零税率(国务院另有规定除外),如图 2-3 所示。

图 2-3 《适用增值税零税率应税服务退(免)税管理办法》网站截图

一、出口货物、劳务和跨境应税行为退(免)增值税基本政策

世界各国为了鼓励本国货物出口,在遵循 WTO 基本规则的前提下,一般都采取优惠的税收政策。我国根据本国的实际,采取出口退税与免税相结合的政策。目前,我国对出口货物、劳务和跨境应税行为实行的增值税税收政策分为以下三种形式。

(1) 出口免税并退税。出口免税是指对货物、劳务和跨境应税行为在出口销售环节免征增值税,这是把货物、劳务和跨境应税行为出口环节与出口前的销售环节都同样视为一个征税环节;出口退税是指对货物、劳务和跨境应税行为在出口前实际承担的税收负担,按规定的退税率计算后予以退还。

(2) 出口免税不退税。出口免税与上述第(1)项含义相同。出口不退税是指适用这项政策的出口货物、劳务和跨境应税行为在前一道生产、销售环节或进口环节是免税的,因此,出口时该货物、劳务和跨境应税行为的价格中本身就不含税,也无须退税。

(3) 出口不免税也不退税。出口不免税是指对国家限制或禁止出口的某些货物、劳务和跨境应税行为的出口环节视同内销环节,照章征税;出口不退税是指对这些货物、劳务和跨境应税行为出口不退还出口前其所负担的税款。

二、出口货物、劳务和跨境应税行为退(免)增值税具体政策

(一)适用增值税退(免)税政策的范围

对下列出口货物、劳务和跨境应税行为,实行增值税退(免)税政策,即免征和退还增值税政策。

(1) 出口企业出口货物。

(2) 出口企业或其他企业视同出口货物。

(3) 生产企业视同出口满足条件的自产货物。

(4) 出口企业对外提供加工修理修配劳务。

(5) 融资租赁货物出口退税。

(6) 跨境应税行为适用增值税零税率政策。

根据规定,销售服务、无形资产适用增值税零税率政策的情况如下。

第一,境内的单位和个人销售的下列服务和无形资产,适用增值税零税率。

① 国际运输服务。国际运输服务包括以下几点。

a. 在境内载运旅客或者货物出境。

b. 在境外载运旅客或者货物入境。

c. 在境外载运旅客或者货物。

② 航天运输服务。

③ 向境外单位提供的完全在境外消费的服务包括以下几点。

a. 研发服务。

b. 合同能源管理服务。

c. 设计服务。

d. 广播影视节目(作品)的制作和发行服务。

e. 软件服务。

f. 电路设计及测试服务。

g. 信息系统服务。

h. 业务流程管理服务。

i. 离岸服务外包业务。离岸服务外包业务包括信息技术外包服务(ITO)、技术性业务流程外包服务(BPO)、技术性知识流程外包服务(KPO),其所涉及的具体业务活动,按照《销售服务、无形资产、不动产注释》相对应的业务活动执行。

j. 转让技术。

④ 财政部和国家税务总局规定的其他服务。

第二,其他零税率政策。

① 按照国家有关规定应取得相关资质的国际运输服务项目,纳税人取得相关资质的,适用增值税零税率政策;未取得的,适用增值税免税政策。

② 境内单位和个人以无运输工具承运方式提供的国际运输服务,由境内实际承运人适用增值税零税率;无运输工具承运业务的经营者适用增值税免税政策。

第三,境内单位和个人发生的与香港、澳门、台湾地区有关的应税行为,除另有规定外,参照上述规定执行。

（二）增值税退（免）税办法

适用增值税退（免）税政策的出口货物、劳务和跨境应税行为，按照下列规定实行增值税"免、抵、退"或"免、退"税办法。

(1)"免、抵、退"税办法。适用增值税一般计税方法的生产企业出口自产货物与视同自产货物、对外提供加工修理修配劳务，列名的74家生产企业出口非自产货物，免征增值税，相应的进项税额抵减应纳增值税额（不包括适用增值税即征即退、先征后退政策的应纳增值税额），未抵减完的部分予以退还。

境内的单位和个人提供适用增值税零税率的服务或者无形资产，如果属于适用增值税一般计税方法的，生产企业实行"免、抵、退"税办法，外贸企业直接将服务或自行研发的无形资产出口，视同生产企业连同其出口货物统一实行"免、抵、退"税办法。

实行退（免）税办法的研发服务和设计服务，如果主管税务机关认定出口价格偏高的，有权按照核定的出口价格计算退（免）税，核定的出口价格低于外贸企业购进价格的，低于部分对应的进项税额不予退税，转入成本。

境内的单位和个人提供适用增值税零税率应税服务的，可以放弃适用增值税零税率，选择免税或按规定缴纳增值税。放弃适用增值税零税率后，36个月内不得再申请适用增值税零税率。

(2)"免、退"税办法。不具有生产能力的出口企业（以下简称外贸企业）或其他单位出口货物、劳务，免征增值税，相应的进项税额予以退还。

适用增值税一般计税方法的外贸企业外购服务或者无形资产出口实行"免、退"税办法。

外贸企业外购研发服务和设计服务免征增值税，其对应的外购应税服务的进项税额予以退还。

（三）增值税出口退税率

增值税出口退税在具体计算时分不同情况采用规定的退税率、适用税率和征收率。适用不同退税率的货物、劳务和跨境应税行为，应分开报关、核算并申报退（免）税，未分开报关、核算或划分不清的，从低适用退税率。

除财政部和国家税务总局根据国务院决定而明确的增值税出口退税率外，出口货物、劳务和跨境应税行为的退税率为其适用税率。出口货物适用增值税零税率，但不同HS编码的出口货物的出口退税率不同。

目前，出口货物、劳务和跨境应税行为的增值税出口退税率档次包括13%、10%、9%、6%和0%。

境外旅客购物离境退税物品的退税率档次包括11%和8%。适用13%税率的境外旅客购物离境退税物品，退税率为11%；适用9%税率的境外旅客购物离境退税物品，退税率为8%。计算公式为

应退增值税额＝离境的退税物品销售发票金额（含增值税）×退税率

实退增值税额＝应退增值税额－退税代理机构办理退税手续费

（四）增值税"免、抵、退"税和"免、退"税的计算

(1)生产企业出口货物、劳务、服务和无形资产的增值税"免、抵、退"税，依下列公式计算。

① 当期应纳税额的计算。

$$应纳税额 = 当期销项税额 - (当期进项税额 - 当期不得免征和抵扣税额) - 上期期末留抵税额$$

结果如为负数,其绝对额为当期期末留抵税额。

其中 当期不得免征和抵扣的税额 = 当期出口货物离岸价格 × 外汇人民币折合率 × (出口货物适用税率 − 出口货物退税率) − 当期不得免征和抵扣税额抵减额

当期不得免征和抵扣税额抵减额 = 当期免税购进原材料价格 × (出口货物适用税率 − 出口货物退税率)

② 当期"免、抵、退"税额的计算。

当期"免、抵、退"税额 = 当期出口货物离岸价 × 外汇人民币折合率 × 出口货物退税率 − 当期"免、抵、退"税额抵减额

其中 当期"免、抵、退"税额抵减额 = 当期免税购进原材料价格 × 进口货物退税率

③ 当期应退税额和免抵税额的计算。

如果当期期末留抵税额 ≤ 当期"免、抵、退"税额,则当期应退税额 = 当期期末留抵税额,当期免抵税额 = 当期"免、抵、退"税额 − 当期应退税额。

如果当期期末留抵税额 > 当期"免、抵、退"税额,则当期应退税额 = 当期"免、抵、退"税额,当期免抵税额 = 0。

④ 当期免税购进原材料价格包括当期国内购进的无进项税额且不计提进项税额的免税原材料的价格和当期进料加工保税进口料件的价格,其中当期进料加工保税进口料件的价格为进料加工出口货物耗用的保税进口料件金额,其计算公式如下:

进料加工出口货物耗用的保税进口料件金额 = 进料加工出口货物人民币离岸价 × 进料加工计划分配率

计划分配率 = 计划进口总值 ÷ 计划出口总值 × 100%

其中,计算不得免征和抵扣税额时,应按当期全部出口货物的销售额扣除当期全部进料加工出口货物耗用的保税进口料件金额后的余额乘以征退税率之差计算。

进料加工出口货物收齐有关凭证申报"免、抵、退"税时,以收齐凭证的进料加工出口货物人民币离岸价扣除其耗用的保税进口料件金额后的余额计算"免、抵、退"税额。

(2) 外贸企业出口货物、劳务和应税服务增值税免退税,依下列公式计算。

① 外贸企业出口委托加工修理修配货物以外的货物,其公式为

增值税应退税额 = 增值税退(免)税计税依据 × 出口货物退税率

② 外贸企业出口委托加工修理修配货物,其公式为

出口委托加工修理修配货物的增值税应退税额 = 委托加工修理修配的增值税退(免)税计税依据 × 出口货物退税率

③ 外贸企业兼营的零税率应税服务增值税免退税的计算如下:

外贸企业兼营的零税率应税服务应退税额 = 外贸企业兼营的零税率应税服务免退税计税依据 × 零税率应税服务增值税退税率

(3) 融资租赁出口货物退税的计算。

融资租赁出租方将融资租赁出口货物租赁给境外承租方、将融资租赁海洋工程结构物租赁给海上石油天然气开采企业,向融资租赁出租方退还其购进租赁货物所含增值税。计算公式如下:

增值税应退税额 = 购进融资租赁货物的增值税专用发票注明的金额或海关(进口增值税)专用缴款书注明的完税价格 × 融资租赁货物适用的增值税退税率

（4）退税率低于适用税率的，相应计算出的差额部分的税款计入出口货物劳务成本。

（5）出口企业既有适用增值税"免、抵、退"项目，也有增值税即征即退、先征后退项目的，增值税即征即退和先征后退项目不参与出口项目"免、抵、退"税计算。出口企业应分别核算增值税"免、抵、退"项目和增值税即征即退、先征后退项目，并分别申请享受增值税即征即退、先征后退和"免、抵、退"税政策。

用于增值税即征即退或者先征后退项目的进项税额无法划分的，按照下列公式计算：

$$\text{无法划分进项税额中用于增值税即征即退或者先征后退项目的部分} = \frac{\text{当月无法划分的全部进项税额}}{\text{当月全部销售额、营业额合计}} \times \text{当月增值税即征即退或者先征后退销售额}$$

（6）实行"免、抵、退"税办法的增值税零税率应税服务提供者如同时有货物、劳务（劳务指对外加工修理修配劳务，下同）出口且未分别计算的，应一并计算"免、抵、退"税额。税务机关在审批时，按照出口货物、劳务、增值税零税率应税服务"免、抵、退"税额的比例划分出口货物、劳务、增值税零税率应税服务的退税额和免抵税额。

第十一节 征收管理

一、纳税义务发生时间

（1）纳税人发生应税行为并收讫销售款或者取得索取销售款凭据的当天；先开具发票的，为开具发票的当天。收讫销售款是指纳税人销售服务、无形资产、不动产过程中或者完成后收到款项。

取得索取销售款凭据的当天是指书面合同确定的付款日期；未签订书面合同或者书面合同未确定付款日期的，为服务、无形资产转让完成的当天或者不动产权属变更的当天。

由于纳税人销售结算方式的不同，《增值税暂行条例实施细则》和《营改增通知》规定了具体的纳税义务发生时间。

① 采取直接收款方式销售货物，不论货物是否发出，均为收到销售款或者取得索取销售款凭据的当天。

纳税人生产经营活动中采取直接收款方式销售货物，已将货物移送对方并暂估销售收入入账，但既未收到销售款或者取得索取销售款凭据也未开具销售发票的，其增值税纳税义务发生时间为收到销售款或者取得索取销售款凭据的当天；先开具发票的，为开具发票的当天。

② 采取托收承付和委托银行收款方式销售货物，为发出货物并办妥托收手续的当天。

③ 采取赊销和分期收款方式销售货物，为书面合同约定的收款日期的当天，无书面合同的或者书面合同没有约定收款日期的，为货物发出的当天。

④ 采取预收货款方式销售货物，为货物发出的当天，但生产销售生产工期超过12个月的大型机械设备、船舶、飞机等货物，为收到预收款或者书面合同约定的收款日期的当天。

⑤ 委托其他纳税人代销货物，为收到代销单位的代销清单或者收到全部或者部分货款的当天。未收到代销清单及货款的，为发出代销货物满180天的当天。

⑥ 销售应税劳务，为提供劳务同时收讫销售款或者取得索取销售款的凭据的当天。

⑦ 纳税人发生除将货物交付其他单位或者个人代销和销售代销货物以外的视同销售货物行为，为货物移送的当天。

⑧ 纳税人提供建筑服务、租赁服务采取预收款方式的，其纳税义务发生时间为收到预收

款的当天。

⑨ 纳税人从事金融商品转让的,为金融商品所有权转移的当天。

(2) 纳税人进口货物,为报关进口的当天。

(3) 纳税人提供建筑服务取得预收款,应在收到预收款时,以取得的预收款扣除支付的分包款后的余额,按照规定的预征率预缴增值税。

① 适用一般计税方法计税的项目预征率为2%,适用简易计税方法计税的项目预征率为3%。

② 按照现行规定应在建筑服务发生地预缴增值税的项目,纳税人收到预收款时在建筑服务发生地预缴增值税。按照现行规定无须在建筑服务发生地预缴增值税的项目,纳税人收到预收款时在机构所在地预缴增值税。

③ 一般纳税人跨县(市)提供建筑服务,适用一般计税方法计税的,应以取得的全部价款和价外费用为销售额计算应纳税额。纳税人应以取得的全部价款和价外费用扣除支付的分包款后的余额,按照2%的预征率在建筑服务发生地预缴税款后,向机构所在地主管税务机关进行纳税申报。

④ 一般纳税人跨县(市)提供建筑服务,选择适用简易计税方法计税的,应以取得的全部价款和价外费用扣除支付的分包款后的余额为销售额,按照3%的征收率计算应纳税额。纳税人应按照上述计税方法在建筑服务发生地预缴税款后,向机构所在地主管税务机关进行纳税申报。

⑤ 小规模纳税人跨县(市)提供建筑服务,应以取得的全部价款和价外费用扣除支付的分包款后的余额为销售额,按照3%的征收率计算应纳税额。纳税人应按照上述计税方法在建筑服务发生地预缴税款后,向机构所在地主管税务机关进行纳税申报。

(4) 纳税人发生视同销售服务、无形资产或者不动产的,其纳税义务发生时间为服务、无形资产转让完成的当天或者不动产权属变更的当天。

(5) 增值税扣缴义务发生时间为纳税人增值税纳税义务发生的当天。

二、纳税期限

增值税的纳税期限分别为1日、3日、5日、10日、15日、1个月或者1个季度。纳税人的具体纳税期限,由主管税务机关根据纳税人应纳税额的大小分别核定。以1个季度为纳税期限的规定适用于小规模纳税人、银行、财务公司、信托投资公司、信用社,以及财政部和国家税务总局规定的其他纳税人。不能按照固定期限纳税的,可以按次纳税。

纳税人以1个月或者1个季度为1个纳税期的,自期满之日起15日内申报纳税,以1日、3日、5日、10日或者15日为1个纳税期的,自期满之日起5日内预缴税款,于次月1日起15日内申报纳税并结清上月应纳税款。

纳税人进口货物,应当自海关填发海关进口增值税专用缴款书之日起15日内缴纳税款。扣缴义务人解缴税款的期限,按照前两款规定执行。

三、纳税地点

(1) 固定业户应当向其机构所在地或者居住地主管税务机关申报纳税。总机构和分支机构不在同一县(市)的,应当分别向各自所在地的主管税务机关申报纳税;经财政部和国家税务总局或者其授权的财政和税务机关批准,可以由总机构汇总向总机构所在地的主管税务机关申报纳税。

属于固定业户的试点纳税人,总分支机构不在同一县(市),但在同一省(自治区、直辖市、计划单列市)范围内的,经省(自治区、直辖市、计划单列市)财政厅(局)和国家税务局批准,可以由总机构汇总向总机构所在地的主管税务机关申报缴纳增值税。

(2)非固定业户应当向应税行为发生地主管税务机关申报纳税;未申报纳税的,由其机构所在地或者居住地主管税务机关补征税款。

(3)进口货物,应当向报关地海关申报纳税。

(4)其他个人提供建筑服务,销售或者租赁不动产,转让自然资源使用权,应向建筑服务发生地、不动产所在地、自然资源所在地主管税务机关申报纳税。

按照现行规定应在建筑服务发生地预缴增值税的项目,纳税人收到预收款时在建筑服务发生地预缴增值税。按照现行规定无须在建筑服务发生地预缴增值税的项目,纳税人收到预收款时在机构所在地预缴增值税。

(5)扣缴义务人应当向其机构所在地或者居住地主管税务机关申报缴纳扣缴的税款。

四、增值税发票使用和管理

增值税纳税人发生应税销售行为,应使用增值税发票管理新系统开具增值税专用发票、增值税普通发票和机动车销售统一发票。

(一)增值税专用发票的联次

增值税专用发票由基本联次或者基本联次附加其他联次构成,基本联次为三联:发票联、抵扣联和记账联。发票联,作为购买方核算采购成本和增值税进项税额的记账凭证;抵扣联,作为购买方报送主管税务机关认证和留存备查的凭证;记账联,作为销售方核算销售收入和增值税销项税额的记账凭证。其他联次用途,由一般纳税人自行确定。

(二)增值税发票的开具和使用

(1)纳税人发生应税行为,应当向索取增值税专用发票的购买方开具增值税专用发票,并在增值税专用发票上分别注明销售额和销项税额。

属于下列情形之一的,不得开具增值税专用发票。

① 向消费者个人销售服务、无形资产或者不动产。

② 适用免征增值税规定的应税行为。

(2)小规模纳税人发生应税行为,购买方索取增值税专用发票的,可以向主管税务机关申请代开。

(3)全面推行小规模纳税人自行开具增值税专用发票。税务总局进一步扩大小规模纳税人自行开具增值税专用发票范围,小规模纳税人(其他个人除外)发生增值税应税行为、需要开具增值税专用发票的,可以自愿使用增值税发票管理系统自行开具。

(4)为全面落实《优化营商环境条例》,深化税收领域"放管服"改革,加大推广使用电子发票的力度,国家税务总局决定在全国新设立登记的纳税人(以下简称新办纳税人)中实行增值税专用发票电子化。

① 电子专票由各省税务局监制,采用电子签名代替发票专用章,属于增值税专用发票,其法律效力、基本用途、基本使用规定等与增值税纸质专用发票(以下简称纸质专票)相同。

② 纳税人开具增值税专用发票时,既可以开具电子专票,也可以开具纸质专票。受票方

索要纸质专票的,开票方应当开具纸质专票。

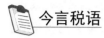

知识点梳理

增值税是对在中华人民共和国境内销售货物或者加工、修理修配劳务,销售服务无形资产、不动产及进口货物的单位和个人,就其销售货物、劳务、服务、无形资产、不动产的增值额和货物进口金额为计税依据而课征的一种流转税。

增值税的征收范围分为传统征收范围、"营改增"征收范围和特殊征收范围三部分。其中,传统征收范围包括在境内销售货物、进口货物和销售劳务;"营改增"征收范围包括在境内销售服务、无形资产和不动产;特殊征收范围包括视同发生应税销售行为、混合销售行为和兼营销售行为。

在中华人民共和国境内发生应税销售行为及进口货物的单位和个人,为增值税的纳税人。为了简化增值税的计算和征收,同时减少税收征管漏洞,增值税法将增值税纳税人按会计核算水平和经营规模分为一般纳税人和小规模纳税人两类纳税人。

增值税的计税方法,包括一般计税方法、简易计税方法和扣缴计税方法。一般纳税人发生应税销售行为适用一般计税方法计税;小规模纳税人发生应税销售行为适用简易计税方法计税;纳税人进口货物,按照组成计税价格和规定的税率计算应纳税额。

增值税法规定了多项税收优惠政策。为了鼓励出口货物公平竞争,我国的出口货物、劳务和跨境应税行为实行退(免)增值税制度。

增值税的纳税义务发生时间为纳税人发生应税行为并收讫销售款项或者取得索取销售款项凭据的当天;先开具发票的,为开具发票的当天;进口货物,为报关进口的当天。

固定业户应当向其机构所在地或者居住地主管税务机关申报纳税;进口货物,应当向报关地海关申报纳税。

一、单项选择题

1. 下列税种中,采用超率累进税率的是( )。
   A. 个人所得税   B. 房产税
   C. 城镇土地使用税   D. 土地增值税
2. 区别不同税种的重要标志是( )。
   A. 纳税环节   B. 税目   C. 税率   D. 征税对象
3. 根据增值税法律制度的规定,建筑企业年应税销售额超过一定金额的可以申请登记为一般纳税人,该金额是( )。
   A. 300万元   B. 500万元   C. 200万元   D. 1 000万元
4. 根据增值税法律制度的规定,下列关于增值税纳税人的表述中,正确的是( )。
   A. 转让无形资产,以无形资产受让方为纳税人
   B. 提供建筑安装服务,以建筑安装服务接收方为纳税人
   C. 资管产品运营过程中发生的增值税应税行为,以资管产品管理人为纳税人
   D. 单位以承包、承租、挂靠方式经营的,一律以承包人为纳税人

5. 根据增值税法律制度的规定,下列关于小规模纳税人征税规定的表述中,不正确的是( )。
  A. 实行简易征税办法   B. 一律不使用增值税专用发票
  C. 不允许抵扣增值税进项税额   D. 可以请税务机关代开增值税专用发票
6. 根据增值税法律制度的相关规定,下列各项中,不属于销售无形资产的是( )。
  A. 转让专利权   B. 转让建筑物永久使用权
  C. 转让网络游戏虚拟道具   D. 转让采矿权
7. 根据增值税法律制度的规定,下列各项中,应按现代服务—租赁服务缴纳增值税的是( )。
  A. 水路运输的程租业务   B. 融资性售后回租
  C. 航空运输的湿租业务   D. 车辆停放业务
8. 根据增值税法律制度的规定,下列各项中,应按生活服务缴纳增值税的是( )。
  A. 家政服务   B. 道路通行服务
  C. 基础电信服务   D. 车辆停放服务
9. 根据增值税法律制度的相关规定,下列各项中,应按照"销售服务—建筑服务"税目计算增值税的是( )。
  A. 平整土地   B. 出售住宅
  C. 出租办公楼   D. 转让土地使用权
10. 根据增值税法律制度的相关规定,下列行为中,应按照销售不动产税目计缴增值税的是( )。
  A. 将建筑物广告位出租给其他单位用于发布广告
  B. 销售底商
  C. 转让高速公路经营权
  D. 转让国有土地使用权

二、多项选择题
1. 下列各项中,属于税收法律关系主体的有( )。
  A. 税务机关   B. 海关   C. 纳税人   D. 扣缴义务人
2. 我国现行的税率主要有( )。
  A. 比例税率   B. 比率税率   C. 定额税率   D. 累进税率
3. 下列各项中,属于税法要素的有( )。
  A. 税率   B. 征税对象   C. 纳税人   D. 税收优惠
4. 下列税种中,由海关负责征收和管理的有( )。
  A. 契税   B. 社会保险费   C. 船舶吨税   D. 关税
5. 根据增值税法律制度的规定,下列应税行为中,应按照销售无形资产税目计缴增值税的有( )。
  A. 转让采矿权   B. 转让专利技术
  C. 转让土地使用权   D. 转让金融商品

三、判断题
1. 税收法律关系的内容是指税收法律关系主体双方的权利和义务所共同指向的对象。
  ( )

2. 除个体经营者外,其他个人不属于增值税一般纳税人。（ ）

3. 甲酒店为增值税小规模纳税人,出售其拥有的临街店铺,可使用增值税发票管理系统自行开具增值税专用发票。（ ）

4. 进口原属于中国境内的货物,不征收进口环节增值税。（ ）

5. 出租车公司对使用本公司自有出租车的出租车司机收取管理费用,按照交通运输服务计算增值税。（ ）

四、不定项选择题

资料（一）

甲公司为增值税一般纳税人,主要从事家电的生产和销售业务。2023年10月有关经营情况如下:

（1）向乙商场销售自产洗衣机一批,含增值税销售额226万元,因其购买量大给予10%的折扣,实际收取含增值税销售额203.4万元,并将销售额和折扣额在同一张发票（金额栏内）分别注明。

（2）销售自产电冰箱一批,取得含增值税价款339万元,另收取包装物押金3.39万元,逾期不予退还的包装物押金1.13万元。

（3）销售部员工国内出差,取得注明员工身份信息的航空运输电子客票行程单,记载往返票价和燃油附加费合计32.7万元、民航发展基金0.1万元。

（4）将自产空调30台用于办公楼、40台用于员工宿舍、100台用于换取零部件、10台用于赠送社区图书馆。

已知,销售货物增值税税率为13%;航空旅客运输服务按照9%计算进项税额;取得的扣税凭证均符合抵扣规定。

要求:根据上述资料,不考虑其他因素,分析回答下列小题。

1. 计算甲公司当月销售自产洗衣机增值税销项税额的下列算式中,正确的是(　　)。

　　A. $203.4 \div (1+13\%) \times 13\% = 23.4$（万元）

　　B. $226 \div (1+13\%) \times 13\% = 26$（万元）

　　C. $203.4 \times 13\% = 26.442$（万元）

　　D. $226 \times 13\% = 29.38$（万元）

2. 计算甲公司当月销售自产电冰箱增值税销项税额的下列算式中,正确的是(　　)。

　　A. $(339+3.39+1.13) \div (1+13\%) \times 13\% = 39.52$（万元）

　　B. $339 \times 13\% = 44.07$（万元）

　　C. $(339+1.13) \div (1+13\%) \times 13\% = 39.13$（万元）

　　D. $(339+3.39) \div (1+13\%) \times 13\% = 39.39$（万元）

3. 计算甲公司当月取得航空运输电子客票行程单准予抵扣进项税额的下列算式中,正确的是(　　)。

　　A. $32.7 \div (1+9\%) \times 9\% = 2.7$（万元）

　　B. $32.7 \div (1+9\%) \times 9\% + 0.1 \times 9\% = 2.709$（万元）

　　C. $32.7 \times 9\% = 2.943$（万元）

　　D. $(32.7+0.1) \times 9\% = 2.952$（万元）

4. 甲公司的下列行为中,应缴纳增值税的是(　　)。

　　A. 将自产空调100台用于换取零部件

B. 将自产空调 10 台用于赠送社区图书馆

C. 将自产空调 40 台用于员工宿舍

D. 将自产空调 30 台用于办公楼

资料(二)

甲百货商场为增值税一般纳税人,2023 年 10 月经营业务如下。

(1)首饰区采取以旧换新方式销售金项链,该批金项链含增值税价款为 339 万元,换回的旧项链作价 226 万元,甲百货商场实际收取含税差价款 113 万元。

(2)家电区销售空调取得含增值税收入 300 万元,同时提供空调上门安装服务,取得含税安装服务费 15 万元。

(3)本月以一批服装抵偿 6 个月以前购进的某批洗衣机的欠款,所欠款项 23.4 万元;受托代销某品牌公文包,取得代销收入 11.7 万元;取得存款利息收入 10 万元;因货物被盗获得保险赔付 5 万元。

(4)将一辆经营用小货车拨给职工食堂专用,该辆小货车于 2 年前购入并抵扣进项税额,购入时取得的税控机动车销售统一发票上注明金额 20 万元,截至本月已计提折旧 4 万元。

已知,销售货物增值税税率为 13%,销售建筑服务增值税税率为 9%。

要求:根据上述资料,不考虑其他因素,分析回答下列小题。

1. 计算首饰区当月以旧换新方式销售金项链确认增值税销项税额的下列算式中,正确的是(   )。

   A. 339×13%=44.07(万元)

   B. 113×13%=14.69(万元)

   C. 339÷(1+13%)×13%=39(万元)

   D. 113÷(1+13%)×13%=13(万元)

2. 计算家电区当月销售空调同时提供安装服务增值税销项税额的下列算式中,正确的是(   )。

   A. 300÷(1+13%)×13%+15÷(1+9%)×9%=35.75(万元)

   B. (300+15)÷(1+9%)×9%=26.01(万元)

   C. (300+15)÷(1+13%)×13%=36.24(万元)

   D. (300+15)×13%=40.95(万元)

3. 甲百货商场下列项目中,应正常缴纳增值税的是(   )。

   A. 以服装抵偿欠款 23.4 万元　　　B. 受托代销收入 11.7 万元

   C. 存款利息收入 10 万元　　　　　D. 保险赔付 5 万元

4. 计算甲百货商场小货车改变用途,不得抵扣进项税额的下列算式中,正确的是(   )。

   A. 20÷(1+13%)×13%=2.30(万元)

   B. (20-4)÷(1+13%)×13%=1.84(万元)

   C. 20×13%=2.6(万元)

   D. (20-4)×13%=2.08(万元)

资料(三)

甲食品厂为增值税一般纳税人,主要从事食品的生产和销售业务,2023 年 9 月有关经济业务如下。

(1) 采取分期收款方式销售饮料,含税总价款113万元,合同约定分3个月收取货款,本月应收取含税价款45.2万元。

(2) 赠送给儿童福利院自产瓶装乳制品,该批乳制品生产成本22.6万元,同类乳制品平均含税销售价款33.9万元。

(3) 购进生产用原材料取得增值税专用发票注明税额26万元;购进用于集体福利的食用油取得增值税专用发票注明税额5万元。

(4) 外购一栋楼房,取得的增值税专用发票上注明税额为180万元。该楼房的1~3层作为仓库用房、4~5层作为职工宿舍。

(5) 职工食堂专用的一台设备改用于生产车间生产食品,购进时取得增值税专用发票注明价税合计金额20万元。

(6) 销售一台自己使用过的设备,当年采购该设备时按规定不得抵扣且未抵扣进项税额,取得含税金额10.3万元,开具增值税普通发票。

已知,甲食品厂生产的所有货物适用的增值税税率均为13%,成本利润率为10%;取得的增值税专用发票已进行用途确认。一般纳税人销售自己使用过的不得抵扣且未抵扣进项税额的不动产以外的其他固定资产,按照简易办法依照3%征收率减按2%征收增值税。

要求:根据上述资料,不考虑其他因素,分析回答下列小题。

1. 甲食品厂当月销售饮料增值税销项税额的下列计算列式中,正确的是(   )。
   A. $45.2 \times 13\% = 5.876$(万元)
   B. $45.2 \div (1+13\%) \times 13\% = 5.2$(万元)
   C. $113 \div (1+13\%) \times 13\% = 13$(万元)
   D. $113 \times 13\% = 14.69$(万元)

2. 甲食品厂当月赠送自产瓶装乳制品增值税销项税额的下列计算列式中,正确的是(   )。
   A. $22.6 \div (1+13\%) \times 13\% = 2.6$(万元)
   B. $33.9 \div (1+13\%) \times 13\% = 3.9$(万元)
   C. $22.6 \times (1+10\%) \times 13\% = 3.2318$(万元)
   D. $33.9 \times 13\% = 4.407$(万元)

3. 甲食品厂当月发生的下列行为,进项税额处理正确的是(   )。
   A. 购进生产用原材料,进项税额准予抵扣
   B. 购进用于集体福利的食用油,进项税额不得抵扣
   C. 外购的楼房用作仓库和职工宿舍,进项税额不得抵扣
   D. 职工食堂专用的一台设备改用于生产车间生产食品,改变用途的次月准予按规定抵扣进项税额

4. 计算甲食品厂转让设备应缴纳增值税税额的下列算式中,正确的是(   )。
   A. $10.3 \div (1+3\%) \times 3\% = 0.3$(万元)
   B. $10.3 \div (1+3\%) \times 2\% = 0.2$(万元)
   C. $10.3 \times (1+3\%) \times 2\% = 0.21$(万元)
   D. $10.3 \div (1+2\%) \times 2\% = 0.20$(万元)

资料(四)

甲制药厂为增值税一般纳税人,主要从事药品的生产和销售业务。2023年10月有关经

营情况如下。

（1）向农民收购金银花，农产品收购发票注明买价19.8万元；支付其运输费，取得增值税专用发票注明税额0.045万元，验收后因管理不善丢失30%，剩余70%全部领用加工成口服液。

（2）购进移动硬盘发给职工作为福利，取得增值税专用发票注明税额1.95万元。

（3）购进贷款服务，支付贷款利息，取得增值税普通发票注明税额0.18万元；向贷款方支付手续费，取得增值税普通发票注明税额0.15万元。

（4）进口生产设备一台，取得海关进口增值税专用缴款书注明税额65万元。该生产设备既用于生产应税药品，又用于生产免税药品。

（5）购进一批盐酸，取得增值税专用发票注明税额39万元；该批盐酸共用于A型应税药品及B型免税药品的生产，无法划分进项税额；生产的药品当月全部销售，其中A型应税药品不含税销售额400万元，B型免税药品销售额200万元。

（6）销售自产500箱W型感冒药，其中300箱不含增值税单价1.6万元/箱，200箱不含增值税单价1.4万元/箱，共取得不含增值税销售额760万元；另将自产100箱W型感冒药赠送给M医院临床使用。

已知，销售货物增值税税率为13%；购进用于生产13%税率货物的农产品，按照10%的扣除率计算进项税额；取得的扣税凭证均符合抵扣规定。

要求：根据上述资料，不考虑其他因素，分析回答下列小题。

1. 计算甲制药厂业务（1）准予抵扣进项税额的下列算式中，正确的是（   ）。

　　A. $[19.8÷(1-10\%)×10\%+0.045]×70\%=1.571\ 5$（万元）

　　B. $(19.8×10\%+0.045)×70\%=1.417\ 5$（万元）

　　C. $[19.8÷(1+10\%)×10\%+0.045]×70\%=1.291\ 5$（万元）

　　D. $19.8×10\%+0.045=2.025$（万元）

2. 甲制药厂下列进项税额中，不得从销项税额中抵扣的是（   ）。

　　A. 生产设备的进项税额65万元

　　B. 移动硬盘的进项税额1.95万元

　　C. 贷款手续费的进项税额0.15万元

　　D. 贷款利息的进项税额0.18万元

3. 计算甲制药厂当月购进盐酸不得抵扣进项税额的下列算式中，正确的是（   ）。

　　A. $39×(400+200)÷(400+200)=39$（万元）

　　B. $39×200÷(400+200)=13$（万元）

　　C. $39÷2=19.5$（万元）

　　D. $39×400÷(400+200)=26$（万元）

4. 计算甲制药厂当月W型感冒药增值税销项税额的下列算式中，正确的是（   ）。

　　A. $760×13\%+100×1.6×13\%=119.6$（万元）

　　B. $760×13\%+100×1.4×13\%=117$（万元）

　　C. $760×13\%+100×(760÷500)×13\%=118.56$（万元）

　　D. $760×13\%=98.8$（万元）

资料（五）

甲农机生产企业为增值税一般纳税人，主营农机和农机零部件的生产和销售。2023年

10月发生如下业务。

(1) 销售一批农机零部件,取得含税销售额40万元,另收取包装费5.2万元。采取还本销售方式销售一批新型农机,取得零售价款50万元,本月支付还本支出5万元。

(2) 以预收货款的方式销售2台农机,小型农机取得含增值税价款109万元,农机尚未发出;大型农机生产工期15个月,合同约定本月应预收含增值税价款872万元,甲农机生产企业当月实际收到该笔预收款。

(3) 从金融机构取得贷款,向该金融机构支付该笔贷款融资顾问费取得增值税专用发票注明税额3万元,向担保公司支付担保费取得增值税专用发票注明税额4.5万元,向信用评级机构支付评级费取得增值税普通发票注明税额0.3万元,向会计师事务所支付审计费取得增值税专用发票注明税额6万元。

(4) 月末盘点时发现上月外购的一批钢材(已抵扣进项税)因管理不善被盗,该批钢材账面成本为100万元;本月新购进了一批钢材,取得增值税电子专用发票注明价款200万元。

已知,一般产品增值税税率为13%,销售农机增值税税率为9%;取得的扣税凭证均符合抵扣规定。

要求:根据上述资料,不考虑其他因素,分析回答下列小题。

1. 计算甲农机生产企业当月销售农机零部件和还本销售方式销售新型农机确认增值税销项税额的下列算式中,正确的是( )。

    A. 销售农机零部件应确认增值税销项税额=[40÷(1+13%)+5.2]×13%
                            =5.28(万元)

    B. 销售农机零部件应确认增值税销项税额=(40+5.2)÷(1+13%)×13%=5.2(万元)

    C. 还本销售方式销售新型农机确认增值税销项税额=(50-5)÷(1+9%)×9%
                              =3.72(万元)

    D. 还本销售方式销售新型农机应确认增值税销项税额=50×9%=4.5(万元)

2. 计算甲农机生产企业以预收款方式销售农机增值税销项税额的下列各项中,正确的是( )。

    A. 0

    B. 109÷(1+9%)×9%=9(万元)

    C. 872÷(1+9%)×9%=72(万元)

    D. (109+872)÷(1+9%)×9%=81(万元)

3. 甲农机生产企业的下列进项税额中,准予从销项税额中抵扣的是( )。

    A. 担保费的进项税额4.5万元

    B. 审计费的进项税额6万元

    C. 评级费的进项税额0.3万元

    D. 融资顾问费的进项税额3万元

4. 计算甲农机生产企业本月准予抵扣的进项税额的下列算式中,正确的是( )。

    A. 200×13%-100×13%+4.5+6=23.5(万元)

    B. 200÷(1+13%)×13%-100×13%+4.5+6+3=23.51(万元)

    C. 200×13%-100÷(1+13%)×13%+4.5+6+3=28(万元)

    D. 200÷(1+13%)×13%-100÷(1+13%)×13%+4.5+6=22(万元)

第三章

消费税法

消费税是指对消费品和特定消费行为按流转额征收的一种商品税。从广义上看,应对所有消费品包括生活必需品和日用品在内普遍课征消费税;但从征收实践来看,主要对特定消费品或特定消费行为课征消费税。消费税主要以消费品为课税对象,属于间接税,税收随价格转嫁给消费者,消费者是税收的实际负担者。消费税的征收具有较强的选择性,是国家贯彻消费政策、引导消费结构从而引导产业结构的重要手段,因而在保证国家财政收入、体现国家经济政策等方面具有十分重要的意义。

消费税的发展历程

 学习目标

知识目标

(1) 学习消费税的概念、征税范围、税目、税率和纳税人。

(2) 学习消费税纳税义务发生时间、纳税期限和纳税地点。

能力目标

(1) 掌握消费税的三种计税方式,能够正确计算消费税应纳税额。

(2) 掌握已纳消费税的扣除方法,能够正确核算准予扣除的已纳消费税税款。

(3) 掌握消费税的税收管理,能够正确及时缴纳消费税。

素养目标

(1) 树立正确的世界观、价值观和人生观。

(2) 培养理性消费、健康消费的观念。

内容导航

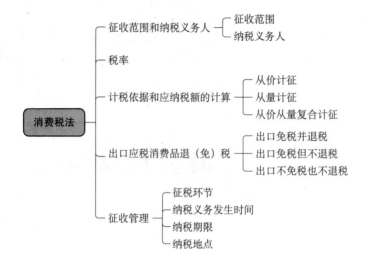

 以案为鉴

百万豪车亏本卖　税务稽查揭真相

大连市税务局第二稽查局查到一条疑点信息:某贸易有限责任公司(以下简称 A 企业)有两辆亏本销售的越野车存在较大疑点。这两辆车均以低于购置价格销售出去。

A 企业这两辆车的不含税销售价格均约为 129 万元,接近 130 万元。而通过查询汽车报价 App 软件,检查人员发现这两款车的市场报价均远高于 130 万元。

A 企业以加征超豪华小汽车消费税的临界点 130 万元定价销售车辆,是不是意味着有意逃避缴纳税款?

对此,A 企业实际经营人做出解释:这两辆车购置时间较长且在运输过程中发生剐蹭,为了尽快回笼资金,企业做了亏本销售。

企业的解释是不是真实情况呢?最终检查人员带着翔实证据约谈 A 企业实际经营人,对方承认其通过分解收入逃避缴纳超豪华小汽车消费税的违法事实。经查,在本次检查期间,A 企业通过账外分解收入逃避缴纳消费税 29 万元。检查发现,该企业还存在其他涉税违法问题,涉及偷逃增值税 15 万元。大连市税务局第二稽查局依法将 A 企业的违法行为定性为偷税,作出追缴税费 44 万元、加收滞纳金并处罚款 22 万元的处理处罚。

以案释法

自 2016 年 12 月 1 日起执行的《财政部　国家税务总局关于对超豪华小汽车加征消费税有关事项的通知》(财税〔2016〕129 号)规定,"小汽车"税目下增设"超豪华小汽车"子税目。征收范围为每辆零售价格 130 万元(不含增值税)及以上的乘用车和中轻型商用客车,即乘用车和中轻型商用客车子税目中的超豪华小汽车。对超豪华小汽车,在生产(进口)环节按现行税率征收消费税基础上,在零售环节加征消费税,税率为 10%,如图 3-1 所示。

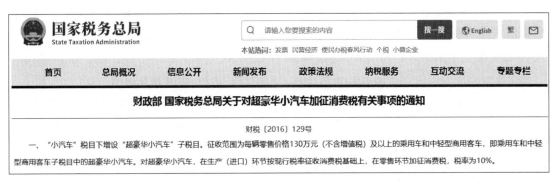

图 3-1 国家税务总局官网截图

问题思考与讨论

(1) 为了引导合理消费,调节消费结构,经国务院批准,对每辆零售价格 130 万元(不含增值税)及以上的超豪华小汽车,在生产(进口)环节按现行税率征收消费税基础上,在零售环节加征消费税,税率为 10%。你认为合理吗?

(2) 哪些商品需要缴纳消费税?

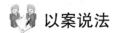 **以案说法**

为什么企业老板都会买豪车?

有一个现象不知道大家是否发现了,那就是一般的企业老板都会开豪车,甚至不止一辆,难道他们只是因为有钱而故意张扬吗?其实他们买豪车的真正目的,不仅于此。

在现代社会,追求高品质消费已成为时尚潮流。然而,在享受消费的同时,缴纳消费税也成为人们必不可少的应缴税种之一。为了引导和调节居民的消费行为、保障财政收入,我国对部分商品征收了消费税。消费税是一种间接税,是国家对特定消费品和特定消费行为按流转额征收的一种商品税。

豪车是消费品,属于应缴纳消费税的税目,老板购买豪车,对公司来说属于固定资产,登记后每年财务上需要计提折旧,折旧属于费用可以抵冲利润,这样需要缴纳企业所得税的利润金额就少了。自 2019 年开始,豪车购入的进项税额又可以抵扣销项税额,缴纳的增值税及附加税也随之减少。因此,很多企业买豪车,正是因为老板会算这样一笔账!

你们认为企业老板买豪车的目的是什么?

第一节 征收范围和纳税义务人

一、征收范围

消费税的征收范围比较狭窄,同时国家会根据经济发展、环境保护等国家大政方针对消费税征收范围进行调整。根据《消费税暂行条例》及相关法规的规定,目前我国消费税税目包括烟、酒、高档化妆品等 15 种商品,部分税目还进一步划分了若干子目。

(一)烟

凡是以烟叶为原料加工生产的产品,不论使用何种辅料,均属于本税目的征收范围。

在"烟"税目下分"卷烟""雪茄烟""烟丝"三个子目,"卷烟"又分"甲类卷烟"和"乙类卷烟"。

其中,甲类卷烟是指每标准条(200 支,下同)调拨价格在 70 元(不含增值税)以上(含 70 元)的卷烟;乙类卷烟是指每标准条调拨价格在 70 元(不含增值税)以下的卷烟。

(二)酒

酒是酒精度在 1 度以上的各种酒类饮料,包括白酒、黄酒、啤酒和其他酒。

啤酒每吨出厂价(含包装物及包装物押金,但不包括供重复使用的塑料周转箱的押金)在 3 000 元(含 3 000 元,不含增值税)以上的是甲类啤酒,在 3 000 元(不含增值税)以下的是乙类啤酒。对饮食业、商业、娱乐业举办的啤酒屋(啤酒坊)利用啤酒生产设备生产的啤酒,应当征收消费税。果啤属于啤酒、按啤酒征收消费税。

(三)高档化妆品

本税目包括高档美容、修饰类化妆品、高档护肤类化妆品和成套化妆品。

美容、修饰类化妆品是指香水、香水精、香粉、口红、指甲油、胭脂、眉笔、唇笔、蓝眼油、眼睫毛及成套化妆品。

舞台、戏剧、影视演员化妆用的上妆油、卸妆油、油彩,不属于本税目的征收范围。

高档美容、修饰类化妆品和高档护肤类化妆品是指生产(进口)环节销售(完税)价格(不含增值税)在 10 元/毫升(克)或 15 元/片(张)及以上的美容、修饰类化妆品和护肤类化妆品。

(四)贵重首饰及珠宝玉石

本税目包括以金、银、白金、宝石、珍珠、钻石、翡翠、珊瑚、玛瑙等高贵稀有物质及其他金属、人造宝石等制作的各种纯金银首饰和镶嵌首饰,以及经采掘、打磨、加工的各种珠宝玉石。

(五)鞭炮、焰火

本税目包括各种鞭炮、焰火。体育上用的发令纸、鞭炮药引线,不按本税目征收消费税。

(六)成品油

本税目包括汽油、柴油、航空煤油、石脑油、溶剂油、润滑油和燃料油七个子目。其中,航空煤油的消费税暂缓征收。

(1)汽油是指用原油或其他原料加工生产的辛烷值不小于 66 的可用作汽油发动机燃料的各种轻质油。以汽油、汽油组分调和生产的甲醇汽油、乙醇汽油也属于本税目征收范围。

(2)柴油是指用原油或其他原料加工生产的倾点或凝点在-50~30℃的可用作柴油。发动机燃料的各种轻质油和以柴油组分为主、经调和精制可用作柴油发动机燃料的非标油。以柴油、柴油组分调和生产的生物柴油也属于本税目征收范围。

(3)航空煤油也叫喷气燃料,是用原油或其他原料加工生产的用作喷气发动机和喷气推进系统燃料的各种轻质油。

(4)石脑油又叫化工轻油,是以原油或其他原料加工生产的用于化工原料的轻质油。石脑油的征收范围包括除汽油、柴油、航空煤油、溶剂油外的各种轻质油。非标汽油重整生成油、拔头油、戊烷原料油、轻裂解料(减压柴油 VGO 和常压柴油 AGO)、重裂解料、加氢裂化尾油、芳烃抽余油均属轻质油,属于石脑油征收范围。

(5)溶剂油是用原油或其他原料加工生产的用于涂料、油漆、食用油、印刷油墨、皮革、农药、橡胶、化妆品生产和机械清洗、胶粘行业的轻质油。橡胶填充油、溶剂油原料,属于溶剂油征收范围。

(6)润滑油是用原油或其他原料加工生产的用于内燃机、机械加工过程的润滑产品。润滑油的征收范围包括矿物性润滑油、矿物性润滑油基础油、植物性润滑油、动物性润滑油和化工原料合成润滑油。以植物性、动物性和矿物性基础油(或矿物性润滑油)混合掺配而成的混合性润滑油,不论矿物性基础油(或矿物性润滑油)所占比例高低,均属润滑油的征收范围。另外,用原油或其他原料加工生产的用于内燃机、机械加工过程的润滑产品均属于润滑油征收范围。润滑脂是润滑产品,生产、加工润滑脂应当征收消费税。变压器油、导热类油等绝缘油类产品不属于润滑油,不征收消费税。

(7) 燃料油也称重油或渣油,是用原油或其他原料加工生产,主要用作电厂发电、锅炉用燃料、加热炉燃料、冶金和其他工业炉燃料。蜡油、船用重油、常压重油、减压重油、180CTS 燃料油、7 号燃料油、糠醛油、工业燃料、4～6 号燃料油等油品的主要用途是作为燃料燃烧,属于燃料油征收范围。

（七）小汽车

小汽车是指由动力驱动,具有 4 个或 4 个以上车轮的非轨道承载的车辆。

本税目征收范围包括以下几种。

(1) 乘用车:含驾驶员座位在内最多不超过 9 个座位(含)的,在设计和技术特性上用于载运乘客和货物的各类乘用车。

(2) 中轻型商用客车:含驾驶员座位在内的座位数在 10～23 座(含 23 座)的在设计和技术特性上用于载运乘客和货物的各类中轻型商用客车。

(3) 超豪华小汽车:每辆零售价格 130 万元(不含增值税)及以上的乘用车和中轻型商用客车。

用排气量小于 1.5 升(含)的乘用车底盘(车架)改装、改制的车辆属于乘用车征收范围。用排气量大于 1.5 升的乘用车底盘(车架)或用中轻型商用客车底盘(车架)改装、改制的车辆属于中轻型商用客车征收范围。

含驾驶员人数(额定载客)为区间值的(如 8～10 人、17～26 人)小汽车,按其区间值下限人数确定征收范围。

电动汽车不属于本税目征收范围。车身长度大于 7 米(含),并且座位在 10～23 座(含)以下的商用客车,不属于中轻型商用客车征税范围,不征收消费税。沙滩车、雪地车、卡丁车、高尔夫车不属于消费税征收范围,不征收消费税。

（八）摩托车

本税目包括轻便摩托车和摩托车两种。对最大设计车速不超过 50 千米/小时、发动机气缸总工作容量不超过 50 毫升的三轮摩托车不征收消费税。气缸容量 250 毫升(不含)以下的小排量摩托车不征收消费税。

（九）高尔夫球及球具

高尔夫球及球具是指从事高尔夫球运动所需的各种专用装备,包括高尔夫球、高尔夫球杆及高尔夫球包(袋)等。

高尔夫球是指重量不超过 45.93 克、直径不超过 42.67 毫米的高尔夫球运动比赛、练习用球;高尔夫球杆是指被设计用来打高尔夫球的工具,由杆头、杆身和握把三部分组成;高尔夫球包(袋)是指专用于盛装高尔夫球及球杆的包(袋)。

本税目征收范围包括高尔夫球、高尔夫球杆、高尔夫球包(袋)。高尔夫球杆的杆头、杆身和握把属于本税目的征收范围。

（十）高档手表

高档手表是指销售价格（不含增值税）每只在 10 000 元（含）以上的各类手表。

（十一）游艇

游艇是指长度在 8~90 米，船体由玻璃钢、钢、铝合金、塑料等多种材料制作，可以在水上移动的水上浮载体。按照动力划分，游艇分为无动力艇、帆艇和机动艇。

（十二）木制一次性筷子

木制一次性筷子又称卫生筷子，是指以木材为原料经过锯段、浸泡、旋切、刨切、烘干、筛选、打磨、倒角、包装等环节加工而成的各类供一次性使用的筷子。未经打磨、倒角的木制一次性筷子属于本税目征收范围。

（十三）实木地板

实木地板是指以木材为原料，经锯割、干燥、刨光、截断、开榫、涂漆等工序加工而成的块状或条状的地面装饰材料。实木地板按生产工艺不同，可分为独板（块）实木地板、实木指接地板、实木复合地板三类；按表面处理状态不同，可分为未涂饰地板（白坯板、素板）和漆饰地板两类。

本税目征收范围包括各类规格的实木地板、实木指接地板、实木复合地板及用于装饰墙壁、天棚的侧端面为榫、槽的实木装饰板。未经涂饰的素板也属于本税目征的范围。

（十四）电池

电池是一种将化学能、光能等直接转换为电能的装置，一般由电极、电解质、容器、极端，通常还有隔离层组成的基本功能单元，以及用一个或多个基本功能单元装配成的电池组。电池的范围包括原电池、蓄电池、燃料电池、太阳能电池和其他电池。对无汞原电池、金属氢化物镍蓄电池（又称氢镍蓄电池或镍氢蓄电池）、锂原电池、锂离子蓄电池、太阳能电池、燃料电池和全钒液流电池免征消费税。

（十五）涂料

涂料是指涂于物体表面能形成具有保护、装饰或特殊性能的固态涂膜的一类液体或固体材料的总称。对施工状态下挥发性有机物含量低于 420 克/升（含）的涂料免征消费税。

二、纳税义务人

在中华人民共和国境内生产、委托加工和进口《消费税暂行条例》规定的消费品的单位和个人，以及国务院确定的销售《消费税暂行条例》规定的消费品的其他单位和个人，为消费税的纳税人，应当依照《消费税暂行条例》缴纳消费税。

单位是指企业、行政单位、事业单位、军事单位、社会团体及其他单位。

个人是指个体工商户及其他个人。

在中华人民共和国境内是指生产、委托加工和进口属于应当缴纳消费税的消费品的起运地或者所在地在境内。

为了加强对税收源泉的控制，简化税收征管手续，我国现行消费税制度规定，委托加工的应税消费品，以委托方为纳税人，受托方为代收代缴义务人，但受托方为个体经营者的除外；进口的应税消费品，以进口人或其代理人为纳税义务人；在卷烟批发环节，批发商也是纳税人。

提炼点睛

正确理解消费税的纳税义务

应税消费品进入我国流通环节的方式只有生产、委托加工、进口这三种情形。具体可以理解为以下几点。

（1）生产应税消费品的单位和个人：如某小汽车生产厂家生产并销售小汽车，生产厂家即为消费税纳税义务人；

（2）进口应税消费品的单位和个人：如进口高档化妆品的进口商为消费税纳税义务人；

（3）委托加工应税消费品的单位和个人：如某高尔夫球具厂自行采购原材料，送往某服装厂委托加工高尔夫球包，该高尔夫球具厂为消费税纳税义务人（委托加工情形下还有特殊的代收代缴规定）。

此外，还有以下三类纳税人。

①零售金银铂钻首饰和钻石及钻石饰品的单位和个人；②零售超豪华小汽车的单位和个人；③从事卷烟、电子烟批发业务的单位和个人。

消费税是间接税，纳税义务人和负税人不一致，消费者是最终的负税人。

第二节 税　　率

消费税采用比例税率和定额税率两种形式，以适应不同应税消费品的实际情况。

消费税根据不同的税目或子目确定相应的税率或单位税额。大部分应税消费品适用比例税率，如烟丝税率为30%、高档化妆品税率为15%等；黄酒、啤酒和成品油按单位重量或单位体积确定单位税额；卷烟和白酒采用比例税率和定额税率双重征收形式。

> **练习3-1（多选题）** 我国消费税税率形式有（　　）。
> A. 比例税率
> B. 定额税率
> C. 超额累进税率
> D. 全额累进税率
>
>
> 消费税税率形式

提炼点睛

我国现行税率主要包括比例税率、定额税率和累进税率。比例税率是指对同一征税对象，不论其数额大小，均按照同一比例征收的税率。例如，增值税、企业所得税。定额税率是指按征税对象的一定计量单位直接规定应纳税额。累进税率是指依据征税对象数额大小，规定不同等级的税率；征税对象数额越大，税率越高。依据累进标准不同，分全额累进税率、超额累进税率、超率累进税率。全额累进税率计算往往会出现计算不合理现象，目前已不再采用。超额累进税率最具有代表性的是个人所得税，超率累进税率最具代表性的是土地增值税。

消费税税目、税率表如表3-1所示。

表 3-1 消费税税目、税率表

税　　目	税率(税额标准)
一、烟	
1. 卷烟	
(1) 甲类卷烟(生产或进口环节)	56%加 0.003 元/支
(2) 乙类卷烟(生产或进口环节)	36%加 0.003 元/支
(3) 批发环节	11%加 0.005 元/支
2. 雪茄烟	36%
3. 烟丝	30%
二、酒	
1. 白酒	20%加 0.5 元/500 克(或 500 毫升)
2. 黄酒	240 元/吨
3. 啤酒	
(1) 甲类啤酒	250 元/吨
(2) 乙类啤酒	220 元/吨
4. 其他酒	10%
三、高档化妆品	15%
四、贵重首饰及珠宝玉石	
1. 金银首饰、铂金首饰和钻石及钻石饰品	5%
2. 其他贵重首饰及珠宝玉石	10%
五、鞭炮、焰火	15%
六、成品油	
1. 汽油	1.52 元/升
2. 柴油	1.20 元/升
3. 航空煤油	1.20 元/升
4. 石脑油	1.52 元/升
5. 溶剂油	1.52 元/升
6. 润滑油	1.52 元/升
7. 燃料油	1.20 元/升
七、小汽车	
1. 乘用车	
(1) 气缸容量(排气量下同)1.0 升(含 1.0 升)以下	1%
(2) 气缸容量在 1.0~1.5 升(含 1.5 升)的	3%
(3) 气缸容量在 1.5~2.0 升(含 2.0 升)的	5%
(4) 气缸容量在 2.0~2.5 升(含 2.5 升)的	9%
(5) 气缸容量在 2.5~3.0 升(含 3.0 升)的	12%
(6) 气缸容量在 3.0~4.0 升(含 4.0 升)的	25%
(7) 气缸容量在 4.0 升以上的	40%
2. 中轻型商用客车	5%
3. 超豪华小汽车(零售环节)	10%
八、摩托车	
1. 气缸容量为 250 毫升的	3%
2. 气缸容量在 250 毫升以上的	10%

续表

税　　目	税率（税额标准）
九、高尔夫球及球具	10%
十、高档手表	20%
十一、游艇	10%
十二、木制一次性筷子	5%
十三、实木地板	5%
十四、电池	4%
十五、涂料	4%

纳税人兼营不同税率的应税消费品，应当分别核算不同税率应税消费品的销售额、销售数量；未分别核算销售额、销售数量，或者将不同税率的应税消费品组成成套消费品销售的，从高适用税率。

纳税人兼营不同税率的应税消费品，是指纳税人生产销售两种税率以上的应税消费品。例如，某酒厂既生产税率为20%的粮食白酒，又生产税率为10%的其他酒，如汽酒、药酒等，该酒厂应分别核算白酒和其他酒的销售额，然后按各自适用的税率计税；如果该酒厂没有分别核算各自的销售额，其他酒也按白酒的税率计算纳税。如果该酒厂还生产白酒和其他酒小瓶装礼品套酒，就是税法所指的成套消费品，应以全部销售额按白酒的税率20%计算应纳消费税额，而不能按其他酒10%的税率计算其中一部分的应纳税额。对未分别核算的销售额按高税率计税，目的在于督促企业对不同税率应税消费品的销售额分别核算，准确计算纳税。

> **练习3-2（多选题）**　下列消费品，属于消费税征收范围的有（　　）。
> A. 酒精
> B. 护发液
> C. 合成宝石
> D. 果木酒
> E. 卡丁车

消费税征收范围

第三节　计税依据和应纳税额的计算

按照现行消费税法律制度的规定，消费税应纳税额的计算分为从价计征、从量计征和从价从量复合计征三种方法。

一、从价计征

在从价定率计算方法下，应纳税额等于应税消费品的销售额乘以适用税率，应纳税额的多少取决于应税消费品的销售额和适用税率两个因素。消费税实行从价定率办法计算应纳税额的公式为

$$实行从价定率办法计算的应纳税额 = 销售额 \times 比例税率$$

（一）销售额的确定

（1）销售额为纳税人销售应税消费品向购买方收取的全部价款和价外费用。销售是指有

偿转让应税消费品的所有权;有偿是指从购买方取得货币、货物或者其他经济利益;价外费用是指价外向购买方收取的手续费、补贴、基金、集资费、返还利润、奖励费、违约金、滞纳金、延期付款利息、赔偿金、代收款项、代垫款项、包装费、包装物租金、储备费、优质费、运输装卸费及其他各种性质的价外收费。但下列项目不包括在内。

① 同时符合以下条件的代垫运输费用:承运部门的运输费用发票开具给购买方的;纳税人将该项发票转交给购买方的。

② 同时符合以下条件代为收取的政府性基金或者行政事业性收费:由国务院或者财政部批准设立的政府性基金,由国务院或者省级人民政府及其财政、价格主管部门批准设立的行政事业性收费;收取时开具省级以上财政部门印制的财政票据;所收款项全额上缴财政。

其他价外费用,无论是否属于纳税人的收入,均应并入销售额计算征税。

(2) 纳税人销售的应税消费品,以人民币计算销售额。纳税人以人民币以外的货币结算销售额的,应当折合成人民币计算,其销售额的人民币折合率可以选择结算的当天或者当月1日的国家外汇牌价(原则上为中间价)。纳税人应在事先确定采取何种折合率,确定后1年内不得变更。

(3) 纳税人应税消费品的计税价格明显偏低并无正当理由的,由主管税务机关核定其计税价格。

(4) 纳税人通过自设非独立核算门市部销售的自产应税消费品,应当按照门市部对外销售额或者销售数量征收消费税。

(5) 实行从价定率办法计算应纳税额的应税消费品连同包装销售的,无论包装是否单独计价,也不论在会计上如何核算,均应并入应税消费品的销售额中征收消费税。

如果包装物不作价随同产品销售,而是收取押金,此项押金则不应并入应税消费品的销售额中征税。但对因逾期未收回的包装物不再退还的或者已收取的时间超过 12 个月的押金,应并入应税消费品的销售额,按照应税消费品的适用税率缴纳消费税。

对既作价随同应税消费品销售,又另外收取的包装物的押金,凡纳税人在规定的期限内没有退还的,均应并入应税消费品的销售额,按照应税消费品的适用税率缴纳消费税。

但是对销售除啤酒、黄酒以外的其他酒类产品而收取的包装物押金,无论是否返还及会计上如何核算,均应并入当期销售额征税。

白酒生产企业向商业销售单位收取的"品牌使用费"是随着应税白酒的销售而向购货方收取的,属于应税白酒销售价款的组成部分。因此,不论企业采取何种方式或名义收取价款,均应并入白酒的销售额中缴纳消费税。

练习3-3(单选题) 关于企业单独收取的包装物押金,下列处理正确的是( )。

A. 销售葡萄酒收取的包装物押金不并入当期销售额计征消费税
B. 销售黄酒收取的包装物押金应并入当期销售额计征消费税
C. 销售白酒收取的包装物押金应并入当期销售额计征消费税
D. 销售啤酒收取的包装物押金应并入当期销售额计征消费税

包装物押金处理方法

(二) 含增值税销售额的换算

应税消费品在缴纳消费税的同时,与一般货物一样,还应缴纳增值税。按照《消费税暂行条例实施细则》的规定,应税消费品的销售额不包括应向购货方收取的增值税税款。

如果纳税人应税消费品的销售额中未扣除增值税税款或者因不得开具增值税专用发票而发生价款和增值税税款合并收取的,在计算消费税时,应将含增值税税款的销售额换算为不含增值税税款的销售额。其计算公式为

$$应税消费品的销售额 = 含增值税的销售额 \div (1 + 增值税税率或征收率)$$

在使用换算公式时,应根据纳税人的具体情况分别使用增值税税率或征收率。如果消费税的纳税人同时又是增值税一般纳税人,应适用13%的增值税税率;如果消费税的纳税人是增值税小规模纳税人,应适用3%的征收率。

(三)生产销售环节应纳消费税的计算

纳税人在生产销售环节应缴纳的消费税,包括直接对外销售应税消费品应缴纳的消费税和自产自用应税消费品应缴纳的消费税。

1. 直接对外销售应税消费品应纳消费税的计算

在从价定率计算方法下,应纳消费税额等于销售额乘以适用税率。计算公式为

$$应纳税额 = 应税消费品的销售额 \times 比例税率$$

【例3-1】 某化妆品生产企业为增值税一般纳税人,2021年3月2日向某大型商场销售高档化妆品一批,开具增值税专用发票,取得不含增值税销售额90万元,增值税11.7万元;3月18日向某单位销售高档化妆品一批,开具普通发票,取得含增值税销售额22.6万元。请计算该化妆品生产企业当月应缴纳的消费税额。

解析:(1) 当月应税销售额 = 90 + 22.6 ÷ (1 + 13%) = 110(万元)

(2) 该化妆品生产企业当月应缴纳的消费税额 = 110 × 15% = 16.5(万元)

2. 自产自用应税消费品应纳消费税的计算

自产自用是纳税人生产应税消费品后,不是用于直接对外销售,而是用于连续生产应税消费品或用于其他方面。

(1) 用于连续生产应税消费品。纳税人自产自用的应税消费品,用于连续生产应税消费品的,不纳税。所谓用于连续生产应税消费品,是指纳税人将自产自用的应税消费品作为直接材料生产最终应税消费品,自产自用应税消费品构成最终应税消费品的实体。

例如,卷烟厂生产出烟丝,再用生产出的烟丝连续生产卷烟,虽然烟丝是应税消费品,但用于连续生产卷烟的烟丝不用缴纳消费税,只对生产销售的卷烟征收消费税。如果生产的烟丝直接用于销售,则烟丝需要缴纳消费税。

税法规定对自产自用的应税消费品用于连续生产应税消费品不征税,体现了不重复课税原则。

(2) 用于其他方面。纳税人自产自用的应税消费品,除用于连续生产应税消费品外,凡用于其他方面的,于移送使用时纳税。

用于其他方面,是指纳税人将自产自用应税消费品用于生产非应税消费品、在建工程、管理部门、非生产机构、提供劳务、馈赠、赞助、集资、广告、样品、职工福利、奖励等方面。

其中,用于生产非应税消费品,是指把自产的应税消费品用于生产《消费税暂行条例》税目、税率表所列15类产品以外的产品。

例如,原油加工厂用生产出的应税消费品汽油调和制成溶剂汽油,该溶剂汽油就属于非应税消费品,原油加工厂应该就自产自用行为缴纳消费税,但是不用缴纳增值税。

用于在建工程是指把自产的应税消费品用于本单位的各项建设工程。例如,石化工厂把

自己生产的柴油用于本厂基建工程的车辆、设备。

用于管理部门、非生产机构，是指把自产的应税消费品用于与本单位有隶属关系的管理部门或非生产机构。例如，汽车制造厂把自己生产的小汽车提供给上级主管部门使用。

用于馈赠、赞助、集资、广告、样品、职工福利、奖励，是指把自产的应税消费品无偿赠送给他人，或以资金的形式投资于外单位，或作为商品广告、经销样品，或以福利、奖励的形式发给职工。

总之，企业自产的应税消费品虽然没有用于销售或连续生产应税消费品，但只要是用于税法所规定的范围都要依法缴纳消费税。

（3）组成计税价格及应纳税额的计算。纳税人自产自用的应税消费品，凡用于其他方面，应当纳税的，按照纳税人生产的同类消费品的销售价格计算纳税。同类消费品的销售价格是指纳税人当月销售的同类消费品的销售价格，如果当月同类消费品各期销售价格高低不同，应按销售数量加权平均计算。但销售的应税消费品有下列情况之一的，不得列入加权平均计算。

① 销售价格明显偏低又无正当理由的。
② 无销售价格的。

如果当月无销售或者当月未完结，应按照同类消费品上月或者最近月份的销售价格计算纳税。

纳税人用于换取生产资料和消费资料，投资入股和抵偿债务等方面的应税消费品，当以纳税人同类应税消费品的最高销售价格作为计税依据计算消费税。

没有同类消费品销售价格的，按照组成计税价格计算纳税。实行从价定率办法计算纳税的计算公式为

$$组成计税价格＝（成本＋利润）÷（1－比例税率）$$

$$应纳税额＝组成计税价格×比例税率$$

实行复合计税办法计算纳税的计算公式为

$$组成计税价格＝（成本＋利润＋自产自用数量×定额税率）÷（1－比例税率）$$

$$应纳税额＝组成计税价格×比例税率＋计税数量×定额税率$$

上述公式中所说的"成本"，是指应税消费品的产品生产成本。上述公式中所说的"利润"，是指根据应税消费品的全国平均成本利润率计算的利润。应税消费品全国平均成本利润率由国家税务总局确定，如表3-2所示。

表3-2　平均成本利润率表

货物名称	利润率(%)	货物名称	利润率(%)
1. 甲类卷烟	10	11. 摩托车	6
2. 乙类卷烟	5	12. 高尔夫球及球具	10
3. 雪茄烟	5	13. 高档手表	20
4. 烟丝	5	14. 游艇	10
5. 粮食白酒	10	15. 木制一次性筷子	5
6. 薯类白酒	5	16. 实木地板	5
7. 其他酒	5	17. 乘用车	8
8. 高档化妆品	5	18. 中轻型商用客车	5
9. 鞭炮、焰火	5	19. 电池	4
10. 贵重首饰及珠宝玉石	6	20. 涂料	7

【例 3-2】 某化妆品公司将一批自产的高档化妆品用作职工福利,该批高档化妆品的成本为 15 万元,无同类产品市场销售价格,但已知其成本利润率为 5%,消费税税率为 15%。请计算该批高档化妆品应缴纳的消费税额。

解析:(1) 组成计税价格=15×(1+5%)÷(1−15%)=18.53(万元)

(2) 应纳消费税=18.53×15%=2.78(万元)

(四) 委托加工应税消费品应纳税额的计算

企业、单位或个人由于设备、技术、人力等方面的局限或其他方面的原因,常常要委托其他单位代为加工应税消费品,然后将加工好的应税消费品收回,直接销售或自己使用。这是生产应税消费品的另一种形式,也需要纳入消费税征收范围。

例如,某企业将购来的小客车底盘和零部件提供给某汽车改装厂,加工组装成小客车供自己使用,则加工、组装成的小客车就需要缴纳消费税。

按照消费税相关规定,委托加工的应税消费品,除受托方为个人外,由受托方在向委托方交货时代收代缴税款。委托个人加工的应税消费品,由委托方收回后缴纳消费税。

1. 委托加工应税消费品的确定

委托加工的应税消费品是指由委托方提供原料和主要材料,受托方只收取加工费和代垫部分辅助材料加工的应税消费品。对于由受托方提供原材料生产的应税消费品,或者受托方先将原材料卖给委托方,然后接受加工的应税消费品,以及由受托方以委托方名义购进原材料生产的应税消费品,不论在财务上是否做销售处理,都不得作为委托加工应税消费品,而应当按照销售自制应税消费品缴纳消费税。

2. 组成计税价格及应纳税额的计算

委托加工的应税消费品按照受托方的同类消费品的销售价格计算纳税。同类消费品的销售价格是指受托方(即代收代缴义务人)当月销售的同类消费品的销售价格,如果当月同类消费品各期销售价格高低不同,应按销售数量加权平均计算。但销售的应税消费品有下列情况之一的,不得列入加权平均计算。

(1) 销售价格明显偏低又无正当理由的。

(2) 无销售价格的。

如果当月无销售或者当月未完结,应按照同类消费品上月或最近月份的销售价格计算纳税。没有同类消费品销售价格的,按照组成计税价格计算纳税。

实行从价定率办法计算纳税的组成计税价格计算公式为

组成计税价格=(材料成本+加工费)÷(1−比例税率)

实行复合计税办法计算纳税的组成计税价格计算公式为

组成计税价格=(材料成本+加工费+委托加工数量×定额税率)÷(1−比例税率)

上述公式中所说的"材料成本",是指委托方所提供加工材料的实际成本。委托加工应税消费品的纳税人,必须在委托加工合同上如实注明(或以其他方式提供)材料成本,凡未提供材料成本的,受托方所在地主管税务机关有权核定其材料成本。

上述公式中所说的"加工费",是指受托方加工应税消费品向委托方所收取的全部费用(包括代垫辅助材料的实际成本,不包括增值税税款)。

【例 3-3】 向阳化妆品厂为增值税一般纳税人,3 月销售高档化妆品 150 箱,取得销售收入 576.3 万元(含增值税)。此外,接受某单位委托加工特制化妆品一批,计 35 箱,耗用原材料成本 100 万元(委托方提供),收取加工费 20 万元(不含增值税),同时还代垫辅助材料计价

5万元(不含增值税),受托方没有同类产品销售价格。

要求:(1) 请计算该企业应代收代缴的消费税。

(2) 请计算该企业3月应缴纳的消费税。

解析:(1) 该企业应代收代缴的消费税=(100+20+5)÷(1-15%)×15%=22.06(万元)

(2) 该企业3月应缴纳的消费税=576.3÷(1+13%)×15%=76.5(万元)

(五)进口环节应纳消费税的计算

进口的应税消费品,按照组成计税价格和规定的税率计算应纳税额。实行从价定办法计算纳税的组成计税价格计算公式为

$$组成计税价格=(关税完税价格+关税)÷(1-消费税比例税率)$$

实行复合计税办法计算纳税的组成计税价格计算公式为

$$组成计税价格=\left(关税完税价格+关税+进口数量×\begin{matrix}消费税\\定额税率\end{matrix}\right)÷\left(1-\begin{matrix}消费税\\比例税率\end{matrix}\right)$$

【例3-4】 国内某企业5月进口高档化妆品一批,关税完税价格50万元。该批化妆品进口后,其中三分之一当月生产领用加工成新的成套化妆品全部出售,开具增值税专用发票,取得销售额180万元(进口关税税率10%,消费税税率15%)。请计算该企业应纳的关税、增值税和消费税。

解析:(1) 进口环节的关税、增值税和消费税:

① 应纳进口关税=50×10%=5(万元)

② 应纳进口增值税=50×(1+10%)÷(1-15%)×13%=8.41(万元)

③ 应纳进口消费税=50×(1+10%)÷(1-15%)×15%=9.71(万元)

(2) 加工出售后的增值税和消费税:

① 应纳增值税=180×13%-8.41=14.99(万元)

② 应纳消费税=180×15%-9.71×1/3=23.76(万元)

(六)已纳消费税扣除的计算

为了避免重复征税,现行消费税法律制度规定,将外购应税消费品和委托加工收回的应税消费品继续生产应税消费品销售的,可以扣除外购应税消费品和委托加工收回应税消费品已缴纳的消费税税款。

1. 外购应税消费品已纳税款的扣除

由于某些应税消费品是用外购已缴纳消费税的应税消费品连续生产出来的,在对这些连续生产出来的应税消费品计算征税时,税法规定应按当期生产领用数量计算准予扣除外购的应税消费品已纳的消费税税款。扣除范围包括以下几种。

(1) 外购已税烟丝生产的卷烟。

(2) 外购已税高档化妆品生产的高档化妆品。

(3) 外购已税珠宝玉石生产的贵重首饰及珠宝玉石。

(4) 外购已税鞭炮、焰火生产的鞭炮、焰火。

(5) 以外购已税杆头、杆身和握把为原料生产的高尔夫球杆。

(6) 以外购已税木制一次性筷子为原料生产的木制一次性筷子。

(7) 以外购已税实木地板为原料生产的实木地板。

(8) 外购已税汽油、柴油、石脑油、燃料油、润滑油连续生产的应税成品油。

(9) 外购已税摩托车连续生产的应税摩托车(如用外购两轮摩托车改装三轮摩托车)。

上述当期准予扣除外购应税消费品已纳消费税税款的计算公式为

$$\text{当期准予扣除的外购应税消费品已纳税款} = \text{当期准予扣除的外购应税消费品买价} \times \text{外购应税消费品适用税率}$$

$$\text{当期准予扣除的外购应税消费品买价} = \text{期初库存的外购应税消费品的买价} + \text{当期购进的应税消费品的买价} - \text{期末库存的外购应税消费品的买价}$$

外购已税消费品的买价是指购货发票上注明的销售额(不包括增值税税款)。

2. 委托加工收回的应税消费品已纳税款的扣除

委托加工的应税消费品直接出售的,不再缴纳消费税。这一规定的含义解释如下:委托方将收回的应税消费品,以不高于受托方的计税价格出售的,为直接出售,不再缴纳消费税;委托方以高于受托方的计税价格出售的,不属于直接出售,需要按照规定申报缴纳消费税,在计税时准予扣除受托方已代收代缴的消费税。

委托方收回货物后用于连续生产应税消费品的,其已纳税款准予按照规定从连续生产的应税消费品应纳消费税税额中抵扣。按照国家税务总局的规定,下列连续生产的应税消费品准予从应纳消费税税额中按当期生产领用数量计算扣除委托加工收回的应税消费品已纳消费税税款。

(1) 以委托加工收回的已税烟丝为原料生产的卷烟。
(2) 以委托加工收回的已税高档化妆品为原料生产的高档化妆品。
(3) 以委托加工收回的已税珠宝玉石为原料生产的贵重首饰及珠宝玉石。
(4) 以委托加工收回的已税鞭炮、焰火为原料生产的鞭炮、焰火。
(5) 以委托加工收回的已税杆头、杆身和握把为原料生产的高尔夫球杆。
(6) 以委托加工收回的已税木制一次性筷子为原料生产的木制一次性筷子。
(7) 以委托加工收回的已税实木地板为原料生产的实木地板。
(8) 以委托加工收回的已税汽油、柴油、石脑油、燃料油、润滑油连续生产的应税成品油。
(9) 以委托加工收回的已税摩托车连续生产的应税摩托车。

上述当期准予扣除委托加工收回的应税消费品已纳消费税税款的计算公式为

$$\text{当期准予扣除的委托加工应税消费品已纳税款} = \text{期初库存的委托加工应税消费品已纳税款} + \text{当期收回的委托加工应税消费品已纳税款} - \text{期末库存的委托加工应税消费品已纳税款}$$

纳税人以进口、委托加工收回应税油品连续生产应税成品油,分别依据《海关进口消费税专用缴款书》和《税收缴款书(代扣代收专用)》,按照现行政策规定计算扣除应税油品已纳消费税税款。

纳税人以外购、进口、委托加工收回的应税消费品(以下简称外购应税消费品)为原料连续生产应税消费品,准予按现行政策规定抵扣外购应税消费品已纳消费税税款。

经主管税务机关核实上述外购应税消费品未缴纳消费税的,纳税人应将已抵扣的消费税税款,从核实当月允许抵扣的消费税中冲减。

(七) 卷烟批发环节应纳消费税的计算

为了适当增加财政收入,完善烟产品消费税制度,自 2009 年 5 月 1 日起,在卷烟批发环节加征一道从价税。自 2015 年 5 月 10 日起,卷烟批发环节税率又有调整。

(1)纳税义务人:在中华人民共和国境内从事卷烟批发业务的单位和个人。

纳税人销售给纳税人以外的单位和个人的卷烟于销售时纳税。纳税人之间销售的卷烟不缴纳消费税。

(2)征收范围:纳税人批发销售的所有牌号规格的卷烟。

(3)适用税率:从价税税率11%,从量税税率0.005元/支。

(4)计税依据:纳税人批发卷烟的销售额(不含增值税)与销售数量。

纳税人应将卷烟销售额与其他商品销售额分开核算,未分开核算的,一并征收消费税。

纳税人兼营卷烟批发和零售业务的,应当分别核算批发和零售环节的销售额、销售数量;未分别核算批发和零售环节销售额、销售数量的,按照全部销售额、销售数量计征批发环节消费税。

(5)纳税义务发生时间:纳税人收讫销售款或者取得索取销售款凭据的当天。

(6)纳税地点:卷烟批发企业的机构所在地,总机构与分支机构不在同一地区的,由总机构申报纳税。

(7)卷烟消费税在生产和批发两个环节征收后,批发企业在计算纳税时不得扣除已含的生产环节的消费税税款。

(八)零售环节应纳消费税的计算

1. 金银首饰、铂金首饰和钻石及钻石饰品零售环节应纳消费税的计算

经国务院批准,金银首饰、铂金首饰和钻石及钻石饰品的消费税由生产销售环节征收改为零售环节征收,其计税依据是不含增值税的销售额。应纳税额等于销售额乘以适用税率。计算公式为

$$应纳税额=应税消费品的销售额\times 比例税率$$

改为零售环节征收消费税的金银首饰仅限于金、银和金基、银基合金首饰及金、银和金基、银基合金的镶嵌首饰。纳税人进口金银首饰、铂金首饰和钻石及钻石饰品的消费税,由进口环节征收改为零售环节征收,零售环节适用税率为5%。

对既销售金银首饰,又销售非金银首饰的生产、经营单位,应将两类商品划分清楚,分别核算销售额。凡划分不清楚或不能分别核算的,在生产环节销售的,一律从高适用税率征收消费税;在零售环节销售的,一律按金银首饰征收消费税。金银首饰与其他产品组成成套消费品销售的,应按销售额全额征收消费税。

金银首饰连同包装物销售的,无论包装是否单独计价,也无论会计上如何核算,均应并入金银首饰的销售额,计征消费税。

带料加工的金银首饰,应按受托方销售同类金银首饰的销售价格确定计税依据征收消费税。没有同类金银首饰销售价格的,按照组成计税价格计算纳税。

纳税人采用以旧换新(含翻新改制)方式销售的金银首饰,应按实际收取的不含增值税的全部价款确定计税依据征收消费税。

需要说明的是,纳税人用委托加工收回的已税珠宝玉石生产的改在零售环节征收消费税的金银首饰,在计税时一律不得扣除委托加工收回的珠宝玉石的已纳消费税税款。

2. 超豪华小汽车零售环节应纳消费税的计算

为了引导合理消费,促进节能减排,自2016年12月1日起,在生产(进口)环节按现行税率征收消费税基础上,对超豪华小汽车在零售环节加征一道消费税。

(1)征税范围:每辆零售价格130万元(不含增值税)及以上的乘用车和中轻型商用客车,

即乘用车和中轻型商用客车子税目中的超豪华小汽车。

(2) 纳税人:将超豪华小汽车销售给消费者的单位和个人为超豪华小汽车零售环节纳税人。

(3) 税率:税率为10%。

(4) 应纳税额的计算公式为

$$应纳税额＝零售环节销售额(不含增值税)\times 零售环节税率$$

国内汽车生产企业直接销售给消费者的超豪华小汽车,消费税税率按照生产环节税率和零售环节税率加总计算。消费税应纳税额计算公式为

$$应纳税额＝销售额(不含增值税)\times (生产环节税率＋零售环节税率)$$

二、从量计征

在从量定额计算方法下,应纳税额等于应税消费品的销售数量乘以单位税额,应纳税额的多少取决于应税消费品的销售数量和单位税额两个因素。

(一) 销售数量的确定

销售数量是指应税消费品的数量。具体如下。

(1) 销售应税消费品的,为应税消费品的销售数量。

(2) 自产自用应税消费品的,为应税消费品的移送使用数量。

(3) 委托加工应税消费品的,为纳税人收回的应税消费品数量。

(4) 进口应税消费品的,为海关核定的应税消费品进口征税数量。

(二) 计量单位的换算标准

《消费税暂行条例》规定,黄酒、啤酒以吨为税额单位;汽油、柴油以升为税额单位。但是,考虑到在实际销售过程中,一些纳税人会把吨或升这两个计量单位混用,为了规范不同产品的计量单位,以准确计算应纳税额,吨与升两个计量单位的换算标准如下。

(1) 黄酒1吨＝962升。

(2) 啤酒1吨＝988升。

(3) 汽油1吨＝1 388升。

(4) 柴油1吨＝1 176升。

(5) 航空煤油1吨＝1 246升。

(6) 石脑油1吨＝1 385升。

(7) 溶剂油1吨＝1 282升。

(8) 润滑油1吨＝1 126升。

(9) 燃料油1吨＝1 015升。

(三) 应纳税额的计算

消费税实行从量定额办法计算应纳税额的公式为

$$实行从量定额办法计算的应纳税额＝销售数量\times 定额税率$$

【例3-5】某黄酒厂4月销售情况如下。

(1) 销售瓶装黄酒100吨,每吨5 000元(含增值税),随黄酒发出不单独计价包装箱1 000个,一个月内退回,每个收取押金100元,共收取押金100 000元。

(2) 销售散装黄酒38 480升,取得含增值税的价款180 000元。

(3) 将10吨瓶装黄酒作为福利发给职工,含税价款为40 000元,参加展示会赞助4吨瓶

装黄酒,价款 16 000 元。

(4) 销售出去的瓶装黄酒被退回 5 吨,价款 25 000 元。

请计算该黄酒厂 4 月应缴纳的消费税。

解析:4 月应纳消费税 = 100×240 + 38 480÷962×240 + 10×240 + 4×240 - 5×240
= 35 760(元)

三、从价从量复合计征

在现行消费税的征税范围中,只有卷烟、白酒采用复合计征方法。应纳税额等于应税销售数量乘以定额税率再加上应税销售额乘以比例税率。

生产销售卷烟、白酒及批发卷烟从量定额计税依据为实际销售数量。进口、委托加工、自产自用卷烟、白酒从量定额计税依据分别为海关核定的进口征税数量、委托方收回数量、移送使用数量。

(一) 关于卷烟消费税最低计税价格的规定

卷烟消费税最低计税价格(以下简称计税价格)核定范围为卷烟生产企业在生产环节销售的所有牌号、规格的卷烟。计税价格由国家税务总局按照卷烟批发环节销售价格扣除卷烟批发环节批发毛利核定并发布。卷烟批发环节销售价格,按照税务机关采集的所有卷烟批发企业在价格采集期内销售的该牌号、规格卷烟的数量、销售额进行加权平均计算。

未经国家税务总局核定计税价格的新牌号、新规格卷烟,生产企业应按卷烟调拨价格申报纳税。已经国家税务总局核定计税价格的卷烟,生产企业实际销售价格高于计税价格的,按实际销售价格确定适用税率,计算应纳税款并申报纳税;实际销售价格低于计税价格的,按计税价格确定适用税率,计算应纳税款并申报纳税。

(二) 关于白酒消费税最低计税价格的规定

白酒生产企业销售给销售单位的白酒,生产企业消费税计税价格低于销售单位对外销售价格(不含增值税,下同)70%以下的,税务机关应核定消费税最低计税价格。纳税人将委托加工收回的白酒销售给销售单位,消费税计价白酒生产企业销售给销售单位的白酒,生产企业消费税计税价格低于销售单位对外销售价格(不含增值税,下同)70%以下的,税务机关应核定消费税最低计税价格。

销售单位是指销售公司、购销公司及委托境内其他单位或个人包销本企业生产白酒的商业机构。销售公司、购销公司是指专门购进并销售白酒生产企业生产的白酒,并与该白酒生产企业存在关联性质。包销是指销售单位依据协定价格从白酒生产企业购进白酒,同时承担大部分包装材料等成本费用,并负责销售白酒。

白酒生产企业应将各种白酒的消费税计税价格和销售单位销售价格,按照规定的申报表式样及要求,在主管税务机关规定的时限内填报。白酒消费税最低计税价格由白酒生产企业自行申报,税务机关核定。

已核定最低计税价格的白酒,生产企业实际销售价格高于消费税最低计税价格的,按实际销售价格申报纳税;实际销售价格低于消费税最低计税价格的,按最低计税价格申报纳税。

(三) 应纳税额的计算

消费税实行从价从量复合计税办法计算应纳税额的公式为

应纳税额＝销售额×比例税率＋销售数量×定额税率

【例3-6】 某白酒生产企业为增值税一般纳税人,3月销售白酒60吨,取得不含增值税的销售额400万元。请计算该白酒生产企业3月应缴纳的消费税。

解析:该白酒生产企业3月应纳消费税＝60×2 000×0.000 05＋400×20％＝86(万元)

【例3-7】 某白酒生产企业(以下简称甲企业)为增值税一般纳税人,7月发生以下业务。

(1)向某烟酒专卖店销售粮食白酒20吨,开具普通发票,取得含税收入200万元,另收取品牌使用费50万元、包装费押金20万元。

(2)提供10万元的原材料,委托乙企业加工散装药酒1 000千克,收回时向乙企业支付不含增值税的加工费1万元,乙企业已代收代缴消费税。

(3)委托加工收回后将其中900千克散装药酒继续加工成瓶装药酒1 800瓶,每瓶不含税售价100元,通过非独立核算门市部销售完毕。将剩余100千克散装药酒作为福利分给职工,同类药酒的不含税售价为每千克150元。

说明:药酒的消费税税率为10％,白酒的消费税税率为20％加0.5元/500克。

根据上述资料,请回答以下问题。

(1)计算本月甲企业向专卖店销售白酒应缴纳的消费税。
(2)计算乙企业已代收代缴的消费税。
(3)计算本月甲企业销售瓶装药酒应缴纳的消费税。
(4)计算本月甲企业分给职工的散装药酒应缴纳的消费税。

解析:(1)本月甲企业向专卖店销售白酒应纳消费＝(200＋50＋20)÷(1＋13％)×20％＋20×2 000×0.5÷10 000＝49.79(万元)

(2)乙企业已代收代缴的消费税＝(10＋1)÷(1＋10％)×10％＝1.22(万元)

(3)本月甲企业销售瓶装药酒应纳消费税＝100×1 800×10％÷10 000＝1.8(万元)

(4)本月甲企业分给职工的散装药酒不缴纳消费税

第四节　出口应税消费品退(免)税

一、出口免税并退税

有出口经营权的外贸企业购进应税消费品直接出口,以及外贸企业受其他外贸企业委托代理出口应税消费品,实行出口免税并退税政策。外贸企业只有受其他外贸企业委托,代理出口应税消费品才可以办理退税,外贸企业受其他企业(主要是非生产性的商贸企业)委托,代理出口应税消费品是不予退(免)税的。

属于从价定率计征消费税的,应退税额为已征且未在内销应税消费品应纳税额中抵扣的购进出口货物金额;属于从量定额计征消费税的,应退税额为已征且未在内销应税消费品应纳税额中抵扣的购进出口货物数量;属于复合计征消费税的,应退税额按从价定率和从量定额的计税依据分别确定。消费税实行复合计税办法计算应退税额的公式为

$$应退税额 = \frac{从价定率计征消费税的}{退税计税依据} \times 比例税率 + \frac{从量定额计征消费税的}{退税计税依据} \times 定额税率$$

出口货物的消费税应退税额的计税依据,按购进出口货物的消费税专用缴款书和海关进口消费税专用缴款书确定。

二、出口免税但不退税

有出口经营权的生产性企业自营出口或生产企业委托外贸企业代理出口自产的应税消费品,依据其实际出口数量免征生产环节的消费税,不予办理退还消费税。因为已免征生产环节的消费税,该应税消费品出口时已不含有消费税,所以无须再办理退还消费税。

三、出口不免税也不退税

除生产企业、外贸企业外,一般商贸企业委托外贸企业代理出口应税消费品,一律不予退(免)税。

第五节 征收管理

一、征税环节

目前,消费税的征收分布于以下环节。

(一)生产应税消费品在生产销售环节征税

生产应税消费品销售是消费税征收的主要环节,因为一般情况下,消费税具有单一环节征税的特点,对于大多数消费税应税商品而言,在生产销售环节缴纳消费税后,在流通环节就不用再缴纳消费税了。纳税人除直接对外销售生产的应税消费品应缴纳消费税外,将生产的应税消费品用于换取生产资料、消费资料、投资入股、偿还债务,以及用于继续生产应税消费品以外的其他方面都应缴纳消费税。

另外,工业企业以外的单位和个人的下列行为视为应税消费品的生产行为,按规定征收消费税。

(1)将外购的消费税非应税产品以消费税应税产品对外销售的。

(2)将外购的消费税低税率应税产品以高税率应税产品对外销售的。

(二)委托加工应税消费品在委托加工环节征税

委托加工应税消费品是指由委托方提供原料和主要材料,受托方只收取加工费和代垫部分辅助材料加工的应税消费品。由受托方提供原材料或者其他的情形,一律不能视同加工应税消费品。委托加工的应税消费品收回后,再继续用于生产应税消费品销售且符合现行政策规定的,其加工环节缴纳的消费税税款可以扣除。

(三)进口应税消费品在进口环节征税

单位和个人进口属于消费税征收范围的货物,在进口环节要缴纳消费税。为了降低征税成本,进口环节缴纳的消费税由海关代征。

(四)零售特定应税消费品在零售环节征税

经国务院批准,金银首饰、铂金首饰和钻石及钻石饰品的消费税由生产销售环节征收改为零售环节征收。自2016年12月1日起,在生产(进口)环节按现行税率征收消费税基础上,对超豪华小汽车在零售环节加征一道消费税。

(五)移送使用应税消费品在移送使用环节征税

如果企业在生产经营过程中,将应税消费品移送用于加工非应税消费品,则应对移送部分征收消费税。

（六）批发卷烟在卷烟批发环节征税

与其他消费税应税商品不同的是，卷烟除在生产销售环节征收消费税外，还在批发环节征收一次。纳税人兼营卷烟批发和零售业务的，应当分别核算批发和零售环节的销售额、销售数量；未分别核算批发和零售环节销售额、销售数量的，按照全部销售额、销售数量计征批发环节消费税。纳税人销售给纳税人以外的单位和个人的卷烟于销售时纳税。纳税人之间销售的卷烟不缴纳消费税。在卷烟批发环节，由卷烟批发企业在机构所在地申报纳税，总机构与分支机构不在同一地区的，由总机构申报纳税。卷烟消费税在生产和批发两个环节征收后，批发企业在计算纳税时不得扣除已含的生产环节的消费税税款。

二、纳税义务发生时间

（一）销售应税消费品的纳税义务发生时间

纳税人销售应税消费品的，纳税义务的发生时间按不同的销售结算方式分为以下几种。

(1) 采取赊销和分期收款结算方式的，为书面合同约定的收款日期的当天，书面合同没有约定收款日期或者无书面合同的，为发出应税消费品的当天。

(2) 采取预收货款结算方式的，为发出应税消费品的当天。

(3) 采取托收承付和委托银行收款方式的，为发出应税消费品并办妥托收手续的当天。

(4) 采取其他结算方式的，为收讫销售款或者取得索取销售款凭据的当天。

（二）自产自用的应税消费品的纳税义务发生时间

纳税人自产自用的应税消费品，用于连续生产应税消费品的，不纳税；用于其他方面的，纳税义务的发生时间为移送使用的当天。

（三）委托加工应税消费品的纳税义务发生时间

纳税人委托加工应税消费品的，纳税义务的发生时间为纳税人提货的当天。

（四）进口应税消费品的纳税义务发生时间

纳税人进口应税消费品的，纳税义务的发生时间为报关进口的当天。

三、纳税期限

消费税的纳税期限分别为1日、3日、5日、10日、15日、1个月或者1个季度。纳税人的具体纳税期限，由主管税务机关根据纳税人应纳税额的大小分别核定；不能按照固定期限纳税的，可以按次纳税。

纳税人以1个月或者1个季度为1个纳税期的，自期满之日起15日内申报纳税；以1日、3日、5日、10日或者15日为1个纳税期的，自期满之日起5日内预缴税款，于次月1日起15日内申报纳税并结清上月应纳税款。

纳税人进口应税消费品，应当自海关填发海关进口消费税专用缴款书之日起15日内缴纳税款。

四、纳税地点

消费税由税务机关征收，进口的应税消费品的消费税由海关代征。

消费税具体纳税地点包括以下几处。

(1) 纳税人销售的应税消费品,以及自产自用的应税消费品,除国务院财政、税务主管部门另有规定外,应当向纳税人机构所在地或者居住地的主管税务机关申报纳税。

(2) 委托加工的应税消费品,除受托方为个人外,由受托方向机构所在地或者居住地的主管税务机关解缴消费税税款。

(3) 进口的应税消费品,由进口人或者其代理人向报关地海关申报纳税。

(4) 纳税人到外县(市)销售或者委托外县(市)代销自产应税消费品的,于应税消费品销售后,向机构所在地或者居住地主管税务机关申报纳税。

纳税人的总机构与分支机构不在同一县(市),但在同一省(自治区、直辖市)范围内,经省(自治区、直辖市)财政厅(局)、国家税务局审批同意,可以由总机构汇总向总机构所在地的主管税务机关申报缴纳消费税。

省(自治区、直辖市)财政厅(局)、国家税务局应将审批同意的结果,上报财政部、国家税务总局备案。

(5) 纳税人销售的应税消费品,因质量等原因发生退货的,其已缴纳的消费税税款可予以退还。

纳税人办理退税手续时,应将开具的红字增值税发票、退税证明等资料报主管税务机关备案。主管税务机关核对无误后办理退税。

(6) 纳税人直接出口的应税消费品办理免税后,发生退关或者国外退货,复进口时已予以免税的,可暂不办理补税,待其转为国内销售的当月申报缴纳消费税。

练习3-4(判断题) 消费税具体纳税地点中,委托加工的应税消费品,除受托方为个人外,由受托方向机构所在地或者居住地的主管税务机关解缴消费税税款。(　　)

消费税纳税地点

 今言税语

知识点梳理

消费税是指对消费品和特定的消费行为按流转额征收的一种商品税。目前消费税税目包括烟、酒、高档化妆品等15种商品,部分税目还进一步划分了若干子目。对消费税的征税分布于以下环节:①生产应税消费品在生产销售环节征税;②委托加工应税消费品在委托加工环节征税;③进口应税消费品在进口环节征税;④零售特定应税消费品在零售环节征税;⑤移送使用应税消费品在移送使用环节征税;⑥批发卷烟在卷烟的批发环节征税。

消费税采用比例税率和定额税率两种形式,以适应不同应税消费品的实际情况。按照现行消费税法规定,消费税应纳税额的计算分为从价计征、从量计征和从价从量复合计征三种方法。

将增值税的纳税义务发生时间规定为:纳税人销售应税消费品的,于纳税人销售时纳税;纳税人自产自用的应税消费品,用于连续生产应税消费品的,不纳税;用于其他方面的,为移送使用的当天;纳税人委托加工应税消费品的,为纳税人提货的当天;纳税人进口应税消费品的,为报关进口的当天。

消费税由税务机关征收,进口的应税消费品的消费税由海关代征。

一、单项选择题

1. 下列各项中,属于消费税征税范围的是( )。
   A. 电动汽车　　　　　　　　B. 体育上用的发令纸
   C. 调味料酒　　　　　　　　D. 航空煤油

2. 根据消费税法律制度的规定,下列各项中,属于消费税征税范围的是( )。
   A. 中轻型商用客车　　　　　B. 大型商用客车
   C. 货车　　　　　　　　　　D. 拖拉机

3. 根据消费税法律制度的规定,下列各项中,应缴纳消费税的是( )。
   A. 进口高档化妆品　　　　　B. 零售木制一次性筷子
   C. 生产销售调味料酒　　　　D. 零售高档手表

4. 根据消费税法律制度的规定,下列行为中,应缴纳消费税的是( )。
   A. 外贸公司进口金银首饰　　B. 超市零售卷烟
   C. 轮胎厂销售自产汽车轮胎　D. 4S店零售超豪华小汽车

5. 根据消费税法律制度的规定,下列业务中,应征收消费税的是( )。
   A. 银行销售金条　　　　　　B. 俱乐部销售购进的豪华游艇
   C. 炼油厂销售自产汽油　　　D. 飞机制造商销售自产飞机

6. 根据消费税法律制度的规定,下列各项中,属于消费税纳税人的是( )。
   A. 白酒批发商　　　　　　　B. 卷烟生产商
   C. 钻石进口商　　　　　　　D. 高档化妆品零售商

7. 根据消费税法律制度的规定,下列应税消费品中,实行从量计征办法计缴消费税的是( )。
   A. 啤酒　　B. 葡萄酒　　C. 药酒　　D. 果木酒

8. 根据消费税法律制度的规定,下列消费品中,实行从价定率和从量定额相结合的复合计征办法征收消费税的是( )。
   A. 啤酒　　B. 汽油　　C. 卷烟　　D. 高档手表

9. 根据消费税法律制度的规定,关于消费税纳税义务发生时间的表述中,正确的是( )。
   A. 采取赊销结算方式销售应税消费品的,为纳税人收讫销售款的当天
   B. 委托加工应税消费品的,为纳税人支付加工费的当天
   C. 采取托收承付方式销售应税消费品的,为纳税人发出应税消费品并办妥托收手续当天
   D. 采取预收货款结算方式销售应税消费品的,为纳税人收到预收货款的当天

10. 根据消费税法律制度的规定,下列关于消费税纳税地点的表述中,正确的是( )。
    A. 纳税人销售应税消费品,除另有规定外,应向纳税人机构所在地或者居住地的税务机关申报纳税
    B. 纳税人的总分支机构不在同一省的,由总机构汇总向总机构所在地的税务机关申报缴纳消费税
    C. 委托加工应税消费品,受托方为个人的,由受托方向居住地的税务机关申报纳税

D. 进口的应税消费品,由进口人或者其代理人向机构所在地的税务机关申报纳税

二、多项选择题

1. 根据消费税法律制度的规定,下列各项中,属于消费税征税范围的有(　　)。
   A. 私人飞机　　　B. 高档手表　　　C. 珠宝玉石　　　D. 游艇

2. 根据消费税法律制度的规定,应按照高档化妆品税目计缴消费税的有(　　)。
   A. 高档护肤类化妆品　　　　　　B. 成套化妆品
   C. 高档修饰类化妆品　　　　　　D. 高档美容类化妆品

3. 根据消费税法律制度的规定,下列情形中,应征收消费税的有(　　)。
   A. 金店零售金银首饰　　　　　　B. 连锁超市零售电池
   C. 商场零售高档手表　　　　　　D. 汽车经销商零售超豪华小汽车

4. 根据消费税法律制度的规定,下列各项中,属于消费税纳税人的有(　　)。
   A. 委托加工白酒的超市　　　　　B. 进口白酒的贸易商
   C. 销售白酒的商场　　　　　　　D. 生产白酒的厂商

5. 根据消费税法律制度的规定,实行从量定额计征消费税的有(　　)。
   A. 涂料　　　　　B. 柴油　　　　　C. 电池　　　　　D. 黄酒

三、判断题

1. 电动汽车不征消费税。(　　)
2. 购进中轻型商用客车改装生产的汽车不征收消费税。(　　)
3. 雪茄烟适用从价定率和从量定额相结合的复合计征办法征收消费税。(　　)
4. 委托加工应税消费品,消费税纳税义务发生的时间是纳税人提货的当天。(　　)
5. 企业委托个人加工应税消费品,受托方应向居住地缴纳消费税。(　　)

四、不定项选择题

资料(一)

甲公司为增值税一般纳税人,主要从事化妆品生产和销售业务,2023年9月有关经营情况如下。

(1) 销售自产高档修饰类化妆品,取得不含增值税销售额650万元,另收取包装物押金9万元。

(2) 采取预收货款方式销售自产高档护肤类化妆品,取得含增值税销售额226万元,该高档护肤类化妆品本月发出50%。

(3) 用一批自产高档美容类化妆品换取乙公司一批生产材料,同类高档化妆品平均不含增值税销售价格为35万元、最高不含增值税销售价格为38万元。

(4) 委托丙公司(一般纳税人)加工一批高档香水,支付不含税加工费8万元,甲公司提供材料成本80万元,丙公司同类高档香水的不含增值税销售价格为110万元,丙公司已按规定代收代缴消费税。甲公司将上述委托加工收回的高档香水全部对外销售,取得不含增值税销售额120万元。

已知,货物增值税税率为13%;高档化妆品的消费税税率为15%。

要求:根据上述资料,不考虑其他因素,分析回答下列小题。

1. 甲公司当月销售自产高档修饰类化妆品应缴纳消费税税额的算式中,正确的是(　　)。
   A. (650+9)×15%=98.85(万元)
   B. [650+9÷(1+13%)]×15%=98.69(万元)

C. (650+9)÷(1+13%)×15%=87.48(万元)

D. 650×15%=97.5(万元)

2. 计算甲公司当月采取预收货款方式销售的自产高档护肤类化妆品应缴纳消费税的下列各项中,正确的是(   )。

A. 0

B. 226÷(1+13%)×15%=30(万元)

C. 226÷(1+13%)×15%×50%=15(万元)

D. 226×15%×50%=16.95(万元)

3. 计算甲公司当月换出的高档美容类化妆品增值税销项税额、消费税应纳税额的下列算式中,正确的是(   )。

A. 消费税应纳税额=35×15%=5.25(万元)

B. 增值税销项税额=35×13%=4.55(万元)

C. 消费税应纳税额=38×15%=5.7(万元)

D. 增值税销项税额=38×13%=4.94(万元)

4. 计算甲公司当月销售高档香水应缴纳消费税税额的下列算式中,正确的是(   )。

A. 120×15%=18(万元)

B. 120×15%−80×15%=6(万元)

C. 120×15%−110×15%=1.5(万元)

D. 120×15%−(80+8)÷(1−15%)×15%=2.47(万元)

资料(二)

甲汽车贸易公司为增值税一般纳税人,2023年10月有关经营情况如下。

(1) 从乙汽车制造厂购进排气量3.0升的小轿车10辆,不含税价格为20万元/辆。甲汽车贸易公司本月销售2辆,取得含税销售收入33.9万元/辆;1辆对外投资,1辆赠送给客户。

(2) 以分期收款方式销售外购的10辆小汽车给丙企业,含税总价款为565万元。按照合同约定,丙企业应于本月支付总价款的60%,余款下月末付清。但截至本月底甲汽车贸易公司实际仅收到226万元。

(3) 销售外购的超豪华小汽车3辆,取得含增值税销售额500万元,同时收取延期付款利息10万元。

(4) 进口5辆越野车,海关审定的货价合计210万元,运抵我国关境内输入地点起卸前的运费10万元、保险费4万元,另外支付买方佣金3万元,从海关运抵甲汽车贸易公司的运费2万元。甲汽车贸易公司自用1辆,其余待售。

已知,小汽车、小轿车、越野车消费税税率为12%,超豪华小汽车零售环节消费税税率为10%;增值税税率为13%,车辆购置税税率为10%,进口关税税率为40%。

要求:根据上述资料,不考虑其他因素,分析回答下列小题。

1. 甲汽车贸易公司从乙汽车制造厂购进10辆小轿车后,在处置过程中应缴纳消费税的下列各项中,正确的是(   )。

A. 0

B. 10×20×12%=24(万元)

C. 33.9÷(1+13%)×2×12%=7.2(万元)

D. 33.9÷(1+13%)×12%×4=14.4(万元)

2. 计算甲汽车贸易公司以分期收款方式销售小汽车当月应缴纳增值税税额的下列算式中,正确的是( )。

  A. $565÷(1+13\%)×13\%=65$(万元)

  B. $226÷(1+13\%)×13\%=26$(万元)

  C. $565÷(1+13\%)×60\%×13\%=39$(万元)

  D. $565×60\%×13\%=44.07$(万元)

3. 计算甲汽车贸易公司销售超豪华小汽车应缴纳消费税的下列算式中,正确的是( )。

  A. $500÷(1+13\%)×10\%=44.25$(万元)

  B. $[500÷(1+13\%)+10]×10\%=45.25$(万元)

  C. $[500+10÷(1+13\%)]×10\%=50.88$(万元)

  D. $(500+10)÷(1+13\%)×10\%=45.13$(万元)

4. 关于甲汽车贸易公司进口越野车的税务处理,下列各项不正确的是( )。

  A. 进口关税=$(210+10+4+3+2)×40\%=91.6$(万元)

  B. 进口增值税=$(210+10+4)×(1+40\%)×13\%=40.768$(万元)

  C. 进口消费税=$(210+10+4)×(1+40\%)÷(1-12\%)×12\%=42.76$(万元)

  D. 车辆购置税=$(210+10+4+3)×(1+40\%)÷(1-12\%)×10\%=36.11$(万元)

资料(三)

甲酒类生产企业为增值税一般纳税人,2023年9月发生如下业务。

(1) 销售2吨药酒,取得不含增值税销售额200 000元,另收取包装物押金11 300元、包装物租金30 000元。

(2) 生产一批葡萄酒500吨。其中,100吨赠送客户,50吨移送生产酒心巧克力,250吨抵偿债务,100吨对外投资。

(3) 销售粮食白酒15吨,取得不含增值税销售额40 000元,另外取得优质费5 650元。

(4) 将新研制的薯类白酒2吨作为中秋福利发放给员工,该薯类白酒生产成本85 000元,无同类白酒销售价格。

已知,白酒的消费税比例税率为20%,定额税率为0.5元/500克,薯类白酒成本利润率为5%;其他酒消费税税率为10%;销售货物增值税税率为13%。

要求:根据上述资料,不考虑其他因素,分析回答下列小题。

1. 计算甲酒类生产企业销售药酒应缴纳消费税税额的下列算式中,正确的是( )。

  A. $(200\ 000+30\ 000)×10\%=23\ 000$(元)

  B. $[200\ 000+(30\ 000+11\ 300)÷(1+13\%)]×10\%=23\ 654.87$(元)

  C. $(200\ 000+30\ 000+11\ 300)×10\%=24\ 130$(元)

  D. $[200\ 000+30\ 000+11\ 300÷(1+13\%)]×10\%=24\ 000$(元)

2. 甲酒类生产企业发生的下列业务,同时缴纳增值税和消费税的是( )。

  A. 100吨葡萄酒赠送客户　　　　　B. 50吨葡萄酒移送生产酒心巧克力

  C. 250吨葡萄酒抵偿债务　　　　　D. 100吨葡萄酒对外投资

3. 计算甲酒类生产企业销售粮食白酒应缴纳消费税税额的下列算式中,正确的是( )。

  A. $(40\ 000+5\ 650)×20\%=9\ 130$(元)

  B. $(40\ 000+5\ 650)×20\%+15×1\ 000×2×0.5=24\ 130$(元)

  C. $[40\ 000+5\ 650÷(1+13\%)]×20\%=9\ 000$(元)

D. [40 000+5 650÷(1+13%)]×20%+15×1 000×2×0.5=24 000(元)

4. 计算甲酒类生产企业将薯类白酒作为中秋福利发放给员工应缴纳消费税的下列算式中,正确的是(   )。

  A. 85 000×(1+5%)÷(1−20%)×20%=22 312.5(元)

  B. [85 000×(1+5%)+2×1 000×2×0.5]÷(1−20%)×20%+2×1 000×2×0.5= 24 812.5(元)

  C. 85 000×(1+5%)×20%+2×1 000×2×0.5=19 850(元)

  D. [85 000×(1+5%)+2×1 000×2×0.5]÷(1−20%)×20%=22 812.5(元)

第四章

企业所得税法

企业所得税法是指国家制定的用以调整企业所得税征收与缴纳之间权利及义务关系的法律规范。现行企业所得税的基本规范是2007年3月16日第十届全国人民代表大会第五次全体会议通过的《中华人民共和国企业所得税法》(以下简称《企业所得税法》)和2007年11月28日国务院第一百九十七次常务会议通过的《中华人民共和国企业所得税法实施条例》(以下简称《实施条例》)。

企业所得税是对我国境内的企业和其他取得收入的组织的生产经营所得和其他所得征收的一种税。企业所得税的作用主要有：①促进企业改善经营管理活动，提升企业的盈利能力；②调节产业结构，促进经济发展；③为国家建设筹集财政资金。

我国企业所得税的
制度演变

 学习目标

知识目标

(1) 学习企业所得税的概念、纳税义务人、征税对象和税率。

(2) 学习企业所得税应纳税所得额的计算。

(3) 学习企业所得税税收优惠、企业所得税征收管理。

能力目标

(1) 能掌握企业所得税的概念、纳税义务人、征税对象和税率。

(2) 能掌握税收优惠、税率优惠及税额优惠的具体内容。

(3) 能计算企业所得税应纳税所得额、应纳税额。

(4) 能掌握纳税地点、纳税期限及纳税申报。

素养目标

(1) 培养学生严谨认真、爱岗敬业的职业精神。

(2) 了解我国税收"惠民惠企"的基本目标，提升学生的爱国情怀。

内容导航

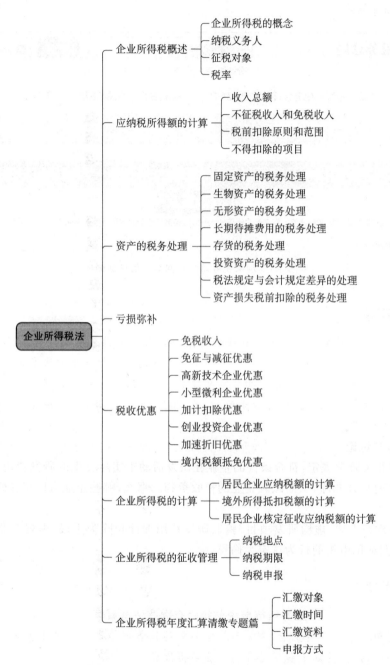

以案为鉴

稽查局依法查处一起骗取研发费用加计扣除政策案件

青海省西宁经济技术开发区税务局稽查局依法查处了青海青美生物资源研究开发有限公司骗取研发费用加计扣除政策案件。

经查,该公司通过利用虚假交易虚开发票、虚构研发项目等手段,虚增研发费用260.91万元,骗取研发费用加计扣除211.22万元,合计虚增费用472.13万元。西宁经济技术开发区税务局稽查局依法调减该公司虚增的研发费用及加计扣除金额,并将该案虚开发票线索移送公安机关,如图4-1所示。

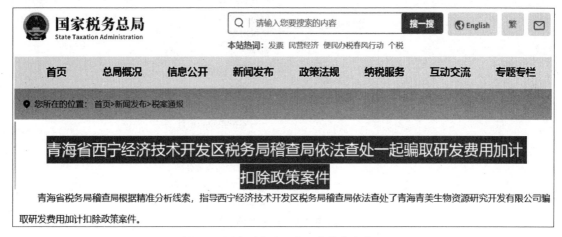

图4-1 国家税务总局官网案件信息截图

 以案释法

《财政部 税务总局关于进一步完善研发费用税前加计扣除政策的公告》(财政部 税务总局公告2023年第7号),公告中提出:"企业开展研发活动中实际发生的研发费用,未形成无形资产计入当期损益的,在按规定据实扣除的基础上,自2023年1月1日起,再按照实际发生额的100%在税前加计扣除;形成无形资产的,自2023年1月1日起,按照无形资产成本的200%在税前摊销。"

问题思考与讨论

(1)根据相关政策规定,符合条件的企业在研发活动中实际发生的研发费用,可以在计算应纳税所得额时加计扣除,从而减轻企业的税收负担。那么,哪些企业可以享受研发费用加计扣除政策呢?

(2)将以虚开发票、虚构研发项目、骗取研发费用加计扣除为手段,虚列企业所得税计税成本,进行虚假纳税申报的行为认定为偷税。

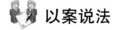 **以案说法**

业务招待费税前扣除有哪些注意事项?

达信公司为北京互联网企业,李某为达信公司的销售部经理。李某出差到上海拜访代理商上海云锦公司,产生的如下费用是否属于业务招待费。

(1)达信公司李某请上海云锦公司的负责人吃饭并送一盒茶叶给负责人,该餐费和茶叶支出是否属于业务招待费?

(2)达信公司李某报销工作期间的餐费,该支出取得餐饮发票,是属于业务招待费还是福利费?

(3)达信公司在某酒店举办代理商大会,开会期间发生的与会议相关伙食费取得餐饮发票,该项支出是否属于业务招待费列支范围?

税法并未明确界定业务招待费的列支范围。业务招待费是指企业为满足生产经营业务活动的需要而合理开支的招待费用。在实际操作中,企业因发生业务招待行为而产生的费用一般作为业务招待费。业务招待费通常包括与企业生产经营活动有关的宴请客户及因接待业务相关人员发生的餐费、住宿费、交通费及其他费用,以及向客户及业务相关人员赠送礼品等开支。

那么计算企业所得税时,业务招待费税前扣除有哪些规定呢?一起来看一看吧。

第一节 企业所得税概述

一、企业所得税的概念

企业所得税是对在中华人民共和国境内的企业和其他取得收入的组织(以下统称企业)所征收的一种税。其中,企业分为居民企业和非居民企业。

居民企业是指依法在中国境内成立,或者依照外国(地区)法律成立但实际管理机构在中国境内的企业。非居民企业是指依照外国(地区)法律成立且实际管理机构不在中国境内,但在中国境内设立机构、场所的,或者在中国境内未设立机构、场所,但有来源于中国境内所得的企业。

企业所得税的计税原理

二、纳税义务人

企业所得税的纳税义务人一般是指企业和其他取得收入的组织。《企业所得税法》第一条规定,除个人独资企业、合伙企业不适用企业所得税法外,在我国境内,企业和其他取得收入的组织(以下统称企业)为企业所得税的纳税人,依照法律规定缴纳企业所得税。

企业所得税的纳税人分为居民企业和非居民企业,这是基于不同企业承担的纳税义务不同所进行的分类。把企业分为居民企业和非居民企业,是为了更好地保障我国税收管辖权的有效行使和避免双重课税。税收管辖权是一国政府在征税方面的主权,是国家主权的重要组成部分。根据国际上的通行做法,我国选择了地域管辖权和居民管辖权的双重管辖权标准,最大限度地维护了我国的税收利益。

(一)居民企业

居民企业是指依法在中国境内成立,或者依照外国(地区)法律成立但实际管理机构在中国境内的企业。这里的企业包括依照中国法律、行政法规在中国境内成立的企业、事业单位、社会团体及其他取得收入的组织。其中,实际管理机构是指对企业的生产经营、人员、账务、财产等实施实质性全面管理和控制的机构。

由于我国的一些社会团体组织、事业单位在完成国家事业计划的过程中,开展多种经营和有偿服务活动,取得除财政部门各项拨款、财政部和国家物价部门批准的各项规费收入以外的经营收入,具有了经营的特点,应纳入征税范围。

(二)非居民企业

非居民企业是指依照外国(地区)法律成立且实际管理机构不在中国境内,但在中国境内设立机构、场所或者在中国境内未设立机构、场所,但有来源于中国境内所得的企业。

上述所称机构、场所是指在中国境内从事生产经营活动的机构、场所,包括:

(1) 管理机构、营业机构、办事机构；
(2) 工厂、农场、开采自然资源的场所；
(3) 提供劳务的场所；
(4) 从事建筑、安装、装配、修理、勘探等工程作业的场所；
(5) 其他从事生产经营活动的机构、场所。

非居民企业委托营业代理人在中国境内从事生产经营活动的，包括委托单位或者个人经常代其签订合同，或者储存、交付货物等，该营业代理人被视为非居民企业在中国境内设立的机构、场所。

> **练习 4-1（单选题）** 根据企业所得税相关规定，下列企业属于非居民企业的是（　　）。
> A. 依法在中国境内成立的外商独资企业
> B. 依法在境外成立但实际管理机构在中国境内的外国企业
> C. 在中国境内未设立机构、场所，且没有来源于中国境内所得的外国企业系
> D. 在中国境内未设立机构、场所，但有来源于中国境内所得的外国企业

非居民企业纳税人

三、征税对象

企业所得税的征税对象是指企业取得的生产经营所得、其他所得和清算所得。具体包括以下内容。

（一）居民企业的征税对象

居民企业应将来源于中国境内、境外的所得作为征税对象。所得包括销售货物所得、提供劳务所得、转让财产所得、股息红利等权益性投资所得、利息所得、租金所得、特许权使用费所得、接受捐赠所得和其他所得。

（二）非居民企业的征税对象

非居民企业在中国境内设立机构、场所的，应当将其所设机构、场所取得的来源于中国境内的所得，以及发生在中国境外但与其所设机构、场所有实际联系的所得，缴纳企业所得税。非居民企业在中国境内未设立机构、场所，或者虽设立机构、场所但取得的所得与其所设机构、场所没有实际联系的，应当就其来源于中国境内的所得缴纳企业所得税。

上述所称实际联系是指非居民企业在中国境内设立的机构、场所拥有据以取得所得的股权、债权，以及拥有、管理、控制据以取得所得的财产等。

（三）所得来源地的确定

依据《企业所得税法》及其实施条例的规定，对于来源于中国境内、境外的所得，相关来源地的确定有如下方法。

(1) 销售货物所得，按照交易活动发生地确定。
(2) 提供劳务所得，按照劳务发生地确定。
(3) 转让财产所得：①不动产转让所得按照不动产所在地确定；②动产转让所得按照转让动产的企业或者机构、场所所在地确定；③权益性投资资产转让所得按照被投资企业所在地

确定。

(4) 股息、红利等权益性投资所得,按照分配所得的企业所在地确定。

(5) 利息所得、租金所得、特许权使用费所得,按照负担、支付所得的企业或者机构、场所所在地确定,或者按照负担、支付所得的个人的住所地确定。

(6) 其他所得,由国务院财政、税务主管部门确定。

练习 4-2（多选题） 依据企业所得税相关规定,企业取得下列所得,应按负担、支付所得的企业所在地确定所得来源地的有（　　）。

A. 股息所得
B. 租金所得
C. 利息所得
D. 特许权使用费所得

企业所得来源
地的确定

四、税率

我国企业所得税实行比例税率。比例税率简便易行,透明度高,不会因征税而改变企业间收入分配比例,有利于促进效率的提高。现行规定如下。

(1) 25%税率。适用于居民企业和在中国境内设有机构、场所且所得与机构、场所有关联的非居民企业(认定为境内常设机构)。

(2) 20%税率。在中国境内未设立机构、场所,或者虽设立机构、场所但取得的所得与其所设机构、场所没有实际联系的非居民企业适用税率20%。但对这类企业实际征税时适用10%的税率(详见本章第五节税收优惠)。

第二节　应纳税所得额的计算

应纳税所得额是企业所得税的计税依据,按照《企业所得税法》的规定,应纳税所得额为企业每一个纳税年度的收入总额,减除不征税收入、免税收入、各项扣除及允许弥补的以前年度亏损后的余额。基本公式为

应纳税所得额＝收入总额－不征税收入－免税收入－各项扣除－允许弥补的以前年度亏损

企业应纳税所得额的计算,除特殊规定外,以权责发生制为原则,即属于当期的收入和费用,不论款项是否收付,均作为当期的收入和费用;不属于当期的收入和费用,即使款项已经在当期收付,也不作为当期的收入和费用。

应纳税所得额的正确计算直接关系到国家财政收入和企业的税收负担,并且同成本、费用核算关系密切。因此,《企业所得税法》对应纳税所得额计算作了明确规定,主要内容包括收入总额、扣除范围和标准、资产的税务处理、亏损弥补等。

一、收入总额

企业的收入总额包括以货币形式和非货币形式从各种来源取得的收入,具体有销售货物收入,提供劳务收入,转让财产收入,股息、红利等权益性投资收益,利息收入,租金收入,特许

权使用费收入，接受捐赠收入，其他收入。

企业取得收入的货币形式，包括现金、存款、应收账款、应收票据、准备持有至到期的债券投资及债务的豁免等；纳税人以非货币形式取得的收入，包括固定资产、生物资产、无形资产、股权投资、存货、不准备持有至到期的债券投资、劳务及有关权益等，这些非货币资产应当按照公允价值确定收入额，公允价值是指按照市场价格确定的价值。

（一）一般收入的确认

（1）销售货物收入是指企业销售商品、产品、原材料、包装物、低值易耗品及其他存货取得的收入。

（2）提供劳务收入是指企业从事建筑安装、修理修配、交通运输、仓储租赁、金融保险、邮电通信、咨询经纪、文化体育、科学研究、技术服务、教育培训、餐饮住宿、中介代理、卫生保健、社区服务、旅游、娱乐、加工及其他劳务服务活动取得的收入。

（3）转让财产收入是指企业转让固定资产、生物资产、无形资产、股权、债权等财产取得的收入。

企业转让股权收入，应于转让协议生效且完成股权变更手续时，确认收入的实现。转让股权收入扣除为取得该股权所发生的成本后，为股权转让所得。企业在计算股权转让所得时，不得扣除被投资企业未分配利润等股东留存收益中按该项股权所可能分配的金额。

（4）股息、红利等权益性投资收益是指企业因权益性投资从被投资方取得的收入。股息、红利等权益性投资收益，除国务院财政、税务主管部门另有规定外，应以被投资企业股东会或股东大会作出利润分配或转股决定的日期，确认收入的实现。

被清算企业的股东分得的剩余资产的金额，其中相当于被清算企业累计未分配利润和累计盈余公积中按该股东所占股份比例计算的部分，应确认为股息所得；剩余资产减除股息所得后的余额，超过或低于股东投资成本的部分，应确认为股东的投资转让所得或损失。

被投资企业将股权（票）溢价所形成的资本公积转为股本的，不作为投资方企业的股息、红利收入，投资方企业也不得增加该项长期投资的计税基础。

（5）利息收入是指企业将资金提供他人使用但不构成权益性投资，或者因他人占用本企业资金取得的收入，包括存款利息、贷款利息、债券利息、欠款利息等收入。利息收入按照合同约定的债务人应付利息的日期确认收入的实现。

（6）租金收入是指企业提供固定资产、包装物或者其他有形资产的使用权取得的收入。租金收入按照合同约定的承租人应付租金的日期确认收入的实现。

如果交易合同或协议中规定租赁期限跨年度，且租金提前一次性支付的，根据《中华人民共和国企业所得税法实施条例》（以下简称《企业所得税法实施条例》）第九条规定的收入与费用配比原则，出租人可对上述已确认的收入，在租赁期内，分期均匀计入相关年度收入。

（7）特许权使用费收入是指企业提供专利权、非专利技术、商标权、著作权，以及其他特许权的使用权取得的收入。特许权使用费收入按照合同约定的特许权使用人应付特许权使用费的日期确认收入的实现。

（8）接受捐赠收入是指企业接受的来自其他企业、组织或者个人无偿给予的货币性资产、非货币性资产。接受捐赠收入按照实际收到捐赠资产的日期确认收入的实现。

（9）其他收入是指企业取得的除上述收入外的其他收入，包括企业资产溢余收入、逾期未退包装物押金收入、确实无法偿付的应付款项、已作坏账损失处理后又收回的应收款项、债务重组收入、补贴收入、违约金收入、汇兑收益等。

提炼点睛

根据企业所得税规定，一般收入中，哪些是按照合同约定的应付相关款项的日期确认收入的实现？

利息收入、租金收入和特许权使用费收入，这三种情况是按照合同约定的应付相关款项的日期确认收入的实现。

（二）特殊收入的确认

（1）以分期收款方式销售货物的，按照合同约定的收款日期确认收入的实现。

（2）企业受托加工制造大型机械设备、船舶、飞机，以及从事建筑、安装、装配工程业务或者提供其他劳务等，持续时间超过12个月的，按照纳税年度内完工进度或者完成的工作量确认收入的实现。

（3）采取产品分成方式取得收入的，按照企业分得产品的日期确认收入的实现，其收入额按照产品的公允价值确定。

（4）企业发生非货币性资产交换，以及将货物、财产、劳务用于捐赠、偿债、赞助、集资、广告、样品、职工福利或者利润分配等用途的，应当视同销售货物、转让财产或者提供劳务，但国务院财政、税务主管部门另有规定的除外。

（三）处置资产收入的确认

自2008年1月1日起，企业处置资产的所得税处理根据《企业所得税法实施条例》第二十五条的规定执行，对2008年1月1日以前发生的处置资产，2008年1月1日以后尚未进行税务处理的，也按此规定执行。

（1）企业发生下列情形的处置资产，除将资产转移至境外以外，由于资产所有权属在形式和实质上均不发生改变，可作为内部处置资产，不视同销售确认收入，相关资产的计税基础延续计算。

① 将资产用于生产、制造、加工另一产品；
② 改变资产形状、结构或性能；
③ 改变资产用途（如自建商品房转为自用或经营）；
④ 将资产在总机构及其分支机构之间转移；
⑤ 上述两种或两种以上情形的混合；
⑥ 其他不改变资产所有权属的用途。

（2）企业将资产移送他人的下列情形，因资产所有权属已发生改变而不属于内部处置资产，应按规定视同销售确定收入。

① 用于市场推广或销售；
② 用于交际应酬；
③ 用于职工奖励或福利；
④ 用于股息分配；
⑤ 用于对外捐赠；
⑥ 其他改变资产所有权属的用途。

企业发生上述第①～⑥项规定情形的，除另有规定外，应按照被移送资产的公允价值确定销售收入。

(四)相关收入实现的确认

除《企业所得税法》及其实施条例前述关于收入的规定外,企业销售收入的确认,必须遵循权责发生制原则和实质重于形式原则。

(1)企业销售商品同时满足下列条件的,应确认收入的实现。

① 商品销售合同已经签订,企业已将商品所有权相关的主要风险和报酬转移给购货方。

② 企业对已售出的商品既没有保留通常与所有权相联系的继续管理权,也没有实施有效控制。

③ 收入的金额能够可靠地计量。

④ 已发生或将发生的销售方的成本能够可靠地核算。

(2)符合上款收入确认条件,采取下列商品销售方式的,应按以下规定确认收入实现时间。

① 销售商品采用托收承付方式的,在办妥托收手续时确认收入。

② 销售商品采取预收款方式的,在发出商品时确认收入。

③ 销售商品需要安装和检验的,在购买方接受商品及安装和检验完毕时确认收入。如果安装程序比较简单,可在发出商品时确认收入。

④ 销售商品采用支付手续费方式委托代销的,在收到代销清单时确认收入。

(3)采用售后回购方式销售商品的,销售的商品按售价确认收入,回购的商品作为购进商品处理。有证据表明不符合销售收入确认条件的,如以销售商品方式进行融资,收到的款项应确认为负债,回购价格大于原售价的,差额应在回购期间确认为利息费用。

需要注意的是,上述"有证据表明不符合销售收入确认条件的,如以销售商品方式进行融资",一般情况是指甲方以商品作抵押或质押向乙方进行借款,在此期间乙方接受的商品拥有所有权,但不能处置,在一定期间内甲方再以高于抵押或质押借款的金额将商品取回。

练习 4-3(单选题) 依据企业所得税的相关规定,下列关于销售货物收入确认时间的说法,错误的是(　　)。

A. 销售商品采取预收货款方式的,在收到预收货款时确认收入

B. 销售商品采取托收承付方式的,在办妥托收手续时确认收入

C. 销售商品采取支付手续费方式委托代销的,在收到代销清单时确认收入

D. 销售商品需要简单安装和检验的,可在发出商品时确认收入

企业所得税收入确定条件

---

(4)销售商品以旧换新的,销售商品应当按照销售商品收入确认条件确认收入,回收的商品作为购进商品处理。

(5)企业为促进商品销售而在商品价格上给予的价格扣除属于商业折扣,商品销售涉及商业折扣的,应当按照扣除商业折扣后的金额确定销售商品收入金额。

债权人为鼓励债务人在规定的期限内付款而向债务人提供的债务扣除属于现金折扣,销售商品涉及现金折扣的,应当按扣除现金折扣前的金额确定销售商品收入金额,现金折扣在实际发生时作为财务费用扣除。

企业因售出商品的质量不合格等原因而在售价上给予的减让属于销售折让,企业因售出商品质量、品种不符合要求等原因而发生的退货属于销售退回。企业已经确认销售收入的售

出商品发生销售折让和销售退回,应当在发生当期冲减当期销售商品收入。

(6) 企业在各个纳税期末,提供劳务交易的结果能够可靠估计的,应采用完工进度(完工百分比)法确认提供劳务收入。

① 提供劳务交易的结果能够可靠估计,是指同时满足下列条件。

a. 收入的金额能够可靠地计量;

b. 交易的完工进度能够可靠地确定;

c. 交易中已发生和将发生的成本能够可靠地核算。

② 企业提供劳务完工进度的确定,可选用下列方法。

a. 已完工作的测量;

b. 已提供劳务占劳务总量的比例;

c. 发生成本占总成本的比例。

③ 企业应按照从接受劳务方已收或应收的合同或协议价款确定劳务收入总额,根据纳税期末提供劳务收入总额乘以完工进度扣除以前纳税年度累计已确认提供劳务收入后的金额,确认为当期劳务收入;同时,按照提供劳务估计总成本乘以完工进度扣除以前纳税期间累计已确认劳务成本后的金额,结转为当期劳务成本。

④ 下列提供劳务满足收入确认条件的,应按规定确认收入。

a. 安装费,应根据安装完工进度确认收入。安装工作是商品销售附带条件的,安装费在确认商品销售实现时确认收入。

b. 宣传媒介的收费,应在相关的广告或商业行为出现于公众面前时确认收入。广告的制作费,应根据制作广告的完工进度确认收入。

c. 软件费,为特定客户开发软件的收费,应根据开发的完工进度确认收入。

d. 服务费,包含在商品售价内可区分的服务费,在提供服务的期间分期确认收入。

e. 艺术表演、招待宴会和其他特殊活动的收费在相关活动发生时确认收入。收费涉及几项活动的,预收的款项应合理分配给每项活动,分别确认收入。

f. 会员费,申请入会或加入会员,只允许取得会籍,所有其他服务或商品都要另行收费的,在取得该会员费时确认收入。该会员费应在整个受益期内分期确认收入。

g. 特许权费,属于提供设备和其他有形资产的特许权费,在交付资产或转移资产所有权时确认收入;属于提供初始及后续服务的特许权费,在提供服务时确认收入。

h. 劳务费,长期为客户提供重复劳务收取的劳务费,在相关劳务活动发生时确认收入。

(7) 企业以"买一赠一"等方式组合销售本企业商品的,不属于捐赠,应将总的销售金额按各项商品的公允价值的比例来分摊确认各项销售收入。

(8) 企业取得财产(包括各类资产、股权、债权等)转让收入、债务重组收入、接受捐赠收入、无法偿付的应付款收入等,不论是以货币形式还是以非货币形式体现,除另有规定外,均应一次性计入确认收入的年度计算缴纳企业所得税。

(9) 企业按照市场价格销售货物、提供劳务服务等,凡由政府财政部门根据企业销售货物、提供劳务服务的数量、金额的一定比例给予全部或部分资金支付的,应当按照权责发生制原则确认收入。

除上述情形外,企业取得的各种政府财政支付,如财政补贴、补助、补偿、退税等,应当按照实际取得收入的时间确认收入。

提炼点晴

"买一赠一"业务在计算增值税与企业所得税,确认的收入金额是一致的吗?

不一致。假定某企业甲产品不含税售价100元,乙产品不含税售价20元。若购买甲产品赠送乙产品,则该企业增值税和企业所得税收入是多少?

增值税:甲产品销项税额=100×13%=13(元)

乙产品销项税额=20×13%=2.6(元)

企业所得税:甲产品确认收入=100×[100/(100+20)]=83.33(元)

乙产品确认收入=100×[20/(100+20)]=16.67(元)

练习 4-4(多选题) 企业提供的下列劳务中,按照完工进度确认企业所得税应税收入的有( )。

A. 广告的制作

B. 提供宴会招待

C. 提供艺术表演

D. 为特定客户开发软件

提供劳务收入
确定条件

二、不征税收入和免税收入

国家为了扶持和鼓励某些特定的项目,对企业取得的某些收入予以不征税或免税的特殊政策,促进经济的协调发展。

(一)不征税收入

(1)财政拨款,是指各级人民政府对纳入预算管理的事业单位、社会团体等组织拨付的财政资金,但国务院和国务院财政、税务主管部门另有规定的除外。

(2)依法收取并纳入财政管理的行政事业性收费、政府性基金。

(3)国务院规定的其他不征税收入,是指企业取得的,由国务院财政、税务主管部门规定专项用途并经国务院批准的财政性资金。

财政性资金,是指企业取得的来源于政府及其有关部门的财政补助、补贴、贷款贴息,以及其他各类财政专项资金,包括直接减免的增值税和即征即退、先征后退、先征后返的各种税收,但不包括企业按规定取得的出口退税款和增值税留抵退税款。

① 企业取得的各类财政性资金,除属于国家投资和资金使用后要求归还本金的以外,均应计入企业当年收入总额。国家投资是指国家以投资者身份投入企业并按有关规定相应增加企业实收资本(股本)的直接投资。

② 对企业取得的由国务院财政、税务主管部门规定专项用途并经国务院批准的财政性资金,准予作为不征税收入,在计算应纳税所得额时从收入总额中减除。

企业取得的专项用途的财政性资金,在进行企业所得税处理时一般应按以下规定执行。

a. 企业从县级以上各级人民政府财政部门及其他部门取得的应计入收入总额的财政性资金,凡同时符合以下条件的,可以作为不征税收入,在计算应纳税所得额时从收入总额中减除:企业能够提供规定资金专项用途的资金拨付文件;财政部门或其他拨付资金的政府部门对该资金有专门的资金管理办法或具体管理要求;企业对该资金及以该资金发生的支出单独进行核算。

　　b. 企业将符合规定条件的财政性资金作为不征税收入处理后,在5年(60个月)内未发生支出且未缴回财政部门或其他拨付资金的政府部门的部分,应计入取得资金第6年的应税收入总额;计入应税收入总额的财政性资金发生的支出,允许在计算应纳税所得额时扣除。

　　③ 纳入预算管理的事业单位、社会团体等组织按照核定的预算和经费报领关系收到的由财政部门或上级单位拨入的财政补助收入,准予作为不征税收入,在计算应纳税所得额时从收入总额中减除,但国务院和国务院财政、税务主管部门另有规定的除外。

　　值得注意的是,企业的不征税收入用于支出所形成的费用,不得在计算应纳税所得额时扣除;企业的不征税收入用于支出所形成的资产,其计算的折旧、摊销不得在计算应纳税所得额时扣除。

　　(4) 企业取得的不征税收入,应按照《财政部 国家税务总局关于专项用途财政性资金企业所得税处理问题的通知》(财税〔2011〕70号)的规定进行处理。凡未按照文件规定进行管理的,应作为企业应税收入计入应纳税所得额,依法缴纳企业所得税。

　　(5) 对社保基金取得的直接股权投资收益、股权投资基金收益,作为企业所得税不征税收入。

　　(6) 自2018年3月13日起,对在中国境内未设立机构、场所的,或者虽设立机构、场所但取得的所得与其所设机构、场所没有实际联系的境外机构投资者(包括境外经纪机构),从事中国境内原油期货交易取得的所得(不含实物交割所得),暂不征收企业所得税。

　　对境外经纪机构在境外为境外投资者提供中国境内原油期货经纪业务取得的佣金所得,不属于来源于中国境内的劳务所得,不征收企业所得税。

(二) 免税收入

1. 国债利息收入

　　为鼓励企业积极购买国债,支援国家建设,税法规定,企业因购买国债所得的利息收入,免征企业所得税。

　　根据《国家税务总局关于企业国债投资业务企业所得税处理问题的公告》(国家税务总局公告2011年第36号)规定,自2011年1月1日起,按以下规定执行。

　　(1) 国债利息收入时间确认,具体有以下两点。

　　① 根据《实施条例》第十八条的规定,企业投资国债从国务院财政部门(以下简称发行者)取得的国债利息收入,应以国债发行时约定应付利息的日期,确认利息收入的实现。

　　② 企业转让国债,应在国债转让收入确认时确认利息收入的实现。

　　(2) 国债利息收入计算。企业到期前转让国债,或者从非发行者投资购买的国债,其持有期间尚未兑付的国债利息收入,按以下公式计算确定。

$$国债利息收入 = 国债金额 \times (适用年利率 \div 365) \times 持有天数$$

　　上述公式中的"国债金额"按国债发行面值或发行价格确定;"适用年利率"按国债票面年利率或折合年收益率确定;如企业不同时间多次购买同一品种国债的,"持有天数"可按平均持有天数计算确定。

　　(3) 国债利息收入免税问题。根据《企业所得税法》第二十六条的规定,企业取得的国债利息收入,免征企业所得税。具体按以下规定执行。

　　① 企业从发行者直接投资购买的国债持有至到期,其从发行者取得的国债利息收入,全额免征企业所得税。

② 企业到期前转让国债,或者从非发行者投资购买的国债,其按上述第(2)项计算的国债利息收入,免征企业所得税。

(4) 国债转让收入时间确认,具体有以下两点。

① 企业转让国债应在转让国债合同、协议生效的日期,或者国债移交时确认转让收入的实现。

② 企业投资购买国债,到期兑付的,应在国债发行时约定的应付利息的日期,确认国债转让收入的实现。

(5) 国债转让收益(损失)的计算。企业转让或到期兑付国债取得的价款,减除其购买国债成本,并扣除其持有期间按照上述第(2)项计算的国债利息收入及交易过程中相关税费后的余额,为企业转让国债收益(损失)。

(6) 国债转让收益(损失)征税问题。根据《实施条例》第十六条规定,企业转让国债,应作为转让财产,其取得的收益(损失)应作为企业应纳税所得额计算纳税。

(7) 通过支付现金方式取得的国债,以买入价和支付的相关税费为成本。

(8) 通过支付现金以外的方式取得的国债,以该资产的公允价值和支付的相关税费为成本。

企业在不同时间购买同一品种国债的,其转让时的成本计算方法,可在先进先出法、加权平均法、个别计价法中选用一种。计价方法一经选用,不得随意改变。

2. 股息、红利等权益性投资收益

符合条件的居民企业之间的股息、红利等权益性收益,是指居民企业直接投资于其他居民企业取得的投资收益。

在中国境内设立机构、场所的非居民企业从居民企业取得与该机构、场所有实际联系的股息、红利等权益性投资收益。该收益不包括连续持有居民企业公开发行并上市流通的股票不足 12 个月取得的投资收益。

练习 4-5(多选题) 企业取得的下列收入,属于企业所得税免税收入的有( )。

A. 国债利息收入
B. 企业债券利息收入
C. 符合条件的居民企业之间的股息、红利等权益性投资收益
D. 居民企业从在中国境内设立机构、场所的非居民企业取得的股息等权益性投资收益票 1 年以上取得的投资收益

企业所得税免税收入

---

3. 符合条件的非营利组织的收入

(1) 符合条件的非营利组织是指:

① 依法履行非营利组织登记手续;

② 从事公益性或者非营利性活动;

③ 取得的收入除用于与该组织有关的、合理的支出外,全部用于登记核定或者章程规定的公益性或者非营利性事业;

④ 财产及其孳生息不用于分配;

⑤ 按照登记核定或者章程规定,该组织注销后的剩余财产用于公益性或者非营利性目

的,或者由登记管理机关转赠给与该组织性质、宗旨相同的组织,并向社会公告;

⑥ 投入人对投入该组织的财产不保留或者享有任何财产权利;

⑦ 工作人员工资、福利开支控制在规定的比例内,不变相分配该组织的财产;

⑧ 国务院财政、税务主管部门规定的其他条件。

(2)《企业所得税法》第二十六条第(四)项所称符合条件的非营利组织的收入,不包括非营利组织从事营利性活动取得的收入,但国务院财政、税务主管部门另有规定的除外。非营利组织的下列收入为免税收入:

① 接受其他单位或者个人捐赠的收入;

② 除《企业所得税法》第七条规定的财政拨款以外的其他政府补助收入,但不包括因政府购买服务取得的收入;

③ 按照省级以上民政、财政部门规定收取的会费;

④ 不征税收入和免税收入孳生的银行存款利息收入;

⑤ 财政部、国家税务总局规定的其他收入。

三、税前扣除原则和范围

(一)税前扣除项目的原则

企业申报的扣除项目和金额要真实、合法。所谓真实,是指能提供证明有关支出确属已经实际发生。所谓合法,是指符合国家税法的规定,若其他法规规定与税收法律、法规规定不一致,应以税收法律、法规的规定为标准。除税收法律、法规另有规定外,税前扣除一般应遵循以下原则。

(1)权责发生制原则,是指企业费用应在发生的所属期扣除。

(2)配比原则,是指企业发生的费用应当与收入配比扣除。除特殊规定外,企业发生的费用不得提前或滞后申报扣除。

(3)合理性原则,是指符合生产经营活动常规,应当计入当期损益或者有关资产成本的必要和正常的支出。

(二)扣除项目的范围

《企业所得税法》规定,企业实际发生的与取得收入有关的、合理的支出,包括成本、费用、税金、损失和其他支出,准予在计算应纳税所得额时扣除。

实际业务中,计算应纳税所得额时还应注意三方面的内容。

第一,企业发生的支出应当区分收益性支出和资本性支出。收益性支出在发生当期直接扣除;资本性支出应当分期扣除或者计入有关资产成本,不得在发生当期直接扣除。

第二,企业的不征税收入用于支出所形成的费用或者财产,不得扣除或者计算对应的折旧、摊销扣除。

第三,除《企业所得税法》及其实施条例另有规定外,企业实际发生的成本、费用、税金、损失和其他支出,不得重复扣除。

(1)成本是指企业在生产经营活动中发生的销售成本、销货成本、业务支出及其他耗费,即企业销售商品(产品、材料、下脚料、废料、废旧物资等)、提供劳务、转让固定资产、无形资产(包括技术转让)的成本。

企业必须将经营活动中发生的成本合理划分为直接成本和间接成本。直接成本是指可直接计入有关成本计算对象或劳务的经营成本中的直接材料、直接人工等。间接成本是指多个部门为同一成本对象提供服务的共同成本，或者同一种投入可以制造、提供两种或两种以上的产品或劳务的联合成本。

直接成本可根据有关会计凭证、记录直接计入有关成本计算对象或劳务的经营成本中。间接成本必须根据与成本计算对象之间的因果关系、成本计算对象的产量等，以合理的方法分配计入有关成本计算对象中。

（2）费用是指企业每一个纳税年度为生产、经营商品和提供劳务等所发生的销售（经营）费用、管理费用和财务费用。已经计入成本的有关费用除外。

销售费用是指应由企业负担的为销售商品而发生的费用，包括广告费、运输费、装卸费、包装费、展览费、保险费、销售佣金（能直接认定的进口佣金调整商品进价成本）、代销手续费、经营性租赁费及销售部门发生的差旅费、工资、福利费等费用。

管理费用是指企业的行政管理部门为管理组织经营活动提供各项支援性服务而发生的费用。

财务费用是指企业筹集经营性资金而发生的费用，包括利息净支出、汇兑净损失、金融机构手续费及其他非资本化支出。

企业当年度实际发生的相关成本、费用，由于各种原因未能及时取得该成本、费用的有效凭证，企业在预缴季度所得税时，可暂按账面发生金额进行核算；但在汇算清缴时，应补充提供该成本、费用的有效凭证。

（3）税金是指企业发生的除企业所得税和允许抵扣的增值税以外的企业缴纳的各项税金及其附加，即企业按规定缴纳的消费税、城市维护建设税、关税、资源税、土地增值税、房产税、车船税、城镇土地使用税、印花税、教育费附加、地方教育附加等税金及附加。这些已纳税金准予税前扣除。扣除的方式有两种：一种是在发生当期扣除；另一种是在发生当期计入相关资产的成本，在以后各期分摊扣除。

（4）损失是指企业在生产经营活动中发生的固定资产和存货的盘亏、毁损、报废损失，转让财产损失、呆账损失、坏账损失、自然灾害等不可抗力因素造成的损失及其他损失。

企业发生的损失，减除责任人赔偿和保险赔款后的余额，依照国务院财政、税务主管部门的规定扣除。

企业已经作为损失处理的资产，在以后纳税年度又全部收回或者部分收回时，应当计入当期收入。

（5）其他支出是指除成本、费用、税金、损失外，企业在生产经营活动中发生的与生产经营活动有关的、合理的支出。

（三）扣除项目及其标准

1. 工资、薪金支出

企业发生的合理的工资、薪金支出准予据实扣除。工资、薪金是指企业每一纳税年度支付给在本企业任职或者受雇员工的所有现金或非现金形式的劳动报酬，包括基本工资、奖金、津贴、补贴、年终加薪、加班工资，以及与员工任职或者受雇有关的其他支出。

（1）"合理的工资、薪金"是指企业按照股东大会、董事会、薪酬委员会或相关管理机构制定的工资、薪金制度规定实际发放给员工的工资、薪金。税务机关在对工资、薪金进行合理性确认时，可按以下原则掌握。

① 企业制定了较为规范的员工工资、薪金制度。

② 企业所制定的工资、薪金制度符合行业及地区水平。
③ 企业在一定时期发放的工资、薪金是相对固定的,工资、薪金的调整是有序进行的。
④ 企业对实际发放的工资、薪金,已依法履行了代扣代缴个人所得税义务。
⑤ 有关工资、薪金的安排,不以减少或逃避税款为目的。
(2) 属于国有性质的企业,其工资、薪金不得超过政府有关部门给予的限定数额;超过部分,不得计入企业工资、薪金总额,也不得在计算企业应纳税所得额时扣除。
(3) 企业因雇用季节工、临时工、实习生、返聘离退休人员所实际发生的费用,应区分为工资、薪金支出和职工福利费支出,并按《企业所得税法》规定在企业所得税税前扣除。其中属于工资、薪金支出的,准予计入企业工资、薪金总额的基数,作为计算其他各项相关费用扣除的依据。
(4) 企业接受外部劳务派遣用工所实际发生的费用,应分两种情况按规定在税前扣除:按照协议(合同)约定直接支付给劳务派遣公司的费用,应作为劳务费支出;直接支付给员工个人的费用,应作为工资、薪金支出和职工福利费支出。其中属于工资、薪金支出的费用,准予计入企业工资、薪金总额的基数,作为计算其他各项相关费用扣除的依据。

2. 职工福利费、工会经费、职工教育经费
(1) 企业发生的职工福利费支出,不超过工资、薪金总额14%的部分准予扣除。
企业职工福利费是指企业为职工提供的除职工工资、奖金、津贴、纳入工资总额管理的补贴、职工教育经费、社会保险费和补充养老保险费(年金)、补充医疗保险费及住房公积金以外的福利待遇支出,包括发放给职工或为职工支付的以下各项现金补贴和非货币性集体福利。
① 为职工卫生保健、生活、住房、交通等所发放的各项补贴和非货币性福利,包括企业向职工发放的因公外地就医费用、未实行医疗统筹企业职工医疗费用、职工供养直系亲属医疗补贴、供暖费补贴、职工防暑降温费、职工困难补贴、救济费、职工食堂经费补贴、职工交通补贴等。
② 企业尚未分离的内设集体福利部门所发生的设备、设施和人员费用,包括职工食堂、职工浴室、理发室、医务所、托儿所、疗养院、集体宿舍等集体福利部门设备、设施的折旧、维修保养费用,以及集体福利部门工作人员的工资、薪金,社会保险费,住房公积金,劳务费等人工费用。
③ 职工困难补助,或企业统筹建立和管理的专门用于帮助、救济困难职工的基金支出。
④ 按规定发生的其他职工福利费,包括丧葬补助费、抚恤费、职工异地安家费、独生子女费、探亲假路费,以及符合企业职工福利费定义但没有包括在上述各条款项目中的其他支出。
值得注意的是,企业发生的职工福利费,应该单独设置账册,进行准确核算。没有单独设置账册准确核算的,税务机关应责令企业在规定的期限内进行改正。逾期仍未改正的,税务机关可对企业发生的职工福利费进行合理的核定。
(2) 企业拨缴的职工工会经费,不超过工资、薪金总额2%的部分准予扣除。
企业拨缴的职工工会经费,不超过工资、薪金总额2%的部分,凭工会组织开具的工会经费收入专用收据在企业所得税税前扣除。
在委托税务机关代收工会经费的地区,企业拨缴的工会经费,也可凭合法、有效的工会经费代收凭据依法在税前扣除。
(3) 企业发生的职工教育经费支出,不超过工资、薪金总额8%的部分,准予在计算企业所

得税应纳税所得额时扣除;超过部分,准予在以后纳税年度结转扣除。

企业因接收学生实习所实际发生的与取得收入有关的合理支出,以及企业发生的职工教育经费支出,依法在计算应纳税所得额时扣除。

集成电路设计企业和符合条件软件企业的职工培训费用,单独进行核算并按实际发生额在计算应纳税所得额时扣除;集成电路设计企业和符合条件软件生产企业应准确划分职工教育经费中的职工培训费支出,对于不能准确划分的,以及准确划分后职工教育经费中扣除职工培训费用的余额,一律按照职工教育经费的规定比例扣除。

上述计算职工福利费、工会经费、职工教育经费的"工资、薪金总额",是指企业按照上述"1. 工资、薪金支出"规定实际发放的工资、薪金总和,不包括企业的职工福利费、职工教育经费、工会经费,以及养老保险费、医疗保险费、失业保险费、工伤保险费、生育保险费等社会保险费和住房公积金。

3. 社会保险费

(1) 企业依照国务院有关主管部门或者省级人民政府规定的范围和标准为职工缴纳的五险一金,即基本养老保险费、基本医疗保险费、失业保险费、工伤保险费、生育保险费等基本社会保险费和住房公积金,准予扣除。

(2) 企业为投资者或者职工支付的补充养老保险费、补充医疗保险费,在国务院财政、税务主管部门规定的范围和标准内,准予扣除。企业依照国家有关规定为特殊工种职工支付的人身安全保险费和符合国务院财政、税务主管部门规定可以扣除的商业保险费准予扣除。

(3) 企业参加财产保险,按照规定缴纳的保险费,准予扣除。企业为投资者或者职工支付的商业保险费,不得扣除。

练习 4-6(单选题) 企业支付的下列保险费,不得在企业所得税税前扣除的是( )。

A. 企业为投资者购买的商业保险

B. 企业按规定为职工购买的工伤保险

C. 企业为特殊工种职工购买的法定人身安全保险

D. 企业为本单位车辆购买的交通事故责任强制保险

准予税前扣除的社会保险费

---

4. 利息费用

企业在生产经营活动中发生的利息费用,按下列规定扣除。

(1) 非金融企业向金融企业借款的利息支出、金融企业的各项存款利息支出和同业拆借利息支出、企业经批准发行债券的利息支出可据实扣除。

其中,金融企业是指除中国人民银行以外的各类银行、保险公司及经中国人民银行批准从事金融业务的非银行金融企业。例如,国家专业银行、区域性银行、股份制银行、外资银行、中外合资银行及其他综合性银行;还包括全国性保险企业、区域性保险企业、股份制保险企业、中外合资保险企业及其他专业性保险企业;城市、农村信用社、各类财务公司,以及其他从事信托投资、租赁等业务的专业和综合性非银行金融企业。非金融企业是指除上述金融企业以外的所有企业、事业单位及社会团体等企业或组织。

(2) 非金融企业向非金融企业借款的利息支出,不超过按照金融企业同期同类贷款利率计算的数额部分可据实扣除,超过部分不允许扣除。

企业在按照合同要求首次支付利息并进行税前扣除时,应提供金融企业的同期同类贷款利率情况说明,以证明其利息支出的合理性。

金融企业的同期同类贷款利率情况说明中,应包括在签订该借款合同当时,本省任何一家金融企业提供同期同类贷款利率情况。该金融企业应为经政府有关部门批准成立的可以从事贷款业务的企业,包括银行、财务公司、信托公司等金融机构。同期同类贷款利率是指在贷款期限、贷款金额、贷款担保及企业信誉等条件基本相同时,金融企业提供贷款的利率,既可以是金融企业公布的同期同类平均利率,也可以是金融企业对某些企业提供的实际贷款利率。

(3) 关联企业利息费用的扣除。

《企业所得税法》第四十六条:"企业从其关联方接受的债权性投资与权益性投资的比例超过规定标准而发生的利息支出,不得在计算应纳税所得额时扣除。"如图 4-2 所示。

图 4-2 《中华人民共和国企业所得税法》第四十六条官网截图

① 在计算应纳税所得额时,企业实际支付给关联方的利息支出,不超过以下规定比例和《企业所得税法》及其实施条例有关规定计算的部分,准予扣除,超过的部分不得在发生当期和以后年度扣除。

企业实际支付给关联方的利息支出,除符合下述②规定外,其接受关联方债权性投资与其权益性投资比例为金融企业为 5∶1,其他企业为 2∶1。

② 企业如果能够按照《企业所得税法》及其实施条例的有关规定提供相关资料,并证明相关交易活动符合独立交易原则;或者该企业的实际税负不高于境内关联方的,其实际支付给境内关联方的利息支出,在计算应纳税所得额时准予扣除。

③ 企业同时从事金融业务和非金融业务,其实际支付给关联方的利息支出,应按照合理方法分开计算;没有按照合理方法分开计算的,一律按前述有关其他企业的比例计算准予税前扣除的利息支出。

④ 企业自关联方取得的不符合规定的利息收入应按照有关规定缴纳企业所得税。

(4) 企业向自然人借款的利息支出在企业所得税税前的扣除。

① 企业向股东或其他与企业有关联关系的自然人借款的利息支出,应根据《企业所得税法》第四十六条及《财政部 国家税务总局关于企业关联方利息支出税前扣除标准有关税收政策问题的通知》(财税〔2008〕121号)规定的条件执行,如图 4-3 所示。

图 4-3　财税〔2008〕121 号文件官网截图

② 企业向除上述①规定以外的内部职工或其他人员借款的利息支出,其借款情况同时符合以下条件的,其利息支出在不超过按照金融企业同期同类贷款利率计算的数额的部分,准予扣除:企业与个人之间的借贷是真实、合法、有效的,并且不具有非法集资目的或其他违反法律法规的行为;企业与个人之间签订了借款合同。

(5) 企业的投资者投资未到位发生利息支出的扣除问题。凡企业投资者在规定期限内未缴足其应缴资本额的,该企业对外借款所发生的利息,相当于投资者实缴资本额与在规定期限内应缴资本额的差额应计付的利息,其不属于企业合理的支出,应由企业的投资者负担,不得在计算企业应纳税所得额时扣除。

具体计算不得扣除的利息,应以企业一个年度内每一账面实收资本与借款余额保持不变的期间作为一个计算期,每一计算期内不得扣除的借款利息按该期间借款利息发生额乘以该期间企业未缴足的注册资本占借款总额的比例计算,公式为

$$\text{企业每一计算期不得扣除的借款利息} = \text{该期间借款利息额} \times \text{该期间未缴足注册资本额} \div \text{该期间借款额}$$

企业一个年度内不得扣除的借款利息总额为该年度内每一计算期不得扣除的借款利息额之和。

5. 借款费用

(1) 企业在生产经营活动中发生的合理的不需要资本化的借款费用,准予扣除。

(2) 企业为购置、建造固定资产、无形资产和经过 12 个月以上的建造才能达到预定可销售状态的存货发生借款的,在有关资产购置、建造期间发生的合理的借款费用,应予以资本化,作为资本性支出计入有关资产的成本;有关资产交付使用后发生的借款利息,可在发生当期扣除。

(3) 企业通过发行债券、取得贷款、吸收保户储金等方式融资而发生的合理的费用支出,符合资本化条件的,应计入相关资产成本;不符合资本化条件的,应作为财务费用,准予在企业所得税税前据实扣除。

6. 汇兑损失

企业在货币交易中,以及纳税年度终了时将人民币以外的货币性资产、负债按照期末即期人民币汇率中间价折算为人民币时产生的汇兑损失,除已经计入有关资产成本及与向所有者进行利润分配相关的部分外,准予扣除。

7. 业务招待费

(1) 企业发生的与生产经营活动有关的业务招待费支出,按照发生额的 60% 扣除,但最高不得超过当年销售(营业)收入的 5‰。当年销售(营业)收入包括《企业所得税法实施条例》第二十五条规定的视同销售(营业)收入额。

(2) 对从事股权投资业务的企业(包括集团公司总部、创业投资企业等),其从被投资企业所分配的股息、红利及股权转让收入,可以按规定的比例计算业务招待费扣除限额。

(3) 自 2011 年开始,企业在筹建期间,发生的与筹办活动有关的业务招待费支出,可按实际发生额的 60% 计入企业筹办费,并按有关规定在税前扣除。

8. 广告费和业务宣传费

企业每一纳税年度发生的符合条件的广告费和业务宣传费支出合并计算,除国务院财政、税务主管部门另有规定外,不超过当年销售(营业)收入 15% 的部分,准予扣除;超过部分,准予结转以后纳税年度扣除。当年销售(营业)收入包括《企业所得税法实施条例》十五条规定的视同销售(营业)收入额。

> **练习 4-7(单选题)** 甲工业企业 2023 年取得产品销售收入 6 000 万元,包装物出租收入 200 万元,转让商标所有权收入 200 万元,接受捐赠收入 20 万元,当年实际发生业务招待费 100 万元,该企业当年可在所得税前列支的业务招待费( )万元。
> A. 60 B. 42
> C. 30 D. 31
>
>
> 准予税前扣除的
> 业务招待费

自 2011 年 1 月 1 日至 2025 年 12 月 31 日,对部分行业企业广告费和业务宣传费扣除的特殊规定如下。

(1) 对化妆品制造与销售、医药制造和饮料制造(不含酒类制造)企业发生的广告和业务宣传费支出,不超过当年销售(营业)收入 30% 的部分,准予扣除;超过部分,准予在以后纳税年度结转扣除。

(2) 对签订广告费和业务宣传费分摊协议(以下简称分摊协议)的关联企业,其中一方发生的不超过当年销售（营业）收入税前扣除限额比例内的广告费和业务宣传费支出可以在本企业扣除，也可以将其中的部分或全部按照分摊协议归集至另一方扣除。另一方在计算本企业广告费和业务宣传费支出企业所得税税前扣除限额时，可将按照上述办法归集至本企业的广告费和业务宣传费不计算在内。

（3）烟草企业的烟草广告费和业务宣传费支出，一律不得在计算应纳税所得额时扣除。

自2011年开始，企业在筹建期间，发生的广告费和业务宣传费，可按实际发生额计入企业筹办费，并按有关规定在税前扣除。

9. 环境保护专项资金

企业依照法律、行政法规有关规定提取的用于环境保护、生态恢复等方面的专项资金准予扣除。上述专项资金提取后改变用途的，不得扣除。

10. 租赁费

企业根据生产经营活动的需要租入固定资产支付的租赁费，按照以下方法扣除。

（1）以经营租赁方式租入固定资产发生的租赁费支出，按照租赁期限均匀扣除。经营性租赁是指所有权不转移的租赁。

（2）以融资租赁方式租入固定资产发生的租赁费支出，按照规定构成融资租入固定资产价值的部分应当提取折旧费用，分期扣除。融资租赁是指在实质上转移与一项资产所有权有关的全部风险和报酬的一种租赁。

11. 劳动保护费

企业发生的合理的劳动保护支出，准予扣除。自2011年7月1日起，企业根据其工作性质和特点，由企业统一制作并要求员工工作时统一着装所发生的工作服饰费用，根据《实施条例》第二十七条的规定，可以作为企业合理的支出给予税前扣除。

12. 公益性捐赠支出

公益性捐赠是指企业通过公益性社会团体或者县级（含县级）以上人民政府及其部门，用于《中华人民共和国公益事业捐赠法》规定的公益事业的捐赠。

企业发生的公益性捐赠支出，不超过年度利润总额12%的部分，准予扣除。超过年度利润总额12%的部分，准予以后3年内在计算应纳税所得额时结转扣除。年度利润总额是指企业依照国家统一会计制度的规定计算的年度会计利润。

企业发生的公益性捐赠支出未在当年税前扣除的部分，自2017年1月1日起准予向以后年度结转扣除，但结转年限自捐赠发生年度的次年起计算最长不得超过3年。企业在对公益性捐赠支出计算扣除时，应先扣除以前年度结转的捐赠支出，再扣除当年发生的捐赠支出。

相关具体规定如下。

（1）企业通过公益性群众团体用于符合法律规定的公益慈善事业捐赠支出，准予按税法规定在计算应纳税所得额时扣除。

（2）第（1）条所称公益慈善事业，应当符合《中华人民共和国公益事业捐赠法》第三条对公益事业范围的规定或者《中华人民共和国慈善法》第三条对慈善活动范围的规定。

（3）第（1）条所称公益性群众团体，包括依照《社会团体登记管理条例》规定不需进行社团登记的人民团体及经国务院批准免予登记的社会团体（以下统称群众团体），且按规定条件和程序已经取得公益性捐赠税前扣除资格。

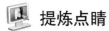 **提炼点睛**

公益性捐赠支出的税务处理

某企业 2022 年结转的公益性捐赠支出为 6 万元,2023 年实际发生的符合扣除条件的公益性捐赠支出为 7 万元,2023 年该企业会计利润总额为 100 万元。则 2023 年公益性捐赠支出扣除限额＝100×12％＝12(万元)。以前年度结转的公益性捐赠支出＋当年发生公益性捐赠支出＝6＋7＝13(万元)＞12 万元,则准予在当年税前扣除的公益性捐赠支出为 12 万元,剩余 1 万元准予结转以后 3 年内在计算应纳税所得额时扣除。(纳税调整:先调减 6 万元,再调增 1 万元)

(4) 群众团体取得公益性捐赠税前扣除资格应当同时符合以下条件。

① 符合《实施条例》第五十二条第(一)项至第(八)项规定的条件。

② 县级以上各级机构编制部门直接管理其机构编制。

③ 对接受捐赠的收入及用捐赠收入进行的支出单独进行核算,且申报前连续 3 年接受捐赠的总收入中用于公益慈善事业的支出比例不低于 70％。

(5) 公益性捐赠税前扣除资格的确认按以下规定执行。

① 由中央机构编制部门直接管理其机构编制的群众团体,向财政部、国家税务总局报送材料。

② 由县级以上地方各级机构编制部门直接管理其机构编制的群众团体,向省、自治区、直辖市和计划单列市财政、税务部门报送材料。

③ 对符合条件的公益性群众团体,按照上述管理权限,由财政部、国家税务总局和省、自治区、直辖市、计划单列市财政、税务部门分别联合公布名单。企业和个人在名单所属年度内向名单内的群众团体进行的公益性捐赠支出,可以按规定进行税前扣除。

④ 公益性捐赠税前扣除资格的确认对象包括以下几种。

a. 公益性捐赠税前扣除资格将于当年年末到期的公益性群众团体。

b. 已被取消公益性捐赠税前扣除资格但又重新符合条件的群众团体。

c. 尚未取得或资格终止后未取得公益性捐赠税前扣除资格的群众团体。

⑤ 每年年底前,省级以上财政、税务部门按权限完成公益性捐赠税前扣除资格的确认和名单发布工作,并按本条第④项规定的不同审核对象,分别列示名单及其公益性捐赠税前扣除资格起始时间。

(6) 上述第(5)条规定需报送的材料,应在申报年度 6 月 30 日前报送,包括以下方面。

① 申报报告。

② 县级以上各级党委、政府或机构编制部门印发的"三定"规定。

③ 组织章程。

④ 申报前 3 个年度的受赠资金来源、使用情况,财务报告,公益活动的明细,注册会计师的审计报告或注册会计师、(注册)税务师、律师的纳税审核报告(或鉴证报告)。

(7) 公益性捐赠税前扣除资格在全国范围内有效,有效期为 3 年。

上述第(5)条第④项规定的第 a 种情形,其公益性捐赠税前扣除资格自发布名单公告的次年 1 月 1 日起算。第(5)条第④项规定的第 b 种和第 c 种情形,其公益性捐赠税前扣除资格自发公告的当年 1 月 1 日起算。

(8) 公益性群众团体前三年接受捐赠的总收入中用于公益慈善事业的支出比例低于70%的,应当取消其公益性捐赠税前扣除资格。

(9) 公益性群众团体存在以下情形之一的,应当取消其公益性捐赠税前扣除资格,且被取消资格的当年及之后3个年度内不得重新确认资格。

① 违反规定接受捐赠的,包括附加对捐赠人构成利益回报的条件、以捐赠为名从事营利性活动、利用慈善捐赠宣传烟草制品或法律禁止宣传的产品和事项、接受不符合公益目的或违背社会公德的捐赠等情形。

② 开展违反组织章程的活动,或者接受的捐赠款项用于组织章程规定用途之外的。

③ 在确定捐赠财产的用途和受益人时,指定特定受益人,且该受益人与捐赠人或公益性群众团体管理人员存在明显利益关系的。

④ 受到行政处罚(警告或单次1万元以下罚款除外)的。

对存在本条第①、②、③项情形的公益性群众团体,应对其接受捐赠收入和其他各项收入依法补征企业所得税。

(10) 公益性群众团体存在以下情形之一的,应当取消其公益性捐赠税前扣除资格,且不得重新确认资格。

① 从事非法政治活动的。

② 从事、资助危害国家安全或者社会公共利益活动的。

(11) 获得公益性捐赠税前扣除资格的公益性群众团体,应自不符上述第(4)条规定条件之一或存在上述第(8)、(9)、(10)条规定情形之一之日起15日内向主管税务机关报告。对应当取消公益性捐赠税前扣除资格的公益性群众团体,由省级以上财政、税务部门核实相关信息后,按权限及时向社会发布取消资格名单公告。自发布公告的次月起,相关公益性群众团体不再具有公益性捐赠税前扣除资格。

(12) 公益性群众团体在接受捐赠时,应按照行政管理级次分别使用由财政部或省、自治区、直辖市财政部门监(印)制的公益事业捐赠票据,并加盖本单位的印章;对个人索取捐赠票据的,应予以开具。

企业将符合条件的公益性捐赠支出进行税前扣除,应当留存相关票据备查。

(13) 除另有规定外,公益性群众团体在接受企业或个人捐赠时,按以下原则确认捐赠额。

① 接受的货币性资产捐赠,以实际收到的金额确认捐赠额。

② 接受的非货币性资产捐赠,以其公允价值确认捐赠额。捐赠方在向公益性群众团体捐赠时,应当提供注明捐赠非货币性资产公允价值的证明;不能提供证明的,接受捐赠方不得向其开具捐赠票据。

(14) 为方便纳税主体查询,省级以上财政、税务部门应当及时在官方网站上发布具备公益性捐赠税前扣除资格的公益性群众团体名单公告。

企业可通过上述渠道查询群众团体公益性捐赠税前扣除资格及有效期。

(15) 上述规定自2021年1月1日起执行。《财政部 国家税务总局关于通过公益性群众团体的公益性捐赠税前扣除有关问题的通知》(财税〔2009〕124号)同时废止。

为做好政策衔接工作,尚未完成2020年度及以前年度群众团体的公益性捐赠税前扣除资格确认工作的,各级财政、税务部门按原政策规定执行;群众团体公益性捐赠税前扣除资格2020年末到期的,其2021—2023年度公益性捐赠税前扣除资格自2021年1月1日起算。

(16) 企业在非货币性资产捐赠过程中发生的运费、保险费、人工费用等相关支出,凡纳入国家机关、公益性社会组织开具的公益捐赠票据记载的数额中的,作为公益性捐赠支出按照规定在税前扣除;上述费用未纳入公益性捐赠票据记载的数额中的,作为企业相关费用按照规定在税前扣除。

(17) 自2019年1月1日至2022年12月31日,企业通过公益性社会组织或者县级(含县级)以上人民政府及其组成部门和直属机构,用于目标脱贫地区的扶贫捐赠支出,准予在计算企业所得税应纳税所得额时据实扣除。

在政策执行期限内,目标脱贫地区实现脱贫的,可继续适用上述政策。目标脱贫地区包括832个国家扶贫开发工作重点县、集中连片特困地区县(新疆阿克苏地区6县1市享受片区政策)和建档立卡贫困村。

企业同时发生扶贫捐赠支出和其他公益性捐赠支出,在计算公益性捐赠支出年度扣除限额时,符合上述条件的扶贫捐赠支出不计算在内。

13. 有关资产的费用

企业转让各类固定资产发生的费用,允许扣除。企业按规定计算的固定资产折旧费、无形资产和长期待摊费用的摊销费,准予扣除。

14. 总机构分摊的费用

非居民企业在中国境内设立的机构、场所,就其中国境外总机构发生的与该机构、场所生产经营有关的费用,能够提供总机构出具的费用汇集范围、定额、分配依据和方法等证明文件,并合理分摊的,准予扣除。

15. 资产损失

企业向税务机关申报扣除资产损失,仅需填报企业所得税年度纳税申报表《资产损失税前扣除及纳税调整明细表》,不再报送资产损失相关资料。相关资料由企业留存备查。

16. 依照有关法律、行政法规和国家有关税法规定准予扣除的其他项目

例如,会员费、合理的会议费、差旅费、违约金、诉讼费用等。

17. 手续费及佣金支出

(1) 企业发生的与生产经营有关的手续费及佣金支出,不超过以下规定计算限额以内的部分,准予扣除;超过部分,不得扣除。

① 保险企业,自2019年1月1日起,发生与其经营活动有关的手续费及佣金支出,不超过当年全部保费收入扣除退保金等后余额的18%(含本数)的部分,在计算应纳税所得额时准予扣除;超过部分,允许结转以后年度扣除。

保险企业发生的手续费及佣金支出税前扣除的其他事项继续按照下列第(2)~(5)条相关规定处理。保险企业应建立健全手续费及佣金的相关管理制度,并加强手续费及佣金结转扣除的台账管理。

② 其他企业,按与具有合法经营资格中介服务机构或个人(不含交易双方及其雇员、代理人和代表人等)所签订服务协议或合同确认的收入金额的5%计算限额。

(2) 企业应与具有合法经营资格的中介服务企业或个人签订代办协议或合同,并按国家有关规定支付手续费及佣金。除委托个人代理外,企业以现金等非转账方式支付的手续费及佣金不得在税前扣除。企业为发行权益性证券支付给有关证券承销机构的手续费及佣金不得在税前扣除。

(3) 企业不得将手续费及佣金支出计入回扣、业务提成、返利、进场费等费用。

(4) 企业已计入固定资产、无形资产等相关资产的手续费及佣金支出,应当通过折旧、摊

销等方式分期扣除,不得在发生当期直接扣除。

(5) 企业支付的手续费及佣金不得直接冲减服务协议或合同金额,并如实入账。

(6) 电信企业在发展客户、拓展业务等过程中(如委托销售电话入网卡、电话充值卡等),需向经纪人、代办商支付手续费及佣金的,其实际发生的相关手续费及佣金支出,不超过企业当年收入总额5%的部分,准予在企业所得税税前据实扣除。

(7) 从事代理服务、主营业务收入为手续费、佣金的企业(如证券、期货、保险代理等企业),其为取得该类收入而实际发生的营业成本(包括手续费及佣金支出),准予在企业所得税税前据实扣除。

根据《企业所得税法》第二十一条规定,对企业依据财务会计制度规定,并实际在财务会计处理上已确认的支出,凡没有超过《企业所得税法》和有关税收法规规定的税前扣除范围和标准的,可按企业实际会计处理确认的支出,在企业所得税税前扣除,计算其应纳税所得额。

18. 企业维简费支出

企业实际发生的维简费支出,属于收益性支出的,可作为当期费用税前扣除;属于资本性支出的,应计入有关资产成本,并按《企业所得税法》规定计提折旧或摊销费用在税前扣除。

自2013年1月1日起,除煤矿企业继续执行《国家税务总局关于煤矿企业维简费和高危行业企业安全生产费用企业所得税税前扣除问题的公告》(国家税务总局公告2011年第26号)外,其他企业按以下规定执行。

(1) 企业按照有关规定预提的维简费,不得在当期税前扣除。

(2) 本规定实施前,企业按照有关规定提取且已在当期税前扣除的维简费,按以下规定处理。

① 尚未使用的维简费,并未作纳税调整的,可不作纳税调整,应首先抵减2013年实际发生的维简费,仍有余额的,继续抵减以后年度实际发生的维简费,至余额为零时,企业方可按收益性支出、资本性支出各自的规定处理;已作纳税调整的,不再调回,直接按收益性支出、资本性支出各自的规定处理。

② 已用于资产投资并形成相关资产全部成本的,该资产提取的折旧或费用摊销额,不得税前扣除;已用于资产投资并形成相关资产部分成本的,该资产提取的折旧或费用摊销额中与该部分成本对应的部分,不得税前扣除;已税前扣除的,应调整作为2013年度应纳税所得额。

19. 企业参与政府统一组织的棚户区改造支出

(1) 企业参与政府统一组织的工矿(含中央下放煤矿)棚户区改造、林区棚户区改造、垦区危房改造并同时符合一定条件的棚户区改造支出,准予在企业所得税税前扣除。

(2) 同时符合一定条件的棚户区改造支出,是指同时满足以下条件的棚户区改造支出。

① 棚户区位于远离城镇、交通不便,市政公用、教育医疗等社会公共服务缺乏城镇依托的独立矿区、林区或垦区。

② 该独立矿区、林区或垦区不具备商业性房地产开发条件。

③ 棚户区市政排水、给水、供电、供暖、供气、垃圾处理、绿化、消防等市政服务或公共配套设施不齐全。

④ 棚户区房屋集中连片户数不低于50户,其中,实际在该棚户区居住且在本地区无其他住房的职工(含离退休职工)户数占总户数的比例不低于75%。

⑤ 棚户区房屋按照《房屋完损等级评定标准》和《危险房屋鉴定标准》评定属于危险房屋、

严重损坏房屋的套内面积不低于该片棚户区建筑面积的25%。

⑥ 棚户区改造已纳入地方政府保障性安居工程建设规划和年度计划,并由地方政府牵头按照保障性住房标准组织实施;异地建设的,原棚户区土地由地方政府统一规划使用或者按规定实行土地复垦、生态恢复。

(3) 在企业所得税年度纳税申报时,企业应向主管税务机关提供其棚户区改造支出同时符合上述第(2)项规定条件的书面说明材料。

20. 金融企业贷款损失准备金企业所得税税前扣除有关政策

(1) 准予税前提取贷款损失准备金的贷款资产范围如下。

① 贷款(含抵押、质押、担保、信用等贷款)。

② 银行卡透支、贴现、信用垫款(含银行承兑汇票垫款、信用证垫款、担保垫款等)、进出口押汇、同业拆出、应收融资租赁款等各项具有贷款特征的风险资产。

③ 由金融企业转贷并承担对外还款责任的国外贷款,包括国际金融组织贷款、外国买方信贷、外国政府贷款、日本国际协力银行不附条件贷款和外国政府混合贷款等资产。

(2) 金融企业准予当年税前扣除的贷款损失准备金计算公式为

$$\text{准予当年税前扣除的贷款损失准备金} = \text{本年末准予提取贷款损失准备金的贷款资产余额} \times 1\% - \text{截至上年末已在税前扣除的贷款损失准备金的余额}$$

金融企业按上述公式计算的数额如为负数,应当相应调增当年应纳税所得额。

关于金融企业贷款(涉农贷款和中小企业贷款除外)损失准备金企业所得税税前扣除有关政策的公告,如图4-4所示。该公告自2019年1月1日起施行。

(3) 金融企业的委托贷款、代理贷款、国债投资、应收股利、上交央行准备金及金融企业剥离的债权和股权、应收财政贴息、央行款项等不承担风险和损失的资产,以及除(1)列举资产之外的其他风险资产不得提取贷款损失准备金在税前扣除。

(4) 金融企业发生的符合条件的贷款损失,应先冲减已在税前扣除的贷款损失准备金,不足冲减部分可据实在计算当年应纳税所得额时扣除。

21. 关于可转换债券转换为股权投资的税务处理

(1) 购买方企业的税务处理。

① 购买方企业购买可转换债券,在其持有期间按照约定利率取得的利息收入,应当依法申报缴纳企业所得税。

② 购买方企业可转换债券转换为股票时,将应收未收利息一并转为股票的,该应收未收利息即使会计上未确认收入,税收上也应当作为当期利息收入申报纳税;转换后以该债券购买价、应收未收利息和支付的相关税费为该股票投资成本。

(2) 发行方企业的税务处理。

① 发行方企业发生的可转换债券的利息,按照规定在税前扣除。

② 发行方企业按照约定将购买方持有的可转换债券和应付未付利息一并转为股票的,其应付未付利息视同已支付,按照规定在税前扣除。

(四) 税前扣除凭证

企业所得税税前扣除凭证,是指企业(居民企业和非居民企业)在计算企业所得税应纳税所得额时,证明与取得收入有关的、合理的支出实际发生,并据以税前扣除的各类凭证。依据《企业所得税税前扣除凭证管理办法》(国家税务总局公告2018年第28号),自2018年7月1日起,按如下规定执行。

图 4-4　财政部 税务总局公告 2019 年第 86 号官网截图

（1）税前扣除凭证在管理中遵循真实性、合法性、关联性原则。真实性是指税前扣除凭证反映的经济业务真实，且支出已经实际发生；合法性是指税前扣除凭证的形式、来源符合国家法律、法规等相关规定；关联性是指税前扣除凭证与其反映的支出相关联且有证明力。

税前扣除凭证是企业计算企业所得税应纳税所得额时，扣除相关支出的依据。企业支出的税前扣除范围和标准应当按照《企业所得税法》及其实施条例等相关规定执行。

（2）企业发生支出，应取得税前扣除凭证，作为计算企业所得税应纳税所得额时扣除相关支出的依据。企业应在当年度企业所得税法规定的汇算清缴期结束前取得税前扣除凭证。

（3）企业应将与税前扣除凭证相关的资料，包括合同协议、支出依据、付款凭证等留存备查，以证实税前扣除凭证的真实性。

企业在经营活动、经济往来中常常伴生有合同协议、付款凭证等相关资料，在某些情形下，则为支出依据,如法院判决企业支付违约金而出具的裁判文书。

以上资料不属于税前扣除凭证,但属于与企业经营活动直接相关且能够证明税前扣除凭证真实性的资料,企业也应按照法律法规等相关规定,履行保管责任,以备包括税务机关在内的有关部门、机构或者人员核实。

(4)税前扣除凭证按照来源分为内部凭证和外部凭证。

内部凭证是指企业自制用于成本、费用、损失和其他支出核算的会计原始凭证。内部凭证的填制和使用应当符合国家会计法律法规等相关规定。

外部凭证是指企业发生经营活动和其他事项时,从其他单位、个人取得的用于证明其支出发生的凭证,包括但不限于发票(包括纸质发票和电子发票)、财政票据、完税凭证、收款凭证、分割单等。

(5)企业在境内发生的支出项目属于增值税应税项目(以下简称应税项目)的,对方为办理税务登记的增值税纳税人,其支出以发票(包括按照规定由税务机关代开的发票)作为税前扣除凭证;对方为依法无须办理税务登记的单位或者从事小额零星经营业务的个人,其支出以税务机关代开的发票或者收款凭证及内部凭证作为税前扣除凭证,收款凭证应载明收款单位名称、个人姓名及身份证号、支出项目、收款金额等相关信息。

小额零星经营业务的判断标准是个人从事应税项目经营业务的销售额不超过增值税相关政策规定的起征点。

(6)企业在境内发生的支出项目不属于应税项目的,对方为单位的,以对方开具的发票以外的其他外部凭证作为税前扣除凭证;对方为个人的,以内部凭证作为税前扣除凭证。

企业在境内发生的支出项目虽不属于应税项目,但按国家税务总局规定可以开具发票的,可以发票作为税前扣除凭证。

(7)企业从境外购进货物或者劳务发生的支出,以对方开具的发票或者具有发票性质的收款凭证、相关税费缴纳凭证作为税前扣除凭证。

(8)企业取得私自印制、伪造、变造、作废、开票方非法取得、虚开、填写不规范等不符合规定的发票(以下简称不合规发票),以及取得不符合国家法律法规等相关规定的其他外部凭证(以下简称不合规其他外部凭证),不得作为税前扣除凭证。

(9)企业应当取得而未取得发票、其他外部凭证或者取得不合规发票、不合规其他外部凭证的,若支出真实且已实际发生,应当在当年度汇算清缴期结束前,要求对方补开、换开发票、其他外部凭证。补开、换开后的发票、其他外部凭证符合规定的,可以作为税前扣除凭证。

(10)企业在补开、换开发票、其他外部凭证过程中,因对方注销、撤销、依法被吊销营业执照、被税务机关认定为非正常户等特殊原因无法补开、换开发票、其他外部凭证的,可凭以下资料证实支出真实性后,其支出允许税前扣除。

① 无法补开、换开发票、其他外部凭证原因的证明资料(包括工商注销、机构撤销、列入非正常经营户、破产公告等证明资料);

② 相关业务活动的合同或者协议;

③ 采用非现金方式支付的付款凭证;

④ 货物运输的证明资料;

⑤ 货物入库、出库内部凭证;

⑥ 企业会计核算记录以及其他资料。

其中,第①~③项为必备资料。

(11) 汇算清缴期结束后,税务机关发现企业应当取得而未取得发票、其他外部凭证或者取得不合规发票、不合规其他外部凭证并且告知企业的,企业应当自被告知之日起 60 日内补开、换开符合规定的发票、其他外部凭证。其中,因对方特殊原因无法补开、换开发票、其他外部凭证的,企业应当按照上述第(10)条的规定,自被告知之日起 60 日内提供可以证实其支出真实性的相关资料。

(12) 企业在税务机关规定的期限未能补开、换开符合规定的发票、其他外部凭证,并且未能按照上述第(10)条的规定提供相关资料证实其支出真实性的,相应支出不得在发生年度税前扣除。

对于上述情形,该相应支出既不得在发生年度税前扣除,也不得在以后年度追补扣除。

(13) 除发生上述第 11 条规定的情形外,企业以前年度应当取得而未取得发票、其他外部凭证,且相应支出在该年度没有税前扣除的,在以后年度取得符合规定的发票、其他外部凭证或者按照上述第(10)条的规定提供可以证实其支出真实性的相关资料,相应支出可以追补至该支出发生年度税前扣除,但追补年限不得超过 5 年。

值得注意的是,在以后年度取得符合规定的发票、其他外部凭证,或者按照上述第(10)条的规定提供可以证实其支出真实性的相关资料后,相应支出可以追补至该支出发生年度扣除,其前提条件是企业必须在该支出发生年度主动没有进行税前扣除。

(14) 企业与其他企业(包括关联企业)、个人在境内共同接受应纳增值税劳务(以下简称应税劳务)发生的支出,采取分摊方式的,应当按照独立交易原则进行分摊,企业以发票和分割单作为税前扣除凭证,共同接受应税劳务的其他企业以企业开具的分割单作为税前扣除凭证。

企业与其他企业、个人在境内共同接受非应税劳务发生的支出,采取分摊方式的,企业以发票外的其他外部凭证和分割单作为税前扣除凭证,共同接受非应税劳务的其他企业以企业开具的分割单作为税前扣除凭证。

(15) 企业租用(包括企业作为单一承租方租用)办公、生产用房等资产发生的水、电、燃气、冷气、暖气、通信线路、有线电视、网络等费用,出租方作为应税项目开具发票的,企业以发票作为税前扣除凭证;出租方采取分摊方式的,企业以出租方开具的其他外部凭证作为税前扣除凭证。

关于税前扣除凭证,《企业所得税税前扣除凭证管理办法》(国家税务总局公告 2018 年第 28 号)提及的"劳务"是一个相对宽泛的概念,原则上包含了所有劳务服务活动。例如,《中华人民共和国增值税暂行条例》及其实施细则中规定的加工、修理修配劳务,销售服务等;《企业所得税法》及其实施条例规定的建筑安装、修理修配、交通运输、仓储租赁、金融保险、邮电通信、咨询经纪、文化体育、科学研究、技术服务、教育培训、餐饮住宿、中介代理、卫生保健、社区服务、旅游、娱乐、加工及其他劳务服务活动等。此外,《企业所得税税前扣除凭证管理办法》第十八条所称"应纳增值税劳务"中的"劳务"也应按上述原则理解,不能等同于增值税相关规定中的"加工、修理修配劳务,销售服务等"。

所称企业是指《企业所得税法》及其实施条例规定的居民企业和非居民企业。其他企业是指本企业以外的企业,不包含企业的二级分支机构。

根据《企业所得税法》及其实施条例等相关政策规定,母公司的辅助生产车间为各下属子公司提供辅助生产服务不属于共同接受劳务。辅助生产服务属于增值税应税项目的,子公司应以母公司开具的发票(包括按照规定由税务机关代开的发票)作为税前扣除凭证;不属于增值税项目的,应以母公司开具的发票以外的其他外部凭证作为税前扣除凭证。

四、不得扣除的项目

在计算应纳税所得额时,下列支出不得扣除。

(1) 向投资者支付的股息、红利等权益性投资收益款项。

(2) 企业所得税税款。

(3) 税收滞纳金,指纳税人、扣缴义务人违反税收法律、法规,被税收征收管理机关加收的税收滞纳金。

(4) 罚金、罚款和被没收财物的损失,指纳税人违反国家有关法律法规规定,被有关部门处以的罚款、罚金和被没收的财物。

(5)《企业所得税法》第九条规定以外的捐赠支出。

(6) 赞助支出,指企业发生的与生产经营活动无关的各种非广告性质支出。

(7) 未经核定的准备金支出,指不符合国务院财政、税务主管部门规定的各项资产减值准备、风险准备等准备金支出。根据《企业所得税法实施条例》第五十五条规定,除财政部和国家税务总局核准计提的准备金可以税前扣除外,其他行业、企业计提的各项资产减值准备、风险准备等准备金均不得税前扣除。

(8) 企业之间支付的管理费、企业内营业机构之间支付的租金和特许权使用费,以及非银行企业内营业机构之间支付的利息,不得扣除。

(9) 与取得收入无关的其他支出。

> **练习4-8(单选题)** 下列支出,可以在企业所得税税前扣除的是( )。
> A. 子公司支付给母公司的管理费
> B. 企业内设营业机构之间支付的租金
> C. 企业内设营业机构之间支付的特许权使用费
> D. 银行企业内设营业机构之间支付的利息
>
>
> 企业所得税税前
> 不得扣除项目

第三节 资产的税务处理

资产是由于资本投资而形成的财产,对于资本性支出及无形资产受让、开办、开发费用,不允许作为成本、费用从纳税人的收入总额中作一次性扣除,只能采取分次计提折旧或分次摊销的方式予以扣除,即纳税人经营活动中使用的固定资产的折旧费用、无形资产和长期待摊费用的摊销费用可以扣除。税法规定,纳入税务处理范围的资产形式主要有固定资产、生物资产、无形资产、长期待摊费用、投资资产、存货等,除盘盈固定资产外,均以历史成本为计税基础。历史成本是指企业取得该项资产时实际发生的支出。企业持有各项资产期间资产增值或者减值,除国务院财政、税务主管部门规定可以确认损益外,不得调整该资产的计税基础。

一、固定资产的税务处理

固定资产是指企业为生产产品、提供劳务、出租或者经营管理而持有的、使用时间超过12个月的非货币性资产,包括房屋、建筑物、机器、机械、运输工具,以及其他与生产经营活动有关的设备、器具、工具等。

(一) 固定资产的计税基础

(1) 外购的固定资产,以购买价款和支付的相关税费及直接归属于使该资产达到预定用途发生的其他支出为计税基础。

(2) 自行建造的固定资产,以竣工结算前发生的支出为计税基础。

(3) 融资租入的固定资产,以租赁合同约定的付款总额和承租人在签订租赁合同过程中发生的相关费用为计税基础,租赁合同未约定付款总额的,以该资产的公允价值和承租人在签订租赁合同过程中发生的相关费用为计税基础。

(4) 融资性售后回租业务中,承租人出售资产的行为,不确认为销售收入,对融资性租赁的资产,仍按承租人出售前原账面价值作为计税基础计提折旧。

(5) 盘盈的固定资产,以同类固定资产的重置完全价值为计税基础。

(6) 通过捐赠、投资、非货币性资产交换、债务重组等方式取得的固定资产,以该资产的公允价值和支付的相关税费为计税基础。

(7) 改建的固定资产,除已足额提取折旧的固定资产和租入的固定资产以外的其他固定资产,以改建过程中发生的改建支出增加计税基础。

(8) 企业固定资产投入使用后,由于工程款项尚未结清未取得全额发票的,可暂按合同规定的金额计入固定资产计税基础计提折旧,待发票取得后进行调整。但该项调整应在固定资产投入使用后 12 个月内进行。

(9) 全民所有制企业改制为国有独资公司或者国有全资子公司,属于财税〔2009〕59 号文件第四条规定的"企业发生其他法律形式简单改变"的情形,改制中资产评估增值不计入应纳税所得额;资产的计税基础按其原有计税基础确定;资产增值部分的折旧或者摊销不得在税前扣除。

(10) 企业所得税核定征收改为查账征收后有关资产的税务处理。

① 企业能够提供资产购置发票的,以发票载明金额为计税基础;不能提供资产购置发票的,可以凭购置资产的合同(协议)、资金支付证明、会计核算资料等记载金额,作为计税基础。

② 企业核定征税期间投入使用的资产,改为查账征税后,按照税法规定的折旧、摊销年限,扣除该资产投入使用年限后,就剩余年限继续计提折旧、摊销额并在税前扣除。

(二) 固定资产折旧的范围

在计算应纳税所得额时,企业按照规定计算的固定资产折旧,准予扣除。下列固定资产不得计算折旧扣除:

(1) 房屋、建筑物以外未投入使用的固定资产;

(2) 以经营租赁方式租入的固定资产;

(3) 以融资租赁方式租出的固定资产;

(4) 已足额提取折旧仍继续使用的固定资产;

(5) 与经营活动无关的固定资产;

(6) 单独估价作为固定资产入账的土地;

(7) 其他不得计算折旧扣除的固定资产。

(三) 固定资产折旧的计提方法

(1) 企业应当自固定资产投入使用月份的次月起计算折旧;停止使用的固定资产,应当自停止使用月份的次月起停止计算折旧。

(2) 企业应当根据固定资产的性质和使用情况,合理确定固定资产的预计净残值。固定资产的预计净残值一经确定,不得变更。

(3) 固定资产按照直线法计算的折旧,准予扣除。

(4) 企业的固定资产由于技术进步等原因,确需加速折旧的,可以缩短折旧年限或者采取加速折旧的方法(具体内容详见本章第五节"税收优惠")。

(5) 企业对房屋、建筑物固定资产在未足额提取折旧前进行改扩建的,如属于推倒重置,该资产原值减除提取折旧后的净值,应并入重置后的固定资产计税成本,并在该固定资产投入使用后的次月起,按照税法规定的折旧年限,一并计提折旧;如属于提升功能,增加面积的,该固定资产的改扩建支出,并入该固定资产计税基础,并从改扩建完工投入使用后次月起,重新按税法规定的该固定资产折旧年限计提折旧,如该改扩建后的固定资产尚可使用的年限低于税法规定的最低年限,可以按尚可使用的年限计提折旧。

(四) 固定资产折旧的计提年限

除国务院财政、税务主管部门另有规定外,固定资产计算折旧的最低年限如下:

(1) 房屋、建筑物,为 20 年;

(2) 飞机、火车、轮船、机器、机械和其他生产设备,为 10 年;

(3) 与生产经营活动有关的器具、工具、家具等,为 5 年;

(4) 飞机、火车、轮船以外的运输工具,为 4 年;

(5) 电子设备,为 3 年。

从事开采石油、天然气等矿产资源的企业,在开始商业性生产前发生的费用和有关固定资产的折耗、折旧方法,由国务院财政、税务主管部门另行规定。

(五) 固定资产折旧的企业所得税处理

(1) 企业固定资产会计折旧年限如果短于税法规定的最低折旧年限,其按会计折旧年限计提的折旧高于按税法规定的最低折旧年限计提的折旧部分,应调增当期应纳税所得额;企业固定资产会计折旧年限已期满且会计折旧已提足,但税法规定的最低折旧年限尚未到期且税收折旧尚未足额扣除,其未足额扣除的部分准予在剩余的税收折旧年限继续按规定扣除。

(2) 企业固定资产会计折旧年限如果长于税法规定的最低折旧年限,其折旧应按会计折旧年限计算扣除,税法另有规定除外。

(3) 企业按会计规定提取的固定资产减值准备,不得税前扣除,其折旧仍按税法确定的固定资产计税基础计算扣除。

(4) 企业按税法规定实行加速折旧的,其按加速折旧办法计算的折旧额可全额在税前扣除。

(5) 石油天然气开采企业在计提油气资产折耗(折旧)时,由于会计与税法规定计算方法不同导致的折耗(折旧)差异,应按税法规定进行纳税调整。

(6) 企业购买的文物、艺术品用于收藏、展示、保值增值的,作为投资资产进行税务处理文物、艺术品资产在持有期间,计提的折旧、摊销费用,不得税前扣除。

(7) 按规定转登记为小规模纳税人的,根据相关规定计入"应交税费—待抵扣进项税额"科目核算,截至 2022 年 3 月 31 日的余额,在 2022 年度可分别计入固定资产、无形资产、投资资产、存货等相关科目,按规定在企业所得税税前扣除,对此前已税前扣除的折旧、摊销不再调整；对无法划分的部分，在 2022 年度可一次性在企业所得税税前扣除。

（8）对单价 500 万元以上，最低折旧年限为 4 年、5 年、10 年的设备、器具，适用按一定比例一次性税前扣除政策的中小微企业，单位价值的 50% 按规定在剩余年度计算折旧进行税前扣除。

> **练习 4-9（单选题）** 某市一家工业企业，为增值税一般纳税人，适用企业所得税税率 25%。2023 年 6 月，企业为了提高产品性能，从国内购入 2 台专用设备并于当月投入使用，取得的增值税专用发票上注明价款 400 万元，增值税 52 万元，企业未选择一次性计入成本费用扣除，会计上采用直线法按 5 年计提折旧，残值率 8%（经税务机关认可），税法规定该设备直线法折旧年限为 10 年。计算企业所得税应纳税所得额时，2023 年 2 台专用设备折旧费调整应纳税所得额的金额是（　　）万元。
> A．18.40　　　　B．33.25　　　　C．36.80　　　　D．43.01

固定资产折旧的所得税处理

二、生物资产的税务处理

生物资产是指有生命的动物和植物。生物资产分为消耗性生物资产、生产性生物资产和公益性生物资产。消耗性生物资产是指为出售而持有的，或在将来收获为农产品的生物资产，包括生长中的大田作物、蔬菜、用材林及存栏待售的牲畜等。生产性生物资产是指为产出农产品、提供劳务或出租等目的而持有的生物资产，包括经济林、薪炭林、产畜和役畜等。公益性生物资产是指以防护、环境保护为主要目的的生物资产，包括防风固沙林、水土保持林和水源涵养林等。

（一）生物资产的计税基础

生产性生物资产按照以下方法确定计税基础：

（1）外购的生产性生物资产，以购买价款和支付的相关税费为计税基础；

（2）通过捐赠、投资、非货币性资产交换、债务重组等方式取得的生产性生物资产，以该资产的公允价值和支付的相关税费为计税基础。

（二）生物资产的折旧方法和折旧年限

生产性生物资产按照直线法计算的折旧，准予扣除。企业应当自生产性生物资产投入使用月份的次月起计算折旧；停止使用的生产性生物资产，应当自停止使用月份的次月起停止计算折旧。

企业应当根据生产性生物资产的性质和使用情况，合理确定生产性生物资产的预计净残值。生产性生物资产的预计净残值一经确定，不得变更。

生产性生物资产计算折旧的最低年限如下：

（1）林木类生产性生物资产，为 10 年；

（2）畜类生产性生物资产，为 3 年。

三、无形资产的税务处理

无形资产是指企业长期使用但没有实物形态的资产，包括专利权、商标权、著作权、土地使用权、非专利技术、商誉等。

（一）无形资产的计税基础

无形资产按照以下方法确定计税基础。

（1）外购的无形资产，以购买价款和支付的相关税费及直接归属于使该资产达到预定用途发生的其他支出为计税基础。

（2）自行开发的无形资产，以开发过程中该资产符合资本化条件后至达到预定用途前发生的支出为计税基础。

（3）通过捐赠、投资、非货币性资产交换、债务重组等方式取得的无形资产，以该资产的公允价值和支付的相关税费为计税基础。

（二）无形资产摊销的范围

在计算应纳税所得额时，企业按照规定计算的无形资产摊销费用，准予扣除。

下列无形资产不得计算摊销费用扣除：

（1）自行开发的支出已在计算应纳税所得额时扣除的无形资产；

（2）自创商誉；

（3）与经营活动无关的无形资产；

（4）其他不得计算摊销费用扣除的无形资产。

（三）无形资产的摊销方法及年限

无形资产的摊销，采取直线法计算。无形资产的摊销年限不得低于10年。作为投资或者受让的无形资产，有关法律规定或者合同约定了使用年限的，可以按照规定或者约定使用年限分期摊销。外购商誉的支出，在企业整体转让或者清算时，准予扣除。

企业外购的软件，凡符合固定资产或无形资产确认条件的，可以按照固定资产或无形资产进行核算，其折旧或摊销年限可以适当缩短，最短可为2年（含）。

四、长期待摊费用的税务处理

长期待摊费用是指企业发生的应在一个年度以上或几个年度进行摊销的费用。在计算应纳税所得额时，企业发生的下列支出作为长期待摊费用，按照规定摊销的，准予扣除。

（1）已足额提取折旧的固定资产的改建支出；

（2）租入固定资产的改建支出；

（3）固定资产的大修理支出；

（4）其他应当作为长期待摊费用的支出。

企业的固定资产修理支出可在发生当期直接扣除。企业的固定资产改良支出，如果有关固定资产尚未提足折旧，可增加固定资产价值；如有关固定资产已提足折旧，可作为长期待摊费用，在规定的期间内平均摊销。

固定资产的改建支出是指改变房屋或者建筑物结构、延长使用年限等发生的支出，已足额提取折旧的固定资产的改建支出，按照固定资产预计尚可使用年限分期摊销；租入固定资产的改建支出，按照合同约定的剩余租赁期限分期摊销；改建的固定资产延长使用年限的，除已足额提取折旧的固定资产、租入固定资产的改建支出外，其他的固定资产发生改建支出，应当适当延长折旧年限。

大修理支出，按照固定资产尚可使用年限分期摊销。税法所指固定资产的大修理支出，是指同时符合下列条件的支出：

(1) 修理支出达到取得固定资产时的计税基础 50% 以上；

(2) 修理后固定资产的使用年限延长 2 年以上。

其他应当作为长期待摊费用的支出，自支出发生月份的次月起，分期摊销，摊销年限不得低于 3 年。

五、存货的税务处理

存货是指企业持有以备出售的产品或者商品、处在生产过程中的在产品、在生产或者提供劳务过程中耗用的材料和物料等。

(一) 存货的计税基础

存货按照以下方法确定成本。

(1) 通过支付现金方式取得的存货，以购买价款和支付的相关税费为成本。

(2) 通过支付现金以外的方式取得的存货，以该存货的公允价值和支付的相关税费为成本。

(3) 生产性生物资产收获的农产品，以产出或者采收过程中发生的材料费、人工费和分摊的间接费用等必要支出为成本。

(二) 存货的成本计算方法

企业使用或者销售的存货的成本计算方法，可以在先进先出法、加权平均法、个别计法中选用一种。计价方法一经选用，不得随意变更。

企业转让以上资产，在计算应纳税所得额时，资产的净值允许扣除。其中，资产的净值是指有关资产、财产的计税基础减除已经按照规定扣除的折旧、折耗、摊销、准备金等后的余额。

除国务院财政、税务主管部门另有规定外，企业在重组过程中，应当在交易发生时确认有关资产的转让所得或者损失，相关资产应当按照交易价格重新确定计税基础。

六、投资资产的税务处理

投资资产是指企业对外进行权益性投资和债权性投资而形成的资产。

自 2021 年起，企业购买的文物、艺术品用于收藏、展示、保值增值的，作为投资资产进行税务处理。

(一) 投资资产的成本

投资资产按以下方法确定成本：

(1) 通过支付现金方式取得的投资资产，以购买价款为成本；

(2) 通过支付现金以外的方式取得的投资资产，以该资产的公允价值和支付的相关税费为成本。

(二) 投资资产成本的扣除方法

企业对外投资期间，投资资产的成本在计算应纳税所得额时不得扣除。企业在转让或者处置投资资产时，投资资产的成本准予扣除。

(三) 非货币性资产投资涉及的企业所得税处理规定

(1) 居民企业(以下简称企业)以非货币性资产对外投资确认的非货币性资产转让所得，

可在不超过5年期限内,分期均匀计入相应年度的应纳税所得额,按规定计算缴纳企业所得税。

(2)企业以非货币性资产对外投资,应对非货币性资产进行评估并按评估后的公允价值扣除计税基础后的余额,计算确认非货币性资产转让所得。

企业以非货币性资产对外投资,应于投资协议生效并办理股权登记手续时,确认非货币性资产转让收入的实现。

关联企业之间发生的非货币性资产投资行为,投资协议生效后12个月内尚未完成股权变更登记手续的,于投资协议生效时,确认非货币性资产转让收入的实现。

(3)企业以非货币性资产对外投资而取得被投资企业的股权,应以非货币性资产的原计税成本为计税基础,加上每年确认的非货币性资产转让所得,逐年进行调整。

被投资企业取得非货币性资产的计税基础,应按非货币性资产的公允价值确定。

(4)企业在对外投资5年内转让上述股权或投资收回的,应停止执行递延纳税政策,并就递延期内尚未确认的非货币性资产转让所得,在转让股权或投资收回当年的企业所得税年度汇算清缴时,一次性计算缴纳企业所得税;企业在计算股权转让所得时,可按上述第3条规定将股权的计税基础一次调整到位。

企业在对外投资5年内注销的,应停止执行递延纳税政策,并就递延期内尚未确认的非货币性资产转让所得,在注销当年的企业所得税年度汇算清缴时,一次性计算缴纳企业所得税。

(5)上述所称非货币性资产,是指现金、银行存款、应收账款、应收票据及准备持有至到期的债券投资等货币性资产以外的资产。

上述所称非货币性资产投资,限于以非货币性资产出资设立新的居民企业,或将非货币性资产注入现存的居民企业。

(6)企业发生非货币性资产投资,符合《财政部 国家税务总局关于企业重组业务企业所得税处理若干问题的通知》(财税〔2009〕59号)等文件规定的特殊性税务处理条件的,也可选择按特殊性税务处理规定执行。

七、税法规定与会计规定差异的处理

税法规定与会计规定差异的处理是指在计算应纳税所得额时,企业财务、会计处理办法与税收法律、行政法规的规定不一致的,应当依照税收法律、行政法规的规定计算,即企业在平时进行会计核算时,可以按国家统一会计制度的有关规定进行账务处理,但在计算应纳税所得额和申报纳税时,对税法规定和会计制度规定有差异的,要按税法规定进行纳税调整。

(1)企业不能提供完整、准确的收入及成本、费用凭证,不能正确计算应纳税所得额的,由税务机关核定其应纳税所得额。

(2)企业应纳税所得额是根据税收法规计算出来的,它在数额上与依据财务会计制度计算的利润总额往往不一致。因此,税法规定,对企业按照有关财务会计规定计算的利润总额,要按照税法的规定进行必要调整后,才能作为应纳税所得额计算缴纳所得税。

八、资产损失税前扣除的税务处理

(一)资产及资产损失的概念

(1)资产是指企业拥有或者控制的、用于经营管理活动相关的资产,包括现金、银行存款、应收及预付款项(包括应收票据、各类垫款、企业之间往来款项)等货币性资产,存货、固定资产、无形资产、在建工程、生产性生物资产等非货币性资产,以及债权性投资和股权(权益)性投资。

(2)准予在企业所得税税前扣除的资产损失是指企业在实际处置、转让上述资产过程中发生的合理损失(以下简称实际资产损失),以及企业虽未实际处置、转让上述资产,但符合《财政部 国家税务总局关于企业资产损失税前扣除政策的通知》(财税〔2009〕57号)和《企业资产损失所得税税前扣除管理办法》(国家税务总局公告2011年第25号)规定条件计算确认的损失(以下简称法定资产损失)。

(3)企业以前年度发生的资产损失未能在当年税前扣除的,向税务机关说明并进行专项申报扣除。其中,属于实际资产损失的,准予追补至该项损失发生年度扣除,其追补确认期限一般不得超过5年,但因计划经济体制转轨过程中遗留的资产损失、企业重组上市过程中因权属不清出现争议而未能及时扣除的资产损失、因承担国家政策性任务而形成的资产损失,以及政策定性不明确而形成资产损失等特殊原因形成的资产损失,其追补确认期限经国家税务总局批准后可适当延长。属于法定资产损失,应在申报年度扣除。

(4)企业因以前年度实际资产损失未在税前扣除而多缴的企业所得税税款,可在追补确认年度企业所得税应纳税款中予以抵扣,不足抵扣的,向以后年度递延抵扣。

(5)企业实际资产损失发生年度扣除追补确认的损失后出现亏损的,应先调整资产损失发生年度的亏损额,再按弥补亏损的原则计算以后年度多缴的企业所得税税款,并按上述办法进行税务处理。

(二)资产损失扣除政策

依据财税〔2009〕57号文件,企业资产损失税前扣除政策如下。

(1)企业清查出的现金短缺减除责任人赔偿后的余额,作为现金损失在计算应纳税所得额时扣除。

(2)企业将货币性资金存入法定具有吸收存款职能的机构,因该机构依法破产、清算,或者政府责令停业、关闭等原因,确实不能收回的部分,作为存款损失在计算应纳税所得额时扣除。

(3)企业除贷款类债权外的应收、预付账款符合下列条件之一的,减除可收回金额后确认的无法收回的应收、预付款项,可以作为坏账损失在计算应纳税所得额时扣除。

① 债务人依法宣告破产、关闭、解散、被撤销,或者被依法注销、吊销营业执照,其清算财产不足清偿的。

② 债务人死亡,或者依法被宣告失踪、死亡,其财产或者遗产不足清偿的。

③ 债务人逾期3年以上未清偿,且有确凿证据证明已无力清偿债务的。

④ 与债务人达成债务重组协议或法院批准破产重整计划后,无法追偿的。

⑤ 因自然灾害、战争等不可抗力导致无法收回的。

⑥ 国务院财政、税务主管部门规定的其他条件。

(4)企业经采取所有可能的措施和实施必要的程序之后,符合下列条件之一的贷款类债权,可以作为贷款损失在计算应纳税所得额时扣除。

① 借款人和担保人依法宣告破产、关闭、解散、被撤销,并终止法人资格,或者已完全停止经营活动,被依法注销、吊销营业执照,对借款人和担保人进行追偿后,未能收回的债权。

② 借款人死亡,或者依法被宣告失踪、死亡,依法对其财产或者遗产进行清偿,并对担保

人进行追偿后,未能收回的债权。

③ 借款人遭受重大自然灾害或者意外事故,损失巨大且不能获得保险补偿,或者以保险赔偿后,确实无力偿还部分或者全部债务,对借款人财产进行清偿和对担保人进行追偿后,未能收回的债权。

④ 借款人触犯刑律,依法受到制裁,其财产不足归还所借债务,又无其他债务承担者,经追偿后确实无法收回的债权。

⑤ 由于借款人和担保人不能偿还到期债务,企业诉诸法律,经法院对借款人和担保人强制执行,借款人和担保人均无财产可执行,法院裁定执行程序终结或终止(中止)后,仍无法收回的债权。

⑥ 由于借款人和担保人不能偿还到期债务,企业诉诸法律后,经法院调解或经债权人会议通过,与借款人和担保人达成和解协议或重整协议,在借款人和担保人履行完还款义务后,无法追偿的剩余债权。

⑦ 由于上述第①至⑥项原因借款人不能偿还到期债务,企业依法取得抵债资产,抵债金额小于贷款本息的差额,经追偿后仍无法收回的债权。

⑧ 开立信用证、办理承兑汇票、开具保函等发生垫款时,凡开证申请人和保证人由于上述第①至⑦项原因,无法偿还垫款,金融企业经追偿后仍无法收回的垫款。

⑨ 银行卡持卡人和担保人由于上述第①至⑦项原因,未能还清透支款项,金融企业经追偿后仍无法收回的透支款项。

⑩ 助学贷款逾期后,在金融企业确定的有效追索期限内,依法处置助学贷款抵押物(质押物),并向担保人追索连带责任后,仍无法收回的贷款。

⑪ 经国务院专案批准核销的贷款类债权。

⑫ 国务院财政、税务主管部门规定的其他条件。

练习 4-10(单选题) 下列情形中,不能作为坏账损失在计算应纳税所得额时扣除的是( )。

A. 因自然灾害导致无法收回的应收账款
B. 债务人被依法注销,其清算财产不足清偿的应收账款
C. 债务人 2 年未清偿,且有确凿证据证明无力偿还的应收账款
D. 法院批准破产重整计划后无法追偿的应收账款

准予税前扣除的坏账损失

---

(5) 企业的股权投资符合下列条件之一的,减除可收回金额后确认的无法收回的股权投资,可以作为股权投资损失在计算应纳税所得额时扣除。

① 被投资方依法宣告破产、关闭、解散、被撤销,或者被依法注销、吊销营业执照的。

② 被投资方财务状况严重恶化,累计发生巨额亏损,已连续停止经营 3 年以上,且无重新恢复经营改组计划的。

③ 对被投资方不具有控制权,投资期限届满或者投资期限已超过 10 年,且被投资单位因连续 3 年经营亏损导致资不抵债的。

④ 被投资方财务状况严重恶化,累计发生巨额亏损,已完成清算或清算期超过 3 年的。

⑤ 国务院财政、税务主管部门规定的其他条件。

(6) 对企业盘亏的固定资产或存货,以该固定资产的账面净值或存货的成本减除责任人

赔偿后的余额,作为固定资产或存货盘亏损失在计算应纳税所得额时扣除。

(7) 对企业毁损、报废的固定资产或存货,以该固定资产的账面净值或存货的成本减除残值、保险赔款和责任人赔偿后的余额,作为固定资产或存货毁损、报废损失在计算应纳税所得额时扣除。

(8) 对企业被盗的固定资产或存货,以该固定资产的账面净值或存货的成本减除保险赔款和责任人赔偿后的余额,作为固定资产或存货被盗损失在计算应纳税所得额时扣除。

(9) 企业因存货盘亏、毁损、报废、被盗等原因不得从增值税销项税额中抵扣的进项税额,可以与存货损失一起在计算应纳税所得额时扣除。

(10) 企业在计算应纳税所得额时已经扣除的资产损失,在以后纳税年度全部或者部分收回时,其收回部分应当作为收入计入收回当期的应纳税所得额。

(11) 企业境内、境外营业机构发生的资产损失应分开核算,对境外营业机构由于发生资产损失而产生的亏损,不得在计算境内应纳税所得额时扣除。

(12) 企业对其扣除的各项资产损失,应当提供能够证明资产损失确属已实际发生的合法证据,包括具有法律效力的外部证据,具有法定资质的中介机构的经济鉴证证明、具有法定资质的专业机构的技术鉴定证明等。

 提炼点睛

企业发生的资产损失,一定可以在企业所得税前扣除吗?

不一定。因为企业发生的资产损失,应按规定的程序和要求向主管税务机关申报后才能在税前扣除。未经申报的损失,不得在税前扣除。

第四节 亏损弥补

亏损是指企业依照《企业所得税法》及其实施条例的规定,将每一纳税年度的收入总额减除不征税收入、免税收入和各项扣除后小于零的数额。

税法规定,企业某一纳税年度发生的亏损可以用下一年度的所得弥补,下一年度的所得不足以弥补的,可以逐年延续弥补,但最长不得超过 5 年。而且,企业在汇总计算缴纳企业所得税时,其境外营业机构的亏损不得抵减境内营业机构的盈利。

(1) 自 2018 年 1 月 1 日起,当年具备高新技术企业或科技型中小企业资格(以下简称资格)的企业,其具备资格年度之前 5 个年度发生的尚未弥补完的亏损,准予结转以后年度弥补,最长结转年限由 5 年延长至 10 年。

(2) 自 2020 年 1 月 1 日起,国家鼓励的线宽小于 130 纳米(含)的集成电路生产企业,属于国家鼓励的集成电路生产企业清单年度之前 5 个纳税年度发生的尚未弥补完的亏损,准予向以后年度结转,总结转年限最长不得超过 10 年。国家鼓励的集成电路生产企业或项目清单由国家发展改革委、工业和信息化部会同财政部、税务总局等相关部门制定。

(3) 对电影行业企业 2020 年度发生的亏损,最长结转年限由 5 年延长至 8 年。

电影行业企业限于电影制作、发行和放映等企业,不包括通过互联网、电信网、广播电视网等信息网络传播电影的企业。

(4) 根据《企业资产损失所得税税前扣除管理办法》(国家税务总局公告 2011 年第 25 号)第六条规定,企业以前年度发生的资产损失未能在当年税前扣除的,可以按照规定,向税务机关说明并进行专项申报扣除。其中,属于实际资产损失,准予追补至该项损失发生年度扣除,其追补确认期限一般不得超过5年,但因计划经济体制转轨过程中遗留的资产损失、企业重组上市过程中因权属不清出现争议而未能及时扣除的资产损失、因承担国家政策性任务而形成的资产损失,以及政策定性不明确而形成资产损失等特殊原因形成的资产损失,其追补确认期限经国家税务总局批准后可适当延长。属于法定资产损失,应在申报年度扣除。

企业因以前年度实际资产损失未在税前扣除而多缴的企业所得税税款,可在追补确认年度企业所得税应纳税款中予以抵扣,不足抵扣的,向以后年度递延抵扣。企业实际资产损失发生年度扣除追补确认的损失后出现亏损的,应先调整资产损失发生年度的亏损额,再按弥补亏损的原则计算以后年度多缴的企业所得税税款,并按上述办法进行税务处理。

(5)企业筹办期间不计算为亏损年度,企业开始生产经营的年度,为开始计算企业损益的年度。企业从事生产经营之前进行筹办活动期间发生筹办费用支出,不得计算为当期的亏损,企业可以在开始经营之日的当年一次性扣除,也可以按照税法有关长期待摊费用的处理规定处理,但一经选定,不得改变。

【例 4-1】 某居民企业执行 5 年弥补亏损的规定,2016 年以前每年均实现盈利,2017—2023 年各年度未弥补亏损前的应纳税所得额如表 4-1 所示。

表 4-1　某居民企业 2017—2023 年各年度未弥补亏损前的所得额　　　单位:万元

纳税年度	2017 年(万元)	2018 年(万元)	2019 年(万元)	2020 年(万元)	2021 年(万元)	2022 年(万元)	2023 年(万元)
弥补前的应纳税所得额	-5 000	-1 500	-400	1 000	1 500	2 000	5 360

要求:计算该企业 2023 年应纳税所得额。

解析:关于 2017 年的亏损,要用 2018—2022 年的所得弥补,而 2019 年亏损,也要占用 5 年补亏期的一个弥补年度,且先亏先补。截至 2022 年年底,一共结转弥补 2017 年的亏损 4 500 万元,2017 年尚未弥补完的亏损还余 500 万元,该 500 万元则不能在 2023 年的应纳税所得额中弥补,因为超过了 5 年补亏期。2018 年、2019 年的亏损在 2023 年里结转弥补。

该企业 2023 年的应纳税所得额=5 360-1 500-400=3 460(万元)

第五节　税　收　优　惠

税收优惠是指国家运用税收政策在税收法律、行政法规中规定对某一部分特定企业和课税对象给予减轻或免除税收负担的一种措施。税法规定的企业所得税的税收优惠方式包括免税、减税、加计扣除、加速折旧、减计收入、税额抵免等。

一、免税收入

企业的免税收入包括国债利息收入;符合条件的居民企业之间的股息、红利等权益性投资收益;在中国境内设立机构、场所的非居民企业从居民企业取得与该机构、场所有实际联系的股息、红利等权益性投资收益;符合条件的非营利组织的收入。

根据《财政部　国家税务总局关于非营利组织企业所得税免税收入问题的通知》(财〔2009〕122 号)的规定,非营利组织的下列收入为免税收入:一是接受其他单位或者个人捐赠的收入;

二是除《企业所得税法》第七条规定的财政拨款以外的其他政府补助收入,但包括因政府购买服务取得的收入;三是按照省级以上民政、财政部门规定收取的会费;四是不征税收入和免税收入孳生的银行存款利息收入;五是财政部、国家税务总局规定的其他收入。

二、免征与减征优惠

企业的下列所得项目,可以免征、减征企业所得税;企业如果从事国家限制和禁止发展的项目,不得享受企业所得税优惠。

(一) 从事农、林、牧、渔业项目的所得

企业从事农、林、牧、渔业项目的所得,包括免征和减征两部分。

1. 企业从事下列项目的所得,免征企业所得税

(1) 蔬菜、谷物、薯类、油料、豆类、棉花、麻类、糖料、水果、坚果的种植;

(2) 农作物新品种的选育;

(3) 中药材的种植;

(4) 林木的培育和种植;

(5) 牲畜、家禽的饲养;

(6) 林产品的采集;

(7) 灌溉、农产品初加工、兽医、农技推广、农机作业和维修等农、林、牧、渔服务业项目;

(8) 远洋捕捞。

2. 企业从事下列项目的所得,减半征收企业所得税

(1) 花卉、茶及其他饮料作物和香料作物的种植;

(2) 海水养殖、内陆养殖。

3. 农、林、牧、渔业项目的所得税优惠政策和征收管理的有关事项

(1) 企业从事农作物新品种选育的免税所得,是指企业对农作物进行品种和育种材料选育形成的成果,以及由这些成果形成的种子(苗)等繁殖材料的生产、初加工、销售一体化取得的所得。

(2) 企业从事林木的培育和种植的免税所得,是指企业对树木、竹子的育种和育苗、抚育和管理及规模造林活动取得的所得,包括企业通过拍卖或收购方式取得林木所有权并经过一定的生长周期,对林木进行再培育取得的所得。

(3) 企业从事下列项目所得的税务处理:

① 猪、兔的饲养,按"牲畜、家禽的饲养"项目处理;

② 饲养牲畜、家禽产生的分泌物、排泄物,按"牲畜、家禽的饲养"项目处理;

③ 观赏性作物的种植,按"花卉、茶及其他饮料作物和香料作物的种植"项目处理;

④ "牲畜、家禽的饲养"以外的生物养殖项目,按"海水养殖、内陆养殖"项目处理。

(4) 农产品初加工相关事项的税务处理。

① 企业根据委托合同,受托对符合《享受企业所得税优惠政策的农产品初加工范围(试行)》(财税〔2008〕149号)和《财政部 国家税务总局关于享受企业所得税优惠的农产品初加工有关范围的补充通知》(财税〔2011〕26号)规定的农产品进行初加工服务,其所收取的加工费,可以按照农产品初加工的免税项目处理。

② 财税〔2008〕149号文件规定的"油料植物初加工"工序包括"冷却、过滤"等;"糖料植物

初加工"工序包括"过滤、吸附、解析、碳脱、浓缩、干燥"等,其适用时间按照财税〔2011〕26 号文件规定执行。

③ 企业从事《企业所得税法实施条例》第八十六条第(二)项适用企业所得税减半优惠的种植、养殖项目,并直接进行初加工且符合农产品初加工目录范围的,企业应合理划分不同项目的各项成本、费用支出,分别核算种植、养殖项目和初加工项目的所得,并各按适用的政策享受税收优惠。

④ 企业对外购茶叶进行筛选、分装、包装后进行销售的所得,不享受农产品初加工的优惠政策。

(5) 对取得农业部(现为农业农村部)颁发的"远洋渔业企业资格证书"并在有效期内的远洋渔业企业,从事远洋捕捞业务取得的所得免征企业所得税。

(6) 购入农产品进行再种植、养殖的税务处理。

企业将购入的农、林、牧、渔产品,在自有或租用的场地进行育肥、育秧等再种植、养殖,经过一定的生长周期,使其生物形态发生变化,且并非由于本环节对农产品进行加工而明显增加了产品的使用价值的,可视为农产品的种植、养殖项目享受相应的税收优惠。

(7) 企业同时从事适用不同企业所得税政策规定项目的,应分别核算;分别核算不清的,可由主管税务机关按照比例分摊法或其他合理法进行核定。

(8) 企业委托其他企业或个人从事《企业所得税法实施条例》第八十六条规定的农、林、牧、渔业项目取得的所得,可享受相应的税收优惠政策。

企业受托从事《企业所得税法实施条例》第八十六条规定的农、林、牧、渔业项目取得的收入,比照委托方享受相应的税收优惠政策。

(9) 企业购买农产品后直接进行销售的贸易活动产生的所得,不能享受农、林、牧、渔业项目的税收优惠政策。

练习 4-11(单选题) 下列各项所得中,免征企业所得税的是(   )。
A. 林木种植所得
B. 内陆养殖所得
C. 香料作物种植所得
D. 花卉种植所得

免征企业所得税项目

(二) 从事国家重点扶持的公共基础设施项目投资经营的所得

税法所称国家重点扶持的公共基础设施项目,是指《公共基础设施项目企业所得税优惠目录(2008 年版)》(财税〔2008〕116 号)规定的港口码头、机场、铁路、公路、城市公共交通、电力、水利等项目。

居民企业经有关部门批准,从事国家重点扶持的公共基础设施项目投资经营的所得,自项目取得第一笔生产经营收入所属纳税年度起,第 1~3 年免征企业所得税,第 4~6 年减半征收企业所得税。企业承包经营、承包建设和内部自建自用上述规定的项目,不得享受上述企业所得税优惠。

(三) 从事符合条件的环境保护、节能节水项目的所得

环境保护、节能节水项目的所得,自项目取得第一笔生产经营收入所属纳税年度起,第 1~3 年免征企业所得税,第 4~6 年减半征收企业所得税。

符合条件的环境保护、节能节水项目,包括公共污水处理、公共垃圾处理、沼气综合开发利用、节能减排技术改造、海水淡化等。

以上规定享受减免税优惠的项目,在减免税期限内转让的,受让方自受让之日起,可以在剩余期限内享受规定的减免税优惠;减免税期限届满后转让的,受让方不得就该项目重复享受减免税优惠。

(四)符合条件的技术转让所得

税法所称符合条件的技术转让所得免征、减征企业所得税,是指一个纳税年度内,居民企业技术转让所得不超过500万元的部分,免征企业所得税;超过500万元的部分,减半征收企业所得税。

(1)享受减免企业所得税优惠的技术转让应符合以下条件:

① 享受优惠的技术转让主体是企业所得税法规定的居民企业;
② 技术转让属于财政部、国家税务总局规定的范围;
③ 境内技术转让经省级以上科技部门认定;
④ 向境外转让技术经省级以上商务部门认定;
⑤ 国务院税务主管部门规定的其他条件。

(2)技术转让的范围,包括居民企业转让专利技术、计算机软件著作权、集成电路布图设计权、植物新品种、生物医药新品种,以及财政部和国家税务总局确定的其他技术。其中专利技术,是指法律授予独占权的发明、实用新型和非简单改变产品图案的外观设计。

(3)技术转让是指居民企业转让其拥有符合技术转让范围规定技术的所有权或5年以上(含5年)全球独占许可使用权的行为。

(4)符合条件的技术转让所得应按以下方法计算。

$$技术转让所得=技术转让收入-技术转让成本-相关税费$$

技术转让收入是指当事人履行技术转让合同后获得的价款,不包括销售或转让设备、仪器、零部件、原材料等非技术性收入。不属于与技术转让项目密不可分的技术咨询、技术服务、技术培训等收入,不得计入技术转让收入。

根据《国家税务总局关于技术转让所得减免企业所得税有关问题的公告》(国家税务总局公告2013年第62号)规定,可以计入技术转让收入的技术咨询、技术服务、技术培训收入,是指转让方为使受让方掌握所转让的技术投入使用、实现产业化而提供的必要的技术咨询、技术服务、技术培训所产生的收入,并应同时符合以下条件:①在技术转让合同中约定的与该技术转让相关的技术咨询、技术服务、技术培训;②技术咨询、技术服务、技术培训收入与该技术转让项目收入一并收取价款。

技术转让成本是指转让的无形资产的净值,即该无形资产的计税基础减除在资产使用期间按照规定计算的摊销扣除额后的余额。

相关税费是指技术转让过程中实际发生的有关税费,包括除企业所得税和允许抵扣的增值税以外的各项税金及其附加、合同签订费用、律师费等相关费用及其他支出。

(5)享受技术转让所得减免企业所得税优惠的企业,应单独计算技术转让所得,并合理分摊企业的期间费用;没有单独计算的,不得享受技术转让所得企业所得税优惠。

居民企业从直接或间接持有股权之和达到100%的关联方取得的技术转让所得,不享受技术转让减免企业所得税优惠政策。

(6)技术转让应签订技术转让合同。其中,境内的技术转让须经省级以上(含省级)科技部门认定登记,跨境的技术转让须经省级以上(含省级)商务部门认定登记,涉及财政经费支持产生技术的转让,需省级以上(含省级)科技部门审批。

居民企业技术出口应由有关部门按照商务部、科技部发布的《中国禁止出口限制出口技术目录》(商务部 科技部令 2008 年第 12 号)进行审查。居民企业取得禁止出口和限制出口技术转让所得,不享受技术转让减免企业所得税优惠政策。

(7) 根据《国家税务总局关于许可使用权技术转让所得企业所得税有关问题的公告》(国家税务总局公告 2015 年第 82 号)规定,自 2015 年 10 月 1 日起,全国范围内的居民企业转让 5 年(含,下同)以上非独占许可使用权取得的技术转让所得,纳入享受企业所得税优惠的技术转让所得范围。

经营性文化事业单位是指从事新闻出版、广播影视和文化艺术的事业单位。

(五)重点群体创业就业有关税收政策

企业招用建档立卡贫困人口,以及在人力资源社会保障部门公共就业服务机构登记失业半年以上且持《就业创业证》或《就业失业登记证》(注明"企业吸纳税收政策")的人员,与其签订 1 年以上期限劳动合同并依法缴纳社会保险费的,自签订劳动合同并缴纳社会保险当月起,在 3 年内按实际招用人数予以定额依次扣减增值税、城市维护建设税、教育费附加、地方教育附加和企业所得税优惠。

定额标准为每人每年 6 000 元,最高可上浮 30%(各省、自治区、直辖市人民政府确定),当年扣减不完的,不得结转下年使用。

三、高新技术企业优惠

(一)国家需要重点扶持的高新技术企业减按 15% 的税率征收企业所得税

高新技术企业是指在《国家重点支持的高新技术领域(2016 年修订)》范围内,持续进行研究开发与技术成果转化,形成企业核心自主知识产权,并以此为基础开展经营活动,在中国境内(不包括香港、澳门、台湾地区)注册的居民企业。

通过认定的高新技术企业,其资格自颁发证书之日起有效期为 3 年。

企业获得高新技术企业资格后,自高新技术企业证书颁发之日所在年度起享受税收优惠,可依照《高新技术企业认定管理办法》(国科发火〔2016〕32 号)第四条的规定到主管税务机关办理税收优惠手续。

1. 认定为高新技术企业须同时满足以下条件

(1) 企业申请认定时须注册成立 1 年以上。

(2) 企业通过自主研发、受让、受赠、并购等方式,获得对其主要产品(服务)在技术上发挥核心支持作用的知识产权的所有权。

(3) 对企业主要产品(服务)发挥核心支持作用的技术属于《国家重点支持的高新技术领域(2016 年修订)》规定的范围。

(4) 企业从事研发和相关技术创新活动的科技人员占企业当年职工总数的比例不低于 10%。

(5) 企业近 3 个会计年度(实际经营期不满 3 年的按实际经营时间计算,下同)的研究开发费用总额占同期销售收入总额的比例符合如下要求:

① 最近一年销售收入小于 5 000 万元(含)的企业,比例不低于 5%。

② 最近一年销售收入在5 000万元至2亿元(含)的企业,比例不低于4%。

③ 最近一年销售收入在2亿元以上的企业,比例不低于3%。

其中,企业在中国境内发生的研究开发费用总额占全部研究开发费用总额的比例不低于60%。

(6) 近一年高新技术产品(服务)收入占企业同期总收入的比例不低于60%。

(7) 企业创新能力评价应达到相应要求。

(8) 企业申请认定前一年内未发生重大安全、重大质量事故或严重环境违法行为。

2. 已获得高新技术企业资格的企业后续管理及重新认定前的税收问题

(1) 企业获得高新技术企业资格后,自高新技术企业证书注明的发证时间所在年度起申报享受税收优惠,并按规定向主管税务机关办理备案手续。

(2) 企业的高新技术企业资格期满当年,在通过重新认定前,其企业所得税暂按15%的税率预缴,在年底前仍未取得高新技术企业资格的,应按规定补缴相应期间的税款。

(3) 享受税收优惠的高新技术企业,应妥善保管以下资料留存备查:

① 高新技术企业资格证书;

② 高新技术企业认定资料;

③ 知识产权相关材料;

④ 年度主要产品(服务)发挥核心支持作用的技术属于《国家重点支持的高新技术领域(2016年修订)》规定范围的说明,高新技术产品(服务)及对应收入资料;

⑤ 年度职工和科技人员情况证明材料;

⑥ 当年和前两个会计年度研发费用总额及占同期销售收入比例、研发费用管理资料及研发费用辅助账,研发费用结构明细表[具体格式见《高新技术企业认定管理工作指引》(国科发火〔2016〕195号附件)];

⑦ 省税务机关规定的其他资料。

(二) 技术先进型服务企业所得税优惠

(1) 自2017年1月1日起,对经认定的技术先进型服务企业,减按15%的税率征收企业所得税。享受企业所得税优惠政策的技术先进型服务企业必须同时符合以下条件。

① 在中国境内(不包括港、澳、台地区)注册的法人企业。

② 从事《技术先进型服务业务认定范围(试行)》中的一种或多种技术先进型服务业务,采用先进技术或具备较强的研发能力。

③ 具有大专以上学历的员工占企业职工总数的50%以上。

④ 从事《技术先进型服务业务认定范围(试行)》中的技术先进型服务业务取得的收入占企业当年总收入的50%以上。

⑤ 从事离岸服务外包业务取得的收入不低于企业当年总收入的35%。

(2) 自2018年1月1日起,对经认定的技术先进型服务企业(服务贸易类),减按15%的税率征收企业所得税。

四、小型微利企业优惠

(一) 小型微利企业的基本规定

为支持小微企业发展,落实好小型微利企业所得税优惠政策,财政部和税务总局发布《关于小微企业和个体工商户所得税优惠政策的公告》(2023年第6号),如图4-5所示。

图4-5 《关于小微企业和个体工商户所得税优惠政策的公告》官网截图

小型微利企业是指从事国家非限制和禁止行业,且同时符合年度应纳税所得额不超过300万元、从业人数不超过300人、资产总额不超过5 000万元等三个条件的企业。年度应纳税所得额、从业人数和资产总额,这三个指标计算准确与否,决定着纳税人是否能够正确享受小型微利企业税收优惠。

1. 年度应纳税所得额

年度应纳税所得额＝收入总额－不征税收入－免税收入－各项扣除－以前年度亏损

或 年度应纳税所得额＝会计利润总额±纳税调整项目金额

2. 从业人数

从业人数包括与企业建立劳动关系的职工人数和企业接受的劳务派遣用工人数。从业人数和资产总额指标应按企业全年的季度平均值确定。具体计算公式如下。

$$季度平均值=（季初值+季末值）\div 2$$

$$全年季度平均值=全年各季度平均值之和\div 4$$

年度中间开业或者终止经营活动的,以其实际经营期作为一个纳税年度确定上述相关指标。

3. 资产总额

资产总额即企业拥有或控制的全部资产,在企业资产负债表的资产总计项显示。资产总额的计算与从业人数相同,也应当按照企业全年的季度平均值确定。计算公式如下。

$$季度平均值=（季初值+季末值）\div 2$$

$$全年季度平均值=全年各季度平均值之和\div 4$$

年度中间开业或者终止经营活动的,以其实际经营期作为一个纳税年度确定相关指标。

(二) 小型微利企业所得税优惠政策享受方式

1. "三个无须"

企业享受小型微利企业所得税优惠政策优惠事项采取"自行判别、申报享受、相关资料留存备查"的办理方式。

(1) 无须任何审批流程。

(2) 无须任何核查手续。

(3) 无须任何证明资料。

2. "三个自动"

凡采用电子申报的方式,只要纳税人项目填写完整,系统就可以自动帮助享受减免税优惠。包括以下方面。

(1) 自动识别纳税人是否可享受小型微利企业所得税优惠政策。

(2) 自动计算纳税人的可减免税金额。

(3) 自动生成纳税申报表。

(三) 小型微利企业的预缴期限

小型微利企业所得税统一实行按季度预缴。按月度预缴企业所得税的企业,在当年度4月、7月、10月预缴申报时,若按相关政策标准判断符合小型微利企业条件的,下一个预缴申报期起调整为按季度预缴申报,一经调整,当年度内不再变更。

(四) 小型微利企业的征收管理

(1) 符合规定条件的小型微利企业,无论采取查账征收还是核定征收方式缴纳企业所得税,均可享受小型微利企业所得税优惠政策。

(2) 小型微利企业优惠政策只适用于全部生产经营活动产生的所得均负有我国企业所得税纳税义务的企业。仅就来源于我国所得负有我国纳税义务的非居民企业,不适用上述规定。

(3) 小型微利企业所得税统一实行按季度预缴。按月度预缴企业所得税的企业,在当年度4月、7月、10月预缴申报时,如果按照规定判断符合小型微利企业条件的,下一个预缴申报期起调整为按季度预缴申报,一经调整,当年度内不再变更。

(4) 实行核定应纳所得税额征收的企业,根据小型微利企业所得税减免政策规定需要调减定额的,由主管税务机关按照程序调整,并及时将调整情况告知企业。

(5) 企业设立不具有法人资格分支机构的,应当汇总计算总机构及其各分支机构的从业人数、资产总额、年度应纳税所得额,依据合计数判断是否符合小型微利企业条件。

(6) 自2020年1月1日起,跨境电子商务综合试验区内实行核定征收的跨境电商企业符合小型微利企业优惠政策条件的,可享受小型微利企业所得税优惠政策。

【例 4-2】 某工业企业 2022 年年均职工人数 280 人,年均资产总额 4 260 万元,当年营业收入 1 480 万元,税前准予扣除项目金额 1 200 万元。

请计算该企业 2022 年应缴纳企业所得税。

解析:该企业符合小型微利企业条件。

该企业 2022 年应缴纳的企业所得税 $= 100 \times 12.5\% \times 20\% + (1\,480 - 1\,200 - 100) \times 25\% \times 20\%$
$= 11.5(万元)$

五、加计扣除优惠

(一) 企业研发费用的加计扣除

1. 政策概述

研发费用加计扣除是一项重要的税收优惠政策,旨在鼓励企业增加研发投入,推动科技创新和技术进步。根据相关政策规定,符合条件的企业在研发活动中实际发生的研发费用,可以在计算应纳税所得额时加计扣除,从而减轻企业的税收负担,如图 4-6 所示。

图 4-6 国家税务总局公告 2021 年第 28 号官网截图

2. 适用主体

该政策适用于大多数行业的企业,但排除了一些特定行业,如烟草制造业、住宿和餐饮业、批发和零售业、房地产业、租赁和商务服务业、娱乐业等。此外，政策的适用主体还包括科研机构、大专院校等。

3. 优惠内容

企业开展研发活动中实际发生的研发费用，未形成无形资产计入当期损益的，在按规定据实扣除的基础上，自2023年1月1日起，再按照实际发生额的100%在税前加计扣除；形成无形资产的，自2023年1月1日起，按照无形资产成本的200%在税前摊销。

（1）委外研发。企业委托外部机构或个人进行研发活动所发生的费用，按照费用实际发生额的80%计入委托方研发费用并计算加计扣除，受托方不得再进行加计扣除。委托外部研究开发费用实际发生额应按照独立交易原则确定。委托方与受托方存在关联关系的，受托方应向委托方提供研发项目费用支出明细情况。

委托境外进行研发活动所发生的费用，按照费用实际发生额的80%计入委托方的委托境外研发费用。委托境外研发费用不超过境内符合条件的研发费用三分之二的部分，可以按规定在企业所得税前加计扣除。上述费用实际发生额应按照独立交易原则确定。委托方与受托方存在关联关系的，受托方应向委托方提供研发项目费用支出明细情况。

（2）合作研发。企业共同合作开发的项目，由合作各方就自身实际承担的研发费用分别计算加计扣除。

（3）集中研发。企业集团根据生产经营和科技开发的实际情况，对技术要求高、投资数额大，需要集中研发的项目，其实际发生的研发费用，可以按照权利和义务相一致、费用支出和收益分享相配比的原则，合理确定研发费用的分摊方法，在受益成员企业间进行分摊，由相关成员企业分别计算加计扣除。

（4）创意设计活动。企业为获得创新性、创意性、突破性的产品进行创意设计活动而发生的相关费用，可按照相关政策规定进行税前加计扣除。创意设计活动是指多媒体软件、动漫游戏软件开发，数字动漫、游戏设计制作；房屋建筑工程设计（绿色建筑评价标准为三星）、风景园林工程专项设计；工业设计、多体设计、动漫及衍生产品设计、模型设计等。

4. 研发费用税前加计扣除归集范围

（1）人员人工费用。人员人工费用包括直接从事研发活动人员的工资、薪金，基本养老保险费，基本医疗保险费，失业保险费，工伤保险费，生育保险费，住房公积金，以及外聘研发人员的劳务费用。

（2）直接投入费用。直接投入费用包括以下几点。

① 研发活动直接消耗的材料、燃料和动力费用。

② 用于中间试验和产品试制的模具、工艺装备开发及制造费，不构成固定资产的样品、样机及一般测试手段购置费，试制产品的检验费。

③ 用于研发活动的仪器、设备的运行维护、调整、检验、维修等费用，以及通过经营租赁方式租入的用于研发活动的仪器、设备租赁费。

（3）折旧费用。折旧费用包括用于研发活动的仪器、设备的折旧费。

（4）无形资产摊销。无形资产摊销包括用于研发活动的软件、专利权、非专利技术（包括许可证、专有技术、设计和计算方法等）的摊销费用。

（5）新产品设计费、新工艺规程制定费、新药研制的临床试验费、勘探开发技术的现场试验费。

（6）其他相关费用。包括与研发活动直接相关的其他费用，如技术图书资料费、资料翻译费、专家咨询费、高新科技研发保险费,研发成果的检索、分析、评议、论证、鉴定、评审、评估、验收费用,知识产权的申请费、注册费、代理费,差旅费、会议费等。此项费用总额不得超过可扣除研发费用总额的10%。

(7) 财政部和国家税务总局规定的其他费用。

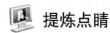 **提炼点睛**

如何理解"其他相关费用"限额?

"其他相关费用"限额是指企业全部研发项目的"其他相关费用"总额不得超过可加计扣除研发费用总额的10%。即全部研发项目人员人工等五项费用之和÷(1-90%)×10%。

5. 下列活动不适用税前加计扣除政策

(1) 企业产品(服务)的常规性升级。

(2) 对某项科研成果的直接应用,如直接采用公开的新工艺、材料、装置、产品、服务或知识等。

(3) 企业在商品化后为顾客提供的技术支持活动。

(4) 对现存产品、服务、技术、材料或工艺流程进行的重复或简单改变。

(5) 市场调查研究、效率调查或管理研究。

(6) 作为工业(服务)流程环节或常规的质量控制、测试分析、维修维护。

(7) 社会科学、艺术或人文学方面的研究。

练习4-12(单选题) 依据企业所得税相关规定,企业开展的下列活动适用研发费用加计扣除政策的是( )。

A. 成本管理研究活动
B. 社会科学研究活动
C. 服务升级研究活动
D. 新药配方研制活动

不适用研发费用加计扣除的活动

---

6. 会计核算与管理

(1) 企业应按照国家财务会计制度要求,对研发支出进行会计处理;同时,对享受加计扣除的研发费用按研发项目设置辅助账,准确归集核算当年可加计扣除的各项研发费用实际发生额。企业在一个纳税年度内进行多项研发活动的,应按照不同研发项目分别归集加计扣除的研发费用。

(2) 自2021年起,增设简化版研发支出辅助账和研发支出辅助账总表样式。

企业也可以参照上述样式自行设计研发支出辅助账样式,但应当包括2021版研发支出辅助账样式所列数据项,且逻辑关系一致,能准确归集允许加计扣除的研发费用。

(3) 企业应对研发费用和生产经营费用分别核算,准确、合理归集各项费用支出,对划分不清的,不得实行加计扣除。

7. 不适用税前加计扣除政策的行业

(1) 烟草制造业;

(2) 住宿和餐饮业;

(3) 批发和零售业;

(4) 房地产业；

(5) 租赁和商务服务业；

(6) 娱乐业；

(7) 财政部和国家税务总局规定的其他行业。

不适用税前加计扣除政策行业的企业是指以以上所列行业业务为主营业务，其研发费用发生当年的主营业务收入占企业按《企业所得税法》及其实施条例规定计算的收入总额减除不征税收入和投资收益的余额50%（不含）以上的企业。

（二）支持我国基础研究的加计扣除

自2022年1月1日起，支持我国基础研究的加计扣除按以下规定执行。

（1）对企业出资给非营利性科学技术研究开发机构（以下简称科研机构）、高等学校和政府性自然科学基金用于基础研究的支出，在计算应纳税所得额时可按实际发生额在税前扣除，并可按100%在税前加计扣除。

对非营利性科研机构、高等学校接收企业、个人和其他组织机构基础研究资金收入，免征企业所得税。

（2）上述第1条所称非营利性科研机构、高等学校包括国家设立的科研机构和高等学校、民办非营利性科研机构和高等学校，具体按以下条件确定。

① 国家设立的科研机构和高等学校是指利用财政性资金设立的、取得《事业单位法人证书》的科研机构和公办高等学校，包括中央和地方所属科研机构和高等学校。

② 民办非营利性科研机构和高等学校是指同时满足以下条件的科研机构和高等学校。

a. 根据《民办非企业单位登记管理暂行条例》在民政部门登记，并取得《民办非企业单位（法人）登记证书》。

b. 对于民办非营利性科研机构，其《民办非企业单位（法人）登记证书》记载的业务范围应属于科学研究与技术开发、成果转让、科技咨询与服务、科技成果评估范围。对业务范围存在争议的，由税务机关转请县级（含）以上科技行政主管部门确认。

对于民办非营利性高等学校，应取得教育主管部门颁发的《民办学校办学许可证》，记载学校类型为"高等学校"。

③ 经认定取得企业所得税非营利组织免税资格。

（三）企业安置残疾人员所支付工资的加计扣除

企业安置残疾人员所支付工资的加计扣除是指企业安置残疾人员的，在按照支付给残疾职工工资据实扣除的基础上，按照支付给残疾职工工资的100%加计扣除。依据《财政部 国家税务总局关于安置残疾人员就业有关企业所得税优惠政策问题的通知》（财税〔2009〕70号），如图4-7所示。

企业享受安置残疾职工工资100%加计扣除应同时具备如下条件。

（1）依法与安置的每位残疾人签订了1年以上（含1年）的劳动合同或服务协议，并且安置的每位残疾人在企业实际上岗工作。

（2）为安置的每位残疾人按月足额缴纳了企业所在区、县人民政府根据国家政策规定的基本养老保险、基本医疗保险、失业保险和工伤保险等社会保险。

（3）定期通过银行等金融机构向安置的每位残疾人实际支付了不低于企业所在区、县适用的经省级人民政府批准的最低工资标准的工资。

图 4-7 《关于安置残疾人员就业有关企业所得税优惠政策问题的通知》官网截图

（4）具备安置残疾人上岗工作的基本设施。

（四）吸纳退役士兵就业的企业

2023年1月1日至2027年12月31日，招用自主就业退役士兵，与其签订1年以上期限劳动合同并依法缴纳社会保险费的，自签订劳动合同并缴纳社会保险当月起，在3年内按实际招用人数予以定额依次扣减增值税、城市维护建设税、教育费附加、地方教育附加和企业所得税优惠。定额标准为每人每年6 000元，最高可上浮50%，各省、自治区、直辖市人民政府可根据本地区实际情况在此幅度内确定具体定额标准。

六、创业投资企业优惠

创业投资企业从事国家需要重点扶持和鼓励的创业投资，可以按投资额的一定比例抵扣应纳税所得额。现行创业投资企业按投资额抵扣应纳税所得额优惠政策有以下情形。

（1）创业投资企业、有限合伙制创业投资企业法人合伙人，投资于未上市的中小高新技术企业按比例抵扣应纳税所得额。

① 创业投资企业采取股权投资方式投资于未上市的中小高新技术企业2年（24个月）以上的，可以按照其对中小高新技术企业投资额的70%在股权持有满2年的当年抵扣该创业投资企业的应纳税所得额；当年不足抵扣的，可以在以后纳税年度结转抵扣。

② 有限合伙制创业投资企业采取股权投资方式投资于未上市的中小高新技术企业满2年（24个月）的，该投资企业的法人合伙人可按照其对未上市中小高新技术企业投资额的70%抵扣该法人合伙人从该投资企业分得的应纳税所得额；当年不足抵扣的，可以在以后纳税年度结转抵扣。

（2）公司制创业投资企业、有限合伙制创业投资企业法人合伙人，投资于初创科技型企业抵扣应纳税所得额。

① 公司制创业投资企业采取股权投资方式直接投资于符合条件的种子期、初创期科技型企业（以下简称初创科技型企业）满2年（24个月）的，可以按照投资额的70%在股权持有满2年的当年抵扣该公司制创业投资企业的应纳税所得额；当年不足抵扣的，可以在以后纳税年度结转抵扣。

公司制创业投资企业须为在中国境内（不含港、澳、台地区）注册成立、实行查账征收的居民企业，且不属于被投资初创科技型企业的发起人。

② 有限合伙制创业投资企业采取股权投资方式直接投资于符合条件的初创科技型企业满2年（24个月）的，法人合伙人可以按照对初创科技型企业投资额的70%抵扣法人合伙人从合伙创投企业分得的所得；当年不足抵扣的，可以在以后纳税年度结转抵扣。

有限合伙制创业投资企业须为在中国境内（不含港、澳、台地区）注册成立、实行查账征收的合伙创业投资企业，且不属于被投资初创科技型企业的发起人。

七、加速折旧优惠

（一）一般性加速折旧

企业的固定资产由于技术进步等原因，确需加速折旧的，可以缩短折旧年限或者采取加速折旧的方法。可采用以上折旧方法的固定资产是指：① 由于技术进步，产品更新换代较快的固定资产；② 常年处于强震动、高腐蚀状态的固定资产。

采取缩短折旧年限方法的，最低折旧年限不得低于规定折旧年限的60%；采取加速折旧方法的，可以采取双倍余额递减法或者年数总和法。

（二）特殊性加速折旧

(1) 依据《财政部 税务总局关于扩大固定资产加速折旧优惠政策适用范围的公告》（财政部 税务总局公告2019年第66号），如图4-8所示。

自2019年1月1日起，对有关固定资产加速折旧企业所得税政策问题规定如下。

① 对全部制造业新购进的固定资产，可缩短折旧年限或采取加速折旧的方法。

② 对全部制造业的小型微利企业新购进的研发和生产经营共用的仪器、设备，单位价值不超过100万元的，允许一次性计入当期成本费用，在计算应纳税所得额时扣除，不再分年度计算折旧；单位价值超过100万元的，可缩短折旧年限或采取加速折旧的方法。

③ 对所有行业企业新购进的专门用于研发的仪器、设备，单位价值不超过100万元的，允许一次性计入当期成本费用，在计算应纳税所得额时扣除，不再分年度计算折旧；单位价值超过100万元的，可缩短折旧年限或采取加速折旧的方法。

④ 对所有行业企业持有的单位价值不超过5 000元的固定资产，允许一次性计入当期成本费用，在计算应纳税所得额时扣除，不再分年度计算折旧。

⑤ 企业按上述第(1)~(3)项规定缩短折旧年限的，最低折旧年限不得低于《企业所得税法实施条例》第六十条规定折旧年限的60%；采取加速折旧方法的，可采用双倍余额递减法或者年数总和法。第(1)~(3)项规定之外的企业固定资产加速折旧所得税处理问题，继续按照《企业所得税法》及其实施条例和现行税收政策规定执行。

⑥ 企业的固定资产采取加速折旧方法的，可以采用双倍余额递减法或者年数总和法。加

图 4-8　财政部 税务总局公告 2019 年第 66 号官网截图

速折旧方法一经确定,一般不得变更。

⑦ 企业的固定资产既符合上述优惠政策条件,又符合《国家税务总局关于企业固定资产加速折旧所得税处理有关问题的通知》(国税发〔2009〕81 号)、《财政部 国家税务总局关于进一步鼓励软件产业和集成电路产业发展企业所得税政策的通知》(财税〔2012〕27 号)中相关加速折旧优惠政策条件的,可由企业选择其中一项加速折旧优惠政策执行,且一经选择,不得改变。

⑧ 企业应将购进固定资产的发票、记账凭证等有关凭证、凭据(购入已使用过的固定资产,应提供已使用年限的相关说明)等资料留存备查,并应建立台账,准确核算税法与会计差异情况。

(2) 企业在 2024 年 1 月 1 日至 2027 年 12 月 31 日期间新购进的设备、器具,单位价值不超过 500 万元的,允许一次性计入当期成本费用,在计算应纳税所得额时扣除,不再分年度计算折旧;单位价值超过 500 万元的,仍按企业所得税法实施条例、《财政部 国家税务总局关于完善固定资产加速折旧企业所得税政策的通知》(财税〔2014〕75 号)、《财政部 国家税务总局关于进一步完善固定资产加速折旧企业所得税政策的通知》(财税〔2015〕106 号)等相关规定执行。

① 设备、器具是指除房屋、建筑物以外的固定资产。取得的固定资产包括外购、自行建造、融资租入、捐赠、投资、非货币性资产交换、债务重组等多种方式。"购进"包括以货币形式

购进或自行建造两种形式。将自行建造也纳入享受优惠的范围，主要是考虑到自行建造固定资产所使用的材料实际也是购进的，因此把自行建造的固定资产也看作是"购进"的。此外，"新购进"中的"新"字，只是区别于原已购进的固定资产，不是规定非要购进全新的固定资产，因此，以货币形式购进的固定资产包括企业购进的使用过的固定资产。

② "单位价值"的计算方法。单位价值的计算方法与《企业所得税法实施条例》第五十八条规定的固定资产计税基础的计算方法保持一致，具体为以货币形式购进的固定资产，以购买价款和支付的相关税费及直接归属于使该资产达到预定用途发生的其他支出确定单位价值；自行建造的固定资产，以竣工结算前发生的支出确定单位价值。

③ 固定资产购进时按以下原则确认：以货币形式购进的固定资产，除采取分期付款或赊销方式购进外，按发票开具时间确认；以分期付款或赊销方式购进的固定资产，按固定资产到货时间确认；自行建造的固定资产，按竣工结算时间确认。

④ 固定资产在投入使用月份的次月所属年度一次性税前扣除。

《企业所得税法实施条例》规定，企业应当自固定资产投入使用月份的次月起计算折旧。固定资产一次性税前扣除政策仅仅是固定资产税前扣除的一种特殊方式，因此，其税前扣除的时点应与固定资产计算折旧的处理原则保持一致。财政部、国家税务总局另有规定的除外。

⑤ 企业选择享受一次性税前扣除政策的，其资产的税务处理可与会计处理不一致。

企业会计处理上是否采取一次性税前扣除方法，不影响企业享受一次性税前扣除政策，企业在享受一次性税前扣除政策时，不需要会计上也同时采取与税收上相同的折旧方法。

⑥ 企业根据自身生产经营核算需要，可自行选择享受一次性税前扣除政策。未选择享受一次性税前扣除政策的，以后年度不得再变更。

值得注意的是，企业可自主选择享受一次性税前扣除政策，但未选择的不得变更。实行一次性税前扣除政策后，纳税人可能会由于税前扣除的固定资产与财务核算的固定资产折旧费用不同，而产生复杂的纳税调整问题，加之一些固定资产核算期限较长，也会增加会计核算负担和遵从风险。

对于短期无法实现盈利的亏损企业而言，选择实行一次性税前扣除政策会进一步加大亏损，且由于税法规定的弥补期限的限制，该亏损可能无法得到弥补，实际上减少了税前扣除额。

此外，企业在定期减免税期间往往不会选择一次性税前扣除政策。考虑到享受税收优惠是纳税人的一项权利，纳税人可以自主选择是否享受优惠，因此规定，企业根据自身生产经营需要，可自行选择享受一次性税前扣除政策。但为避免恶意套取税收优惠，企业未选择享受的，以后年度不得再变更。需要注意的是，以后年度不得再变更的规定是针对单个固定资产而言，单个固定资产未选择享受的，不影响其他固定资产选择享受一次性税前扣除政策。

⑦ 企业按照《企业所得税优惠政策事项办理办法》(国家税务总局公告2018年第23号)的规定办理享受政策的相关手续，主要留存备查资料如下。

a. 有关固定资产购进时点的资料(如以货币形式购进固定资产的发票，以分期付款或赊销方式购进固定资产的到货时间说明，自行建造固定资产的竣工决算情况说明等)。

b. 固定资产记账凭证。

c. 核算有关资产税务处理与会计处理差异的台账。

⑧ 企业购进单位价值超过500万元的固定资产，仍按《企业所得税法》及其实施条例、《财政部 国家税务总局关于完善固定资产加速折旧企业所得税政策的通知》(财税〔2014〕75号)、《财政部 国家税务总局关于进一步完善固定资产加速折旧企业所得税政策的通知》(财税

〔2015〕106号)等相关规定执行。

(3) 中小微企业新购置的设备、器具,单位价值在500万元以上的,按照单位价值的一定比例自愿选择在企业所得税税前扣除。

其中,《企业所得税法实施条例》规定最低折旧年限为3年的设备器具,单位价值的100%可在当年一次性税前扣除;最低折旧年限为4年、5年、10年的,单位价值的50%可在当年一次性税前扣除,其余50%按规定在剩余年度计算折旧进行税前扣除。

① 设备、器具是指除房屋、建筑物以外的固定资产。
② 中小微企业是指从事国家非限制和禁止行业,且符合以下条件的企业。
  a. 信息传输业、建筑业、租赁和商务服务业:从业人员在2 000人以下,或营业收入在10亿元以下或资产总额在12亿元以下。
  b. 房地产开发经营:营业收入在20亿元以下或资产总额在1亿元以下。
  c. 其他行业:从业人员在1 000人以下或营业收入在4亿元以下。
③ 从业人数,包括与企业建立劳动关系的职工人数和企业接受的劳务派遣用工人数。
④ 从业人数和资产总额指标,应按企业全年的季度平均值确定。
⑤ 企业选择适用本项政策当年不足扣除形成的亏损,可在以后5个纳税年度结转弥补,享受其他延长亏损结转年限政策的企业可按现行规定执行。
⑥ 中小微企业可根据自身生产经营核算需要自行选择享受本项政策,按季(月)在预缴申报时即可享受本项政策。但是,当年度未选择享受的,以后年度不得再变更享受。

练习4-13(单选题) 下列关于企业所得税加速折旧优惠政策的说法,正确的是(   )。

A. 2022年中小微企业新购进单台价值600万元的生产机器,可一次性全额在税前扣除
B. 企业选择享受一次性税前扣除政策的,其资产的税务处理可与会计处理不一致
C. 价值不超过500万元的固定资产在投入使用月份的当月所属年度一次性税前扣除
D. 采取缩短折旧年限的,最低折旧年限不得低于规定折旧年限的50%

加速折旧优惠政策

八、境内税额抵免优惠

税额抵免是指企业购置并实际使用《环境保护专用设备企业所得税优惠目录》《节能节水专用设备企业所得税优惠目录》和《安全生产专用设备企业所得税优惠目录》规定的环境保护、节能节水、安全生产等专用设备的,该专用设备的投资额的10%可以从企业当年的应纳税额中抵免;当年不足抵免的,可以在以后5个纳税年度结转抵免。

享受上述企业所得税优惠的企业,应当是实际购置并自身实际投入使用规定的专用设备的企业;企业购置上述专用设备在5年内转让、出租的,应当停止享受企业所得税优惠,并补缴已经抵免的企业所得税税款。转让的受让方可以按照该专用设备投资额的10%抵免当年企业所得税应纳税额;当年应纳税额不足抵免的,可以在以后5个纳税年度结转抵免。

企业所得税优惠目录,由国务院财政、税务主管部门商国务院有关部门制定,报国务院批准后公布施行。

企业同时从事适用不同企业所得税待遇的项目的,其优惠项目应当单独计算所得,并合理分摊企业的期间费用;没有单独计算的,不得享受企业所得税优惠。

【例 4-3】 某企业(增值税一般纳税人)2023 年 6 月购置并投入使用环境保护专用设备一台(属于企业所得税优惠目录的范围),取得增值税专用发票注明的金额 100 万元、税额 13 万元,2023 年该企业应纳税所得额 200 万元,适用 25% 的企业所得税税率。请计算该企业当年应缴纳的企业所得税。

解析:根据企业所得税法规定,企业购置并实际使用规定范围内的环境保护、节能节水、安全生产等专用设备的,该专用设备的投资额的 10% 可以从企业当年的应纳税额中抵免。

该企业当年应纳的企业所得税=200×25%－100×10%=40(万元)

第六节　企业所得税的计算

一、居民企业应纳税额的计算

居民企业应缴纳所得税额等于应纳税所得额乘以适用税率,基本计算公式为

$$应纳税额=应纳税所得额×适用税率－减免税额－抵免税额$$

在实际过程中,应纳税所得额的计算一般有两种方法。

(一)直接计算法

在直接计算法下,企业每一纳税年度的收入总额减除不征税收入、免税收入、各项扣除以及允许弥补的以前年度亏损后的余额为应纳税所得额。计算公式为

$$应纳税所得额=收入总额－不征税收入－免税收入－各项扣除金额－弥补亏损$$

(二)间接计算法

在间接计算法下,在会计利润总额的基础上加或减按照税法规定调整的项目金额后,即为应纳税所得额。现行企业所得税年度纳税申报表采取该方法。计算公式为

$$应纳税所得额=会计利润总额±纳税调整项目金额$$

纳税调整项目金额包括两方面的内容:一是企业财务会计制度规定的项目范围与税收法规规定的项目范围不一致应予以调整的金额;二是企业财务会计制度规定的扣除标准与税法规定的扣除标准不一致的差异应予以调整的金额。

【例 4-4】 某家电生产企业为增值税一般纳税人,2022 年起被认定为高新技术企业。2023 年实现营业收入 18 000 万元,投资收益 1 600 万元,其他收益 200 万元;发生营业成本 11 700 万元,税金及附加 420 万元,管理费用 1 800 万元,销售费用 300 万元,财务费用 300 万元,营业外支出 900 万元。2023 年度该企业自行计算的会计利润为 4 380 万元,企业已预缴企业所得税 240 万元。2024 年 3 月该企业进行 2023 年企业所得税汇算清缴时,聘请某会计师事务所进行审核,发现如下事项。

(1) 6 月份购买新建的地下商铺作为顾客体验空间,取得增值税专用发票注明价款 840 万元,增值税 75.6 万元。当月交付使用,7 月份办理权属登记。该商铺预计使用年限为 20 年,预计净残值为 0,企业当年未对该商铺计提累计折旧。

(2) 为了提高产品的性能与安全度,12 月份从国内购入《安全生产专用设备企业所得税优惠目录》中规定的专用设备并投入使用,取得增值税专用发票注明价款 600 万元,增值税 78 万元。

(3) 投资收益中含企业从证券投资基金分配中取得的收入 900 万元。

(4) 全年计入成本、费用中的实发合理工资总额为 4 000 万元,实际发生职工福利费 600 万元。职工教育经费 340 万元,拨缴工会经费 80 万元。

(5) 财务费用中含向境内某企业按约定的金融企业同期同类贷款利率支付的利息支出 100 万元。

(6) 营业外支出中含通过非营利社会团体向希望小学捐赠的一批产品,该批产品成本价为 290 万元,不含增值税公允价值为 400 万元,企业的会计处理为

借:营业外支出　　　　　　　　　　　　　342
　　贷:库存商品　　　　　　　　　　　　　　290
　　　　应交税费——应交增值税(销项税额)　52

(7) 销售费用中含广告费 2 800 万元。

(8) 管理费用中含新工艺规程制定费 1 500 万元。

其他相关资料包括各扣除项目均在汇算清缴期取得有效凭证。

要求,根据上述资料,回答下列问题。

① 计算该企业 2023 年度企业所得税应纳税所得额。
② 计算该企业 2023 年度企业所得税应纳税额。
③ 该企业 2023 年度应补缴的企业所得税。

解析: 业务(1)　应计提折旧=840/20×6/12=21(万元)

业务(2)　企业购进的安全生产设备可抵免应纳税额=600×10%=60(万元)

业务(3)　应调减的应纳税所得额 900 万元。对投资者从证券投资基金分配中取得的收入暂不征收企业所得税,纳税调减 900 万元。

业务(4)　职工福利费应调增的应纳税所得额 40 万元、职工教育经费应调增的应纳税所得额 20 万元。

职工福利费扣除限额=4 000×14%=560(万元),实际发生的 600 万元,故

纳税调增=600-560=40(万元)

职工教育经费扣除限额=4 000×8%=320(万元),实际发生的 340 万元,故

纳税调增=340-320=20(万元)

工会经费扣除限额 4 000×2%=80(万元),实际拨缴的 80 万元,无须纳税调整,故

合计纳税调增=40+20=60(万元)

业务(5)　企业按约定的金融企业同期同类贷款利率支付的利息支出,允许据实扣除 100 万元,不需要纳税调整。

业务(6)　应调整的应纳税所得额 0 万元。

企业所得税视同销售确认收入 400 万元,成本 290 万元,纳税调增=400-290=110(万元)。

企业所得税确认公益性捐赠支出金额=400+52=452(万元),会计上确认的捐赠支出金额为 342 万元,纳税调减=452-342=110(万元)

公益性捐赠扣除限额=(4 380-21)×12%=523.08(万元)>452 万元,无须纳税调整,故

合计纳税调整=110-110=0(万元)

业务(7)　广告费应调整的应纳税所得额 40 万元。

广告费扣除限额=(18 000+400)×15%=2 760(万元),实际发生的 2 800 万元,故

纳税调增=2 800-2 760=40(万元)

业务（8） 新工艺规程制定费应调减的应纳税所得额1 500万元，故

$$纳税调减＝1\ 500\times100\%＝1\ 500(万元)$$

根据上述资料计算如下。

① 该企业2023年度应纳税所得额＝4 380－21－900＋60－1 500＋40＝2 059(万元)

② 该企业2023年度应纳税额＝2 059×15％－600×10％＝248.85(万元)

③ 该企业2023年度应补缴的企业所得税＝248.85－240＝8.85(万元)

二、境外所得抵扣税额的计算

自2008年1月1日起，居民企业以及非居民企业在中国境内设立的机构、场所依照《企业所得税法》第二十三条、第二十四条的有关规定，应在其应纳税额中抵免在境外缴纳的所得税额，按以下规定执行。

(1) 企业应按照《企业所得税法》及其实施条例、税收协定及相关规定，准确计算下列当期与抵免境外所得税有关的项目后，确定当期实际可抵免分国(地区)别的境外所得税税额和抵免限额。

① 境内所得的应纳税所得额(以下称境内应纳税所得额)和分国(地区)别的境外所得的应纳税所得额(以下称境外应纳税所得额)。

② 分国(地区)别的可抵免境外所得税税额。

③ 分国(地区)别的境外所得税的抵免限额。

企业不能准确计算上述项目实际可抵免分国(地区)别的境外所得税税额的，在相应国家(地区)缴纳的税收均不得在该企业当期应纳税额中抵免，也不得结转以后年度抵免。

(2) 企业应就其按照《企业所得税法实施条例》第七条规定确定的中国境外所得(境外税前所得)，按以下规定计算《企业所得税法实施条例》第七十八条规定的境外应纳税所得额。

① 居民企业在境外投资设立不具有独立纳税地位的分支机构，其来源于境外的所得，以境外收入总额扣除与取得境外收入有关的各项合理支出后的余额为应纳税所得额。各项收入、支出按《企业所得税法》及其实施条例的有关规定确定。

② 居民企业在境外设立不具有独立纳税地位的分支机构取得的各项境外所得，无论是否汇回中国境内，均应计入该企业所属纳税年度的境外应纳税所得额。

居民企业应就其来源于境外的股息、红利等权益性投资收益，以及利息、租金、特许权使用费、转让财产等收入，扣除按照《企业所得税法》及其实施条例等规定计算的与取得该项收入有关的各项合理支出后的余额为应纳税所得额。来源于境外的股息、红利等权益性投资收益，应按被投资方作出利润分配决定的日期确认收入实现；来源于境外的利息、租金、特许权使用费、转让财产等收入，应按有关合同约定应付交易对价款的日期确认收入实现。

③ 非居民企业在境内设立机构、场所的，应就其发生在境外但与境内所设机构、场所有实际联系的各项应税所得，比照上述第②项的规定计算相应的应纳税所得额。

④ 在计算境外应纳税所得额时，企业为取得境内、境外所得而在境内、境外发生的共同支出，与取得境外应税所得有关的、合理的部分，应在境内、境外[分国(地区)别，下同]应税所得之间，按照合理比例进行分摊后扣除。

⑤ 在汇总计算境外应纳税所得额时，企业在境外同一国家(地区)设立不具有独立纳税地位的分支机构，按照《企业所得税法》及其实施条例的有关规定计算的亏损，不得抵减其境内或他国(地区)的应纳税所得额，但可以用同一国家(地区)其他项目或以后年度的所得按规定

弥补。

(3) 可抵免境外所得税税额,是指企业来源于中国境外的所得依照中国境外税收法律及相关规定应当缴纳并已实际缴纳的企业所得税性质的税款。但不包括:

① 按照境外所得税法律及相关规定属于错缴或错征的境外所得税税款。

② 按照税收协定规定不应征收的境外所得税税款。

③ 因少缴或迟缴境外所得税而追加的利息、滞纳金或罚款。

④ 境外所得税纳税人或者其利害关系人从境外征税主体得到实际返还或补偿的境外所得税税款。

⑤ 按照我国《企业所得税法》及其实施条例规定,已经免征我国企业所得税的境外所得负担的境外所得税税款。

⑥ 按照国务院财政、税务主管部门有关规定已经从企业境外应纳税所得额中扣除的境外所得税税款。

(4) 企业应按照《企业所得税法》及其实施条例和有关规定分国(地区)别计算境外税额的抵免限额。

$$\text{某国(地区)所得税抵免限额} = \frac{\text{中国境内、境外所得依照《企业所得税法》及其实施条例的规定计算的应纳税总额} \times \text{来源于某国(地区)的应纳税所得额}}{\text{中国境内、境外应纳税所得总额}}$$

《财政部 国家税务总局关于高新技术企业境外所得适用税率及税收抵免问题的通知》(财税〔2011〕47号)规定,以境内、境外全部生产经营活动有关的研究开发费用总额、总收入、销售收入总额、高新技术产品(服务)收入等指标申请并经认定的高新技术企业,其来源于境外的所得可以享受高新技术企业所得税优惠政策,即对来源于境外所得可以按照15%的优惠税率缴纳企业所得税,在计算境外抵免限额时,可按照15%的优惠税率计算境内外应纳税总额。

企业按照《企业所得税法》及其实施条例和有关规定计算的当期境内、境外应纳税所得总额小于零的,应以零计算当期境内、境外应纳税所得总额,其当期境外所得税的抵免限额也为零。

(5) 在计算实际应抵免的境外已缴纳和间接负担的所得税税额时,企业在境外一国(地区)当年缴纳和间接负担的符合规定的所得税税额低于所计算的该国(地区)抵免限额的,应以该项税额作为境外所得税抵免额从企业应纳税总额中据实抵免;超过抵免限额的,当年应以抵免限额作为境外所得税抵免额进行抵免,超过抵免限额的余额允许从次年起在连续5个纳税年度内,用每年度抵免限额抵免当年应抵税额后的余额进行抵补。

(6) 属于下列情形的,可以采取简易办法对境外所得已纳税额计算抵免。

① 企业从境外取得营业利润所得及符合境外税额间接抵免条件的股息所得,虽有所得来源国(地区)政府机关核发的具有纳税性质的凭证或证明,但因客观原因无法证实、准确地确认应当缴纳并已经实际缴纳的境外所得税税额的,除就该所得直接缴纳及间接负担的税额在所得来源国(地区)的实际有效税率低于我国《企业所得税法》第四条第一款规定税率的50%以上外,可按境外应纳税所得额的12.5%作为抵免限额,企业按该国(地区)税务机关或政府机关核发具有纳税性质凭证或证明的金额,其不超过抵免限额的部分,准予抵免;超过的部分不得抵免。

属于该规定以外的股息、利息、租金、特许权使用费、转让财产等投资性所得,均应按上述其他规定计算境外税额抵免。

② 企业从境外取得营业利润所得以及符合境外税额间接抵免条件的股息所得,凡就该所得缴纳及间接负担的税额在所得来源国(地区)的法定税率且其实际有效税率明显高于我国的,可直接以按上述规定计算的境外应纳税所得额和我国《企业所得税法》规定的税率计算的抵免限额作为可抵免的已在境外实际缴纳的企业所得税税额。

属于该规定以外的股息、利息、租金、特许权使用费、转让财产等投资性所得,均应按上述其他规定计算境外税额抵免。

(7) 企业在境外投资设立不具有独立纳税地位的分支机构,其计算生产、经营所得的纳税年度与我国规定的纳税年度不一致的,与我国纳税年度当年度相对应的境外纳税年度,应为在我国有关纳税年度中任何一日结束的境外纳税年度。

企业取得该规定以外的境外所得实际缴纳或间接负担的境外所得税,应在该项境外所得实现日所在的我国对应纳税年度的应纳税额中计算抵免。

(8) 企业抵免境外所得税额后实际应纳所得税额的计算公式为

$$\text{企业实际应纳税所得额} = \text{企业境内外所得应纳税总额} - \text{企业所得税减免、抵免优惠税额} - \text{境外所得税抵免额}$$

(9) 上述所称不具有独立纳税地位,是指根据企业设立地法律不具有独立法人地位或者按照税收协定规定不认定为对方国家(地区)的税收居民。

(10) 企业取得来源于中国香港、澳门、台湾地区的应税所得,参照上述规定执行。

(11) 中华人民共和国政府同外国政府订立的有关税收的协定与国内有关规定有不同规定的,依照协定的规定办理。

【例 4-5】 甲企业 2023 年度境内应纳税所得额为 180 万元,适用 25% 的企业所得税税率。该企业分别在 A、B 两国设有分支机构(我国与 A、B 两国已经缔结避免双重征税协定),在 A 国的分支机构的应纳税所得额为 50 万元,A 国税率为 20%;在 B 国的分支机构的应纳税所得额为 20 万元,B 国税率为 30%。假设该企业在 A、B 两国所得按我国税法计算的应纳税所得额和按 A、B 两国税法计算的应纳税所得额一致,两个分支机构在 A、B 两国分别缴纳了 10 万元和 6 万元的企业所得税。

请计算该企业 2023 年度汇总时在我国应缴纳的企业所得税。

解析:(1) 该企业按我国税法计算的境内、境外所得的应纳税额

应纳税额 = (180+50+20) × 25% = 62.5(万元)

(2) A、B 两国的扣除限额

A 国扣除限额 = 62.5 × [50÷(180+50+20)] = 12.5(万元)

B 国扣除限额 = 62.5 × [20÷(180+50+20)] = 5(万元)

在 A 国缴纳的所得税为 10 万元,低于扣除限额 12.5 万元,可全额扣除。

在 B 国缴纳的所得税为 6 万元,高于扣除限额 5 万元,其超过扣除限额的部分 1 万元当年不能扣除。

(3) 2023 年汇总时在我国应缴纳的所得税 = 62.5 − 10 − 5 = 47.5(万元)

三、居民企业核定征收应纳税额的计算

(一)核定征收企业所得税的范围

居民企业纳税人具有下列情形之一的,核定征收企业所得税:

(1) 依照法律、行政法规的规定可以不设置账簿的;
(2) 依照法律、行政法规的规定应当设置但未设置账簿的;
(3) 擅自销毁账簿或者拒不提供纳税资料的;
(4) 虽设置账簿,但账目混乱或者成本资料、收入、费用凭证残缺不全,难以查账的;
(5) 发生纳税义务,未按照规定的期限办理纳税申报,经税务机关责令限期申报,逾期仍不申报的;
(6) 申报的计税依据明显偏低,又无正当理由的。

(二) 核定征收的办法

(1) 具有下列情形之一的,核定其应税所得率:
① 能正确核算(查实)收入总额,但不能正确核算(查实)成本费用总额的;
② 能正确核算(查实)成本费用总额,但不能正确核算(查实)收入总额的;
③ 通过合理方法,能计算和推定纳税人收入总额或成本费用总额的。
纳税人不属于以上情形的,核定其应纳所得税额。

(2) 税务机关采用下列方法核定征收企业所得税。
① 参照当地同类行业或者类似行业中经营规模和收入水平相近的纳税人的税负水平核定。
② 按照应税收入额或成本费用支出额定率核定。
③ 按照耗用的原材料、燃料、动力等推算或测算核定。
④ 按照其他合理方法核定。

采用上述第①至④项所列一种方法不足以正确核定应纳税所得额或应纳税额的,可以同时采用两种以上的方法核定。

采用两种以上方法测算的应纳税额不一致时,可按测算的应纳税额从高核定。

各行业应税所得率幅度见表4-2。

表 4-2 各行业应税所得率幅度

行　　业	应税所得率(%)
农、林、牧、渔业	3~10
制造业	5~15
批发和零售贸易业	4~15
交通运输业	7~15
建筑业	8~20
饮食业	8~25
娱乐业	15~30
其他行业	10~30

采用应税所得率方式核定征收企业所得税的,应纳所得税额计算公式如下

$$应纳所得税额 = 应纳税所得额 \times 适用税率$$
$$应纳税所得额 = 应税收入额 \times 应税所得率$$

或

$$应纳税所得额 = 成本(费用)支出额 \div (1 - 应税所得率) \times 应税所得率$$

上述"应税收入额"等于收入总额减去不征税收入和免税收入后的余额。用公式表示为

$$应税收入额 = 收入总额 - 不征税收入 - 免税收入$$

公式中,收入总额为企业以货币形式和非货币形式从各种来源取得的收入。

实行应税所得率方式核定征收企业所得税的纳税人,经营多业的,无论其经营项目是否单独核算,均由税务机关根据其主营项目确定适用的应税所得率。

主营项目应为纳税人所有经营项目中,收入总额或者成本(费用)支出额或者耗用原材料、燃料、动力数量所占比重最大的项目。

纳税人的生产经营范围、主营业务发生重大变化,或者应纳税所得额或应纳税额增减变化达到20%的,应及时向税务机关申报调整已确定的应纳税额或应税所得率。

第七节 企业所得税的征收管理

一、纳税地点

(1)除税收法律、行政法规另有规定外,居民企业以企业登记注册地为纳税地点;但登记注册地在境外的,以实际管理机构所在地为纳税地点。

(2)居民企业在中国境内设立不具有法人资格的营业机构的,应当汇总计算并缴纳企业所得税。企业汇总计算并缴纳企业所得税时,应当统一核算应纳税所得额,具体办法由国务院财政、税务主管部门另行制定。

(3)非居民企业在中国境内设立机构、场所的,应当就其所设机构、场所取得的来源于中国境内的所得,以及发生在中国境外但与其所设机构、场所有实际联系的所得,以机构场所所在地为纳税地点。

非居民企业在中国境内设立两个或者两个以上机构、场所,符合国务院税务主管部门规定条件的,可以选择由其主要机构、场所汇总缴纳企业所得税。

① 汇总纳税的非居民企业应在汇总纳税的年度中持续符合下列所有条件。

a. 汇总纳税的各机构、场所已在所在地主管税务机关办理税务登记,并取得纳税人识别号。

b. 主要机构、场所符合《企业所得税法实施条例》第一百二十六条规定,汇总纳税的各机构、场所不得采用核定方式计算缴纳企业所得税。

c. 汇总纳税的各机构、场所能够按规定准确计算本机构、场所的税款分摊额,并按要求向所在地主管税务机关办理纳税申报。

② 汇总纳税的各机构、场所实行"统一计算、分级管理、就地预缴、汇总清算、财政调库"的企业所得税征收管理办法。

③ 除下面第④项规定外,主要机构、场所比照居民企业总机构就地分摊缴纳企业所得税;被汇总机构、场所比照居民企业分支机构就地分摊缴纳企业所得税。

④ 符合上述第①项规定的机构、场所不具有主体生产经营职能,不从纳入汇总缴纳企业所得税的其他机构、场所之外取得营业收入,仅具有内部辅助管理或服务职能的,可以纳入汇总计算缴纳企业所得税的范围,但不就地分摊缴纳企业所得税。

⑤ 汇总纳税的各机构、场所应在首次办理汇总缴纳企业所得税申报时,向所在地主管税务机关报送以下信息资料。

a. 主要机构、场所名称及纳税人识别号。

b. 全部被汇总机构、场所名称及纳税人识别号。

c. 符合汇总缴纳企业所得税条件的财务会计核算制度安排。

已按上述规定报送的信息资料发生变更的,汇总纳税的各机构、场所应在发生变更后首次办理汇总缴纳企业所得税申报时,向所在地主管税务机关报告变化情况。

⑥ 除国家税务总局另有规定外,汇总纳税的各机构、场所应按照《企业所得税法》第五十四条及其他有关规定,分季度预缴和年终汇算清缴企业所得税。

⑦ 在办理季度预缴申报时,汇总纳税的各机构、场所应向所在地主管税务机关报送以下资料。

a. 非居民企业所得税申报表。

b. 季度财务报表(限于按实际利润预缴企业所得税的情形)。

⑧ 在办理年度汇算清缴申报时,汇总纳税的各机构、场所应向所在地主管税务机关报送以下资料。

a. 非居民企业所得税申报表。

b. 年度财务报表。

⑨ 汇总纳税的各机构、场所主管税务机关对管理的机构、场所按规定负有日常管理和监督检查责任。主要机构、场所主管税务机关应在每季度终了和年度汇算清缴期满后30日内,将主要机构、场所申报信息传递给各被汇总机构、场所主管税务机关。各被汇总机构、场所主管税务机关应在每季度终了和年度汇算清缴期满后30日内,将本地被汇总纳税机构、场所申报信息传递给主要机构、场所主管税务机关。

(4) 非居民企业在中国境内未设立机构、场所,或者虽设立机构、场所但取得的所得与其所设机构、场所没有实际联系的,以扣缴义务人所在地为纳税地点。

(5) 除国务院另有规定外,企业之间不得合并缴纳企业所得税。

二、纳税期限

企业所得税按纳税年度计算,分月或者分季预缴,年终汇算清缴,多退少补。

企业所得税的纳税年度,自公历1月1日起至12月31日止。企业在一个纳税年度的中间开业,或者由于合并、关闭等原因终止经营活动,使该纳税年度的实际经营期不足12个月的,应当以其实际经营期为一个纳税年度。企业清算时,应当以清算期间作为一个纳税年度。企业应当自清算结束之日起15日内,向主管税务机关报送企业所得税纳税申报表,并结清税款。自2019年起,小型微利企业所得税统一实行按季度预缴。

企业自年度终了之日起5个月内,向税务机关报送年度企业所得税纳税申报表,并汇算清缴,结清应缴应退税款。企业在年度中间终止经营活动的,应当自实际经营终了之日起60日内,向税务机关办理当期企业所得税汇算清缴。

三、纳税申报

按月或按季预缴的,应当自月份或者季度终了之日起15日内,向税务机关报送预缴企业所得税纳税申报表,预缴税款。

纳税人12月或者第四季度的企业所得税预缴纳税申报,应在纳税年度终了后15日内完成,预缴申报后进行当年企业所得税汇算清缴。

企业在报送企业所得税纳税申报表时,应当按照规定附送财务会计报告和其他有关资料。

企业应当在办理注销登记前,就其清算所得向税务机关申报并依法缴纳企业所得税。

企业在纳税年度内无论是盈利还是亏损,都应当依照《企业所得税法》第五十四条规定的期限,向税务机关报送预缴企业所得税纳税申报表、年度企业所得税纳税申报表、财务会计报告和税务机关规定应当报送的其他有关资料。

第八节 企业所得税年度汇算清缴专题篇

企业所得税汇算清缴,是指纳税人自纳税年度终了之日起5个月内或实际经营终止之日起60日内,依照税收法律、法规、规章及其他有关企业所得税的规定,自行计算本纳税年度应纳税所得额和应纳所得税额,根据月度或季度预缴企业所得税的数额,确定该纳税年度应补或者应退税额,并填写企业所得税年度纳税申报表,向主管税务机关办理企业所得税年度纳税申报、提供税务机关要求提供的有关资料、结清全年企业所得税税款的行为。

一、汇缴对象

凡在纳税年度内从事生产、经营(包括试生产、试经营),或在纳税年度中间终止经营活动的纳税人,无论是否在减税、免税期间,也无论盈利或亏损,均应按照企业所得税法及其实施条例和《企业所得税汇算清缴管理办法》的有关规定进行企业所得税汇算清缴。

实行跨地区经营汇总缴纳企业所得税的总分机构纳税人,由总机构汇总计算企业年度应纳所得税额,扣除总机构和各分支机构已预缴的税款,计算出应缴应退税款,按照《跨地区经营汇总纳税企业所得税征收管理办法》规定的税款分摊方法计算总机构和分支机构的企业所得税应缴应退税款,分别由总机构和分支机构就地办理税款缴库或退库。

二、汇缴时间

纳税人应当自纳税年度终了之日起5个月内,进行汇算清缴,结清应缴应退企业所得税税款。

纳税人12月份或者第四季度的企业所得税预缴纳税申报,应在纳税年度终了后15日内完成,预缴申报后进行当年企业所得税汇算清缴。

纳税人在年度中间发生解散、破产、撤销等终止生产经营情形,需进行企业所得税清算的,应在清算前报告主管税务机关,并自实际经营终止之日起60日内进行汇算清缴,结清应缴应退企业所得税款;纳税人有其他情形依法终止纳税义务的,应当自停止生产、经营之日起60日内,向主管税务机关办理当期企业所得税汇算清缴。

汇算清缴期内,纳税人如发现企业所得税年度申报有误的,可以进行更正申报,涉及补缴税款的不加收滞纳金。

汇算清缴期后,纳税人如发现企业所得税年度申报有误的,可以进行更正申报,需要补缴税款的,应自汇算清缴期后起按日加收滞纳税款万分之五的滞纳金。

三、汇缴资料

(一)纳税人办理所得税年度纳税申报时,应如实填写和报送下列有关资料

(1)《中华人民共和国企业所得税年度纳税申报表(A类)》及附表。

(2)涉及关联方业务往来的,同时应报送《中华人民共和国企业年度关联业务往来报告表》及附表。

(3) 财务会计报告报送。具体如下。

①《资产负债表》。

②《利润表》。

③《现金流量表》(视企业所执行的会计制度依要求报送)。

④《所有者权益变动表》(视企业所执行的会计制度依要求报送)。

⑤ 报表附注及其他应当在财务会计报告中披露的相关信息资料(视企业所执行的会计制度依要求报送)。

利用数字证书通过互联网申报成功的纳税人,可取消上述纸质资料报送。

(4) 其他相关资料如下。

① 委托中介机构代理纳税申报的,应出具双方签订的代理合同,并附送中介机构出具的包括纳税调整的项目、原因、依据、计算过程、调整金额等内容的报告。

② 适用《企业所得税法》第45条情形或者需要适用《特别纳税调整实施办法(试行)》第84条规定的居民企业,应填报《受控外国企业信息报告表》;纳入《企业所得税法》第24条规定抵免范围的外国企业或符合《企业所得税法》第45条规定的受控外国企业,应报送按照中国会计制度编报的年度独立财务报表。

③ 主管税务机关要求报送的其他有关资料。

(二) 跨省设立的,实行汇总纳税办法的居民企业应报送

(1) 总机构应报送《中华人民共和国企业所得税年度纳税申报表(A类,2017年版)》,同时报送《中华人民共和国企业所得税汇总纳税分支机构所得税分配表》和各分支机构的年度财务报表、各分支机构参与企业年度纳税调整情况的说明。

(2) 分支机构应报送《中华人民共和国企业所得税月(季)度预缴纳税申报表(A类,2018年版)》,同时报送总机构所在地主管税务机关受理的汇总纳税企业分支机构所得税分配表,分支机构的年度财务报表(或年度财务状况和营业收支情况),分支机构参与企业年度纳税调整情况的说明。

(三) 税收优惠办理

企业享受优惠事项采取"自行判别、申报享受、相关资料留存备查"的办理方式。企业应当根据经营情况及相关税收规定自行判断是否符合优惠事项规定的条件,符合条件的可以按照《企业所得税优惠事项管理目录(2017年版)》列示的时间自行计算减免税额,并通过填报企业所得税纳税申报表享受税收优惠。同时,按照《企业所得税优惠政策事项办理办法》的规定归集和留存相关资料备查。

集成电路企业或项目、软件企业享受《财政部 税务总局 发展改革委 工业和信息化部关于促进集成电路产业和软件行业高质量发展企业所得税政策的公告》(2020年第45号)规定的优惠,采取清单进行管理的,由国家发展改革委、工业和信息化部于每年3月底前按规定向财政部、税务总局提供上一年度可享受优惠的企业和项目清单;不采取清单进行管理的,税务机关按照财税〔2016〕49号第十条的规定转请发展改革、工业和信息化部门进行核查,享受优惠的企业需要在汇缴期结束前按照《企业所得税优惠事项管理目录(2017年版)》"后续管理要求"中列示的清单向税务机关提交资料。

集成电路企业或项目、软件企业按照原有政策规定享受优惠的,税务机关按照财税〔2016〕49号第十条的规定转请发展改革、工业和信息化部门进行核查,企业需要在汇缴期结束前按

照《企业所得税优惠事项管理目录(2017年版)》"后续管理要求"中列示的清单向税务机关提交资料。

设有非法人分支机构的居民企业及实行汇总纳税的非居民企业机构、场所享受优惠事项的,由居民企业的总机构及汇总纳税的主要机构、场所负责统一归集并留存备查资料。分支机构及被汇总纳税的非居民企业机构、场所按照规定可独立享受优惠事项的,由分支机构及被汇总纳税的非居民企业机构、场所负责归集并留存备查资料,同时分支机构及被汇总纳税的非居民企业机构、场所应在当完成年度汇算清缴后将留存的备查资料清单送总机构及汇总纳税的主要机构、场所汇总。

(四)资产损失

企业向税务机关申报扣除资产损失,仅需填报企业所得税年度纳税申报表《资产损失税前扣除及纳税调整明细表》,不再报送资产损失相关资料。相关资料由企业留存备查。企业应当完整保存资产损失相关资料,保证资料的真实性、合法性。

(五)特殊性重组及递延纳税事项

企业重组业务适用特殊性税务处理的,除财税〔2009〕59号文件第四条第(一)项所称企业发生其他法律形式简单改变情形外,重组各方应在该重组业务完成当年,办理企业所得税年度申报时,分别向各自主管税务机关报送《企业重组所得税特殊性税务处理报告表及附表》和申报资料。合并、分立中重组一方涉及注销的,应在尚未办理注销税务登记手续前进行申报。

居民企业资产(股权)划转特殊性税务处理,交易双方应在企业所得税年度汇算清缴时,分别向各自主管税务机关报送《居民企业资产(股权)划转特殊性税务处理申报表》和相关资料。

非货币性资产投资企业所得税处理,企业选择适用《关于非货币性资产投资企业所得税有关征管问题的公告》(国家税务总局公告2015年第33号)第一条规定进行税务处理的,应在非货币性资产转让所得递延确认期间每年企业所得税汇算清缴时,填报《中华人民共和国企业所得税年度纳税申报表》(A类,2017年版)中"A105100企业重组及递延纳税事项纳税调整明细表"第12行"非货币性资产对外投资"的相关栏目,并向主管税务机关报送《非货币性资产投资递延纳税调整明细表》。

《企业重组所得税特殊性税务处理报告表及附表》、《居民企业资产(股权)划转特殊性税务处理申报表》和《非货币性资产投资递延纳税调整明细表》数据须随年度纳税申报表一并填报。

(六)其他项目

企业纳税年度中发生其他项目的,应在企业所得税年度汇算清缴申报时向税务机关报送相关资料。

其他项目具体包括房地产开发企业计税成本对象专项报告、实际毛利额与预计毛利额之间差异调整、政策性搬迁项目、境外所得税抵免、手续费及佣金支出计算分配信息、中小企业信用担保机构准备金扣除、企业发现以前年度应扣未扣的支出专项申报及说明、子公司向母公司支付服务费用、非金融企业向非金融企业借款的利息支出、建筑企业总机构所直接管理的跨地区经营项目部就地预缴税款等。

四、申报方式

企业所得税汇缴申报的方式包括网上申报和上门申报。

网上申报。目前江苏省企业所得税纳税人主要通过网上申报方式进行汇缴申报,网址见

"电子税务局入口"。

上门申报。纳税人需要上门申报的,请到办税服务厅上门办理。

今言税语

知识点梳理

企业所得税是对在中华人民共和国境内的企业和其他取得收入的组织(以下统称企业)所征收的一种税。其中,企业分为居民企业和非居民企业。

居民企业是指依法在中国境内成立,或者依照外国(地区)法律成立但实际管理机构在中国境内的企业。

非居民企业是指依照外国(地区)法律成立且实际管理机构不在中国境内,但在中国境内设立机构、场所或者在中国境内未设立机构、场所,但有来源于中国境内所得的企业。

企业所得税的征税对象是指企业取得的生产经营所得、其他所得和清算所得。

居民企业应将来源于中国境内、境外的所得作为征税对象。

非居民企业在中国境内设立机构、场所的,应当将其所设机构、场所取得的来源于中国境内的所得,以及发生在中国境外但与其所设机构、场所有实际联系的所得,缴纳企业所得税。

企业的收入总额包括以货币形式和非货币形式从各种来源取得的收入,具体有销售货物收入,提供劳务收入,转让财产收入,股息、红利等权益性投资收益,利息收入,租金收入,特许权使用费收入,接受捐赠收入和其他收入。

《企业所得税法》规定,企业实际发生的与取得收入有关的、合理的支出,包括成本、费用、税金、损失和其他支出,准予在计算应纳税所得额时扣除。

企业的免税收入包括国债利息收入;符合条件的居民企业之间的股息、红利等权益性投资收益;在中国境内设立机构、场所的非居民企业从居民企业取得与该机构、场所有实际联系的股息、红利等权益性投资收益;符合条件的非营利组织的收入。

税法所称符合条件的技术转让所得免征、减征企业所得税,是指一个纳税年度内,居民企业技术转让所得不超过 500 万元的部分,免征企业所得税;超过 500 万元的部分,减半征收企业所得税。

小型微利企业减按 20% 的税率征收企业所得税。从事国家非限制和禁止行业,并同时符合规定的年度应纳税所得额、从业人数和资产总额三项条件的企业为小型微利企业。

制造企业研发费用的加计扣除,企业开展研发活动中实际发生的研发费用,未形成无形资产计入当期损益的,在按规定据实扣除的基础上,自 2021 年 1 月 1 日起,再按照实际发生额的 100% 在税前加计扣除;形成无形资产的,自 2021 年 1 月 1 日起,按照无形资产成本的 200% 在税前摊销。

研发费用税前加计扣除归集范围:人员人工费用,直接投入费用,折旧费用,无形资产摊销,新产品设计费、新工艺规程制定费、新药研制的临床试验费、勘探开发技术的现场试验费和其他相关费用。

$$\text{其他相关费用限额} = \frac{\text{上述允许加计扣除的研发费用中第(1)至(5)项的费用之和} \times 10\%}{1-10\%}$$

企业委托境外进行研发活动所发生的费用,按照费用实际发生额的 80% 计入委托方的委托境外研发费用。委托境外研发费用不超过境内符合条件的研发费用 2/3 的部分,可以按规定在企业所得税税前加计扣除。

委托境外进行研发活动不包括委托境外个人进行的研发活动。

居民企业以企业登记注册地为纳税地点；但登记注册地在境外的，以实际管理机构所在地为纳税地点。企业注册登记地是指企业依照国家有关规定登记注册的住所地。

企业所得税按纳税年度计算，分月或者分季预缴，年终汇算清缴，多退少补。

按月或按季预缴的，应当自月份或者季度终了之日起 15 日内，向税务机关报送预缴企业所得税纳税申报表，预缴税款。

企业自年度终了之日起 5 个月内，向税务机关报送年度企业所得税纳税申报表，并汇算清缴，结清应缴应退税款。

一、单项选择题

1. 根据企业所得税的相关规定，下列有关确定所得来源地的表述中，不正确的是（　　）。
   A. 权益性投资资产转让所得按照投资企业所在地确定
   B. 提供劳务所得，按照劳务发生地确定
   C. 股息、红利等权益性投资所得，按照分配所得的企业所在地确定
   D. 不动产转让所得按照不动产所在地确定

2. 以下关于企业所得税收入确认时间的表述正确的是（　　）。
   A. 股息、红利等权益性投资收益，以投资方收到分配金额作为收入的实现
   B. 利息收入，按照合同约定的债务人应付利息的日期确认收入的实现
   C. 租金收入，在实际收到租金收入时确认收入的实现
   D. 接受捐赠收入，在签订捐赠合同时确认收入的实现

3. 某企业 2023 年已计入成本费用的实际发放的合理工资、薪金总额为 500 万元，实际发生职工福利费 75 万元，拨缴工会经费 16 万元，实际发生职工教育经费 30 万元，该企业在计算 2023 年应纳税所得额时，就上述业务应调整的应纳税所得额为（　　）万元。
   A. 22　　　　　B. 5　　　　　C. 11　　　　　D. 6

4. 下列各项中，可以作为一般企业业务招待费税前扣除限额计算基数的是（　　）。
   A. 固定资产的租金收入　　　　B. 出售无使用价值固定资产的收入
   C. 股息收入　　　　　　　　　D. 国债利息收入

5. 某食品生产企业（增值税一般纳税人）2023 年相关业务情况如下：销售食品开具增值税专用发票上注明的价款为 3 000 万元，端午节给员工发放自产产品作为节日礼物，账面价值为 50 万元，企业同期不含税销售额为 60 万元。企业发生管理费用 120 万元（其中业务招待费 30 万元），发生的销售费用 600 万元（其中广告费 300 万元、业务宣传费 160 万元、广告性赞助费 50 万元），发生向金融机构借款的财务费用 200 万元、非广告性赞助费 5 万元。该企业上述费用准予在企业所得税前扣除的金额为（　　）万元。
   A. 850　　　　B. 879　　　　C. 854.3　　　　D. 902

6. 下列各项税金中，在计算企业所得税时，不可以在税前扣除的是（　　）。
   A. 消费税　　　B. 增值税　　　C. 房产税　　　D. 印花税

7. 某企业 2022 年度发生职工福利费 180 万元，2022 年度税前准予扣除的职工工资总额 800 万元，2023 年度发生职工福利费 110 万元，2023 年度税前准予扣除的职工工资总额 1 000 万元，则该企业 2023 年度允许扣除职工福利费（　　）万元。

A. 164   B. 110   C. 154   D. 100

8. 甲食品生产企业2023年3月1日向某彩电生产企业借款600万元用于建造厂房,4月1日动工建造,借款期限1年,当年向彩电生产企业支付了借款利息100万元,银行同期同类贷款年利率为10%,该厂房于8月31日完工结算并投入使用,当年该企业税前可直接扣除的利息费用为(　　)万元。

A. 37.5   B. 25   C. 50   D. 45

9. 某市工业企业2023年度会计利润250万元,当年"营业外支出"账户中列支了通过当地民政部门向灾区的捐赠18万元;企业直接向洪涝灾区捐赠5万元;通过某关联企业向灾区捐赠5万元。假设除此之外没有其他纳税调整事项。该企业2023年企业所得税税前可以扣除的捐赠支出为(　　)万元。

A. 18   B. 5   C. 24   D. 20

10. 2023年1月某公司购进一套价值40万元(不考虑增值税)的办公软件,符合无形资产确认条件,公司按照无形资产进行核算。根据企业所得税相关规定,2023年该公司计算应纳税所得额时可扣除无形资产摊销费用的最高金额是(　　)万元。

A. 6   B. 10   C. 20   D. 60

二、多项选择题

1. 根据企业所得税的相关规定,下列关于所得来源地的表述中,正确的有(　　)。
   A. 销售货物所得,按照交易活动发生地确定
   B. 不动产转让所得,按照不动产所在地确定
   C. 动产转让所得,按照转让动产的企业或者机构、场所所在地确定
   D. 股息、红利等权益性投资所得,按照分配所得的企业所在地确定

2. 根据企业所得税的规定,下列收入中,属于企业所得税不征税收入的有(　　)。
   A. 财政拨款
   B. 地方政府债券利息收入
   C. 逾期未退包装物押金收入
   D. 依法收取并纳入财政管理的政府性基金

3. 依据企业所得税的相关规定,下列行为应视同销售确认收入的有(　　)。
   A. 将自产货物用于广告样品   B. 将自产货物用于集体福利
   C. 将自建办公楼转为自用   D. 将自产货物作为原材料投入生产

4. 下列项目中,可以在企业所得税税前扣除的有(　　)。
   A. 增值税   B. 出口关税
   C. 房产税   D. 企业所得税

5. 根据企业所得税的相关规定,下列各项中,在计算应纳税所得额时不得扣除的有(　　)。
   A. 工业企业内营业机构之间支付的租金
   B. 业务招待费支出
   C. 企业违反合同约定向采购方支付的违约金
   D. 被税务机关征收的税收滞纳金

6. 下列各项中属于职工福利费内容的有(　　)。
   A. 职工困难补助   B. 职工异地安家费
   C. 企业医务所设备的维修保养费   D. 支付给车间临时工的工资

7. 下列各项中,不得在企业所得税税前扣除的有(　　)。
   A. 银行企业内营业机构之间支付的利息
   B. 为固定资产计提的未经核准的减值准备
   C. 以融资租赁方式租入的固定资产计提的折旧
   D. 单独估价作为固定资产入账的土地计提的折旧

8. 下列项目中,不可以计算折旧或摊销费用在企业所得税税前扣除的有(　　)。
   A. 未投入使用的房屋、建筑物　　B. 自创商誉
   C. 未投入使用的设备　　D. 以融资租赁方式租入的固定资产

9. 境内居民企业发生的下列支出中,可以作为研发费用在企业所得税前加计扣除的有(　　)。
   A. 用于研发活动的软件的摊销费用
   B. 房屋的折旧和租赁费
   C. 与研发活动直接相关的技术图书资料费
   D. 专门用于中间试验和产品试制的制造费用

10. 下列关于企业在2022年纳税年度内新购进设备、器具一次性税前列支的说法中,正确的有(　　)。
    A. 单位价值不超过500万元,允许一次性计入当期成本费用在计算所得额时扣除
    B. 设备、器具是指除房屋、建筑物以外的固定资产
    C. 购进包括以货币形式购进或自行建造,其中以货币形式购进的固定资产包括购进使用过的固定资产
    D. 固定资产在投入使用月份的次月所属年度一次性税前扣除

三、判断题

1. 根据企业所得税法的相关规定,依照外国法律成立,但实际管理机构在中国境内的企业,是非居民企业。(　　)
2. 居民企业应将来源于中国境内、境外的所得作为征税对象。(　　)
3. 非居民企业一律适用20%的企业所得税税率。(　　)
4. 企业外购的软件,凡符合固定资产或无形资产确认条件的,可以按照固定资产或无形资产进行核算,其折旧或摊销年限可以适当缩短,最短可为2年(含2年)。(　　)
5. 企业发生的公益性捐赠支出,超过年度利润总额12%的部分,准予结转以后5年内在计算所得额时扣除。(　　)
6. 企业筹办期间不计算为亏损年度,企业开始生产经营的年度,为开始计算企业损益的年度。(　　)
7. 已足额提取折旧的固定资产的改建支出和租入固定资产的改建支出,计入管理费用。(　　)
8. 企业产品的常规性升级、市场调查研究、社会科学方面的研究,不适用税前加计扣除政策的活动。(　　)
9. 企业委托境内机构或个人进行研发活动所发生的费用,按照费用实际发生额的70%计入委托方研发费用计算加计扣除,受托方不得再进行加计扣除。(　　)
10. 企业应当自年度终了之日起3个月内,向税务机关报送年度企业所得税纳税申报表,并汇算清缴,结清应缴应退税款。(　　)

四、计算分析题

1. 某居民企业为增值税一般纳税人,主要生产销售冰箱,假定 2023 年度的销售(营业)收入为 8 800 万元,会计利润为 850 万元。其中部分财务信息如下。

(1) 销售费用 1 650 万元,其中广告费 1 400 万元;

(2) 管理费用 850 万元,其中业务招待费 90 万元;

(3) 财务费用 80 万元,其中含向非金融企业借款 500 万元所支付的年利息 40 万元(金融企业同期同类贷款的年利率为 5.8%);

(4) 实发工资 540 万元,拨缴工会经费 15 万元、实际发生职工福利费 82 万元、职工教育经费 47.7 万元,均已计入相关的成本、费用;

(5) 营业外支出 300 万元,其中包括通过公益性社会组织向希望小学的捐款 150 万元。

要求:根据上述资料,回答下列问题。

(1) 该企业 2023 年业务招待费应调整的应纳税所得额。

(2) 该企业 2023 年工会经费、职工福利费、职工教育经费应调整的应纳税所得额合计。

(3) 该企业 2023 年公益性捐赠支出应调整的应纳税所得额。

(4) 该企业 2023 年度应缴纳的企业所得税。

2. 某市大型服装生产企业,为增值税一般纳税人。2023 年度取得销售收入 40 000 万元,投资收益 100 万元,资产处置收益 900 万元。发生销售成本 28 900 万元,税金及附加 1 800 万元,管理费用 3 500 万元,销售费用 4 200 万元,财务费用 1 300 万元,营业外支出 200 万元,企业自行计算实现年度利润总额 1 100 万元。

2024 年初聘请某会计师事务所进行审核,发现以下问题。

(1) 转让旧办公楼(2008 年自建)合同记载含增值税收入 1 300 万元,成本 700 万元(其中土地成本 200 万元,能提供相应凭证)但未缴纳转让环节的增值税、城市维护建设税及附加,经评估机构评估该办公楼的重置成本为 1 600 万元,成新度折扣率 5 成。

(2) 8 月中旬购买安全生产专用设备(属于企业所得税优惠目录规定范围)一台,取得增值税专用发票注明金额 600 万元,进项税额 78 万元,当月投入使用,企业将其费用一次性计入了成本扣除。

(3) 接受非股东单位捐赠原材料一批,取得增值税专用发票注明金额 30 万元,进项税额 3.9 万元直接记入了"资本公积"账户核算。

(4) 管理费用中含业务招待费用 130 万元。

(5) 成本、费用中含实发工资总额 1 200 万元,职工福利费 180 万元,职工工会经费 28 万元,职工教育经费 40 万元。

(6) 投资收益中含转让国债收益 85 万元,该国债购入面值 200 万元,发行期限 1 年,年利率 5%,转让时持有天数为 252 天。

(7) 营业外支出中含通过当地生态环境主管部门向环保设施建设捐款 180 万元,并取得合法票据。(其他相关资料:假设税法与会计均规定安全生产专用设备折旧年限为 10 年,不考虑残值,转让旧办公楼选择简易计税方法计算增值税)

要求:根据上述资料,回答下列问题。

(1) 该企业 2023 年度的会计利润总额。

(2) 该企业 2023 年度的应纳税所得额。

(3) 该企业 2023 年度应缴纳的企业所得税。

第五章

个人所得税法

《中华人民共和国个人所得税法》是中国全国人民代表大会常务委员会批准的中国国家法律文件。

个人所得税法是指国家制定的用以调整个人所得税征收与缴纳之间权利及义务关系的法律规范。1980年9月10日,第五届全国人民代表大会第三次会议制定了《中华人民共和国个人所得税法》(以下简称《个人所得税法》)。《个人所得税法》多年来经过了七次修改,目前适用的基本规范是2018年8月31日,由第十三届全国人民代表大会常务委员会第五次会议修改通过,并于2019年1月1日起施行的《个人所得税法》。

个人所得税——
现代财政体系中
的基石

 学习目标

知识目标

(1) 学习个人所得税的概念、征收模式及个人所得税的纳税人种类。

(2) 学习个人所得税应纳税所得额的计算。

(3) 学习个人所得税应纳税额的计算。

能力目标

(1) 能够区分个人所得的种类。

(2) 能应用个人所得税率表。

(3) 能根据相关业务资料计算个人所得税的应纳税额。

素养目标

(1) 关注现实问题,增强社会责任感。

(2) 深入理解个人所得税相关政策,强化依法纳税意识。

内容导航

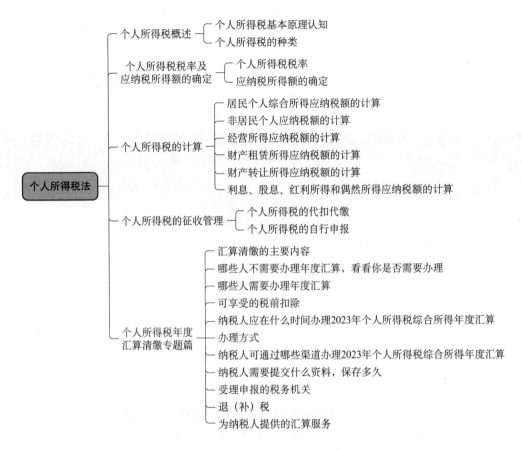

 以案为鉴

私车公用暗藏税务"雷区",这些风险你知道吗?

"私车公用"是很多企业普遍存在的情况,员工或老板将自有的车辆用于公务活动,发生的加油费、过路过桥费、维修费到底能不能报销?取得的报酬员工要不要代开发票?员工要不要交税?是否有涉税风险等问题一直是大家比较关注的。

××事务所 2021 年度对 12 名律师以报销车辆租赁费和加油费的方式进行补贴,金额 233 477.10 元,未履行代扣代缴个人所得税义务;2022 年度对 11 名律师以报销车辆租赁费和加油费的方式进行补贴,金额 223 376.81 元,未履行代扣代缴个人所得税义务。

以案释法

依据《国家税务总局关于个人因公务用车制度改革取得补贴收入征收个人所得税问题的通知》(国税函〔2006〕245 号)中"一、因公务用车制度改革而以现金、报销等形式向职工个人支付的收入,均应视为个人取得公务用车补贴收入,按照'工资、薪金所得'项目计征个人所得税"的规定,应调增律师个人相应年度应纳税所得额。

根据《中华人民共和国个人所得税法》第九条"个人所得税以所得人为纳税人,以支付所得的单位或者个人为扣缴义务人"的规定，××事务所为个人所得税的扣缴义务人，如图 5-1 所示。依据《中华人民共和国税收征收管理法》(中华人民共和国主席令第 49 号)第六十九条："扣缴义务人应扣未扣、应收而不收税款的，由税务机关向纳税人追缴税款，对扣缴义务人处应扣未扣、应收未收税款百分之五十以上三倍以下的罚款。"

图 5-1　国家税务总局政策法规库截图

问题思考与讨论

(1) 通过上述案例内容，给我们什么启示？

(2) 在该案例中，企业被处以 50%的罚款，因此，对于私车公用，其他企业要引以为戒。

以案说法

@纳税人：2023 个税年度汇算政策发布！看看你是否需要办理

2024 年 3 月 1 日至 6 月 30 日，是 2023 年度个人所得税综合所得年度汇算时间。国家税务总局发布了《关于办理 2023 年度个人所得税综合所得汇算清缴事项的公告》(国家税务总局公告 2024 年第 2 号，以下简称《公告》)，明确了相关办理事项。

1. 哪些人不需要办理年度汇算？

纳税人在 2023 年已依法预缴个人所得税且符合下列情形之一的，无须办理汇算。

(1) 汇算需补税但综合所得收入全年不超过 12 万元的；

(2) 汇算需补税金额不超过 400 元的；

(3) 已预缴税额与汇算应纳税额一致的；

(4) 符合汇算退税条件但不申请退税的。

2. 哪些人需要办理年度汇算？

符合下列情形之一的，纳税人需办理汇算。

(1) 已预缴税额大于汇算应纳税额且申请退税的；

(2) 2023 年取得的综合所得收入超过 12 万元且汇算需要补税金额超过 400 元。

因适用所得项目错误或者扣缴义务人未依法履行扣缴义务，造成 2023 年少申报或者未申报综合所得的，纳税人应当依法据实办理汇算。

第一节　个人所得税概述

一、个人所得税基本原理认知

（一）个人所得税的含义

个人所得税法是指国家制定的用以调整个人所得税征收与缴纳之间权利及义务关系的法律规范。1980年9月10日，第五届全国人民代表大会第三次会议制定了《中华人民共和国个人所得税法》(以下简称《个人所得税法》)，如图5-2所示。

图5-2　《中华人民共和国个人所得税法》官网截图

个人所得税主要是以自然人取得的各类应税所得为征税对象而征收的一种所得税，是政府利用税收对个人收入进行调节的一种手段。个人所得税是一种直接税，指政府按照法律规定，对个人(自然人)在其本国境内取得的各种形式的应税所得(包括但不限于工资、薪金、稿酬、特许权使用费、利息、股息、红利、财产租赁收入、财产转让所得等)进行课征的一种税款。个人所得税旨在调节个人收入分配，筹集财政资金，并通过设置不同的税率结构和减免政策来实现社会公平和经济效率。在中国，个人所得税的纳税人分为居民个人和非居民个人两种类型。居民个人需对其全球范围内的所得缴纳个人所得税，而非居民个人则只需就其来源于中国境内的所得纳税。此外，中国的个人所得税法还设置了起征点、各种专项附加扣除等措施，以减轻纳税人的负担，并根据纳税人的家庭情况和个人实际负担进行一定的税负调整。

（二）个人所得税的征收模式

从世界范围来看，个人所得税存在着三种税制模式：分类征收制、综合征收制与混合征收制。分类征收制就是对纳税人不同来源、性质的所得项目，分别规定不同的税率征税；综合征收制是对纳税人全年的各项所得加以汇总,就其总额进行征税;混合征收制兼有上述两种模式的特点,即对一部分所得项目予以加总,实行按年汇总计算纳税,对其他所得项目则实行分类征收。

1. 基本规定

居民个人与非居民个人的区分,见表 5-1 所示。

表 5-1 居民个人与非居民个人的区分

类 型	判 定 标 准	纳 税 义 务
居民个人	在中国境内有住所的个人(住所地标准)	就其从中国境内和境外取得的所得,向中国政府缴纳个人所得税
	在中国境内无住所而一个纳税年度内在中国境内居住累计满 183 天的个人	
非居民个人	在中国境内无住所又不居住的个人	仅就其从中国境内取得的所得,向中国政府缴纳个人所得税
	在中国境内无住所而一个纳税年度内在中国境内累计不满 183 天的个人	

2. 有关"境内住所"

在中国境内有住所,是指因户籍、家庭、经济利益关系而在中国境内习惯性居住。

3. 有关"183 天"

"累计满 183 天"应当在一个纳税年度(自公历 1 月 1 日起至 12 月 31 日止)内计算。

> 练习 5-1(单选题) 下列不属于个人所得税纳税人的是( )。
> A. 个人独资企业的投资者个人
> B. 一人有限责任公司
> C. 个体工商户
> D. 合伙企业中的自然人合伙人

个人所得税的纳税人

二、个人所得税的种类

(一)工资、薪金所得

工资、薪金所得是指个人因任职或者受雇取得的工资、薪金、奖金、年终加薪、劳动分红、津贴、补贴,以及与任职或者受雇有关的其他所得。

(二)劳务报酬所得

劳务报酬所得是指个人独立从事非雇佣的各种劳务取得的所得,包括从事设计、装潢、安装、制图、化验、测试、医疗、法律、会计、咨询、讲学、翻译、审稿、书画、雕刻、影视、录音、录像、演出、表演、广告、展览、技术服务、介绍服务、经纪服务、代办服务,以及其他劳务取得的所得。

提炼点睛

怎么区分"劳务报酬所得"和"工资、薪金所得"?

可以通过是否存在正式的雇佣关系,且是否从任职的单位获得相关报酬来区分。例如,个人在单位以外兼职(非雇佣)取得的收入属于劳务报酬所得;律师以个人名义再聘请其他人员为其工作而支付的报酬属于劳务报酬所得;演员在外演出取得的收入属于劳务报酬所得,但是演员从其所属单位领取工资则属于工资、薪金所得。

(三) 特许权使用费所得

特许权使用费所得是指个人提供专利权、商标权、著作权、非专利技术以及其他特许权的使用权取得的所得。

(四) 稿酬所得

稿酬所得是指个人因其作品以图书、报刊等形式出版、发表而取得的所得。

(五) 经营所得

经营所得包括以下几点。

(1) 个体工商户从事生产、经营活动取得的所得,个人独资企业投资人、合伙企业的个人合伙人来源于境内注册的个人独资企业、合伙企业生产、经营的所得。
(2) 个人依法从事办学、医疗、咨询以及其他有偿服务活动取得的所得。
(3) 个人对企业、事业单位承包经营、承租经营,以及转包、转租取得的所得。
(4) 个人从事其他生产、经营活动取得的所得。

(六) 利息、股息、红利所得

利息、股息、红利所得是指个人拥有债权、股权等而取得的利息、股息、红利所得。

(七) 财产租赁所得

财产租赁所得是指个人出租不动产、机器设备、车船以及其他财产取得的所得。

(八) 财产转让所得

财产转让所得是指个人转让有价证券、股权、合伙企业中的财产份额、不动产、机器设备、车船,以及其他财产取得的所得。

(九) 偶然所得

偶然所得是指个人得奖、中奖、中彩以及其他偶然性质的所得。

第二节 个人所得税税率及应纳税所得额的确定

一、个人所得税税率

(一) 综合所得适用3%~45%的七级超额累进税率

综合所得适用七级超额累进税率,税率为3%~45%,如表5-2所示。

表5-2 综合所得个人所得税税率表

级数	全年应纳税所得额	税率(%)	速算扣除数(元)
1	不超过36 000元的	3	0
2	超过36 000元至144 000元的部分	10	2 520
3	超过144 000元至300 000元的部分	20	16 920
4	超过300 000元至420 000元的部分	25	31 920
5	超过420 000元至660 000元的部分	30	52 920

续表

级数	全年应纳税所得额	税率(%)	速算扣除数(元)
6	超过 660 000 元至 960 000 元的部分	35	85 920
7	超过 960 000 元的部分	45	181 920

注：① 本表所称全年应纳税所得额是指依照税法的规定，居民个人取得综合所得以每一纳税年度收入额减除费用 60 000 元，以及专项扣除、专项附加扣除和依法确定的其他扣除后的余额。

② 非居民个人取得工资、薪金所得，劳务报酬所得，稿酬所得和特许权使用费所得，依照本表按月换算后计算应纳税额。

提炼点睛

居民个人每一纳税年度内取得的综合所得包括哪些？

居民个人每一纳税年度内取得的综合所得包括工资、薪金所得，劳务报酬所得，稿酬所得和特许权使用费所得。

（二）经营所得适用 5%～35% 的五级超额累进税率

经营所得适用五级超额累进税率，税率为 5%～35%，如表 5-3 所示。

表 5-3　经营所得个人所得税税率表

级数	全年应纳税所得额	税率(%)	速算扣除数(元)
1	不超过 30 000 元的	5	0
2	超过 30 000 元至 90 000 元的部分	10	1 500
3	超过 90 000 元至 300 000 元的部分	20	10 500
4	超过 300 000 元至 500 000 元的部分	30	40 500
5	超过 500 000 元的部分	35	65 500

注：本表所称全年应纳税所得额是指依照《个人所得税法》第六条的规定，以每一纳税年度的收入总额减除成本、费用及损失后的余额。

（三）其他所得适用税率

利息、股息、红利所得，财产租赁所得，财产转让所得和偶然所得适用比例税率，税率为 20%。

二、应纳税所得额的确定

由于个人所得税的应税项目不同，并且取得某项所得所需费用也不相同，因此，计算个人应纳税所得额，需按不同应税项目分项计算。以某项应税项目的收入额减去税法规定的该项目费用减除标准后的余额，为该应税项目应纳税所得额。两个以上的个人共同取得同一项目收入的，应当对每个人取得的收入分别按照《个人所得税法》的规定计算纳税。

（一）每次收入的确定

《个人所得税法》对纳税义务人的征税方法有以下三种：

（1）按年计征，如经营所得、居民个人取得的综合所得；

（2）按月计征，如非居民个人取得的工资、薪金所得；

（3）按次计征，如利息、股息、红利所得，财产租赁所得，偶然所得，非居民个人取得的劳务报酬所得，稿酬所得，特许权使用费所得等 6 项所得。

在按次征收的情况下，由于扣除费用依据每次应纳税所得额的大小，分别规定了定额和定率两种标准。因此,无论是从正确贯彻税法的立法精神、维护纳税义务人的合法权益方面来看,还是从避免税收漏洞、防止税款流失、保证国家税收收入方面来看,如何准确划分"次",都是十分重要的。《个人所得税法实施条例》中对前述6项所得的"次"作出了明确规定,具体如下。

(1) 非居民个人取得劳务报酬所得、稿酬所得、特许权使用费所得收入的确定。

根据不同所得项目的特点,有如下规定。

① 属于一次性收入的,以取得该项收入为一次。就劳务报酬所得来看,从事设计、安装、装潢、制图、化验、测试等劳务,往往是接受客户的委托,按照客户的要求,完成一次劳务后取得收入。因此,这些收入属于一次性收入,应以每次提供劳务取得的收入为一次。但需要注意的是,如果一次性劳务报酬收入是以分月支付的方式取得的,就适用"同一事项连续取得收入以1个月内取得的收入为一次"的规定。

就稿酬来看,以每次出版、发表取得的收入为一次,不论出版单位是预付还是分笔支付稿酬,或者加印该作品后再付稿酬,均应合并其稿酬所得按一次计征个人所得税。

具体又可细分为同一作品再版取得的所得,应视作另一次稿酬所得计征个人所得税。同一作品先在报刊上连载,然后再出版,或先出版,再在报刊上连载的,应视为两次稿酬所得征税。即连载作为一次,出版作为另一次。同一作品在报刊上连载取得收入的,以连载完成后取得的所有收入合并为一次,计征个人所得税。同一作品在出版和发表时,以预付稿酬或分次支付稿酬等形式取得的稿酬收入,应合并计算为一次。同一作品出版、发表后,因添加印数而追加稿酬的,应与以前出版、发表时取得的稿酬合并计算为一次,计征个人所得税。在两处或两处以上出版、发表或再版同一作品而取得稿酬所得,则可分别就各处取得的所得或再版所得按分次所得计征个人所得税。作者去世后,对取得其遗作稿酬的个人,按"稿酬所得"项目征收个人所得税。

就特许权使用费来看,以某项使用权的一次转让所取得的收入为一次。一个非居民个人,可能不仅拥有一项特许权,每一项特许权的使用权也可能不止一次地向我国境内提供。因此,对特许权使用费所得的"次"的界定,明确为以每一项使用权的每次转让所取得的收入为一次。如果该次转让取得的收入是分笔支付的,则应将各笔收入相加,计征个人所得税。

② 属于同一事项连续取得收入的,以1个月内取得的收入为一次。例如,某外籍歌手(非居民个人)与一演出机构签约,在一定时期内每天到演出机构演出一次,每次演出后演出机构对其付酬500元。在计算其劳务报酬所得时,应视为同一事项的连续性收入,以其1个月内取得的收入为一次计征个人所得税而不能以每天取得的收入为一次。

(2) 财产租赁所得,以1个月内取得的收入为一次。

(3) 利息、股息、红利所得,以支付利息、股息、红利时取得的收入为一次。

(4) 偶然所得,以每次取得该项收入为一次。

(二) 应纳税所得额和费用减除标准

《国务院关于提高个人所得税有关专项附加扣除标准的通知》(国发〔2023〕13号,以下简称《通知》),如图5-3所示。本公告自2023年1月1日起施行。

1. 居民个人取得综合所得的应纳税所得额

(1) 居民个人的综合所得。居民个人的综合所得以每年收入额减除费用60 000元,以及专项扣除、专项附加扣除和依法确定的其他扣除后的余额,为应纳税所得额。

① 专项扣除。包括居民个人按照国家规定的范围和标准缴纳的基本养老保险、基本医疗保险、失业保险等社会保险费和住房公积金等。

图 5-3 《国务院关于提高个人所得税有关专项附加扣除标准的通知》官网截图

② 专项附加扣除。包括子女教育、继续教育、大病医疗、住房贷款利息或者住房租金、赡养老人、3 岁以下婴幼儿照护等支出,具体范围、标准和实施步骤由国务院确定,并报全国人民代表大会常务委员会备案。

③ 依法确定的其他扣除。包括个人缴付符合国家规定的企业年金、职业年金,个人购买的符合国家规定的商业健康保险、税收递延型商业养老保险的支出,以及国务院规定可以扣除的其他项目。

专项扣除、专项附加扣除和依法确定的其他扣除,以居民个人一个纳税年度的应纳税所得额为限额;一个纳税年度扣除不完的,不结转以后年度扣除。

(2) 劳务报酬所得、稿酬所得、特许权使用费所得。以每月收入额减除费用 5 000 元后的余额为应纳税所得额;劳务报酬所得、稿酬所得、特许权使用费所得,以每次收入额为应纳税所得额。

扣缴义务人向居民个人支付劳务报酬所得、稿酬所得、特许权使用费所得,按次或者按月预扣预缴个人所得税。具体的预扣预缴方法如下:

① 收入额。劳务报酬所得、稿酬所得、特许权使用费所得以收入减除费用后的余额为收

入额。稿酬所得的收入额减按70%计算。

② 减除费用。劳务报酬所得、稿酬所得、特许权使用费所得每次收入不超过4 000元的,减除费用按800元计算;每次收入4 000元以上的,减除费用按20%计算。

(3) 专项附加扣除标准。专项附加扣除是本次《个人所得税法》修订后引入的新的费用扣除标准,遵循公平合理、利于民生、简便易行的原则,目前包含了子女教育、继续教育、大病医疗、住房贷款利息、住房租金、赡养老人、3岁以下婴幼儿照护7项支出,并将根据教育、医疗、住房、养老等民生支出变化情况,适时调整专项附加扣除的范围和标准。取得综合所得和经营所得的居民个人可以享受专项附加扣除。

① 子女教育。纳税人年满3岁的子女接受学前教育和学历教育的相关支出,按照每个子女每月2 000元(每年24 000元)的标准定额扣除。

学前教育包括年满3岁至小学入学前教育;学历教育包括义务教育(小学、初中教育)、高中阶段教育(普通高中、中等职业、技工教育)、高等教育(大学专科、大学本科、硕士研究生、博士研究生教育)。

父母可以选择由其中一方按扣除标准的100%扣除,也可以选择由双方分别按扣除标准的50%扣除,具体扣除方式在一个纳税年度内不能变更。

纳税人子女在中国境外接受教育的,纳税人应当留存境外学校录取通知书、留学签证等相关教育的证明资料备查。

② 继续教育。纳税人在中国境内接受学历(学位)继续教育的支出,在学历(学位)教育期间按照每月400元(每年4 800元)定额扣除。同一学历(学位)继续教育的扣除期限不能超过48个月(4年)。纳税人接受技能人员职业资格继续教育、专业技术人员职业资格继续教育支出,在取得相关证书的当年,按照3 600元定额扣除。

个人接受本科及以下学历(学位)继续教育,符合税法规定扣除条件的,可以选择由其父母扣除,也可以选择由本人扣除。纳税人接受技能人员职业资格继续教育、专业技术人员职业资格继续教育的,应当留存相关证书等资料备查。

③ 大病医疗。在一个纳税年度内,纳税人发生的与基本医保相关的医药费用支出,扣除医保报销后个人负担(指医保目录范围内的自付部分)累计超过15 000元的部分,由纳税人在办理年度汇算清缴时,在80 000元限额内据实扣除。

纳税人发生的医药费用支出可以选择由本人或者其配偶扣除;未成年子女发生的医药费用支出可以选择由其父母一方扣除。纳税人及其配偶、未成年子女发生的医药费用支出,应按前述规定分别计算扣除额。

纳税人应当留存医药服务收费及医保报销相关票据原件(或复印件)等资料备查。医疗保障部门应当向患者提供在医疗保障信息系统记录的本人年度医药费用信息查询服务。

④ 住房贷款利息。纳税人本人或配偶,单独或共同使用商业银行或住房公积金个人住房贷款,为本人或其配偶购买中国境内住房,发生的首套住房贷款利息支出,在实际发生贷款利息的年度,按照每月1 000元(每年12 000元)的标准定额扣除,扣除期限最长不超过240个月(20年)。纳税人只能享受一套首套住房贷款利息扣除。

首套住房贷款是指购买住房享受首套住房贷款利率的住房贷款。经夫妻双方约定,可以选择由其中一方扣除,具体扣除方式确定后,在一个纳税年度内不得变更。

夫妻双方婚前分别购买住房发生的首套住房贷款,其贷款利息支出,婚后可以选择其中一套购买的住房,由购买方按扣除标准的100%扣除,也可以由夫妻双方对各自购买的住房分别按扣除标准的50%扣除,具体扣除方式在一个纳税年度内不能变更。

纳税人应当留存住房贷款合同、贷款还款支出凭证备查。

⑤ 住房租金。纳税人在主要工作城市没有自有住房而发生的住房租金支出,可以按照以下标准定额扣除。

直辖市、省会(首府)城市、计划单列市及国务院确定的其他城市,扣除标准为每月1 500元(每年18 000元)。除上述所列城市外,市辖区户籍人口超过100万的城市,扣除标准为每月1 100元(每年13 200元);市辖区户籍人口不超过100万的城市,扣除标准为每月800元(每年9 600元)。市辖区户籍人口,以国家统计局公布的数据为准。

主要工作城市是指纳税人任职受雇的直辖市、计划单列市、副省级城市、地级市(地区、州、盟)全部行政区域范围;纳税人无任职受雇单位的,为受理其综合所得汇算清缴的税务机关所在城市。

夫妻双方主要工作城市相同的,只能由一方扣除住房租金支出。住房租金支出由签订租赁住房合同的承租人扣除。

纳税人及其配偶在一个纳税年度内不得同时分别享受住房贷款利息专项附加扣除和住房租金专项附加扣除。纳税人应当留存住房租赁合同、协议等有关资料备查。

⑥ 赡养老人。纳税人赡养一位及以上被赡养人的赡养支出,统一按以下标准定额扣除。

纳税人为独生子女的,按照每月3 000元(每年36 000元)的标准定额扣除;纳税人为非独生子女的,由其与兄弟姐妹分摊每月3 000元(每年36 000元)的扣除额度,每人分摊的额度最高不得超过每月1 500元(每年18 000元)。可以由赡养人均摊或者约定分摊,也可以由被赡养人指定分摊。约定或者指定分摊的须签订书面分摊协议,指定分摊优于约定分摊。具体分摊方式和额度在一个纳税年度内不得变更。

所称被赡养人是指年满60岁的父母,以及子女均已去世的年满60岁的祖父母、外祖父母。

⑦ 3岁以下婴幼儿照护。纳税人照护3岁以下婴幼儿子女的相关支出,按照每个婴幼儿每月2 000元的标准定额扣除。

父母可以选择由其中一方按扣除标准的100%扣除,也可以选择由双方分别按扣除标准的50%扣除,具体扣除方式在一个纳税年度内不能变更。

2. 非居民个人的工资、薪金所得,劳务报酬所得,稿酬所得和特许权使用费所得

同居民个人取得的劳务报酬所得、稿酬所得和特许权使用费所得一样,非居民个人取得的这些项目的所得同样适用劳务报酬所得、稿酬所得、特许权使用费所得以收入减除20%的费用后的余额为收入额、稿酬所得的收入额减按70%计算的规定。

非居民个人的工资、薪金所得,以每月收入额减除费用5 000元后的余额为应纳税所得额;劳务报酬所得、稿酬所得、特许权使用费所得,以每次收入额为应纳税所得额。

3. 经营所得

经营所得,以每一纳税年度的收入总额减除成本、费用及损失后的余额,为应纳税所得额。

成本、费用是指生产、经营活动中发生的各项直接支出和分配计入成本的间接费用以及销售费用、管理费用、财务费用;损失是指生产、经营活动中发生的固定资产和存货的盘亏、毁损、报废损失,转让财产损失,坏账损失,自然灾害等不可抗力因素造成的损失及其他损失。

取得经营所得的个人,没有综合所得的,在计算其每一纳税年度的应纳税所得额时,应当减除费用60 000元、专项扣除、专项附加扣除及依法确定的其他扣除。专项附加扣除在办理汇算清缴时减除。

纳税人从事生产、经营活动,未提供完整、准确的纳税资料,不能正确计算应纳税所得额的,由主管税务机关核定其应纳税所得额或者应纳税额。

个人独资企业的投资者以全部生产经营所得为应纳税所得额;合伙企业的投资者按照合伙企业的全部生产经营所得和合伙协议约定的分配比例,确定应纳税所得额,合伙协议没有约定分配比例的,以全部生产经营所得和合伙人数量为标准平均计算每个投资者的应纳税所得额。

上述所称生产经营所得,包括企业分配给投资者个人的所得和企业当年留存的所得(利润)。

对个体工商户业主、个人独资企业和合伙企业自然人投资者的生产经营所得依法计征个人所得税时,个体工商户业主、个人独资企业和合伙企业自然人投资者本人的费用扣除标准统一确定为60 000元/年(5 000元/月)。

对企业事业单位的承包经营、承租经营所得,以每一纳税年度的收入总额,减除必要费用后的余额,为应纳税所得额。这里的每一纳税年度的收入总额,是指纳税义务人按照承包经营、承租经营合同规定分得的经营利润和工资、薪金性质的所得;这里减除必要费用,指按年减除60 000元。

4. 财产租赁所得

财产租赁所得,每次收入不超过4 000元的,减除费用800元;4 000元以上的,减除20%的费用,其余额为应纳税所得额。

5. 财产转让所得

财产转让所得,以转让财产的收入额减除财产原值和合理费用后的余额,为应纳税所得额。财产原值,按照下列方法计算:

(1) 有价证券,为买入价及买入时按照规定缴纳的有关费用;
(2) 建筑物,为建造费或者购进价格及其他有关费用;
(3) 土地使用权,为取得土地使用权所支付的金额、开发土地的费用及其他有关费用;
(4) 机器设备、车船,为购进价格、运输费、安装费及其他有关费用;
(5) 其他财产,参照以上方法确定。

纳税义务人未提供完整、准确的财产原值凭证,不能正确计算财产原值的,由主管税务机关核定其财产原值。

合理费用是指卖出财产时按照规定支付的有关费用。

6. 利息、股息、红利所得和偶然所得

利息、股息、红利所得和偶然所得,以每次收入额为应纳税所得额。

> **练习 5-2(多选题)**　下列属于专项附加扣除的有(　　)。
> A. 子女教育支出
> B. 配偶继续教育支出
> C. 住房贷款支出
> D. 住房租金支出

专项附加扣除

(三) 应纳税所得额的其他规定

1. 个人将其所得对教育、扶贫、济困等公益慈善事业进行捐赠

捐赠额未超过纳税人申报的应纳税所得额30%的部分,可以从其应纳税所得额中扣除;

国务院规定对公益慈善事业捐赠实行全额税前扣除的,从其规定。

个人将其所得对教育、扶贫、济困等公益慈善事业进行捐赠,是指个人将其所得通过中国境内的公益性社会组织、国家机关向教育、扶贫、济困等公益慈善事业的捐赠;应纳税所得额是指计算扣除捐赠额之前的应纳税所得额。

2. 个人所得的形式,包括现金、实物、有价证券和其他形式的经济利益

所得为实物的,应当按照取得的凭证上所注明的价格计算应纳税所得额,无凭证的实物或者凭证上所注明的价格明显偏低的,参照市场价格核定应纳税所得额;所得为有价证券的,根据票面价格和市场价格核定应纳税所得额;所得为其他形式的经济利益的,参照市场价格核定应纳税所得额。

3. 居民个人从中国境外取得的所得

可以从其应纳税额中抵免已在境外缴纳的个人所得税税额,但抵免额不得超过该纳税人境外所得依照税法规定计算的应纳税额。

4. 个人的外币收入折合成人民币的换算方法

(1) 个人取得的收入和所得为美元、日元、港币的,统一使用中国人民银行公布的人民币对上述三种货币的基准汇价计税。

(2) 个人取得的收入和所得为其他货币的,应当根据美元对人民币的基准汇价和国家外汇管理局提供的纽约外汇市场美元对主要外币的汇价套算,按照套算以后的汇价计税。

套算公式为

$$\frac{某种货币对}{人民币的汇价} = \frac{美元对人民币}{的基准汇价} \div \frac{纽约外汇市场美元}{对该种货币的汇价}$$

(3) 个人在报送纳税申报表时,应当附送汇价折算的计算过程。

(4) 所得为人民币以外货币的,按照办理纳税申报或者扣缴申报的上一月最后一日人民币汇率中间价,折合成人民币计算应纳税所得额。年度终了后办理汇算清缴的,对已经按月、按季或者按次预缴税款的人民币以外货币所得,不再重新折算;对应当补缴税款的所得部分,按照上一纳税年度最后一日人民币汇率中间价,折合成人民币计算应纳税所得额。

5. 个人技术转让与劳务中介费,合规凭证抵扣所得

对个人从事技术转让、提供劳务等过程中所支付的中介费如能提供有效、合法凭证的,允许从其所得中扣除。

第三节　个人所得税的计算

一、居民个人综合所得应纳税额的计算

(一) 应纳税额

应纳税额＝应纳税所得额×适用税率－速算扣除数
　　　　＝(每一纳税年度收入额－费用6万元－专项扣除－专项附加扣除－
　　　　　依法确定的其他扣除)×适用税率－速算扣除数

(二) 收入额

劳务报酬所得、稿酬所得、特许权使用费所得以收入减除20%的费用后的余额为收入额;稿酬所得的收入额减按70%计算。

（三）居民个人综合所得的扣除项目总述

居民个人综合所得的扣除项目,如表 5-4 所示。

表 5-4　居民个人综合所得的扣除项目

项　目	主　要　规　定
减除费用	60 000 元/年
专项扣除	包括居民个人按照国家规定的范围和标准缴纳的基本养老保险、基本医疗保险、失业保险等(基本)社会保险费和住房公积金等("三险一金")
专项附加扣除	子女教育专项附加扣除
	3 岁以下婴幼儿照护专项附加扣除
	继续教育专项附加扣除
	大病医疗专项附加扣除
	住房贷款利息专项附加扣除
	住房租金专项附加扣除
	赡养老人专项附加扣除
依法确定的其他扣除	包括个人缴付符合国家规定的企业年金、职业年金,个人购买符合国家规定的商业健康保险、税收递延型商业养老保险的支出,以及国务院规定可以扣除的其他项目

（四）居民个人综合所得税税率表

居民个人综合所得税税率,如表 5-5 所示。

表 5-5　个人所得税税率表(综合所得适用)

级数	全年应纳税所得额	税率(%)	速算扣除数(元)
1	不超过 36 000 元的	3	0
2	超过 36 000 元至 144 000 元的部分	10	2 520
3	超过 144 000 元至 300 000 元的部分	20	16 920
4	超过 300 000 元至 420 000 元的部分	25	31 920
5	超过 420 000 元至 660 000 元的部分	30	52 920
6	超过 660 000 元至 960 000 元的部分	35	85 920
7	超过 960 000 元的部分	45	181 920

注:本表中全年应纳税所得额是指依照税法的规定,居民个人取得综合所得以每一纳税年度收入额减除费用 60 000 元以及专项扣除、专项附加扣除和依法确定的其他扣除后的余额。

【例 5-1】 假定某居民个人纳税人张三 2022 年扣除"三险一金"后共取得含税工资收入 120 000 元,除住房贷款专项附加扣除外,该纳税人不享受其余专项附加扣除和税法规定的其他扣除。计算其当年应纳个人所得税税额。

解析:(1) 全年应纳税所得额=120 000－60 000－12 000＝48 000(元)

(2) 应纳税额＝48 000×10％－2 520＝2 280(元)

二、非居民个人应纳税额的计算

首先需要明确的是,同居民个人取得的劳务报酬所得、稿酬所得和特许权使用费所得一样,非居民个人取得的这些项目的所得同样适用劳务报酬所得、稿酬所得、特许权使用费所得以收入减除20%的费用后的余额为收入额、稿酬所得的收入额减按70%计算的规定。

非居民个人的工资、薪金所得,以每月收入额减除费用5 000元后的余额为应纳税所得额;劳务报酬所得、稿酬所得、特许权使用费所得,以每次收入额为应纳税所得额。

前面提到,非居民个人取得工资、薪金所得,劳务报酬所得,稿酬所得和特许权使用费所得,依照表5-5按月换算后计算应纳税额。因此,非居民个人从我国境内取得这些所得时,适用的税率如表5-6所示。

表5-6 非居民个人工资、薪金所得,劳务报酬所得,稿酬所得,特许权使用费所得税率表

级数	应纳税所得额	税率(%)	速算扣除数(元)
1	不超过3 000元的	3	0
2	超过3 000元至12 000元的部分	10	210
3	超过12 000元至25 000元的部分	20	1 410
4	超过25 000元至35 000元的部分	25	2 660
5	超过35 000元至55 000元的部分	30	4 410
6	超过55 000元至80 000元的部分	35	7 160
7	超过80 000元的部分	45	15 160

非居民个人取得工资、薪金所得,劳务报酬所得,稿酬所得和特许权使用费所得,有扣缴义务人的,由扣缴义务人按月或者按次代扣代缴税款,不办理汇算清缴。

扣缴义务人向非居民个人支付工资、薪金所得,劳务报酬所得,稿酬所得和特许权使用费所得时,应当按照以下方法按月或者按次代扣代缴税款。

非居民个人的工资、薪金所得,以每月收入额减除费用5 000元后的余额为应纳税所得额。

劳务报酬所得、稿酬所得、特许权使用费所得,以每次收入额为应纳税所得额,适用非居民个人工资、薪金所得,劳务报酬所得,稿酬所得,特许权使用费所得适用税率表(见表5-6)计算应纳税额。劳务报酬所得、稿酬所得、特许权使用费所得以收入减除20%的费用后的余额为收入额,其中,稿酬所得的收入额减按70%计算。

税款扣缴计算公式为

非居民个人工资、薪金所得,劳务报酬所得,稿酬所得,特许权使用费所得应纳税额＝应纳税所得额×税率－速算扣除数

【例5-2】 假定某外商投资企业中工作的韩国专家(假设为非居民纳税人)2022年2月取得由该企业发放的含税工资收入10 400元人民币,此外还从别处取得劳务报酬5 000元人民币。请计算当月其应纳个人所得税税额。

解析:(1)该非居民个人当月工资、薪金所得应纳税额＝(10 400－5 000)×10%－210
＝330(元)

(2)该非居民个人当月劳务报酬所得应纳税额＝5 000×(1－20%)×10%－210＝190(元)

非居民个人在一个纳税年度内税款扣缴方法保持不变,达到居民个人条件时,应当告知扣缴义务人基础信息变化情况,年度终了后按照居民个人有关规定办理汇算清缴。

对于非居民个人取得工资、薪金所得,劳务报酬所得,稿酬所得和特许权使用费所得,扣缴义务人的责任、义务及扣缴期限与前述居民个人取得综合所得时相同。

三、经营所得应纳税额的计算

经营所得应纳税额的计算公式为

应纳税额＝全年应纳税所得额×适用税率－速算扣除数

或:应纳税额＝(全年收入总额－成本、费用以及损失)×适用税率－速算扣除数

同居民个人综合所得应纳税额的计算一样,利用税法给出的经营所得税税率表,换算得到包含速算扣除数的经营所得适用税率表,见表5-7所示。

表5-7 经营所得个人所得税税率表

级数	全年应纳税所得额	税率(%)	速算扣除数(元)
1	不超过30 000元的	5	0
2	超过30 000元至90 000元的部分	10	1 500
3	超过90 000元至300 000元的部分	20	10 500
4	超过300 000元至500 000元的部分	30	40 500
5	超过500 000元的部分	35	65 500

自2021年1月1日至2022年12月31日,对个体工商户年应纳税所得额不超过100万元的部分,在现行优惠政策基础上,减半征收个人所得税。个体工商户不区分征收方式,均可享受。

$$减免税额 = \left(\frac{个体工商户经营所得应纳税所得额}{不超过100万元部分的应纳税所得额} - 其他政策减免税额 \times \frac{个体工商户经营所得应纳税所得额不超过100万元部分}{经营所得应纳税所得额} \right) \times (1 - 50\%)$$

(一)个体工商户应纳税额的计算

个体工商户应纳税所得额的计算,以权责发生制为原则,属于当期的收入和费用,不论款项是否收付,均作为当期的收入和费用;不属于当期的收入和费用,即使款项已经在当期收付,均不作为当期的收入和费用。财政部、国家税务总局另有规定的除外。

基本规定如下。

1. 计税基本规定

(1)个体工商户的生产、经营所得。以每一纳税年度的收入总额,减除成本、费用、税金、损失、其他支出以及允许弥补的以前年度亏损后的余额,为应纳税所得额。

个体工商户从事生产经营以及与生产经营有关的活动(以下简称生产经营)取得的货币形式和非货币形式的各项收入,为收入总额。包括销售货物收入、提供劳务收入、转让财产收入、利息收入、租金收入、接受捐赠收入、其他收入。

其中,其他收入包括个体工商户资产溢余收入、逾期一年以上的未退包装物押金收入、确实无法偿付的应付款项、已作坏账损失处理后又收回的应收款项、债务重组收入、补贴收入、违约金收入、汇兑收益等。

成本是指个体工商户在生产经营活动中发生的销售成本、销货成本、业务支出以及其他耗费。

费用是指个体工商户在生产经营活动中发生的销售费用、管理费用和财务费用,已经计入成本的有关费用除外。

税金是指个体工商户在生产经营活动中发生的除个人所得税和允许抵扣的增值税以外的各项税金及其附加。

损失是指个体工商户在生产经营活动中发生的固定资产和存货的盘亏、毁损、报废损失、转让财产损失、坏账损失、自然灾害等不可抗力因素造成的损失以及其他损失。

个体工商户发生的损失，减除责任人赔偿和保险赔款后的余额，参照财政部、国家税务总局有关企业资产损失税前扣除的规定扣除。

个体工商户已经作为损失处理的资产，在以后纳税年度又全部收回或者部分收回时，应当计入收回当期的收入。

其他支出是指除成本、费用、税金、损失外，个体工商户在生产经营活动中发生的与生产经营活动有关的、合理的支出。

个体工商户发生的支出应当区分收益性支出和资本性支出。收益性支出在发生当期直接扣除；资本性支出应当分期扣除或者计入有关资产成本，不得在发生当期直接扣除。

上述支出是指与取得收入直接相关的支出。

除税收法律法规另有规定外，个体工商户实际发生的成本、费用、税金、损失和其他支出，不得重复扣除。亏损是指个体工商户依照规定计算的应纳税所得额小于0的数额。

（2）个体工商户的下列支出不得扣除。个人所得税税款，税收滞纳金，罚金、罚款和被没收财物的损失，不符合扣除规定的捐赠支出，赞助支出，用于个人和家庭的支出，与取得生产经营收入无关的其他支出，国家税务总局规定不准扣除的支出。

（3）个体工商户生产经营活动中，应当分别核算生产经营费用和个人、家庭费用。对于因生产经营与个人、家庭生活混用难以分清的费用，其40%视为与生产经营有关的费用，准予扣除。

（4）个体工商户纳税年度发生的亏损，准予向以后年度结转，用以后年度的生产经营所得弥补，但结转年限最长不得超过5年。

（5）个体工商户使用或者销售存货，按照规定计算的存货成本，准予在计算应纳税所得额时扣除。

（6）个体工商户转让资产，该项资产的净值，准予在计算应纳税所得额时扣除。

（7）个体工商户与企业联营而分得的利润，按"利息、股息、红利所得"项目征收个人所得税。

（8）个体工商户和从事生产、经营的个人，取得与生产、经营活动无关的各项应税所得，应按规定分别计算征收个人所得税。

另外，自2023年1月1日至2027年12月31日，对个体工商户年应纳税所得额不超过200万元的部分，减半征收个人所得税。个体工商户在享受现行其他个人所得税优惠政策的基础上，可叠加享受本条优惠政策。国家税务总局规定的最新政策，如图5-4所示。

2. 扣除项目及标准

个体工商户实际支付给从业人员的、合理的工资、薪金支出，准予扣除。个体工商户业主的费用扣除标准，确定为60 000元/年。个体工商户业主的工资、薪金支出不得税前扣除。

个体工商户按照国务院有关主管部门或者省级人民政府规定的范围和标准为其业主和从业人员缴纳的基本养老保险费、基本医疗保险费、失业保险费、生育保险费、工伤保险费和住房公积金，准予扣除。个体工商户为从业人员缴纳的补充养老保险费、补充医疗保险费，分别在不超过从业人员工资总额5%标准内的部分据实扣除；超过部分，不得扣除。

图 5-4 个体工商户年应纳税所得额不超过 200 万元的优惠政策官网截图

个体工商户业主本人缴纳的补充养老保险费、补充医疗保险费,以当地(地级市)上年度社会平均工资的 3 倍为计算基数,分别在不超过该计算基数 5% 标准内的部分据实扣除;超过部分,不得扣除。

除个体工商户依照国家有关规定为特殊工种从业人员支付的人身安全保险费和财政部、国家税务总局规定可以扣除的其他商业保险费外,个体工商户业主本人或者为从业人员支付的商业保险费,不得扣除。

个体工商户在生产经营活动中发生的合理的不需要资本化的借款费用,准予扣除。个体工商户为购置、建造固定资产、无形资产和经过 12 个月以上的建造才能达到预定可销售状态的存货发生借款的,在有关资产购置、建造期间发生的合理的借款费用,应当作为资本性支出计入有关资产的成本,依照规定扣除。

个体工商户在生产经营活动中发生的下列利息支出,准予扣除。向金融企业借款的利息支出;向非金融企业和个人借款的利息支出,不超过按照金融企业同期同类贷款利率计算的数额的部分。

个体工商户在货币交易中,以及纳税年度终了时将人民币以外的货币性资产、负债按照期末即期人民币汇率中间价折算为人民币时产生的汇兑损失,除已经计入有关资产成本部分外,准予扣除。

个体工商户向当地工会组织拨缴的工会经费、实际发生的职工福利费支出、职工教育经费支出分别在工资、薪金总额的 2%、14%、2.5% 的标准内据实扣除。工资、薪金总额是指允许在当期税前扣除的工资、薪金支出数额。职工教育经费的实际发生数额超出规定比例当期不能扣除的数额,准予在以后纳税年度结转扣除。个体工商户业主本人向当地工会组织缴纳的工会经费、实际发生的职工福利费支出、职工教育经费支出,以当地(地级市)上年度社会平均工资的 3 倍为计算基数,在上述规定的比例内据实扣除。

个体工商户发生的与生产经营活动有关的业务招待费,按照实际发生额的 60% 扣除,但最高不得超过当年销售(营业)收入的 5%。业主自申请营业执照之日起至开始生产经营之日止所发生的业务招待费,按照实际发生额的 60% 计入个体工商户的开办费。

个体工商户每一纳税年度发生的与其生产经营活动直接相关的广告费和业务宣传费不超过当年销售(营业)收入 15% 的部分,可以据实扣除;超过部分,准予在以后纳税年度结转扣除。

个体工商户代其从业人员或者他人负担的税款,不得税前扣除。

个体工商户按照规定缴纳的摊位费、行政性收费、协会会费等,按实际发生数额扣除。

个体工商户根据生产经营活动的需要租入固定资产支付的租赁费,按照以下方法扣除:以经营租赁方式租入固定资产发生的租赁费支出,按照租赁期限均匀扣除;以融资租赁方式租入固定资产发生的租赁费支出,按照规定构成融资租入固定资产价值的部分应当提取折旧费用,分期扣除。

个体工商户参加财产保险,按照规定缴纳的保险费,准予扣除。

个体工商户发生的合理的劳动保护支出,准予扣除。

个体工商户自申请营业执照之日起至开始生产经营之日止所发生的符合规定的费用,除为取得固定资产、无形资产的支出,以及应计入资产价值的汇兑损益、利息支出外,作为开办费,个体工商户可以选择在开始生产经营的当年一次性扣除,也可自生产经营月份起在不短于 3 年期限内摊销扣除,但一经选定,不得改变。

开始生产经营之日为个体工商户取得第一笔销售(营业)收入的日期。

个体工商户通过公益性社会团体或者县级以上人民政府及其部门,用于《中华人民共和国公益事业捐赠法》规定的公益事业的捐赠,捐赠额不超过其应纳税所得额 30% 的部分可以据实扣除。财政部、国家税务总局规定可以全额在税前扣除的捐赠支出项目,按有关规定执行。

个体工商户直接对受益人的捐赠不得扣除。

公益性社会团体的认定,按照财政部、国家税务总局、民政部的有关规定执行。

赞助支出是指个体工商户发生的与生产经营活动无关的各种非广告性质支出。

个体工商户研究开发新产品、新技术、新工艺所发生的开发费用,以及研究开发新产品、新技术而购置单台价值在 10 万元以下的测试仪器和试验性装置的购置费准予直接扣除;单台价值在 10 万元以上(含 10 万元)的测试仪器和试验性装置,按固定资产管理,不得在当期直接扣除。

（二）个人独资企业和合伙企业应纳税额的计算

对个人独资企业和合伙企业生产经营所得，其个人所得税应纳税额的计算有两种方法。

1. 查账征税

自2019年1月1日起，个人独资企业和合伙企业投资者的生产经营所得依法计征个人所得税时，个人独资企业和合伙企业投资者本人的费用扣除标准统一确定为60 000元/年，即5 000元/月。投资者的工资不得在税前扣除。

投资者及其家庭发生的生活费用不允许在税前扣除。投资者及其家庭发生的生活费用与企业生产经营费用混合在一起，并且难以划分的，全部视为投资者个人及其家庭发生的生活费用，不允许在税前扣除。

企业生产经营和投资者及其家庭生活共用的固定资产，难以划分的，由主管税务机关根据企业的生产经营类型、规模等具体情况，核定准予在税前扣除的折旧费用的数额或比例。

企业向其从业人员实际支付的合理的工资、薪金支出，允许在税前据实扣除。

企业拨缴的工会经费、发生的职工福利费、职工教育经费支出分别在工资、薪金总额2%、14%、2.5%的标准内据实扣除。

每一纳税年度发生的广告费和业务宣传费用不超过当年销售（营业）收入15%的部分，可据实扣除；超过部分，准予在以后纳税年度结转扣除。

每一纳税年度发生的与其生产经营业务直接相关的业务招待费支出，按照发生额的60%扣除，但最高不得超过当年销售（营业）收入的5‰。

企业计提的各种准备金不得扣除。

投资者兴办两个或两个以上企业的，根据前述规定准予扣除的个人费用，由投资者选择在其中一个企业的生产经营所得中扣除。

企业的年度亏损，允许用本企业下一年度的生产经营所得弥补，下一年度所得不足弥补的，允许逐年延续弥补，但最长不得超过5年。

投资者兴办两个或两个以上企业的，企业的年度经营亏损不能跨企业弥补。

投资者来源于中国境外的生产经营所得，已在境外缴纳所得税的，可以按照《个人所得税法》的有关规定计算扣除已在境外缴纳的所得税。

自2022年1月1日起，持有股权、股票、合伙企业财产份额等权益性投资的个人独资企业、合伙企业，一律适用查账征收方式计征个人所得税。

2. 核定征收

核定征收方式，包括定额征收、核定应税所得率征收以及其他合理的征收方式。

有下列情形之一的，主管税务机关应采取核定征收方式征收个人所得税。

（1）企业依照国家有关规定应当设置但未设置账簿的。

（2）企业虽设置账簿，但账目混乱或者成本资料、收入凭证、费用凭证残缺不全，难以查账的。

（3）纳税人发生纳税义务，未按照规定的期限办理纳税申报，经税务机关责令限期申报，逾期仍不申报的。实行核定应税所得率征收方式的，应纳所得税额的计算公式为

应纳所得税额＝应纳税所得额×适用税率

应纳税所得额＝收入总额×应税所得率

或　　　　应纳税所得额＝成本费用支出额÷（1－应税所得率）×应税所得率

应税所得率应按规定的标准执行，见表5-8。

表 5-8　个人所得税核定征收应税所得率表

行　业	应税所得率(%)
工业、交通运输业、商业	5～20
建筑业、房地产开发业	7～20
饮食服务业	7～25
娱乐业	20～40
其他行业	10～30

企业经营多业的,无论其经营项目是否单独核算,均应根据其主营项目确定其适用的应税所得率。

实行核定征收的投资者,不能享受个人所得税的优惠政策。

实行查账征收方式的个人独资企业和合伙企业改为核定征收方式后,在查账征收方式下认定的年度经营亏损未弥补完的部分,不得再继续弥补。

取得经营所得的个人,没有综合所得的,计算其每一纳税年度的应纳税所得额时,应当减除费用 60 000 元、专项扣除、专项附加扣除以及依法确定的其他扣除,专项附加扣除在办理汇算清缴时减除。

需要注意的是,自 2022 年 1 月 1 日起,持有股权、股票、合伙企业财产份额等权益性投资的个人独资企业、合伙企业(以下简称独资合伙企业),一律适用查账征收方式计征个人所得税。独资合伙企业应自持有上述权益性投资之日起 30 日内,主动向税务机关报送持有权益性投资的情况。

3. 个人独资企业和合伙企业的其他规定

无论是查账征收,还是核定征收的税法规定如下。

个人独资企业和合伙企业对外投资分回的利息或者股息、红利,不并入企业的收入,而应单独作为投资者个人取得的利息、股息、红利所得,按"利息、股息、红利所得"项目计算缴纳个人所得税。以合伙企业名义对外投资分回利息或者股息、红利的,应按个人独资企业的投资者以全部生产经营所得为应纳税所得额;合伙企业的投资者按照合伙企业的全部生产经营所得和合伙协议约定的分配比例确定应纳税所得额,合伙协议没有约定分配比例的,以全部生产经营所得和合伙人数量平均计算每个投资者的应纳税所得额,确定各个投资者的利息、股息、红利所得,分别按"利息、股息、红利所得"项目计算缴纳个人所得税。

残疾人员投资兴办或参与投资兴办个人独资企业和合伙企业的,残疾人员取得的经营所得,符合各省、自治区、直辖市人民政府规定的减征个人所得税条件的,经本人申请、主管税务机关审核批准,可按各省、自治区、直辖市人民政府规定减征的范围和幅度,减征个人所得税。

企业进行清算时,投资者应当在注销工商登记之前,向主管税务机关结清有关税务事宜。企业的清算所得应当视为年度生产经营所得,由投资者依法缴纳个人所得税。

所称清算所得,是指企业清算时的全部资产或者财产的公允价值扣除各项清算费用、损失、负债、以前年度留存的利润后,超过实缴资本的部分。

企业在纳税年度的中间开业,或者由于合并、关闭等原因,使该纳税年度的实际经营期不足 12 个月的,应当以其实际经营期为一个纳税年度。

四、财产租赁所得应纳税额的计算

(一) 应纳税所得额

财产租赁所得一般以个人每次取得的收入,定额或定率减除规定费用后的余额为应纳税所得额。每次收入不超过4 000元,定额减除费用800元;每次收入在4 000元以上,定率减除20%的费用。财产租赁所得以1个月内取得的收入为一次。

在确定财产租赁的应纳税所得额时,纳税人在出租财产过程中缴纳的税金和教育费附加,可持完税(缴款)凭证,从其财产租赁收入中扣除。准予扣除的项目除了规定费用和有关税、费外,还包括能够提供有效、准确凭证,证明由纳税人负担的该出租财产实际开支的修缮费用。允许扣除的修缮费用,以每次800元为限。一次扣除不完的,准予在下一次继续扣除,直到扣完为止。

1. 个人出租财产取得的财产租赁收入

在计算缴纳个人所得税时,应依次扣除以下费用。

(1) 财产租赁过程中缴纳的税金和国家能源交通重点建设基金、国家预算调节基金、教育费附加。

(2) 由纳税人负担的该出租财产实际开支的修缮费用。

(3) 税法规定的费用扣除标准。

2. 纳税所得额的计算公式

(1) 每次(月)收入不超过4 000元的

应纳税所得额＝每次(月)收入额－准予扣除项目－修缮费用(800元为限)－800元

(2) 每次(月)收入超过4 000元的

应纳税所得额＝[每次(月)收入额－准予扣除项目－修缮费用(800元为限)]×(1－20%)

(二) 个人房屋转租应纳税额的计算

个人将承租房屋转租取得的租金收入,属于个人所得税应税所得,应按"财产租赁所得"项目计算缴纳个人所得税。具体规定如下。

1. 取得转租收入的个人向房屋出租方支付的租金

凭房屋租赁合同和合法支付凭据允许在计算个人所得税时,从该项转租收入中扣除。

2. 有关财产租赁所得个人所得税税前扣除税费的扣除次序

(1) 财产租赁过程中缴纳的税费。

(2) 向出租方支付的租金。

(3) 由纳税人负担的租赁财产实际开支的修缮费用。

(4) 税法规定的费用扣除标准。

3. 应纳税额的计算方法

财产租赁所得适用20%的比例税率。但对个人按市场价格出租的居民住房取得的所得,自2001年1月1日起暂减按10%的税率征收个人所得税。其应纳税额的计算公式为

应纳税额＝应纳税所得额×适用税率

在实际征税过程中,有时会出现财产租赁所得的纳税人不明确的情况。对此,在确定财产租赁所得纳税人时,应以产权凭证为依据。无产权凭证的,由主管税务机关根据实际情况确定纳税人。如果产权所有人死亡,在未办理产权继承手续期间,该财产出租且有租金收入的,以

领取租金收入的个人为纳税人。

【例5-3】 张某于2022年1月将其自有的面积为150平方米的公寓按市场价出租给张某居住。张某每月取得租金收入4 500元,全年租金收入54 000元。计算张某全年租金收入应缴纳的个人所得税(不考虑其他税费)。

解析:财产租赁收入以每月内取得的收入为一次,按市场价出租给个人居住适用10%的税率,因此,刘某每月及全年应纳税额为

(1) 每月应纳税额=4 500×(1-20%)×10%=360(元)

(2) 全年应纳税额=360×12=4 320(元)

假定以上案例中,当年2月公寓的下水道堵塞,张某找人修理,发生修理费用1 000元,有维修部门的正式收据,则2月和3月张某的应纳税额为

2月应纳税额=(4 500-800)×(1-20%)×10%=296(元)

3月应纳税额=(4 500-200)×(1-20%)×10%=344(元)

五、财产转让所得应纳税额的计算

(一)一般情况下财产转让所得应纳税额的计算

财产转让所得应纳税额的计算公式为

应纳税额=应纳税所得额×适用税率=(收入总额-财产原值-合理费用)×20%

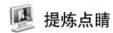
提炼点睛

财产转让所得有哪些税收优惠?

1. 在上海证券交易所、深圳证券交易所转让从上市公司公开发行和转让市场取得的上市公司股票所得暂免。

2. 转让自用达5年以上并且是唯一的家庭生活用房所得暂免。

【例5-4】 张某建房一幢,造价360 000元,支付其他费用50 000元。张某完成建房后将房屋出售,售价600 000元,在售房过程中按规定支付交易费等相关税费35 000元,其应纳个人所得税税额?

解析:应纳税所得额=财产转让收入-财产原值-合理费用

应纳税所得额=600 000-(360 000+50 000)-35 000=155 000(元)

应纳税额=155 000×20%=31 000(元)

(二)个人住房转让所得应纳税额的计算

以实际成交价格为转让收入。纳税人申报的住房成交价格明显低于市场价格且无正当理由的,征收机关有权根据有关信息核定其转让收入,但必须保证各税种的计税价格一致。

纳税人的原购房合同、发票等有效凭证,经税务机关审核后,其房屋原值、转让住房过程中缴纳的税金及有关合理费用允许从转让收入中减除。

房屋原值具体有以下规定。

(1) 商品房,为购置该房屋时实际支付的房价款及缴纳的相关税费。

(2) 自建住房,为实际发生的建造费用及建造和取得产权时实际缴纳的相关税费。

(3) 经济适用房(含集资合作建房、安居工程住房),为原购房人实际支付的房价款及相关

税费,以及按规定缴纳的土地出让金。

(4)已购公有住房,为原购公有住房标准面积按当地经济适用房价格计算的房价款,加上原购公有住房超标准面积实际支付的房价款以及按规定向财政部门(或原产权单位)缴纳的所得收益及相关税费。已购公有住房是指城镇职工根据国家和县级(含县级)以上人民政府有关城镇住房制度改革政策规定,按照成本价(或标准价)购买的公有住房。经济适用房价格按县级(含县级)以上地方人民政府规定的标准确定。

(5)城镇拆迁安置住房,其原值分别为:房屋拆迁取得货币补偿后购置房屋的,为购置该房屋实际支付的房价款及缴纳的相关税费;房屋拆迁采取产权调换方式的,所调换房屋原值为《房屋拆迁补偿安置协议》注明的价款及缴纳的相关税费;房屋拆迁采取产权调换方式,被拆迁人除取得所调换房屋,又取得部分货币补偿的,所调换房屋原值为《房屋拆迁补偿安置协议》注明的价款和缴纳的相关税费,减去货币补偿后的余额;房屋拆迁采取产权调换方式,被拆迁人取得所调换房屋,又支付部分货币的,所调换房屋原值为《房屋拆迁补偿安置协议》注明的价款,加上所支付的货币及缴纳的相关税费。

转让住房过程中缴纳的税金是指纳税人在转让住房时实际缴纳的城市维护建设税、教育费附加、土地增值税、印花税等税金。

合理费用是指纳税人按照规定实际支付的住房装修费用、住房贷款利息、手续费、公证费等费用。

(1)住房装修费用。纳税人能提供实际支付装修费用的税务统一发票,并且发票上所列付款人姓名与转让房屋产权人一致的,经税务机关审核,其转让的住房在转让前实际发生的装修费用,可在以下规定比例内扣除:已购公有住房、经济适用房的最高扣除限额为房屋原值的15%;商品房及其他住房的最高扣除限额为房屋原值的10%。纳税人原购房为装修房,即合同注明房价款中含有装修费(铺装了地板,装配了洁具、厨具等)的,不得再重复扣除装修费用。

(2)住房贷款利息。纳税人出售以按揭贷款方式购置的住房,其向贷款银行实际支付的住房贷款利息,凭贷款银行出具的有效证明据实扣除。

(3)纳税人按照有关规定实际支付的手续费、公证费等,凭有关部门出具的有效证明据实扣除。

纳税人未提供完整、准确的房屋原值凭证,不能正确计算房屋原值和应纳税额的,税务机关可根据《税收征收管理法》第三十五条的规定,对其实行核定征税,即按纳税人住房转让收入的一定比例核定应纳个人所得税额。具体比例由省级税务局或者省级税务局授权的地市级税务局根据纳税人出售住房的所处区域、地理位置、建造时间、房屋类型、住房平均价格水平等因素,在住房转让收入1%~3%的幅度内确定。

关于个人转让离婚析产房屋的征税问题。通过离婚析产的方式分割房屋产权是夫妻双方对共同共有财产的处置,个人因离婚办理房屋产权过户手续,不征收个人所得税。

(三)个人转让股权应纳税额的计算

为加强股权转让所得个人所得税征收管理,规范税务机关、纳税人和扣缴义务人征纳行为,维护纳税人合法权益,自2015年1月1日起,按照国家税务总局发布的《股权转让所得个人所得税管理办法(试行)》计算个人转让股权应纳税额。

1. 基本概念

股权是指自然人股东(以下简称个人)投资于在中国境内成立的企业或组织(以下统称被

投资企业,不包括个人独资企业和合伙企业)的股权或股份。

股权转让是指个人将股权转让给其他个人或法人的行为,包括以下情形。

(1) 出售股权。

(2) 公司回购股权。

(3) 发行人首次公开发行新股时,被投资企业股东将其持有的股份以公开发行方式一并向投资者发售。

(4) 股权被司法或行政机关强制过户。

(5) 以股权对外投资或进行其他非货币性交易。

(6) 以股权抵偿债务。

(7) 其他股权转移行为。

个人转让股权,以股权转让收入减除股权原值和合理费用后的余额为应纳税所得额,按"财产转让所得"项目缴纳个人所得税。合理费用是指股权转让时按照规定支付的有关税费。

个人转让股权所得在计征个人所得税时,以股权转让方为纳税人,以受让方为扣缴义务人。

扣缴义务人应于股权转让相关协议签订后 5 个工作日内,将股权转让的有关情况报告主管税务机关。

被投资企业应当详细记录股东持有本企业股权的相关成本,如实向税务机关提供与股权转让有关的信息,协助税务机关依法执行公务。

2. 股权转让收入的确认

股权转让收入是指转让方因股权转让而获得的现金、实物、有价证券和其他形式的经济利益。

转让方取得与股权转让相关的各种款项,包括违约金、补偿金以及其他名目的款项、资产、权益等,均应当并入股权转让收入。

纳税人按照合同约定,在满足约定条件后取得的后续收入,应当作为股权转让收入。股权转让收入应当按照公平交易原则确定。

符合下列情形之一的,主管税务机关可以核定股权转让收入。

(1) 申报的股权转让收入明显偏低且无正当理由的。

(2) 未按照规定期限办理纳税申报,经税务机关责令限期申报,逾期仍不申报的。

(3) 转让方无法提供或拒不提供股权转让收入的有关资料。

(4) 其他应核定股权转让收入的情形。

符合下列情形之一的,视为股权转让收入明显偏低。

(1) 申报的股权转让收入低于股权对应的净资产份额的。其中,被投资企业拥有土地使用权、房屋、房地产企业未销售房产、知识产权、探矿权、采矿权、股权等资产的,申报的股权转让收入低于股权对应的净资产公允价值份额的。

(2) 申报的股权转让收入低于初始投资成本或低于取得该股权所支付的价款及相关税费的。

(3) 申报的股权转让收入低于相同或类似条件下同一企业同一股东或其他股东股权转让收入的。

(4) 申报的股权转让收入低于相同或类似条件下同类行业的企业股权转让收入的。

(5) 不具合理性的无偿让渡股权或股份。
(6) 主管税务机关认定的其他情形。
符合下列条件之一的股权转让收入明显偏低,视为有正当理由。
(1) 能出具有效文件,证明被投资企业因国家政策调整,生产经营受到重大影响,导致低价转让股权。
(2) 继承或将股权转让给其能提供具有法律效力身份关系证明的配偶、父母、子女、祖父母、外祖父母、孙子女、外孙子女、兄弟姐妹以及对转让人承担直接抚养或者赡养义务的抚养人或者赡养人。
(3) 相关法律、政府文件或企业章程规定,并有相关资料充分证明转让价格合理且真实的本企业员工持有的不能对外转让股权的内部转让。
(4) 股权转让双方能够提供有效证据证明其合理性的其他合理情形。
主管税务机关应依次按照下列方法核定股权转让收入。
(1) 净资产核定法。股权转让收入按照每股净资产或股权对应的净资产份额核定。
被投资企业的土地使用权、房屋、房地产企业未销售房产、知识产权、探矿权、采矿权、股权等资产占企业总资产比例超过20%的,主管税务机关可参照纳税人提供的具有法定资质的中介机构出具的资产评估报告核定股权转让收入。
6个月内再次发生股权转让且被投资企业净资产未发生重大变化的,主管税务机关可参照上一次股权转让时被投资企业的资产评估报告核定此次股权转让收入。
(2) 类比法。参照相同或类似条件下同一企业同一股东或其他股东股权转让收入核定。参照相同或类似条件下同类行业企业股权转让收入核定。
(3) 其他合理方法。主管税务机关采用以上方法核定股权转让收入存在困难的,可以采取其他合理方法核定。

3. 股权原值的确认

个人转让股权的原值依照以下方法确认。
(1) 以现金出资方式取得的股权,按照实际支付的价款与取得股权直接相关的合理税费之和确认股权原值。
(2) 以非货币性资产出资方式取得的股权,按照税务机关认可或核定的投资入股时非货币性资产价格与取得股权直接相关的合理税费之和确认股权原值。
(3) 通过无偿让渡方式取得股权,具备"继承或将股权转让给其能提供具有法律效力身份关系证明的配偶、父母、子女、祖父母、外祖父母、孙子女、外孙子女、兄弟姐妹以及对转让人承担直接抚养或者赡养义务的抚养人或者赡养人"情形的,按取得股权发生的合理税费与原持有人的股权原值之和确认股权原值。
(4) 被投资企业以资本公积、盈余公积、未分配利润转增股本,个人股东已依法缴纳个人所得税的,以转增额与相关税费之和确认其新转增股本的股权原值。
(5) 除以上情形外,由主管税务机关按照避免重复征收个人所得税的原则合理确认股权原值。
股权转让人已被主管税务机关核定股权转让收入并依法征收个人所得税的,该股权受让人的股权原值以取得股权时发生的合理税费与股权转让人被主管税务机关核定的股权转让收入之和确认。
个人转让股权未提供完整、准确的股权原值凭证,不能正确计算股权原值的,由主管税务机关核定其股权原值。

对个人多次取得同一被投资企业股权的,转让部分股权时,采用"加权平均法"确定其股权原值。

4. 个人转让债券类债权时原值的确定

转让债券类债权,采用"加权平均法"确定其应予减除的财产原值和合理费用。

用公式表示为

$$\begin{aligned}\text{一次卖出某一种类债券允许扣除的买入价和费用} = &\frac{\text{纳税人购进的该种类债券买入价和买进过程中缴纳的税费总和}}{\text{纳税人购进的该种类债券总数量}} \\ &\times (\text{一次卖出的该种类债券的数量}) + \text{卖出该种类债券过程中缴纳的税费}\end{aligned}$$

5. 房屋赠与个人所得税的计算

以下情形的房屋产权无偿赠与,对当事双方不征收个人所得税。

(1) 房屋产权所有人将房屋产权无偿赠与配偶、父母、子女、祖父母、外祖父母、孙子女、外孙子女、兄弟姐妹。

(2) 房屋产权所有人将房屋产权无偿赠与对其承担直接抚养或者赡养义务的抚养人或者赡养人。

(3) 房屋产权所有人死亡,依法取得房屋产权的法定继承人、遗嘱继承人或者受遗赠人。

除上述情形以外,房屋产权所有人将房屋产权无偿赠与他人的,受赠人因无偿受赠房屋取得的受赠所得,按照"偶然所得"项目缴纳个人所得税,税率为20%。

对受赠人无偿受赠房屋计征个人所得税时,其应纳税所得额为房地产赠与合同上标明的赠与房屋价值减除赠与过程中受赠人支付的相关税费后的余额。赠与合同标明的房屋价值明显低于市场价格或房地产赠与合同未标明赠与房屋价值的,税务机关可依据受赠房屋的市场评估价格或采取其他合理方式确定受赠人的应纳税所得额。

受赠人转让受赠房屋的,以其转让受赠房屋的收入减除原捐赠人取得该房屋的实际购置成本以及赠与和转让过程中受赠人支付的相关税费后的余额为受赠人的应纳税所得额,依法计征个人所得税。受赠人转让受赠房屋价格明显偏低且无正当理由的,税务机关可以依据该房屋的市场评估价格或以其他合理方式确定的价格核定其转让收入。

六、利息、股息、红利所得和偶然所得应纳税额的计算

利息、股息、红利所得和偶然所得应纳税额的计算公式为

应纳税额 = 应纳税所得额 × 适用税率 = 每次收入额 × 20%

练习5-3(单选题) 2023年11月,张某购买福利彩票,取得一次中奖收入3万元,购买彩票支出400元。已知偶然所得个人所得税税率为20%。计算李某中奖收入应缴纳个人所得税税额的下列算式中,正确的是( )。

A. 30 000 × (1 − 20%) × 20% = 4 800(元)

B. (30 000 − 400) × 20% = 5 920(元)

C. 30 000 × 20% = 6 000(元)

D. (30 000 − 400) × (1 − 20%) × 20% = 4 736(元)

个人所得的种类

第四节　个人所得税的征收管理

一、个人所得税的代扣代缴

（一）个人所得税的扣缴义务人

我国实行个人所得税代扣代缴和个人自行申报纳税相结合的征收管理制度。税法规定，个人所得税以支付所得的单位或个人为扣缴义务人。纳税人有中国公民身份证号码的，以中国公民身份证号码为纳税人识别号；纳税人没有中国公民身份证号码的，由税务机关赋予其纳税人识别号。扣缴义务人扣缴税款时，纳税人应当向扣缴义务人提供纳税人识别号。扣缴义务人应当按照国家规定办理全员全额扣缴申报，并向纳税人提供其个人所得和已扣缴税款等信息。扣缴义务人在向纳税人支付各项应纳税所得时，必须履行代扣代缴税款的义务。扣缴义务人对纳税人的应扣未扣税款应由纳税人予以补缴。对扣缴义务人按照所扣缴的税款，税务机关应付给2%的手续费。

（二）个人所得税代扣代缴的范围

居民个人取得综合所得，按年计算个人所得税；有扣缴义务人的，由扣缴义务人按月或者按次预扣预缴税款；需要办理汇算清缴的，应当在取得所得的次年3月1日至6月30日内办理汇算清缴。预扣预缴办法由国务院税务主管部门制定。

居民个人向扣缴义务人提供专项附加扣除信息的，扣缴义务人按月预扣预缴税款时应当按照规定予以扣除，不得拒绝。

非居民个人取得工资、薪金所得，劳务报酬所得，稿酬所得和特许权使用费所得，有扣缴义务人的，由扣缴义务人按月或者按次代扣代缴税款，不办理汇算清缴。

纳税人取得利息、股息、红利所得，财产租赁所得，财产转让所得和偶然所得，按月或者按次计算个人所得税，有扣缴义务人的，由扣缴义务人按月或者按次代扣代缴税款。

（三）个人所得税的代扣代缴期限

扣缴义务人每月或者每次预扣、代扣的税款，应当在次月15日内缴入国库，并向税务机关报送扣缴个人所得税申报表。

二、个人所得税的自行申报

有下列情形之一的，纳税人应当依法办理纳税申报。
(1) 取得综合所得需要办理汇算清缴；
(2) 取得应税所得没有扣缴义务人；
(3) 取得应税所得，扣缴义务人未扣缴税款；
(4) 取得境外所得；
(5) 因移居境外注销中国户籍；
(6) 非居民个人在中国境内从两处以上取得工资、薪金所得；
(7) 国务院规定的其他情形。

2019年1月1日至2023年12月31日居民个人取得的综合所得，年度综合所得收入不超过12万元且需要汇算清缴补税的，或者年度汇算清缴补税金额不超过400元的，居民个人可免于办理个人所得税综合所得汇算清缴。居民个人取得综合所得时存在扣缴义务人未依法预扣预缴税款的情形除外。残疾、孤老人员和烈属取得综合所得办理汇算清缴时,汇算清缴地与预扣预缴地规定不一致的,用预扣预缴地规定计算的减免税额与用汇算清缴地规定计算的减免税额相比较,按照孰高值确定减免税额。

> **练习5-4（多选题）** 根据个人所得税法律制度的规定,个人取得的下列所得中,免征个人所得税的有（　　）。
> A. 退休人员再任职取得的收入
> B. 按照国家统一规定发给职工的退休费
> C. 省级人民政府颁发的教育方面的奖金
> D. 按国务院规定发给的政府特殊津贴

个人所得税的征收管理

居民个人取得综合所得,按年计算个人所得税;有扣缴义务人的,由扣缴义务人按月或者按次预扣预缴税款;纳税人取得经营所得,按年计算个人所得税,由纳税人在月度或者季度终了后十五日内向税务机关报送纳税申报表,并预缴税款;在取得所得的次年3月31日前办理汇算清缴。

纳税人取得应税所得没有扣缴义务人的,应当在取得所得的次月15日内向税务机关报送纳税申报表,并缴纳税款。纳税人取得应税所得,扣缴义务人未扣缴税款的,纳税人应当在取得所得的次年6月30日前,缴纳税款;税务机关通知限期缴纳的,纳税人应当按照期限缴纳税款。

居民个人从中国境外取得所得的,应当在取得所得的次年3月1日至6月30日内申报纳税。

非居民个人在中国境内从两处以上取得工资、薪金所得的,应当在取得所得的次月15日内申报纳税。

纳税人因移居境外注销中国户籍的,应当在注销中国户籍前办理税款清算。

纳税人办理汇算清缴退税或者扣缴义务人为纳税人办理汇算清缴退税的,税务机关审核后,按照国库管理的有关规定办理退税。

第五节　个人所得税年度汇算清缴专题篇

哪些人不需要办理年度汇算？哪些人需要办理年度汇算？一起了解一下吧。

一、汇算清缴的主要内容

2023年度终了后,居民个人（以下称纳税人）需要汇总2023年1月1日至12月31日取得的工资薪金、劳务报酬、稿酬、特许权使用费等四项综合所得的收入额,减除费用6万元以及专项扣除、专项附加扣除、依法确定的其他扣除和符合条件的公益慈善事业捐赠后,适用综合所得个人所得税税率并减去速算扣除数,计算最终应纳税额,再减去2023年已预缴税额,得出应退或应补税额,向税务机关申报并办理退税或补税。具体计算公式如下

应退或应补税额 = [（综合所得收入额 − 60 000元 − "三险一金"等专项扣除 − 子女教育等专项附加扣除

$$\left.\begin{array}{l}\text{依法确定的}\\\text{其他扣除}\end{array}-\begin{array}{l}\text{符合条件的公益}\\\text{慈善事业捐赠}\end{array}\right)\times\begin{array}{l}\text{适用}\\\text{税率}\end{array}-\begin{array}{l}\text{速算}\\\text{扣除数}\end{array}\right]-$$
已预缴税额 汇算不涉及纳税人的财产租赁等分类所得，以及按规定不并入综合所得计算纳税的所得

二、哪些人不需要办理年度汇算，看看你是否需要办理

纳税人在 2023 年已依法预缴个人所得税且符合下列情形之一的，无须办理汇算。
（1）汇算需补税但综合所得收入全年不超过 12 万元的；
（2）汇算需补税金额不超过 400 元的；
（3）已预缴税额与汇算应纳税额一致的；
（4）符合汇算退税条件但不申请退税的。

三、哪些人需要办理年度汇算

符合下列情形之一的，纳税人需办理汇算。
（1）已预缴税额大于汇算应纳税额且申请退税的；
（2）2023 年取得的综合所得收入超过 12 万元且汇算需要补税金额超过 400 元的。
因适用所得项目错误或者扣缴义务人未依法履行扣缴义务，造成 2023 年少申报或者未申报综合所得的，纳税人应当依法据实办理汇算。

四、可享受的税前扣除

下列在 2023 年发生的税前扣除，纳税人可在汇算期间填报或补充扣除。
（1）减除费用 6 万元，以及符合条件的基本养老保险、基本医疗保险、失业保险等社会保险费和住房公积金等专项扣除；
（2）符合条件的 3 岁以下婴幼儿照护、子女教育、继续教育、大病医疗、住房贷款利息或住房租金、赡养老人专项附加扣除；
（3）符合条件的企业年金和职业年金、商业健康保险、个人养老金等其他扣除；
（4）符合条件的公益慈善事业捐赠。
同时取得综合所得和经营所得的纳税人，可在综合所得或经营所得中申报减除费用 6 万元、专项扣除、专项附加扣除以及依法确定的其他扣除，但不得重复申报减除。
纳税人与其配偶共同填报 3 岁以下婴幼儿照护、子女教育、大病医疗、住房贷款利息及住房租金等专项附加扣除的，以及与兄弟姐妹共同填报赡养老人专项附加扣除的，需要与其他填报人沟通填报扣除金额，避免超过规定额度或比例填报专项附加扣除。纳税人填报不符合规定的，一经发现，税务机关将通过手机个人所得税 App、自然人电子税务局网站或者扣缴义务人等渠道进行提示提醒。根据《财政部 税务总局关于个人所得税综合所得汇算清缴涉及有关政策问题的公告》（2019 年第 94 号）有关规定，对于拒不更正或者不说明情况的纳税人，税务机关将暂停其享受专项附加扣除。纳税人按规定更正相关信息或者说明情况后，可继续享受专项附加扣除。

五、纳税人应在什么时间办理 2023 年个人所得税综合所得年度汇算

2023 年度汇算办理时间为 2024 年 3 月 1 日至 6 月 30 日。在中国境内无住所的纳税人在

3月1日前离境的,可以在离境前办理。

六、办理方式

纳税人可自主选择下列办理方式。

(1) 自行办理。

(2) 通过任职受雇单位(含按累计预扣法预扣预缴其劳务报酬所得个人所得税的单位)代为办理。

纳税人提出代办要求的,单位应当代为办理,或者培训、辅导纳税人完成汇算申报和退(补)税。

由单位代为办理的,纳税人应提前与单位以书面或者电子等方式进行确认,补充提供2023年在本单位以外取得的综合所得收入、相关扣除、享受税收优惠等信息资料,并对所提交信息的真实性、准确性、完整性负责。纳税人未与单位确认请其代为办理的,单位不得代办。

(3) 委托受托人(含涉税专业服务机构或其他单位及个人)办理,纳税人需与受托人签订授权书。

单位或受托人为纳税人办理汇算后,应当及时将办理情况告知纳税人。纳税人发现汇算申报信息存在错误的,既可以要求单位或受托人更正申报,也可自行更正申报。

七、纳税人可通过哪些渠道办理2023年个人所得税综合所得年度汇算

为便利纳税人,税务机关为纳税人提供高效、快捷的网络办税渠道。纳税人可优先通过个税App及网站办理汇算,税务机关将为纳税人提供申报表项目预填服务;不方便通过上述方式办理的,也可以通过邮寄方式或到办税服务厅办理。

选择邮寄申报的,纳税人需将申报表寄送至按本公告第九条确定的主管税务机关所在省、自治区、直辖市和计划单列市税务局公告的地址。

八、纳税人需要提交什么资料,保存多久

纳税人办理汇算,适用个人所得税年度自行纳税申报表,如需修改本人相关基础信息,新增享受扣除或者税收优惠的,还应按规定一并填报相关信息、提供佐证材料。纳税人需仔细核对,确保所填信息真实、准确、完整。

纳税人、代办汇算的单位,需各自将专项附加扣除、税收优惠材料等汇算相关资料,自汇算期结束之日起留存5年。

存在股权(股票)激励(含境内企业以境外企业股权为标的对员工进行的股权激励)、职务科技成果转化现金奖励等情况的单位,应当按照相关规定进行报告、备案。同时,纳税人在一个纳税年度内从同一单位多次取得股权激励的,由该单位合并计算扣缴税款。纳税人在一个纳税年度内从不同单位取得股权激励的,可将之前单位取得的股权激励有关信息提供给现单位并由其合并计算扣缴税款,也可在次年3月1日至6月30日自行向税务机关办理合并申报。

九、受理申报的税务机关

按照方便就近原则,纳税人自行办理或受托人为纳税人代为办理的,向纳税人任职受雇单

位的主管税务机关申报；有两处及以上任职受雇单位的，可自主选择向其中一处申报。

纳税人没有任职受雇单位的，向其户籍所在地、经常居住地或者主要收入来源地的主管税务机关申报。主要收入来源地，是指2023年向纳税人累计发放劳务报酬、稿酬及特许权使用费金额最大的扣缴义务人所在地。

单位为纳税人代办汇算的，向单位的主管税务机关申报。

为方便纳税服务和征收管理，汇算期结束后，税务部门将为尚未办理汇算申报、多次股权激励合并申报的纳税人确定其主管税务机关。

十、退（补）税

（一）办理退税

纳税人申请汇算退税，应当提供其在中国境内开设的符合条件的银行账户。税务机关按规定审核后，按照国库管理有关规定办理税款退库。纳税人未提供本人有效银行账户，或者提供的信息资料有误的，税务机关将通知纳税人更正，纳税人按要求更正后依法办理退税。

为方便办理退税，2023年综合所得全年收入额不超过6万元且已预缴个人所得税的纳税人，可选择使用个税App或网站提供的简易申报功能，便捷办理汇算退税。

申请2023年度汇算退税及其他退税的纳税人，如存在应当办理2022年及以前年度汇算补税但未办理，或者经税务机关通知2022年及以前年度汇算申报存在疑点但未更正或说明情况的，需在办理2022年及以前年度汇算申报补税、更正申报或者说明有关情况后依法申请退税。

（二）办理补税

纳税人办理汇算补税的，可以通过网上银行、办税服务厅POS机刷卡、银行柜台、非银行支付机构等方式缴纳。邮寄申报并补税的，纳税人需通过个税App及网站或者主管税务机关办税服务厅及时关注申报进度并缴纳税款。

汇算需补税的纳税人，汇算期结束后未申报补税或未足额补税的，一经发现，税务机关将依法责令限期改正并向纳税人送达有关税务文书，对已签订《税务文书电子送达确认书》的，通过个税App及网站等渠道进行电子文书送达；对未签订《税务文书电子送达确认书》的，以其他方式送达。同时，税务机关将依法加收滞纳金，并在其个人所得税《纳税记录》中予以标注。

纳税人因申报信息填写错误造成汇算多退或少缴税款的，纳税人主动或经税务机关提醒后及时改正的，税务机关可以按照"首违不罚"原则免予处罚。

十一、为纳税人提供的汇算服务

税务机关推出系列优化服务措施，加强汇算的政策解读和操作辅导力度，分类编制办税指引，通俗解释政策口径、专业术语和操作流程，多渠道、多形式开展提示提醒服务，并通过个税App及网站、12366纳税缴费服务平台等渠道提供涉税咨询，帮助纳税人解决疑难问题，积极回应纳税人诉求。

汇算开始前，纳税人可登录个税App及网站，查看自己的综合所得和纳税情况，核对银行卡、专项附加扣除涉及人员身份信息等基础资料，为汇算做好准备。

为合理有序引导纳税人办理汇算，提升纳税人办理体验，主管税务机关将分批分期通知提醒纳税人在确定的时间段内办理。同时，税务部门推出预约办理服务，有汇算初期（3月1日至3月20日)办理需求的纳税人,可以根据自身情况,在2月21日后通过个税App预约上述时间段中的任意一天办理。3月21日至6月30日,纳税人无须预约,可以随时办理。

对符合汇算退税条件且生活负担较重的纳税人,税务机关提供优先退税服务。独立完成汇算存在困难的年长、行动不便等特殊人群提出申请,税务机关可提供个性化便民服务。

(1)已预缴税额大于汇算应纳税额且申请退税的;

(2)2023年取得的综合所得收入超过12万元且汇算需要补税金额超过400元的。

因适用所得项目错误或者扣缴义务人未依法履行扣缴义务,造成2023年少申报或者未申报综合所得的,纳税人应当依法据实办理汇算。

今言税语

知识点梳理

个人所得税主要是以自然人取得的各类应税所得为征税对象而征收的一种所得税,是政府利用税收对个人收入进行调节的一种手段。

个人所得税的纳税人包括个人(个体工商户和其他个人)、个人独资企业投资人和合伙企业个人合伙人等。

个人所得的种类包括工资、薪金所得,劳务报酬所得,特许权使用费所得,稿酬所得,经营所得,利息、股息、红利所得,财产租赁所得,财产转让所得,偶然所得。

个人综合所得适用3%~45%的七级超额累进税率。

居民个人取得综合所得以每年收入额减除费用60 000元以及专项扣除、专项附加扣除和依法确定的其他扣除后的余额,为应纳税所得额。非居民个人的工资、薪金所得以每月收入额减除费用5 000元后的余额为应纳税所得额;劳务报酬所得、稿酬所得、特许权使用费所得,以每次收入额为应纳税所得额。经营所得以每一纳税年度的收入总额减除成本、费用以及损失后的余额,为应纳税所得额。

专项附加扣除是本次《个人所得税法》修订后引入的新的费用扣除标准,目前包含了子女教育、继续教育、大病医疗、住房贷款利息、住房租金、赡养老人、3岁以下婴幼儿照护7项支出,并将根据教育、医疗、住房、养老等民生支出变化情况,适时调整专项附加扣除的范围和标准。取得综合所得和经营所得的居民个人可以享受专项附加扣除。

我国实行个人所得税代扣代缴和个人自行申报纳税相结合的征收管理制度。税法规定,个人所得税以支付所得的单位或个人为扣缴义务人。

居民个人取得综合所得,按年计算个人所得税;有扣缴义务人的,由扣缴义务人按月或者按次预扣预缴税款;需要办理汇算清缴的,应当在取得所得的次年3月1日至6月30日内办理汇算清缴。预扣预缴办法由国务院税务主管部门制定。

一、单项选择题

1. 根据个人所得税法律制度的规定,下列各项中,不属于个人所得税纳税人的是(　　)。

　　A. 个人独资企业的投资者个人　　B. 一人有限责任公司

　　C. 个体工商户　　D. 合伙企业中的自然人合伙人

2. 根据个人所得税法律制度的规定,在中国境内无住所的下列外籍个人中,属于2022年度非居民个人的是( )。

　　A. 迪克 2022 年 6 月 7 日入境,2022 年 12 月 20 日离境,其间回国 5 天

　　B. 温蒂 2021 年 10 月 11 日入境,2022 年 7 月 20 日离境

　　C. 蒂姆 2022 年 7 月 1 日入境,2022 年 12 月 1 日离境

　　D. 朱莉 2022 年 3 月 1 日入境,2023 年 5 月 10 日离境

3. 下列各项中应按"稿酬所得"税目征收个人所得税的是( )。

　　A. 作品出版或发表　　　　　　　B. 审稿收入

　　C. 翻译收入　　　　　　　　　　D. 书画收入

4. 2021 年 11 月赵某出租房屋取得当月租金 20 000 元,房屋租赁过程中发生相关税费 400 元,当月支付水电费 100 元、房屋修缮费 1 000 元,已知个人出租住房所得暂减按 10% 的税率征收个人所得税,财产租赁所得,每次收入 4 000 元以上的,减除 20% 的费用,准予减除的修缮费用以 800 元为限。计算赵某 11 月应缴个人所得税的算式中,正确的是( )。

　　A. (20 000－400－1 000)×(1－20%)×10%＝1 488(元)

　　B. (20 000－400－100－1 000)×(1－20%)×10%＝1 480(元)

　　C. (20 000－400－100－800)×(1－20%)×10%＝1 496(元)

　　D. (20 000－400－800)×(1－20%)×10%＝1 504(元)

5. 2022 年 10 月李某转让其所有的两套普通住房中的一套,取得转让收入 588 万元,支付合理费用 24.4 万元。该住房为黄某六年前购入,房产原值为 336 万元。已知财产转让所得个人所得税税率为 20%。计算黄某转让该套住房应缴纳个人所得税税额的下列算式中,正确的是( )。

　　A. 588×20%＝117.6(万元)

　　B. (588－336－24.4)×20%＝45.52(万元)

　　C. (588－336)×20%＝50.4(万元)

　　D. (588－24.4)×20%＝112.72(万元)

6. 2023 年 6 月赵某在商场有奖竞赛活动中获得奖金 2 000 元,随后将其中 800 元直接捐赠给某农村小学。已知偶然所得个人所得税税率为 20%。计算赵某该笔奖金应缴纳个人所得税税额的下列算式中,正确的是( )。

　　A. 2 000×20%＝400(元)

　　B. (2 000÷20%－800)×20%＝1 840(元)

　　C. 800×20%＝160(元)

　　D. (2 000－800)×20%＝240(元)

7. 根据个人所得税法律制度的规定,下列各项中,应缴纳个人所得税的是( )。

　　A. 年终加薪　　B. 托儿补助费　　C. 差旅费津贴　　D. 误餐补助

8. 根据个人所得税法律制度的规定,个体工商户的下列支出中,在计算经营所得应纳税所得额时,不得扣除的是( )。

　　A. 代替从业人员负担的税款

　　B. 支付给金融企业的短期流动资金借款利息支出

　　C. 依照国家的有关规定为特殊工种从业人员支付的人身安全保险金

　　D. 实际支付给从业人员合理的工资薪金支出

9. 2023 年,张某购买福利彩票,取得一次中奖收入 3 万元,购买彩票支出 400 元。已知偶

然所得个人所得税税率为20%。计算李某中奖收入应缴纳个人所得税税额的下列算式中,正确的是( )。

A. 30 000×(1−20%)×20%＝4 800(元)
B. (30 000−400)×20%＝5 920(元)
C. 30 000×20%＝6 000(元)
D. (30 000−400)×(1−20%)×20%＝4 736(元)

10. 根据个人所得税法律制度的规定,居民个人的下列所得中,不属于综合所得的是( )。

A. 特许权使用费所得　　　　B. 偶然所得
C. 劳务报酬所得　　　　　　D. 稿酬所得

二、多项选择题

1. 根据个人所得税法律制度的规定,个人取得的下列收入中,应按照"劳务报酬所得"税目计缴个人所得税的有( )。

A. 某经济学家从非雇佣企业取得的讲学收入
B. 某职员取得的本单位优秀员工奖金
C. 某工程师从非雇佣企业取得的咨询收入
D. 某高校教师从任职学校领取的工资

2. 当年王某设立的个体工商户在生产经营活动中发生下列支出:向金融企业借款利息支出12 000元,非广告性的赞助支出80 000元,王某本人的工资薪金支出270 000元,为员工购买劳保用品支出40 000元。在计算王某当年度经营所得个人所得税应纳税所得额时,准予扣除的项目有( )。

A. 王某本人的工资薪金支出270 000元
B. 非广告性的赞助支出80 000元
C. 向金融企业借款利息支出12 000元
D. 购买劳保用品支出40 000元

3. 根据个人所得税法律制度的规定,甲公司员工张某取得的下列收益中,应按"偶然所得"项目缴纳个人所得税的有( )。

A. 为孙某提供担保获得收入3 000元
B. 在丙公司业务宣传活动中取得随机赠送的耳机一副
C. 在乙商场累积消费达到规定额度获得额外抽奖机会抽中手机一部
D. 取得房屋转租收入10 000元

4. 根据个人所得税法律制度的规定,下列各项中,房屋所有权人需要缴纳个人所得税的有( )。

A. 企业投资者个人向企业借款购买房屋,逾期未归还借款的
B. 企业为企业员工购买房屋的
C. 企业员工向企业借款购买房屋,逾期未归还借款的
D. 企业为投资者家庭成员购买房屋的

5. 根据个人所得税法律制度的规定,下列各项中,应按照"劳务报酬所得"税目计缴个人所得税的有( )。

A. 个人取得特许权的经济赔偿收入
B. 证券经纪人从证券公司取得的佣金收入

C. 个人因从事彩票代销业务取得的所得

D. 个人兼职取得的收入

6. 根据个人所得税法律制度的规定，个人取得的下列所得中，免征个人所得税的有（　　）。

　　A. 退休人员再任职取得的收入

　　B. 按照国家统一规定发给职工的退休费

　　C. 省级人民政府颁发的教育方面的奖金

　　D. 按国务院规定发给的政府特殊津贴

7. 居民纳税人发生的下列情形中，应当按照规定向主管税务机关办理个人所得税自行纳税申报的有（　　）。

　　A. 王某从英国取得所得

　　B. 林某月工资2万元，发表文章取得稿酬1万元，专项扣除2万元

　　C. 李某从境内两家公司取得工资，年收入额减去专项扣除的余额为8万元

　　D. 张某取得财产租赁所得2万元，扣缴义务人未扣缴税款

8. 根据个人所得税法律制度的规定，下列所得中，免予缴纳个人所得税的有（　　）。

　　A. 保险赔款　　　　　　　　　B. 劳动分红

　　C. 国家发行的金融债券利息　　D. 军人转业费

9. 下列各项中，按照工资薪金所得征收个人所得税的有（　　）。

　　A. 大学老师在高校任职取得的课时费

　　B. 大学生勤工俭学兼职取得的收入

　　C. 演员从任职单位取得的演出费

　　D. 剧本作者从电影、电视剧的制作单位取得的剧本使用费

10. 经济学家李某取得的下列所得中，按照"稿酬所得"项目预扣预缴个人所得税的有（　　）。

　　A. 将自己的论文手稿原件拍卖取得的所得

　　B. 应邀担任学术会议主讲嘉宾取得的报酬

　　C. 将自己的研究成果整理成文章发表取得的报酬

　　D. 将自己的摄影作品发表在图书杂志取得的报酬

三、判断题

1. 企业承租出租车业务，出租车司机的收入，计入工资、薪金所得。　　（　　）

2. 个人因公务用车制度改革而取得的公务用车补贴收入，应按照工资、薪金所得计征个人所得税。　　（　　）

3. 作者去世后其财产继承人的遗作稿酬免征个人所得税。　　（　　）

4. 从事个体出租车运营的出租车驾驶员取得的收入，应按"经营所得"项目缴纳个人所得税。　　（　　）

5. 个人转租房屋的，其向房屋出租方支付的租金及增值税额，在计算财产租赁所得个人所得税时，准予扣除。　　（　　）

四、简答题

1. 个人所得的九大类分别是什么？

2. 专项附加扣除包括哪些？

第六章

关税法和船舶吨税法

关税是依法对进出境货物、物品征收的一种税。所谓"境"是指关境,又称"海关境域"或"关税领域",是国家《海关法》全面实施的领域。通常情况下,一国关境与国境是一致的,包括国家全部的领土、领海、领空。但当某一国家在国境内设立了自由港或自由贸易区时,这些区域就处在关境之外,这时,该国的关境小于其国境。如我国根据《中华人民共和国香港特别行政区基本法》和《中华人民共和国澳门特别行政区基本法》,香港和澳门保持自由港地位,为我国单独的关税地区,即单独关境区。单独关境区是不完全适用该国海关法律法规或实施单独海关管理制度的区域。

船舶吨税是根据船舶运载量课征的一个税种,源于明朝以后税关的"船料"。中英鸦片战争后,海关对出入中国口岸的商船按船舶吨位计征税款,故称船舶吨税。除海关外,内地常关也对过往船只征船料,直到 1931 年常关撤销时,船料废止。

中国关税改革历程

 学习目标

知识目标

(1) 学习关税的概念、进出口货物的完税价格及应纳税额的计算。

(2) 学习船舶吨税的概念、征税范围及应纳税额的计算。

能力目标

(1) 能够准确选择适用关税、船舶吨税的税目。

(2) 能够掌握资源税、环境保护税的计税依据及其税额的计算方法。

素养目标

(1) 培养坚定正确的政治方向、良好的思想品德和健全的人格。

(2) 培养诚实守信、依法纳税的意识。

内容导航

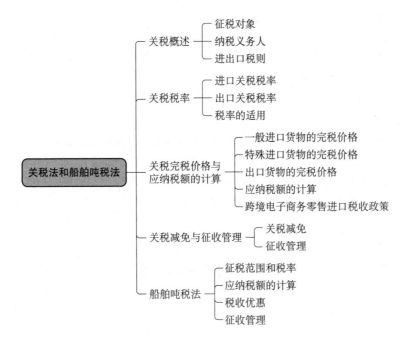

以案为鉴

江西九江市税务部门依法查处一起虚开骗取出口退税案件

江西省九江市税务部门与公安部门联合依法查处一起虚开骗税案件,抓获犯罪嫌疑人23名,捣毁犯罪窝点16个。

经查,该犯罪团伙通过注册多家企业,购置废旧二手设备营造虚假生产的假象,以虚开发票、低值高报、伪造合同、买卖外汇等方式骗取出口退税,虚开增值税专用发票33 230份,价税合计金额51.41亿元,骗取出口退税1.31亿元,如图6-1所示。

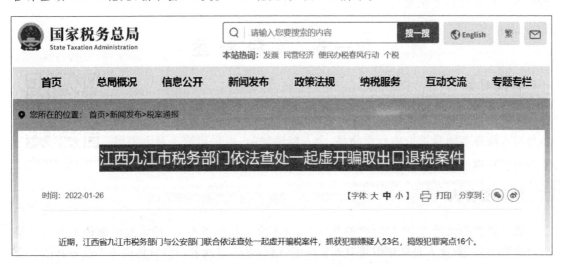

图6-1　国家税务总局官网截图

以案释法

《中华人民共和国刑法》(以下简称《刑法》)第二百零四条"骗取出口退税罪、偷税罪"以假报出口或者其他欺骗手段,骗取国家出口退税款,数额较大的,处五年以下有期徒刑或者拘役,并处骗取税款一倍以上五倍以下罚金;数额巨大或者有其他严重情节的,处五年以上十年以下有期徒刑,并处骗取税款一倍以上五倍以下罚金;数额特别巨大或者有其他特别严重情节的,处十年以上有期徒刑或者无期徒刑,并处骗取税款一倍以上五倍以下罚金或者没收财产。

问题思考与讨论

(1)出口退税是国家为帮助出口企业降低成本,增强在国际市场上的竞争能力。虚假出口货物,并提供虚假证明材料,骗取出口退税,都有哪些违法行为呢?

(2)骗取出口退税是国家重点打击的犯罪行为之一,同时存在行政处罚以及刑事处罚两方面的责任风险,在严查重罚的背景下,建议大家务必远离。

 以案说法

中澳 FTA 和 RCEP 下,哪个关税降幅最大,是否符合其原产地规则?

山东某服装有限公司生产各类服装,出口东盟、日韩、澳大利亚等多个国家和地区,其生产所需的布料根据需要从国外进口或国内采购。

该公司生产的男衬衫(HS 编码 6105.90)出口澳大利亚,布料从韩国进口(HS 编码 5212.11),价格占产品 FOB 价的 72%,其他材料在国内采购,经过裁剪、缝制、熨烫、定型等主要工序制成成衣。RCEP 生效后,该产品出口澳大利亚,该选择办理哪种原产地证明?企业需要比较自己的产品在中澳 FTA 和 RCEP 下,哪个关税降幅最大,是否符合其原产地规则?

目前,我国已签署 19 个优惠贸易协定(安排),涉及 26 个国家和地区,每一项优惠贸易协定(安排)都有自己的关税减让清单和原产地规则,同样的货物在不同的协定下会有不同的降税安排,对应不同的原产地规则。因此,企业要事先了解和比较自己的产品在不同协定下的关税减让幅度,优选降税幅度最大的协定,同时,仔细研究各项原产地规则,只有符合原产地规则的产品才能享受到关税优惠。

第一节 关税概述

一、征税对象

关税的征税对象是准许进出境的货物和物品。货物是指贸易性商品;物品是指入境旅客随身携带的行李物品、个人邮递物品、各种运输工具上的服务人员携带进口的自用物品、馈赠物品以及其他方式进境的个人物品。

关税征收法律依据

二、纳税义务人

进口货物的收货人、出口货物的发货人、进出境物品的所有人,是关税的纳税义务人。进出口货物的收、发货人是依法取得对外贸易经营权,并进口或者出口货物的法人或者其他社会团体。进出境物品的所有人包括该物品的所有人和推定为所有人的人。一般情况下,对于携带进境的物品,推定其携带人为所有人;对分离运输的行李,推定相应的进出境旅客为所有人;对以邮递方式进境的物品,推定其收件人为所有人;以邮递或其他运输方式出境的物品,推定其寄件人或托运人为所有人。

三、进出口税则

(一)进出口税则概况

进出口税则是一国政府根据国家关税政策和经济政策,通过一定的立法程序制定公布实施的进出口货物和物品应税的关税税率表。进出口税则以税率表为主体,通常还包括实施税则的法令、使用税则的有关说明和附录等。

《海关进出口税则》是我国海关凭以征收关税的法律依据,也是我国关税政策的具体体现。我国现行税则包括《进出口关税条例》《税率适用说明》《海关进口税则》《海关出口税则》,以及《进口商品从量税、复合税、滑准税税目税率表》《进口商品关税配额税目税率表》《进口商品税则暂定税率表》《出口商品税则暂定税率表》《非全税目信息技术产品税率表》等附录。

税率表作为税则主体,包括税则商品分类目录和税率栏两大部分。税则商品分类目录是把种类繁多的商品加以综合,按照其不同特点分门别类地简化成数量有限的商品类目,分别编号按序排列,称为税则号列,并逐号列出该号中应列入的商品名称。商品分类的原则即归类规则,包括归类总规则和各类、章、目的具体注释。税率栏是按商品分类目录逐项定出的税率栏目。我国现行进口税则为四栏税率,出口税则为一栏税率。按税则商品分类目录体系划分,我国分别于1951年、1985年、1992年先后实施了三部进出口税则,进出口商品都采用统一税则目录分类。从1992年1月起,我国开始实施以《商品名称及编码协调制度》为基础的进出口税则,这适应了国内改革开放和对外经济贸易发展的需要。

(二)税则归类

税则归类,就是按照税则的规定,将每项具体进出口商品按其特性在税则中找出其最适合的某一个税号,即"对号入座",以便确定其适用的税率,计算关税税负。税则归类错误会导致关税的多征或少征,影响关税作用的发挥。因此,税则归类关系到关税政策的正确贯彻。

我国海关总署制定有中华人民共和国进境物品归类表(以下简称归类表)和中华人民共和国进境物品完税价格表(以下简称完税价格表)。进境物品依次遵循以下原则归类。

(1)归类表已列名的物品,归入其列名类别。
(2)归类表未列名的物品,按其主要功能(或用途)归入相应类别。
(3)不能按照上述原则归入相应类别的物品,归入"其他物品"类别。
(4)纳税义务人对进境物品的归类、完税价格的确定持有异议,可以依法提请行政复议。

第二节 关税税率

一、进口关税税率

(一)进口货物税率形式

在我国加入世界贸易组织之前,我国进口税则设有两栏税率,即普通税率和优惠税率。对原产于与我国未订有关税互惠协议的国家或者地区的进口货物,按照普通税率征税;对原产于与我国订有关税互惠协议的国家或者地区的进口货物,按照优惠税率征税。

在我国加入世界贸易组织之后,为履行我国在加入世界贸易组织关税减让谈判中承诺的有关义务,享有世界贸易组织成员应有的权利,自2002年1月1日起,我国进口税则设有最惠国税率、协定税率、特惠税率、普通税率、配额税率等税率形式,对进口货物在一定期限内可以实行暂定税率。

适用最惠国税率、协定税率、特惠税率的国家或者地区名单,由国务院关税税则委员会决定,报国务院批准后执行。

(二)进口货物税率适用规则

(1)暂定税率优先适用于优惠税率或最惠国税率,所以适用最惠国税率的进口货物有暂定税率的,适用暂定税率;当最惠国税率低于或等于协定税率时,协定有规定的,按相关协定的规定执行;协定无规定的,两者从低适用。适用协定税率、特惠税率的进口货物有暂定税率的,应当从低适用税率。

按照国家规定实行关税配额管理的进口货物,关税配额内的,适用关税配额税率;关税配额外的,按其适用税率的规定执行。

按照普通税率征税的进口货物,不适用暂定税率;经国务院关税税则委员会特别批准,可以适用最惠国税率。

(2)按照有关法律、行政法规的规定,对进口货物采取反倾销、反补贴、保障措施的,其税率的适用按照《中华人民共和国反倾销法》(国务院令第401号)、《中华人民共和国反补贴法》(国务院令第402号)和《中华人民共和国保障措施条例》(国务院令第403号)的有关规定执行。

提炼点睛

暂定税率与优惠税率或最惠国税率的优先级次

适用最惠国税率的进口货物有暂定税率的,适用暂定税率;当最惠国税率低于或等于协定税率时,协定有规定的,按相关协定的规定执行;协定无规定的,两者从低适用。适用协定税率、特惠税率的进口货物有暂定税率的,应当从低适用税率。

(三)进境物品税率

自2019年4月9日起,除另有规定外,我国对准予应税进口的旅客行李物品、个人邮寄物品以及其他个人自用物品,均由海关按照中华人民共和国进境物品进口税税率表见表6-1的规定,征收进口关税、代征进口环节增值税和消费税等进口税。

表6-1 中华人民共和国进境物品进口税税率表

税目序号	物 品 名 称	税率(%)
1	书报、刊物、教育用影视资料;计算机、视频摄录一体机、数字照相机等信息技术产品;食品、饮料;金银;家具;玩具、游戏品、节日或其他娱乐用品和药品	13
2	运动用品(不含高尔夫球及球具)、钓鱼用品;纺织品及其制成品;电视摄像机及其他电器用具;自行车;税目1、税目3中未包含的其他商品	20
3	烟、酒;贵重首饰及珠宝玉石;高尔夫球及球具;高档手表;化妆品	50

注:① 对国家规定减按3%征收进口环节增值税的进口药品,按照货物税率征税。
② 税目3所列商品的具体范围与消费税征收范围一致。

二、出口关税税率

我国出口税则为一栏税率,即出口税率。国家仅对少数资源性产品及易于竞相杀价、盲目进口、需要规范出口秩序的半制成品征收出口关税。根据《关于执行 2020 年进口暂定税率等调整方案的公告》(海关总署公告 2019 年第 227 号)的规定,自 2020 年 1 月 1 日起,我国继续对铬铁等 107 项出口商品征收出口关税,适用出口税率或出口暂定税率征收商品范围和税率维持不变。

三、税率的适用

(1) 进出口货物,应当适用海关接受该货物申报进口或者出口之日实施的税率。

(2) 进口货物到达前,经海关核准先行申报的,应当适用装载该货物的运输工具申报进境之日实施的税率。

(3) 进口转关运输货物,应当适用指运地海关接受该货物申报进口之日实施的税率;货物运抵指运地前,经海关核准先行申报的,应当适用装载该货物的运输工具抵达指运地之日实施的税率。

(4) 出口转关运输货物,应当适用启运地海关接受该货物申报出口之日实施的税率。

(5) 经海关批准,实行集中申报的进出口货物,应当适用每次货物进出口时海关接受该货物申报之日实施的税率。

(6) 因超过规定期限未申报而由海关依法变卖的进口货物,其税款计征应当适用装载该货物的运输工具申报进境之日实施的税率。

(7) 因纳税义务人违反规定需要追征税款的进出口货物,应当适用违反规定的行为发生之日实施的税率;行为发生之日不能确定的,适用海关发现该行为之日实施的税率。

(8) 已申报进境并放行的保税货物、减免税货物、租赁货物或者已申报进出境并放行的暂时进出境货物,有下列情形之一需缴纳税款的,应当适用海关接受纳税义务人再次填写报关单申报办理纳税及有关手续之日实施的税率。

① 保税货物经批准不复运出境的。
② 保税仓储货物转入国内市场销售的。
③ 减免税货物经批准转让或者移作他用的。
④ 可暂不缴纳税款的暂时进出境货物,不复运出境或者进境的。
⑤ 租赁进口货物,分期缴纳税款的。

(9) 补征和退还进出口货物关税,应当按照前述规定确定适用的税率。

第三节 关税完税价格与应纳税额的计算

《海关法》规定,进出口货物的完税价格,由海关以该货物的成交价格为基础审查确定。成交价格不能确定时,完税价格由海关依法估定。自我国加入世界贸易组织后,我国海关已全面实施《世界贸易组织估价协定》,遵循客观、公平、统一的估价原则,并依据 2014 年 2 月 1 日起实施的《中华人民共和国海关审定进出口货物完税价格办法》(以下简称《完税价格办法》),审定进出口货物的完税价格,如图 6-2 所示。

图 6-2 《中华人民共和国海关审定进出口货物完税价格办法》官网截图

一、一般进口货物的完税价格

根据《海关法》规定，进口货物的完税价格包括货物的货价、货物运抵我国境内输入地点起卸前的运输及其相关费用、保险费。进口货物完税价格的确定方法大致可以划分为两类：一类是以进口货物的成交价格为基础进行调整，从而确定进口货物完税价格的估价方法（以下简称成交价格估价方法）；另一类则是在进口货物的成交价格不符合规定条件或者成交价格不能确定的情况下，海关用以审查确定进口货物完税价格的估价方法（以下简称进口货物海关估价方法）。

（一）成交价格估价方法

进口货物的成交价格，是指卖方向我国境内销售该货物时买方为进口该货物向卖方实付、应付的，并且按照《完税价格办法》有关规定调整后的价款总额，包括直接支付的价款和间接支付的价款。

1. 成交价格应符合的条件

（1）对买方处置或者使用进口货物不予限制，但是法律、行政法规规定实施的限制、对货物销售地域的限制和对货物价格无实质性影响的限制除外。

有下列情形之一的，应当视为对买方处置或者使用进口货物进行了限制：

① 进口货物只能用于展示或者免费赠送的；

② 进口货物只能销售给指定第三方的；

③ 进口货物加工为成品后只能销售给卖方或者指定第三方的；

④ 其他经海关审查，认定买方对进口货物的处置或者使用受到限制的。

（2）进口货物的价格不得受到使该货物成交价格无法确定的条件或者因素的影响。

有下列情形之一的，应当视为进口货物的价格受到了使该货物成交价格无法确定的条件或者因素的影响：

① 进口货物的价格是以买方向卖方购买一定数量的其他货物为条件而确定的；

② 进口货物的价格是以买方向卖方销售其他货物为条件而确定的；

③ 其他经海关审查，认定货物的价格受到使该货物成交价格无法确定的条件或者因素影响的。

(3) 卖方不得直接或者间接获得因买方销售、处置或者使用进口货物而产生的任何收益，或者虽然有收益但是能够按照《完税价格办法》的规定作出调整。

(4) 买卖双方之间没有特殊关系，或者虽然有特殊关系但是按照规定未对成交价格产生影响。有下列情形之一的，应当认为买卖双方存在特殊关系：

① 买卖双方为同一家族成员的；

② 买卖双方互为商业上的高级职员或者董事的；

③ 一方直接或者间接地受另一方控制的；

④ 买卖双方都直接或者间接地受第三方控制的；

⑤ 买卖双方共同直接或者间接地控制第三方的；

⑥ 一方直接或者间接地拥有、控制或者持有对方5%以上（含5%）公开发行的有表决权的股票或者股份的；

⑦ 一方是另一方的雇员、高级职员或者董事的；

⑧ 买卖双方是同一合伙企业成员的。

⑨ 买卖双方在经营上相互有联系，一方是另一方的独家代理、独家经销或者独家受让人，如果符合上述的规定，也应当视为存在特殊关系。

需要注意的是，买卖双方之间存在特殊关系，但是纳税义务人能证明其成交价格与同时或者大约同时发生的下列任何一款价格相近的，应当视为特殊关系未对进口货物的成交价格产生影响：

① 向境内无特殊关系的买方出售的相同或者类似进口货物的成交价格；

② 按照倒扣价格估价方法所确定的相同或者类似进口货物的完税价格；

③ 按照计算价格估价方法所确定的相同或者类似进口货物的完税价格。

练习6-1（多选题） 进口货物的成交价格要求买卖双方之间没有特殊关系，或者虽然有特殊关系但是按照规定未对成交价格产生影响，下列情形应当认为买卖双方存在特殊关系的有（　　）。

A. 买卖双方都直接或者间接地受第三方控制

B. 一方直接或者间接地拥有、控制或者持有对方2%以上公开发行的有表决权的股票

C. 一方是另一方的雇员

D. 买卖双方为同一家族成员

进口货物的成交价格

---

2. 应计入完税价格的调整项目

采用成交价格估价方法，以成交价格为基础审查确定进口货物的完税价格时，未包括在该货物实付、应付价格中的下列费用或者价值应当计入完税价格。

(1) 由买方负担的除购货佣金以外的佣金和经纪费。购货佣金是指买方为购买进口货物向自己的采购代理人支付的劳务费用。经纪费是指买方为购买进口货物向代表买卖双方利益的经纪人支付的劳务费用。

(2) 由买方负担的与该货物视为一体的容器费用。

(3) 由买方负担的包装材料费用和包装劳务费用。

(4) 与进口货物的生产和向中华人民共和国境内销售有关的,由买方以免费或者以低于成本的方式提供,并且可以按适当比例分摊的下列货物或者服务的价值:进口货物包含的材料、部件、零件和类似货物;在生产进口货物过程中使用的工具、模具和类似货物;在生产进口货物过程中消耗的材料;在境外进行的为生产进口货物所需的工程设计、技术研发、工艺及制图等相关服务。

(5) 与该货物有关并作为卖方向我国销售该货物的一项条件,应当由买方向卖方或者有关方直接或间接支付的特许权使用费。特许权使用费是指进口货物的买方为取得知识产权权利人及权利人有效授权人关于专利权、商标权、专有技术、著作权、分销权或者销售权的许可或者转让而支付的费用。

(6) 卖方直接或间接从买方对该货物进口后销售、处置或使用所得中获得的收益。纳税义务人应当向海关提供上述费用或者价值的客观量化数据资料。如果纳税义务人不能提供,海关与纳税义务人进行价格磋商后,按照《完税价格办法》列明的海关估价方法审查确定完税价格。

3. 不计入完税价格的调整项目

不计入完税价格的调整项目。进口货物的价款中单独列明的下列税收、费用,不计入该货物的完税价格。

(1) 厂房、机械或者设备等货物进口后发生的建设、安装、装配、维修或者技术援助费用,但是保修费用除外。

(2) 进口货物运抵中华人民共和国境内输入地点起卸后发生的运输及其相关费用、保险费。

(3) 进口关税、进口环节海关代征税及其他国内税。

(4) 为在境内复制进口货物而支付的费用。

(5) 境内外技术培训及境外考察费用。

(6) 同时符合下列条件的利息费用。利息费用是买方为购买进口货物而融资所产生的,有书面的融资协议的;利息费用单独列明的;纳税义务人可以证明有关利率不高于在融资当时当地此类交易通常应当具有的利率水平,且没有融资安排的相同或者类似进口货物的价格与进口货物的实付、应付价格非常接近的。

4. 进口货物完税价格中的运输及相关费用、保险费的确定

(1) 进口货物的运输及其相关费用,应当按照由买方实际支付或者应当支付的费用计算。如果进口货物的运输及其相关费用无法确定的,海关应当按照该货物进口同期的正常运输成本审查确定。

运输工具作为进口货物,利用自身动力进境的,海关在审查确定完税价格时,不再另行计入运输及其相关费用。

(2) 进口货物的保险费,应当按照实际支付的费用计算。如果进口货物的保险费无法确定或者未实际发生,海关应当按照"货价加运费"两者总额的3‰计算保险费,其计算公式为

$$保险费 = (货价 + 运费) \times 3‰$$

邮运进口的货物,应当以邮费作为运输及其相关费用、保险费。

【例 6-1】 某进出口公司 2023 年 7 月进口化妆品一批,购买价 34 万元,该公司另支付入关前运费 3 万元,保险费无法确定。请计算该公司进口化妆品的保险费是多少?

解析:该公司进口化妆品的保险费 = $(34+3) \times 3‰$ = 0.111(万元)

（二）进口货物海关估价方法

进口货物的成交价格不符合规定条件或者成交价格不能确定的，海关经了解有关情况，并且与纳税义务人进行价格磋商后，依次以相同货物成交价格估价方法、类似货物成交价格估价方法、倒扣价格估价方法、计算价格估价方法及其他合理方法审查确定该货物的完税价格。纳税义务人向海关提供有关资料后，可以提出申请，颠倒倒扣价格估价方法和计算价格估价方法的适用次序。

1. 相同货物成交价格估价方法

相同货物成交价格估价方法是指海关以与进口货物同时或者大约同时向中华人民共和国境内销售的相同货物的成交价格为基础，审查确定进口货物的完税价格的估价方法。

上述"相同货物"是指与进口货物在同一国家或地区生产的，在物理性质、质量和信誉等所有方面都相同的货物，但允许表面微小差异存在。"大约同时"是指海关接受货物申报之日的大约同时，最长不应当超过前后45日。

2. 类似货物成交价格估价方法

类似货物成交价格估价方法，是指海关以与进口货物同时或者大约同时向中华人民共和国境内销售的类似货物的成交价格为基础，审查确定进口货物的完税价格的估价方法。

上述"类似货物"是指与进口货物在同一国家或地区生产的，虽然不是在所有方面都相同，但是却具有相似的特征、相似的组成材料、同样的功能，并且在商业中可以互换的货物。选择类似货物时，应主要考虑货物的品质、信誉和现有商标。

3. 倒扣价格估价方法

倒扣价格估价方法是指海关以进口货物、相同或者类似进口货物在境内的销售价格为基础，扣除境内发生的有关费用后，审查确定进口货物完税价格的估价方法。按照倒扣价格估价法审查确定进口货物的完税价格时，如果进口货物、相同或者类似货物没有在海关接受进口货物申报之日前后45日内在境内销售，可以将在境内销售的时间延长至接受货物申报之日前后90日内。

4. 计算价格估价方法

计算价格估价方法，是指海关以下列各项的总和为基础，审查确定进口货物完税价格的估价方法。

（1）生产该货物所使用的料件成本和加工费用。

（2）向境内销售同等级或者同种类货物通常的利润和一般费用（包括直接费用和间接费用）。

（3）该货物运抵境内输入地点起卸前的运输及相关费用、保险费。

按照上述规定审查确定进口货物的完税价格时，海关在征得境外生产商同意并且提前通知有关国家或者地区政府后，可以在境外核实该企业提供的有关资料。

5. 合理估价方法

合理估价方法是指当海关使用上述任何一种估价方法都无法确定海关估价时，遵循客观、公平、统一的原则，以客观量化的数据资料为基础审查确定进口货物完税价格的估价方法，习惯上也叫"最后一招"。海关在采用合理估价方法确定进口货物的完税价格时，不得使用以下价格。

（1）境内生产的货物在境内的销售价格。

（2）可供选择的价格中较高的价格。

(3) 货物在出口地市场的销售价格。
(4) 以计算价格估价方法规定之外的价值或者费用计算的相同或者类似货物的价格。
(5) 出口到第三国或者地区的货物的销售价格。
(6) 最低限价或者武断、虚构的价格。

二、特殊进口货物的完税价格

（一）运往境外修理的货物

运往境外修理的机械器具、运输工具或其他货物，出境时已向海关报明，并在海关规定期限内复运进境的，应当以境外修理费和物料费为基础审查确定完税价格。

（二）运往境外加工的货物

运往境外加工的货物，出境时已向海关报明，并在海关规定期限内复运进境的，应当以境外加工费、料件费、复运进境的运输及相关费用、保险费为基础审查确定完税价格。

（三）暂时进境的货物

经海关批准暂时进境的货物，应当按照一般进口货物完税价格确定的有关规定，审查确定完税价格。

（四）租赁方式进口的货物

租赁方式进口的货物中，以租金方式对外支付的租赁货物，在租赁期间以海关审定的租金作为完税价格，利息应当予以计入；留购的租赁货物，以海关审定的留购价格作为完税价格；承租人申请一次性缴纳税款的，可以选择按照"进口货物海关估价方法"的相关内容确定完税价格，或者按照海关审查确定的租金总额作为完税价格。

（五）留购的进口货样

对于境内留购的进口货样、展览品和广告陈列品，以海关审定的留购价格为完税价格。

（六）予以补税的减免税货物

特定地区、特定企业或者具有特定用途的特定减免税进口货物，应当接受海关监管。其监管年限依次为船舶、飞机 8 年；机动车辆 6 年；其他货物 3 年。监管年限自货物进口放行之日起计算。

由海关监管使用的减免税进口货物，在监管年限内转让或移作他用需要补税的，应当以海关审定的该货物原进口时的价格，扣除折旧部分价值作为完税价格。

其计算公式为

$$完税价格 = \frac{海关审定的该货物}{原进口时的价格} \times \left(1 - \frac{申请补税时实际已使用的时间（月）}{监管年限 \times 12}\right)$$

（七）不存在成交价格的进口货物

易货贸易、寄售、捐赠、赠送等不存在成交价格的进口货物，由海关与纳税人进行价格磋商后，按照"进口货物海关估价方法"的规定，估定完税价格。

（八）进口软件介质

进口载有专供数据处理设备用软件的介质，具有下列情形之一的，应当以介质本身的价值或者成本为基础审查确定完税价格。

(1) 介质本身的价值或者成本与所载软件的价值分列；

(2) 介质本身的价值或者成本与所载软件的价值虽未分列，但是纳税义务人能够提供介质本身的价值或者成本的证明文件，或者能提供所载软件价值的证明文件。

含有美术、摄影、声音、图像、影视、游戏、电子出版物的介质不适用上述规定。

三、出口货物的完税价格

（一）以成交价格为基础的完税价格

出口货物的完税价格，由海关以该货物的成交价格为基础审查确定，并且应当包括货物运至我国境内输出地点装载前的运输及其相关费用、保险费。

出口货物的成交价格是指该货物出口销售时，卖方为出口该货物应当向买方直接收取和间接收取的价款总额。下列税收、费用不计入出口货物的完税价格。

(1) 出口关税。

(2) 在货物价款中单独列明的货物运至我国境内输出地点装载后的运输及其相关费用、保险费。

（二）出口货物海关估价方法

出口货物的成交价格不能确定时，海关经了解有关情况，并且与纳税义务人进行价格磋商后，依次以下列价格审查确定该货物的完税价格。

(1) 同时或者大约同时向同一国家或者地区出口的相同货物的成交价格。

(2) 同时或者大约同时向同一国家或者地区出口的类似货物的成交价格。

(3) 根据境内生产相同或者类似货物的成本、利润和一般费用（包括直接费用和间接费用）、境内发生的运输及其相关费用、保险费计算所得的价格。

(4) 按照合理方法估定的价格。

提炼点睛

出口货物海关估价方法适用

海关估价方法首选相同货物，没有相同货物看类似货物，没有类似货物再按照境内生产相同或者类似货物的成本、利润和一般费用、境内发生的运输及相关费用、保险费计算，最后再考虑其他合理方法。

四、应纳税额的计算

（一）从价税应纳税额的计算

从价税是一种最常用的关税计税标准。它是以货物的价格或者价值为征税标准，以应征税额占货物价格或者价值的百分比为税率，价格越高，税额越高。货物进口时，以此税率和海关审定的实际进口货物完税价格相乘计算应征税额。目前，我国海关计征关税标准主要是从价税。计算公式为

$$关税税额 = 应税进（出）口货物数量 \times 单位完税价格 \times 税率$$

【例 6-2】 位于县城的某货物运输企业为增值税一般纳税人，兼营汽车租赁业务。2022年2月进口一辆燃油小汽车，关税完税价格为60万元。该小汽车已报关，关税税率为15%，取得

海关开具的进口增值税专用缴款书。请计算该企业进口小汽车的关税是多少？

解析：进口环节应缴纳的关税＝60×15%＝9(万元)

(二) 从量税应纳税额的计算

从量税是以货物的数量、重量、体积、容量等计量单位为计税标准，以每计量单位货物的应征税额为税率。我国目前对原油、啤酒和胶卷等进口商品征收从量税。计算公式为

$$关税税额＝应税进(出)口货物数量×单位货物税额$$

(三) 复合税应纳税额的计算

复合税又称混合税，即订立从价、从量两种税率，随着完税价格和进口数量的变化而变化，征收时两种税率合并计征。它是对某种进口货物混合使用从价税和从量税的一种关税计征标准。我国目前仅对录像机、放像机、摄像机、数字照相机和摄录一体机等进口商品征收复合税。计算公式为

$$关税税额＝应税进(出)口货物数量×单位货物税额＋应税进(出)口货物数量×$$
$$单位完税价格×税率$$

(四) 滑准税应纳税额的计算

滑准税是根据货物的不同价格适用不同税率的一类特殊的从价关税。它是一种关税税率随进口货物价格由高至低而由低至高设置计征关税的方法。简单地讲，就是进口货物的价格越高，其进口关税税率越低，进口商品的价格越低，其进口关税税率越高。滑准税的特点是可保持实行滑准税商品的国内市场价格的相对稳定，而不受国际市场价格波动的影响。计算公式为

$$关税税额＝应税进(出)口货物数量×单位完税价格×滑准税税率$$

现行税则《进(出)口商品从量税、复合税、滑准税税目税率表》后注明了滑准税税率的计算公式，该公式是一个与应税进(出)口货物完税价格相关的取整函数。

> **练习 6-2(计算题)** 某进出口公司2019年8月进口摩托车20辆，成交价共计27万元，该公司另支付入关前的运费4万元，保险费无法确定，摩托车关税税率25%，请你帮该公司计算应该缴纳多少关税？

关税应纳税额的计算

五、跨境电子商务零售进口税收政策

《财政部 海关总署 国家税务总局关于跨境电子商务零售进口税收政策的通知》(财关税〔2016〕18号)、《财政部等11个部门关于公布跨境电子商务零售进口商品清单的公告》(2016年第40号)的有关规定，就相关海关监管问题发布公告，如图6-3所示。自2016年4月8日起，跨境电子商务零售进口商品按照货物征收关税和进口环节增值税、消费税，购买跨境电子商务零售进口商品的个人作为纳税义务人，实际交易价格(包括货物零售价格、运费和保险费)作为完税价格，电子商务企业、电子商务交易平台企业或物流企业可作为代收代缴义务人。

图 6-3　海关总署关于跨境电子商务零售进出口商品有关监管事宜的公告官网截图

(一) 适用范围

跨境电子商务零售进口税收政策适用于从其他国家或地区进口的、《跨境电子商务零售进口商品清单》范围内的以下商品。

(1) 所有通过与海关联网的电子商务交易平台交易，能够实现交易、支付、物流电子信息"三单"比对的跨境电子商务零售进口商品。

(2) 未通过与海关联网的电子商务交易平台交易，但快递、邮政企业能够统一提供交易、支付、物流等电子信息，并承诺承担相应法律责任进境的跨境电子商务零售进口商品。

不属于跨境电子商务零售进口的个人物品以及无法提供交易、支付、物流等电子信息的跨境电子商务零售进口商品，按现行规定执行。

(二) 计征限额

跨境电子商务零售进口商品的单次交易限值为人民币 5 000 元，个人年度交易限值为人民币 26 000 元。在限值以内进口的跨境电子商务零售进口商品，关税税率暂设为 0%；进口环节增值税、消费税取消免征税额，暂按法定应纳税额的 70% 征收。完税价格超过 5 000 元单次交易限值但低于 26 000 元年度交易限值，且订单下仅一件商品时，可以自跨境电商零售渠道进口，按照货物税率全额征收关税和进口环节增值税、消费税，交易额计入年度交易总额，但年度交易总额超过年度交易限值的，应按一般贸易管理。

(三) 计征规定

跨境电子商务零售进口商品自海关放行之日起 30 日内退货的，可申请退税，并相应调整个人年度交易总额。

跨境电子商务零售进口商品购买人(订购人)的身份信息应进行认证；未进行认证的，购买人(订购人)身份信息应与付款人一致。

《跨境电子商务零售进口商品清单》由财政部商有关部门另行公布。

第四节　关税减免与征收管理

关税减免是对某些纳税人和征税对象给予鼓励和照顾的一种特殊调节手段。正是有了这一手段，使关税政策工作兼顾了普遍性和特殊性、原则性和灵活性。因此，关税减免是贯彻国家关税政策的一项重要措施。关税减免分为法定减免税、特定减免税、暂时免税和临时减免税。根据《海关法》的规定,除法定减免税外的其他减免税均由国务院决定。减征关税在我国加入世界贸易组织之前以税则规定税率为基准,在我国加入世界贸易组织之后以最惠国税率或者普通税率为基准。

一、关税减免

(一)法定减免税

法定减免税是税法中明确列出的减税或免税。符合税法规定可予减免税的进出口货物,纳税义务人无须提出申请,海关可按规定直接予以减免税。海关对法定减免税货物一般不进行后续管理。

对下列进出口货物、物品予以减免关税。

(1) 关税税额在人民币50元以下的一票货物,可免征关税。

(2) 无商业价值的广告品和货样,可免征关税。

(3) 外国政府、国际组织无偿赠送的物资,可免征关税。

(4) 进出境运输工具装载的途中必需的燃料、物料和饮食用品,可予免税。

(5) 在海关放行前损失的货物,可免征关税。

(6) 在海关放行前遭受损坏的货物,可以根据海关认定的受损程度减征关税。

(7) 我国缔结或者参加的国际条约规定减征、免征关税的货物、物品,按照规定予以减免关税。

(8) 法律规定减征、免征关税的其他货物、物品。

(二)特定减免税

特定减免税也称政策性减免税。在法定减免税之外,国家按照国际通行规则和我国实际情况,制定发布的有关进出口货物减免关税的政策,称为特定或政策性减免税。特定减免税货物一般有地区、企业和用途的限制,海关需要进行后续管理,也需要进行减免税统计。

1. 科教用品

为有利于我国科研、教育事业发展,推动科教兴国战略的实施,经国务院批准,财政部、海关总署、国家税务总局制定了《科学研究和教学用品免征进口税收规定》,对科学研究机构和学校,以科学研究和教学为目的,在合理数量范围内进口国内不能生产或者性能不能满足需要的科学研究和教学用品,免征进口关税和进口环节增值税、消费税。该规定对享受该优惠的科研机构和学校资格、类别及可以免税的物品都作了明确规定。

2. 残疾人专用品

为支持残疾人的康复工作,经国务院批准,海关总署发布了《残疾人专用品免征进口税收暂行规定》,对规定的残疾人个人专用品,免征进口关税和进口环节增值税、消费税;对康复、福利机构、假肢厂和荣誉军人康复医院进口国内不能生产的、该规定明确的残疾人专用品,免征进口关税和进口环节增值税。该规定对可以免税的残疾人专用品种类和品名作了明确规定。

3. 慈善捐赠物资

为促进慈善事业的健康发展,支持慈善事业发挥扶贫济困的积极作用,经国务院批准,财政部、国家税务总局、海关总署发布了《慈善捐赠物资免征进口税收暂行办法》。对境外自然人、法人或者其他组织等境外捐赠人,无偿向国务院有关部门和各省、自治区、直辖市人民政府,中国红十字会总会、中华全国妇女联合会、中国残疾人联合会、中华慈善总会、中国初级卫生保健基金会、中国宋庆龄基金会和中国癌症基金会,以及经民政部或省级民政部门登记注册且被评定为5A级的以人道救助和发展慈善事业为宗旨的社会团体或基金会等受赠人捐赠的直接用于慈善事业的物资,免征进口关税和进口环节增值税。慈善事业是指非营利的慈善救助等社会慈善和福利事业,包括以捐赠财产方式自愿开展的扶贫济困、扶助老幼病残等困难群体,促进教育、科学、文化、卫生、体育等事业发展,防治污染和其他公害,保护和改善环境等慈善活动。该办法对可以免税的捐赠物资种类和品名作了明确规定。

4. 重大技术装备

为继续支持我国重大技术装备制造业发展,对符合规定条件的企业及核电项目业主为生产国家支持发展的重大技术装备或产品而确有必要进口的部分关键零部件及原材料,免征关税和进口环节增值税。

工业和信息化部会同财政部、海关总署、国家税务总局、能源局核定企业及核电项目业主免税资格,每年对新申请享受进口税收政策的企业及核电项目业主进行认定,每3年对已享受进口税收政策企业及核电项目业主进行复核。

取得免税资格的企业及核电项目业主可向主管海关提出申请,选择放弃免征进口环节增值税,只免征进口关税。企业及核电项目业主主动放弃免征进口环节增值税后,36个月内不得再次申请免征进口环节增值税。

取得免税资格的企业及核电项目业主应按照《中华人民共和国海关进出口货物减免税管理办法》(海关总署第245号令)及海关有关规定办理有关重大技术装备或产品进口关键零部件及原材料的减免税手续。

(三)暂时免税

暂时进境或者暂时出境的下列货物,在进境或者出境时纳税义务人向海关缴纳相当于应纳税款的保证金或者提供其他担保的,可以暂不缴纳关税,并应当自进境或者出境之日起6个月内复运出境或者复运进境;需要延长复运出境或者复运进境期限的,纳税义务人应当根据海关总署的规定向海关办理延期手续。

(1)在展览会、交易会、会议及类似活动中展示或者使用的货物。
(2)文化、体育交流活动中使用的表演、比赛用品。
(3)进行新闻报道或者摄制电影、电视节目使用的仪器、设备及用品。
(4)开展科研、教学、医疗活动使用的仪器、设备及用品。
(5)在上述第(1)项至第(4)项所列活动中使用的交通工具及特种车辆。
(6)货样。
(7)供安装、调试、检测设备时使用的仪器、工具。
(8)盛装货物的容器。
(9)其他用于非商业目的的货物。

(四)临时减免税

临时减免税是指以上法定和特定减免税以外的其他减免税,即由国务院根据《海关法》对某个单位、某类商品、某个项目或某批进出口货物的特殊情况,给予特别照顾,一案一批,专文下达的减免税。一般有单位、品种、期限、金额或数量等限制,不能比照执行。

二、征收管理

(一) 关税缴纳

进口货物的纳税义务人应当自运输工具申报进境之日起 14 日内,出口货物的纳税义务人除海关特准的以外,应当在货物运抵海关监管区后、装货的 24 小时以前,向货物的进出境地海关申报,海关根据税则归类和完税价格计算应缴纳的关税和进口环节代征税,并填发税款缴款书。

纳税义务人应当自海关填发税款缴款书之日起 15 日内,向指定银行缴纳税款。如关税缴款期限届满日遇星期六、星期日等休息日或者法定节假日,则关税缴纳期限顺延至休息日或者法定节假日之后的第 1 个工作日。为方便纳税义务人,经申请且海关同意,进(出)口货物的纳税义务人可以在设有海关的指运地(启运地)办理海关申报、纳税手续。

关税纳税义务人因不可抗力或者在国家税收政策调整的情形下,不能按期缴纳税款的,经依法提供税款担保后,可以延期缴纳税款,但最长不得超过 6 个月。

(二) 关税的强制执行

纳税义务人未在关税缴纳期限内缴纳税款,即构成关税滞纳。为保证海关征收关税决定的有效执行和国家财政收入的及时入库,《海关法》赋予海关对滞纳关税的纳税义务人强制执行的权利。强制措施主要有两类。

(1) 征收关税滞纳金。滞纳金自关税缴纳期限届满滞纳之日起,至纳税义务人缴纳关税之日止,按滞纳税款万分之五的比例按日征收,休息日或法定节假日不予扣除。具体计算公式为

$$关税滞纳金金额 = 滞纳关税税额 \times 滞纳金征收比率 \times 滞纳天数$$

(2) 强制征收。如纳税义务人自缴纳税款期限届满之日起 3 个月仍未缴纳税款,经直属海关关长或者其授权的隶属海关关长批准,海关可以采取强制扣缴、变价抵缴等强制措施。强制扣缴即海关书面通知纳税义务人开户银行或者其他金融机构从其存款中扣缴税款。变价抵缴即海关将纳税义务人的应税货物依法变卖,或者扣留并依法变卖其价值相当于应纳税款的货物或者其他财产,以变卖所得抵缴税款。

(三) 关税退还

关税退还是关税纳税义务人按海关核定的税额缴纳关税后,因某种原因的出现,海关将实际征收多于应当征收的税额(称为溢征关税)退还给原纳税义务人的一种行政行为。根据《海关法》和《进出口关税条例》的规定,海关多征的税款,海关发现后应当立即退还;纳税义务人发现多缴税款的,自缴纳税款之日起 1 年内,可以以书面形式要求海关退还多缴的税款并加算银行同期活期存款利息;海关应当自受理退税申请之日起 30 日内查实并通知纳税义务人办理退还手续。

此外,有下列情形之一的,纳税义务人自缴纳税款之日起 1 年内,可以申请退还关税,并应当以书面形式向海关说明理由,提供原缴款凭证及相关资料。

(1) 已征进口关税的货物,因品质或者规格原因,原状退货复运出境的。

(2) 已征出口关税的货物,因品质或者规格原因,原状退货复运进境,并已重新缴纳因出口而退还的国内环节有关税收的。

(3) 已征出口关税的货物,因故未装运出口,申报退关的。

海关应当自受理退税申请之日起 30 日内查实并通知纳税义务人办理退还手续;纳税义务人应当自收到通知之日起 3 个月内办理有关退税手续。前述第(1)项和第(2)项规定强调的是"因货物品质或者规格原因,原状复运进境或者出境的"。如果属于其他原因且不能以原状复运进境或者出境,不能退税。

(四)关税追征和补征

补征和追征是海关在关税纳税义务人按海关核定的税额缴纳关税后,发现实际征收税额少于应当征收的税额(称为短征关税)时,责令纳税义务人补缴所差税款的一种行政行为。海关法根据短征关税的原因,将海关征收原短征关税的行为分为追征和补征两种。

由于纳税人违反海关规定造成短征关税的,称为追征。非因纳税人违反海关规定造成短征关税的,称为补征。区分关税追征和补征的目的是区别不同情况适用不同的征收时效,超过时效规定的期限,海关就丧失了追补关税的权利。

根据《海关法》和《进出口关税条例》的规定,进出境货物和物品放行后,海关发现少征或者漏征税款,应当自缴纳税款或者货物、物品放行之日起 1 年内,向纳税义务人补征税款;因纳税义务人违反规定而造成的少征或者漏征的税款,海关可以自纳税义务人缴纳税款或者货物、物品放行之日起 3 年以内追征,并从缴纳税款或者货物、物品放行之日起按日加收少征或者漏征税款万分之五的滞纳金;海关发现其监管货物因纳税义务人违反规定造成少征或者漏征税款的,应当自纳税义务人应缴纳税款之日起 3 年内追征税款,并从应缴纳税款之日起按日加收少征或者漏征税款万分之五的滞纳金。

(五)关税纳税争议的处理

为保护纳税人合法权益,我国《海关法》和《进出口关税条例》都规定了纳税义务人对海关确定的进出口货物的征税、减税、补税或者退税等有异议时,有提出申诉的权利。在纳税义务人同海关发生纳税争议时,可以向海关申请复议,但同时应当在规定期限内按海关核定的税额缴纳关税,逾期则构成滞纳,海关有权按规定采取强制执行措施。

纳税争议的内容一般为进出境货物和物品的纳税义务人对海关在原产地认定、税则归类、税率或汇率适用、完税价格确定、关税减征、免征、追征、补征和退还等征税行为是否合法或适当,是否侵害了纳税义务人的合法权益,而对海关征收关税的行为表示异议。

纳税争议的申诉程序和期限是纳税义务人自海关填发税款缴款书之日起 60 日内,向原征税海关的上一级海关提出复议申请。逾期申请复议的,海关不予受理。海关行政复议机关应当自受理复议申请之日起 60 日内作出复议决定,并以复议决定书的形式正式答复纳税义务人;纳税义务人对海关复议决定仍然不服的,可以自收到复议决定书之日起 15 日内,向人民法院提起诉讼。

第五节 船舶吨税法

现行船舶吨税的基本规范是 2017 年 12 月 27 日第十二届全国人民代表大会常务委员会第三十一次会议通过的《中华人民共和国船舶吨税法》(以下简称《船舶吨税法》),于 2018 年 7 月 1 日起施行,经 2018 年 10 月 26 日第十三届全国人民代表大会常务委员会第六次会议修改,于同日以中华人民共和国主席令第十六号公布,如图 6-4 所示。

船舶吨税历史背景

图 6-4 《中华人民共和国船舶吨税法》官网截图

一、征税范围和税率

（一）征税范围

自中华人民共和国境外港口进入境内港口的船舶（以下简称"应税船舶"），应当缴纳船舶吨税（以下简称"吨税"）。吨税的税目、税率依照《吨税税目、税率表》执行。

（二）税率

吨税设置优惠税率和普通税率。中华人民共和国国籍的应税船舶，船籍国（地区）与中华人民共和国签订含有相互给予船舶税费最惠国待遇条款的条约或者协定的应税船舶，适用优惠税率。其他应税船舶，适用普通税率。吨税税目、税率表见表 6-2。

表 6-2 吨税税目、税率表

税　目 （按船舶净吨位划分）	税率（元/净吨）						备　注
	普通税率（按执照期限划分）			优惠税率（按执照期限划分）			
	1 年	90 日	30 日	1 年	90 日	30 日	
不超过 2 000 净吨	12.6	4.2	2.1	9.0	3.0	1.5	1. 拖船按照发动机功率每千瓦折合净吨位 0.67 吨。 2. 无法提供净吨位证明文件的游艇，按照发动机功率每千瓦折合净吨位 0.05 吨。 3. 拖船和非机动驳船分别按相同净吨位船舶税率的 50%计征税款
超过 2 000 净吨，但不超过 10 000 净吨	24.0	8.0	4.0	17.4	5.8	2.9	
超过 10 000 净吨，但不超过 50 000 净吨	27.6	9.2	4.6	19.8	6.6	3.3	
超过 50 000 净吨	31.8	10.6	5.3	22.8	7.6	3.8	

注：拖船是指专门用于拖（推）动运输船舶的专业作业船舶。

二、应纳税额的计算

吨税按照船舶净吨位和吨税执照期限征收。净吨位是指由船籍国(地区)政府签发或者授权签发的船舶吨位证明书上标明的净吨位;吨税执照期限是指按照公历年、日计算的期间。应税船舶负责人在每次申报纳税时,可以按照《吨税税目、税率表》选择申领一种期限的吨税执照。吨税的应纳税额按照船舶净吨位乘以适用税率计算,计算公式为

$$应纳税额=船舶净吨位×定额税率$$

吨税由海关负责征收。海关征收吨税应当制发缴款凭证。应税船舶负责人缴纳吨税或者提供担保后,海关按照其申领的执照期限填发吨税执照。

应税船舶在进入港口办理入境手续时,应当向海关申报纳税领取吨税执照,或者交验吨税执照(或者申请核验吨税执照电子信息)。应税船舶在离开港口办理出境手续时,应当交验吨税执照(或者申请核验吨税执照电子信息)。

应税船舶负责人申领吨税执照时,应当向海关提供下列文件。

(1) 船舶国籍证书或者海事部门签发的船舶国籍证书收存证明。

(2) 船舶吨位证明。

应税船舶因不可抗力在未设立海关地点停泊的,船舶负责人应当立即向附近海关报告,并在不可抗力原因消除后,依照规定向海关申报纳税。

【例 6-3】 B 国某运输公司一艘货轮驶入我国某港口,该货轮净吨位为 30 000 吨,货轮负责人已向我国海关领取了吨税执照,在港口停留期限为 30 天,B 国已与我国签订有相互给予船舶税费最惠国待遇条款。请计算该货轮负责人应向我国海关缴纳的吨税是多少?

解析:(1)根据吨税的相关规定,该货轮应享受优惠税率,每净吨位为 3.3 元。

(2) 应缴纳的吨税=30 000×3.3=99 000(元)

三、税收优惠

(一) 直接优惠

下列船舶免征吨税。

(1) 应纳税额在人民币 50 元以下的船舶。

(2) 自境外以购买、受赠、继承等方式取得船舶所有权的初次进口到港的空载船舶。

(3) 吨税执照期满后 24 小时内不上下客货的船舶。

(4) 非机动船舶(不包括非机动驳船)。非机动船舶是指自身没有动力装置,依靠外力驱动的船舶。非机动驳船是指在船舶登记机关登记为驳船的非机动船舶。

(5) 捕捞、养殖渔船。捕捞、养殖渔船是指在中华人民共和国渔业船舶管理部门登记为捕捞船或者养殖船的船舶。

(6) 避难、防疫隔离、修理、改造、终止运营或者拆解,并不上下客货的船舶。

(7) 军队、武装警察部队专用或者征用的船舶。

(8) 警用船舶。

(9) 依照法律规定应当予以免税的外国驻华使领馆、国际组织驻华代表机构及其有关人员的船舶。

(10) 国务院规定的其他船舶。本条免税规定,由国务院报全国人民代表大会常务委员会

备案。

(二) 延期优惠

在吨税执照期限内,应税船舶发生下列情形之一的,海关按照实际发生的天数批注延长吨税执照期限。

(1) 避难、防疫隔离、修理、改造,并不上下客货。

(2) 军队、武装警察部队征用。

符合直接优惠(5)~(9)项及延期优惠政策的船舶,应当提供海事部门、渔业船舶管理部门或者出入境检验检疫部门等部门、机构出具的具有法律效力的证明文件或者使用关系证明文件,申明免税或者延长吨税执照期限的依据和理由。

四、征收管理

(1) 吨税纳税义务发生时间为应税船舶进入港口的当日。应税船舶在吨税执照期满后尚未离开港口的,应当申领新的吨税执照,自上一次执照期满的次日起续缴吨税。

(2) 应税船舶负责人应当自海关填发吨税缴款凭证之日起15日内缴清税款。未按期缴清税款的,自滞纳税款之日起至缴清税款之日止,按日加收所滞纳税款万分之五的滞纳金。

(3) 应税船舶到达港口前,经海关核准先行申报并办结出入境手续的,应税船舶负责人应当向海关提供与其依法履行吨税缴纳义务相适应的担保;应税船舶到达港口后,依照规定向海关申报纳税。

可以用于担保的财产、权利包括:①人民币、可自由兑换货币;②汇票、本票、支票、债券、存单;③银行、非银行金融机构的保函;④海关依法认可的其他财产、权利。

(4) 应税船舶在吨税执照期限内,因修理、改造导致净吨位变化的,吨税执照继续有效。应税船舶办理出入境手续时,应当提供船舶经过修理、改造的证明文件。

(5) 应税船舶在吨税执照期限内,因税目税率调整或者船籍改变而导致适用税率变化的,吨税执照继续有效。

因船籍改变而导致适用税率变化的,应税船舶在办理出入境手续时,应当提供船籍改变的证明文件。

(6) 吨税执照在期满前毁损或者遗失的,应当向原发照海关书面申请核发吨税执照副本,不再补税。

(7) 海关发现少征或者漏征税款的,应当自应税船舶应当缴纳税款之日起1年内,补征税款。但因应税船舶违反规定造成少征或者漏征税款的,海关可以自应当缴纳税款之日起3年内追征税款,并自应当缴纳税款之日起按日加征少征或者漏征税款万分之五的税款滞纳金。

海关发现多征税款的,应当在24小时内通知应税船舶办理退还手续,并加算银行同期活期存款利息。

应税船舶发现多缴税款的,可以自缴纳税款之日起3年内以书面形式要求海关退还多缴的税款并加算银行同期活期存款利息;海关应当自受理退税申请之日起30日内查实并通知应税船舶办理退还手续。

应税船舶应当自收到退税通知之日起3个月内办理有关退还手续。

(8) 应税船舶有下列行为之一的,由海关责令限期改正,处 2 000 元以上 30 000 元以下的罚款;不缴或者少缴应纳税款的,处不缴或者少缴税款50%以上5倍以下的罚款,但罚款不得低于 2 000 元。

① 未按照规定申报纳税、领取吨税执照。

② 未按照规定交验吨税执照(或者申请核验吨税执照电子信息)以及提供其他证明文件。

(9) 吨税税款、税款滞纳金、罚款以人民币计算。

吨税的征收,《船舶吨税法》未作规定的,依照有关税收征收管理的法律、行政法规的规定执行。

知识点梳理

关税是海关依法对进出境货物、物品征收的一种税。进口货物的收货人、出口货物的发货人、进出境物品的所有人,是关税的纳税义务人。在我国加入世界贸易组织之前,我国进口税则设有两栏税率,即普通税率和优惠税率。加入世界贸易组织之后,我国进口税则设有最惠国税率、协定税率、特惠税率、普通税率、配额税率等税率形式,对进口货物在一定期限内可以实行暂定税率。自2019年4月9日起,除另有规定外,我国对准予应税进口的旅客行李物品、个人邮寄物品以及其他个人自用物品,均由海关按照《中华人民共和国进境物品进口税税率表》的规定,征收进口关税、代征进口环节增值税和消费税等进口税。

我国出口税则为一栏税率,即出口税率。国家仅对少数资源性产品及易于竞相杀价、盲目进口、需要规范出口秩序的半制成品征收出口关税。

进出口货物的完税价格由海关以该货物的成交价格为基础审查确定。成交价格不能确定时,完税价格由海关依法估定。进口货物的完税价格包括货物的货价、货物运抵我国境内输入地点起卸前的运输及其相关费用、保险费。

出口货物的完税价格由海关以该货物的成交价格为基础审查确定,并且应当包括货物运至我国境内输出地点装载前的运输及其相关费用、保险费。出口货物的成交价格不能确定时,海关经了解有关情况,并且与纳税义务人进行价格磋商后,审查确定该货物的完税价格。关税应纳税额的计算方式有从价税、从量税、复合税和滑准税四种。

船舶吨税是根据船舶运载量课征的一个税种,自中华人民共和国境外港口进入境内港口的船舶(以下简称应税船舶),应当缴纳船舶吨税。船舶吨税设置优惠税率和普通税率,对于特定船舶免税,如应纳税额在人民币50元以下的船舶、自境外以购买、受赠、继承等方式取得船舶所有权的初次进口到港的空载船舶等。

一、单项选择题

1. 下列进口货物中,免征进口关税的是(   )。

   A. 外国政府无偿赠送的物资

   B. 具有一定商业价值的货样

   C. 在海关放行后损失的货物

   D. 关税税额为人民币80元的一票货物

2. 我国某公司2022年12月从国内甲港口出口一批锌锭到国外,货物成交价格158万元(不含出口关税),其中包括货物运抵甲港口装载前的运输费10万元。甲港口到国外目的地港口之间的运输保险费 20 万元。锌锭出口关税税率为 20%。该公司出口锌锭应缴纳的出口关税为（　　）万元。

  A. 25.6　　　　B. 29.6　　　　C. 31.6　　　　D. 34

3. 某进出口公司 2020 年 7 月进口化妆品一批，购买价 34 万元，该公司另支付入关前运费 3 万元，保险费无法确定。化妆品关税税率为 30%，该公司应缴纳的关税为（　　）万元。

  A. 10.21　　　B. 10.24　　　C. 11.10　　　D. 11.13

4. 下列关于关税征收管理的说法，正确的是（　　）。

  A. 进口货物自运输工具申报进境之日起 14 日内，向货物进境地海关申报纳税

  B. 出口货物在货物运抵海关监管区后装货的 24 小时以后，向货物出境地海关申报纳税

  C. 关税的延期缴纳税款期限，最长不得超过 12 个月

  D. 进出境货物和物品放行后，海关发现少征或者漏征税款，应当自缴纳税款或者货物、物品放行之日起 2 年内，向纳税义务人补征关税

5. 按照随进口货物的价格由高至低而由低至高设置的关税税率计征的关税是（　　）。

  A. 复合税　　　B. 滑准税　　　C. 选择税　　　D. 从量税

6. 原产于我国参加的含有关税优惠条款的区域性贸易协定有关缔约方的进口货物适用的税率是（　　）。

  A. 最惠国税率　　B. 协定税率　　C. 特惠税率　　D. 普通税率

7. 进口货物的成交价格不符合规定条件或成交价格不能确定，经与纳税义务人协商后，海关确认该进口货物完税价格时应优先采用的方法是（　　）。

  A. 倒扣价格估价法　　　　　　B. 计算价格估价法

  C. 类似货物成交价格估价法　　D. 相同货物成交价格估价法

8. 下列从境外进入我国港口，免征船舶吨税的船舶是（　　）。

  A. 拖船　　　　　　　　　　　B. 非机动驳船

  C. 养殖渔船　　　　　　　　　D. 执照期满 24 小时内上下的客货船

9. 国外净吨位为 3 000 吨的非机动驳船，在港口停留 30 天，已经签订最惠国条款，非机动驳船停留 30 天，普通税率 4 元/吨，优惠税率 3 元/吨，应缴纳船舶吨税为（　　）元。

  A. 12 000　　　B. 6 000　　　C. 9 000　　　D. 4 500

10. 下列从境外进入我国港口的船舶中，免征船舶吨税的是（　　）。

  A. 拖船

  B. 养殖渔船

  C. 非机动驳船

  D. 吨税执照期满后 24 小时内上下客货的船舶

二、多项选择题

1. 下列税费中，应计入进口货物关税完税价格的有（　　）。

  A. 进口环节缴纳的消费税

  B. 单独支付的境内技术培训费

  C. 由买方负担的境外包装材料费用

  D. 由买方负担的与该货物视为一体的容器费用

2. 应税船舶在吨税执照期限内发生的下列情形中，海关可按照实际发生的天数批注延长

吨税执照期限的有( )。
A. 避难并不上下客货的   B. 防疫隔离并不上下客货的
C. 补充供给并不上下旅客的   D. 武装警察部队征用的

3. 应税船舶负责人每次申报纳税时,可按规定选择申领一种期限的吨税执照,下列期限属于可选择吨税执照期限的有( )。
A. 30日   B. 90日   C. 180日   D. 1年

4. 下列进口货物中,免征关税的有( )。
A. 入境客机装载的飞行燃料   B. 在海关放行前损失的货物
C. 无商业价值的广告品和货样   D. 关税税额在人民币50元以下的一票货物

5. 下列措施中,属于《海关法》赋予海关可以采取的强制执行措施有( )。
A. 变价抵缴   B. 强制扣缴
C. 补征税额   D. 征收关税滞纳金

6. 进口下列商品时,应按照从量计征进口关税的有( )。
A. 原油   B. 胶卷   C. 啤酒   D. 录像机

7. 下列各项税费中,应计入出口货物完税价格的有( )。
A. 货物出口关税
B. 货物运至我国境内输出地点装载前的保险费
C. 货物运至我国境内输出地点装载前的运输费用
D. 货价中单独列明的货物运至我国境内输出地点装载后的运输费用

8. 在以成交价格估价方法确定进口货物完税价格时,下列各项费用不计入完税价格的有( )。
A. 由买方负担的购货佣金   B. 由买方负担的经纪费
C. 进口关税   D. 境外技术培训费用

9. 下列关于关税税率的表述正确的有( )。
A. 经海关批准,实行集中申报的进出口货物,应当适用每次货物进出口时海关接受该货物申报之日实施的税率
B. 因超过规定期限未申报而由海关依法变卖的进口货物,其税款计征应当适用装载该货物的运输工具申报进境之日实施的税率
C. 进出口货物,应当适用海关接受该货物申报进口或者出口之日实施的税率
D. 进口转关运输货物,应当适用启运地海关接受该货物申报进口之日实施的税率

10. 下列各项中,属于关税法定纳税义务人的有( )。
A. 进口货物的收货人   B. 进口货物的代理人
C. 出口货物的发货人   D. 出口货物的代理人

三、判断题
1. 关税是海关依法对进出境货物、物品征收的一种税。( )
2. 任何情况下,关境与国境都是一致的。( )
3. 进口货物到达前,经海关核准先行申报的,应当适用装载该货物的运输工具申报进境之日实施的税率。( )
4. 进口转关运输货物,应当适用启运地海关接受该货物申报进口之日实施的税率。( )
5. 出口转关运输货物,应当适用启运地海关接受该货物申报出口之日实施的税率。( )

6. 关税完税价格是海关以进出口货物的实际成交价格为基础,经调整确定的计征关税的价格。（　　）

7. 进口货物的完税价格包括货物的货价、货物运抵我国境内输入地点起卸前的运输及其相关费用、保险费。（　　）

8. 运输工具作为进口货物,利用自身动力进境的,海关在审查确定完税价格时,不再另行计入运输及相关费用。（　　）

9. 运往境外修理的机械器具、运输工具或其他货物,出境时已向海关报明,并在海关规定期限内复运进境的,应当以出境时的海关评估价格确定完税价格。（　　）

10. 经海关批准暂时进境的货物,按一般进口货物完税价格确定的有关规定,审查确定完税价格。（　　）

四、计算题

1. 2023年8月,某公司将货物运往境外加工,出境时已向海关报明,并在海关规定期限内复运进境。已知货物价值100万元,境外加工费和料件费30万元,运费1万元,保险费0.39万元。关税税率10%。该公司上述业务应缴纳关税多少万元?

2. 位于县城的某货物运输企业为增值税一般纳税人,兼营汽车租赁业务。2024年2月进口燃油小汽车一辆,关税完税价格为60万元。该小汽车已报关,取得海关开具的进口增值税专用缴款书。请计算该企业进口环节应该缴纳的关税、消费税、增值税分别是多少?

第七章

土地增值税法

　　土地增值税法是指国家制定的用于调整土地增值税征收与缴纳之间权利及义务关系的法律规范。现行土地增值税的基本规范,是1993年12月13日国务院颁布的《中华人民共和国土地增值税暂行条例》(以下简称《土地增值税暂行条例》)。

　　为了贯彻落实税收法定原则,2019年7月,财政部会同国家税务总局发布了《中华人民共和国土地增值税法(征求意见稿)》,广泛凝聚社会共识,推进民主立法,向全社会公开征求意见。

征收土地增值税的
意义

 学习目标

知识目标

(1) 学习土地增值税的概念、纳税义务人、征税对象和税率。

(2) 学习土地增值税税收优惠。

(3) 学习土地增值税税应纳税额的计算。

(4) 学习土地增值税征收管理。

能力目标

(1) 能掌握土地增值税的概念、纳税义务人、征税对象和税率。

(2) 熟悉税收优惠的具体内容。

(3) 会计算土地增值税税应纳税额。

素养目标

(1) 增强社会责任感。

(2) 增强税收风险管控意识。

内容导航

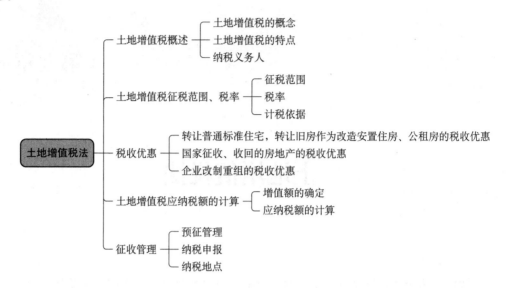

 以案为鉴

深源实业（深圳）有限公司因税务局通知申报而不报，罚款 630 万元

深源实业（深圳）有限公司于 2005 年 8 月开始销售万鑫柏龙商业广场项目房产，自 2005 年 11 月 1 日起取得房产销售收入 134 072 388.70 元。2022 年 8 月，经主管税务机关通知申报土地增值税而拒不申报，造成少缴土地增值税 12 614 244.82 元，如图 7-1 所示。

图 7-1　国家税务总局深圳市税务局官网截图

以案释法

2024 年 2 月 26 日，国家税务总局深圳市税务局第三稽查局根据《中华人民共和国税收征收管理法》第三十二条、第六十三条规定,"从滞纳税款之日起,按日加收滞纳税款万分之五的滞纳金""纳税人经税务机关通知申报而拒不申报或者进行虚假的纳税申报,不缴或者少缴应纳税款的,是偷税。对纳税人偷税的,由税务机关追缴其不缴或者少缴的税款、滞纳金,并处不缴或者少缴的税款百分之五十以上五倍以下的罚款;构成犯罪的,依法追究刑事责任"。

追缴深源实业(深圳)有限公司少缴的土地增值税 12 614 244.82 元,处以百分之五十的罚款 6 307 122.41 元;并从滞纳税款之日起,按日加收滞纳税款万分之五的滞纳金。

问题思考与讨论

(1) 深源实业(深圳)有限公司经通知申报而拒不申报,造成少缴土地增值税的行为被定性为偷税,公司有陈述、申辩的权利吗?

(2) 通知申报而拒不申报主要涉及税务和法律两个领域:在税务领域,将可能面临税务行政处罚;在法律执行领域,将可能被纳入失信人名单。

以案说法

有偿转让地下人防工程车位的使用权,需要课征土地增值税吗?

刘某某是小区的业主,从房地产开发企业江山××公司处购买了小区一处地下人防工程车位的使用权。江山××公司将地下人防工程车位交给业主使用,并一次性收取费用 20 万元。

其《地下车库(位)使用权协议书》载明:"……买受人只享有所选标的物的有偿使用权,按照《人民防空法》相关规定,使用人不得对其做任何改动,紧急状况下国家征用,使用人必须无偿无条件服从,乙方对此无异议。"

但刘某某在支付对价之后,认为人防工程应是业主共有,应当免费使用,房地产开发企业不应有偿转让其使用权。在此基础上,他们提出房地产开发企业有偿转让人防工程车位的使用权,而没有缴纳土地增值税,涉嫌偷漏税。

关于人防工程使用权的有偿转让是否课征土地增值税问题、无产权的地下车位收取的长期租金或转让使用权,是按不动产销售计算增值税还是按租赁缴纳增值税?

根据《土地增值税暂行条例》及其实施细则的有关规定,土地增值税是对出售或者以其他方式有偿转让国有土地使用权、地上的建筑物及其附着物的行为所征收的税。出售或转让应当以办理相应产权为标志,产权未发生转移就不构成出售或转让。只出租地下车位的行为,因为没有发生使用权的转移,不需要缴纳土地增值税。

第一节 土地增值税概述

一、土地增值税的概念

为了规范土地、房地产市场交易秩序,合理调节土地增值收益,维护国家权益,国家制定了《中华人民共和国土地增值税暂行条例》,如图 7-2 所示。

我国土地增值税的发展历程

土地增值税是以纳税人有偿转让国有土地使用权、地上建筑物和其他附着物产权,取得的增值额为征税对象,依照规定税率征收的一种税。征收土地增值税增强了政府对房地产开发和交易市场的调控,既有利于抑制炒买炒卖土地获取暴利的行为,也增加了国家财政收入。

图7-2 《中华人民共和国土地增值税暂行条例》官网截图

二、土地增值税的特点

（一）以增值额为计税依据

我国土地增值税将土地、房屋的转让收入合并征收，作为计税依据的增值额，是纳税人转让房地产的收入减除税法规定准予扣除项目金额后的余额。

（二）征税面比较广

凡在我国境内转让房地产并取得收入的单位和个人，除税法规定免税外，均应依照法规缴纳土地增值税。

（三）采用扣除法和评估法计算增值额

根据房地产转让的具体情况，土地增值税在计算方法上分别采用扣除法和评估法两种。一般情况下，采用扣除法计算增值额，即以纳税人转让房地产取得的收入，减除法定扣除项目金额后的余额作为计税依据。对旧房及建筑物的转让，以及税法规定的特殊情形，如隐瞒、虚报房地产成交价格，提供扣除项目金额不实，转让房地产的成交价格低于房地产评估价格又无正当理由的，采用评估价格法确定增值额，计征土地增值税。

（四）实行超率累进税率

土地增值税的税率是以转让房地产的增值率为依据，按照累进原则设计的，实行分级计税。增值率高的，适用的税率高、多纳税；增值率低的，适用的税率低、少纳税。

三、纳税义务人

（一）纳税义务人的一般规定

《土地增值税暂行条例》规定，土地增值税的纳税人为转让国有土地使用权、地上的建筑物及其附着物（以下简称"转让房地产"）并取得收入的单位和个人。单位包括各类企业单位、事业单位、国家机关、社会团体及其他组织,个人包括个体工商户和自然人个人。

(二)纳税义务人的特点

《土地增值税暂行条例》规定的纳税义务人包括以下几个方面,体现了范围比较广泛的特点。

(1)不论是法人还是自然人,不论是企业单位、事业单位、国家机关、社会团体以及其他组织等法人单位,还是个体工商户或者自然人,只要有偿转让房地产并取得收入,就是土地增值税的纳税义务人,均应按《土地增值税暂行条例》的规定照章纳税。

(2)不论是内资企业还是外资企业,中国公民还是外籍个人。只要有偿转让房地产并取得收入,就是土地增值税的纳税义务人,均应按《土地增值税暂行条例》的规定照章纳税。

(3)不论经济性质。无论是国有企业、集体企业、私营企业、个体经营者,还是联营企业、合资企业、外商独资企业等,只要有偿转让房地产并取得收入,就是土地增值税的纳税义务人,均应按《土地增值税暂行条例》的规定照章纳税。

练习7-1(单选题) 下列各项中,不属于土地增值税纳税义务人的是( )。
A. 与国有企业换房的外资企业
B. 合作建房后出售房产的合作企业
C. 转让国有土地使用权的企业
D. 将办公楼用于出租的外商投资企业

土地增值税纳税义务人

第二节 土地增值税征税范围、税率

一、征税范围

《土地增值税暂行条例》及其实施细则规定,土地增值税是对转让国有土地使用权、地上的建筑物及其附着物并取得收入行为的征税。

转让国有土地使用权、地上建筑物及其附着物并取得收入,是指以出售或者其他方式有偿转让房地产的行为,不包括以继承、赠与方式无偿转让房地产的行为。

国有土地是指按国家法律规定属于国家所有的土地。

国有土地使用权是指土地使用人根据国家法律,对国家所有的土地享有的使用权利。地上的建筑物是指建于土地上的一切建筑物,包括地上地下的各种附属设施。

附着物是指附着于土地上的不能移动、一经移动即遭损坏的物品。

这样界定有三层含义。

(1)土地增值税仅对转让国有土地使用权征税,对转让集体土地使用权不征税。国家为了公共利益,可以依照法律规定对集体土地实行征用,依法被征用后的土地属于国家所有。未经国家征用的集体土地不得转让,也不属于土地增值税的征税范围。

(2)只对转让的房地产征收土地增值税,不转让的不征税。是否发生转让行为主要以房地产权属(土地使用权和房产产权)发生变更为标准。凡是土地使用权、房产产权未发生变更的不属于征税范围。如房地产的出租,虽然取得了收入,但没有发生房地产的产权转让,不属于土地增值税的征税范围。

（3）对转让房地产并取得收入的征税,对发生转让行为而未取得收入的不征税。如通过继承、赠与方式转让房地产的,虽然发生了转让行为,但未取得收入,不属于土地增值税的征税范围。

（一）征税范围的一般规定

1. 转让国有土地使用权

转让国有土地使用权是指土地使用者通过出让方式,向政府缴纳了土地出让金,有偿受让土地使用权后,对土地进行通水、通电、通路和平整土地等土地开发但不进行房产开发,而是将"生地变为熟地"后将土地使用权再转移的行为,是土地使用权转让的二级市场。

国有土地使用权出让是指国家以土地所有者的身份将土地使用权在一定年限内让与土地使用者,并由土地使用者向国家支付土地出让金的行为。由于土地使用权的出让方是国家,出让收入在性质上属于政府凭借所有权在土地一级市场收取的租金,所以,政府出让土地的行为及取得的收入不属于土地增值税征税范围之列。

2. 地上的建筑物及其附着物连同国有土地使用权一并转让

地上的建筑物及其附着物连同国有土地使用权一并转让,包括转让新建房产和转让旧房。转让新建房产是指纳税人取得了国有土地使用权,并进行房产开发后出售房产,土地使用权一并随之转让。

转让旧房也属于土地增值税征收范围。

上述两种情况既发生了产权转让又取得了收入,属于土地增值税征税范围。

（二）征税范围的特殊规定

1. 合作建房

对于一方出土地,一方出资金,双方合作建房,建成后分房自用的,暂免征收土地增值税;建成后转让的,应征土地增值税。

2. 房地产交换

房地产交换是指一方以房地产与另一方的房地产进行交换的行为。由于发生房地产交换行为的双方既发生了房产产权、土地使用权的转移,又取得了实物形态的收入,按照《土地增值税暂行条例》规定,属于土地增值税征税范围。但对个人之间互换自有居住用房地产的,经当地税务机关核实,可以免征土地增值税。

3. 房地产抵押

房地产抵押是指房产的产权所有人、依法取得土地使用权的土地使用人作为债务人或第三人向债权人提供不动产作为清偿债务的担保而不转移房地产权属的法律行为。这种情况由于房产的产权、土地使用权在抵押期间并没有发生权属变更,房产的产权所有人、取得土地使用权的土地使用人仍拥有房地产的占有、使用、收益等权利,因此,在抵押期间不征收土地增值税。待抵押期满后,视该房地产是否转移产权来确定是否征收土地增值税。以房地产抵债而发生房地产产权转让的,属于土地增值税的征税范围。

4. 房地产出租

房地产出租是指房产的产权所有人、取得土地使用权的土地使用人,将房产、土地使用权租赁给承租人使用,由承租人向出租人支付租金的行为。房地产出租,出租人虽然取得了收入,但没有发生房产产权、土地使用权的转让,不属于土地增值税的征税范围。

5. 房地产评估增值

房地产评估增值是指企业在清产核资时对房地产进行重新评估而使其账面价值升值。虽然房地产在评估过程中增值,但是并没有发生房地产权属的转让,不属于土地增值税的征税范围。

6. 国家收回国有土地使用权、征收地上建筑物及附着物

国家收回或征收的房地产,虽然发生了权属的变更,原房地产所有人也取得了收入,但按照《土地增值税暂行条例》的有关规定,免征土地增值税。

7. 房地产的代建房行为

代建房是指房地产开发公司代客户进行房地产开发,开发完成后向客户收取代建收入的行为。对于房地产开发公司而言,虽然取得了收入,但没有发生房地产权属的转移,其收入属于劳务收入性质,故不属于土地增值税的征税范围。

8. 房地产的继承

房地产的继承是指房产的原产权所有人依照法律规定取得土地使用权的土地使用人死亡以后,由其继承人依法承受死者房产产权和土地使用权的民事法律行为。这种行为虽然发生了房地产的权属变更,但作为房产产权、土地使用权的原所有人(即被继承人)并没有因为权属变更而取得任何收入。因此,这种房地产的继承不属于土地增值税征税范围。

9. 房地产的赠与

房地产的赠与是指房产所有人、土地使用权所有人将自己所拥有的房地产无偿地交给其他单位与个人的行为。房地产的赠与虽发生了房地产的权属变更,但作为房产所有人、土地使用权的所有人并没有因为权属的转让而取得任何收入。因此,房地产的赠与不属于土地增值税的征税范围。但是,不征收土地增值税的房地产赠与行为只包括以下两种情况。

(1) 房产所有人、土地使用权所有人将房屋产权、土地使用权赠与直系亲属或承担直接赡养义务人的行为。

(2) 房产所有人、土地使用权所有人通过中国境内非营利的社会团体、国家机关将房屋产权、土地使用权赠与教育、民政和其他社会福利、公益事业的行为。其中,社会团体是指中国青少年发展基金会、希望工程基金会、宋庆龄基金会、减灾委员会、中国红十字会、中国残疾人联合会、全国老年基金会、老区促进会,以及经民政部门批准成立的其他非营利的公益性组织。

10. 土地使用者转让、抵押或置换土地

土地使用者转让、抵押或置换土地,无论其是否取得了该土地的使用权属证书,无论其在转让、抵押或置换土地过程中是否与对方当事人办理了土地使用权属证书变更登记手续,只要土地使用者享有占有、使用、收益或处分该土地的权利,且有合同等证据表明其实质转让、抵押或置换了土地并取得了相应的经济利益,土地使用者及其对方当事人应当依照税法规定缴纳土地增值税等相关税收。

练习7-2(单选题) 下列房地产交易行为中,应当计算缴纳土地增值税的是(   )。

A. 国有土地使用权的出让
B. 因贷款处于抵押期间的厂房
C. 非营利的慈善组织将合作建造的房屋转让
D. 房地产开发企业代客户进行房地产开发,开发完成后向客户收取代建收入

土地增值税的征收范围

二、税率

土地增值税四级超率累进税率如表7-1所示。其中,最低税率为30%,最高税率为60%。

表7-1 土地增值税四级超率累进税率表 单位:%

增值额与扣除项目金额的比率	税率	速算扣除系数
未超过50%的部分	30	0
超过50%未超过100%的部分	40	5
超过100%未超过200%的部分	50	15
超过200%的部分	60	35

三、计税依据

土地增值税的计税依据是转让房地产所取得的增值额。转让房地产的增值额是转让房地产的收入减除税法规定的扣除项目金额后的余额。土地增值额的大小,取决于转让房地产的收入额和扣除项目金额两个因素。

(一)收入额的确定

根据《土地增值税暂行条例》及其实施细则的规定,纳税人转让房地产所取得的收入是指转让房地产的全部价款及有关的经济收益,包括货币收入、实物收入和其他收入在内的全部价款及有关的经济利益。营改增后,纳税人转让房地产的土地增值税应税收入为不含增值税的收入。

货币收入。货币收入是指纳税人转让房地产取得的现金、银行存款、支票、银行本票、汇票等各种信用票据和国库券、金融债券、企业债券、股票等有价证券。

实物收入。实物收入是指纳税人转让房地产取得的各种实物形态的收入。实物收入的价值不太容易确定,一般要对这些实物形态的财产进行估价。

其他收入。其他收入是指纳税人转让房地产取得的无形资产或具有财产价值的权利,如专利权、商标权、著作权、专有技术使用权、土地使用权、商誉等。这种类型的收入比较少见,其价值需要进行专门评估确定。

(1)对取得的实物收入,要按取得收入时的市场价格折算成货币收入。

(2)对取得的无形资产收入,要进行专门的评估,在确定其价值后折算成货币收入。

(3)取得的收入为外国货币的,应当以取得收入当天或当月1日国家公布的市场汇价折合成人民币,据以计算土地增值税税额。对于以分期收款方式取得的外币收入,也应按实际收款日或收款当月1日国家公布的市场汇价折合成人民币。

(4)对于县级及县级以上人民政府要求房地产开发企业在售房时代收的各项费用,如果代收费用是计入房价中向购买方一并收取的,可作为转让房地产所取得的收入计税;如果代收费用未计入房价中,而是在房价之外单独收取的,可以不作为转让房地产的收入。

(二)扣除项目及其金额

在确定房地产转让的增值额时,允许从房地产转让收入总额中扣除国家规定的各项扣除项目金额。土地增值税以纳税人房地产成本核算的最基本的核算项目或核算对象为单位计算。税法规定,准予纳税人从转让收入额中减除的扣除项目包括以下几项。

1. 取得土地使用权所支付的金额

取得土地使用权所支付的金额是指纳税人为取得土地使用权所支付的地价款和按国家统一规定缴纳的有关费用。包括以下两部分。

(1) 纳税人为取得土地使用权支付的地价款。以出让方式取得土地使用权的,为支付的土地出让金;以行政划拨方式取得土地使用权的,为转让土地使用权时按规定补缴的出让金;以转让方式取得土地使用权的,为支付的地价款。

(2) 纳税人为取得土地使用权按国家统一规定缴纳的有关费用。按国家统一规定缴纳的有关费用,是指纳税人在取得土地使用权过程中为办理有关手续,按国家统一规定缴纳的有关登记、过户手续费。

房地产开发企业为取得土地使用权所支付的契税,应视同"按国家统一规定缴纳的有关费用",计入"取得土地使用权所支付的金额"中扣除。

2. 房地产开发成本

房地产开发成本是开发土地和新建房及配套设施的成本简称,是指纳税人开发房地产项目实际发生的成本,这些成本允许按实际发生数扣除,包括土地征用及拆迁补偿费、前期工程费、建筑安装工程费、基础设施费、公共配套设施费、开发间接费用。

(1) 土地征用及拆迁补偿费包括土地征用费、耕地占用税、劳动力安置费及有关地上、地下附着物拆迁补偿的净支出、安置动迁用房支出等。

(2) 前期工程费包括规划、设计、项目可行性研究和水文、地质、勘察、测绘、"三通一平"等支出。

(3) 建筑安装工程费是指以出包方式支付给承包单位的建筑安装工程费,以自营方式发生的建筑安装工程费。

营改增后土地增值税纳税人接受建筑安装服务取得的增值税发票,应在发票的备注栏注明建筑服务发生地县(市、区)名称及项目名称,否则不得计入土地增值税扣除项目金额。

(4) 基础设施费包括开发小区内的道路、供水、供电、供气、排污、排洪、通信、照明、环卫、绿化等工程发生的支出。

(5) 公共配套设施费,包括不能有偿转让的开发小区内公共配套设施发生的支出。

(6) 开发间接费用是指直接组织、管理开发项目所发生的费用,包括工资、职工福利费、折旧费、修理费、办公费、水电费、劳动保护费、周转房摊销等。

> **练习 7-3**(多选题) 下列各项中,属于房地产开发成本的项目有(　　)。
> A. 取得土地使用权支付的金额
> B. 土地征用费
> C. 耕地占用税
> D. 周转房摊销
> E. "三通一平"费
>
>
> 房地产开发成本

3. 房地产开发费用

房地产开发费用是开发土地和新建房及配套设施的费用简称,是指与房地产开发项目有关的销售费用、管理费用、财务费用。根据现行财务制度的规定,这些费用作为与房地产开发有关的期间费用直接计入当年损益,不完全按房地产项目进行归集或分摊。

《土地增值税暂行条例实施细则》规定,财务费用中的利息支出,凡能够按转让房地产项目计算分摊并提供金融机构证明的,允许据实扣除,但最高不能超过按商业银行同类同期贷款利率计算的金额。其他房地产开发费用,以取得土地使用权所支付的金额和房地产开发成本计算的金额之和的5%以内计算扣除。

《土地增值税暂行条例实施细则》规定,凡不能按转让房地产项目计算分摊利息支出或不能提供金融机构证明的,房地产开发费用以取得土地使用权所支付的金额和房地产开发成本计算的金额之和的10%以内计算扣除。

上述计算扣除的具体比例,由各省、自治区、直辖市人民政府规定。

上述规定的具体含义如下。

(1) 纳税人能够按转让房地产项目计算分摊利息并提供金融机构证明的,其允许扣除的房地产开发费用为:利息+(取得土地使用权所支付的金额+房地产开发成本)×5%以内。

注意:利息最高不能超过按商业银行同类同期贷款利率计算的金额。

(2) 纳税人不能按转让房地产项目计算分摊利息支出或不能提供金融机构证明的,其允许扣除的房地产开发费用为:(取得土地使用权所支付的金额+房地产开发成本)×10%以内。

全部使用自有资金,没有利息支出的,按照以上方法扣除,上述计算扣除的具体比例由省、自治区、直辖市人民政府规定。

(3) 房地产开发企业既向金融机构借款,又有其他借款的,其房地产开发费用计算扣除时不能同时适用上述第(1)项、第(2)项所述的两种办法。

(4) 土地增值税清算时,已经计入房地产开发成本的利息支出,应调整至财务费用中计算扣除。

此外,财政部、国家税务总局还对扣除项目金额中利息支出的计算问题作了两点专门规定:一是利息的上浮幅度按国家的有关规定执行,超过上浮幅度的部分不允许扣除;二是对于超过贷款期限的利息部分和加罚的利息不允许扣除。

练习7-4(单选题) 某房地产开发公司开发一住宅项目,取得该土地使用权所支付的金额4 000万元,房地产开发成本5 000万元,利息支出500万元(能提供金融机构贷款证明),所在省人民政府规定,能提供金融机构贷款证明的,其他房地产开发费用扣除比例为4%。该公司计算土地增值税时允许扣除的开发费用为(　　)万元。

A. 860　　　　B. 700　　　　C. 850　　　　D. 500

房地产开发费用

4. 与转让房地产有关的税金

与转让房地产有关的税金是指在转让房地产时缴纳的城市维护建设税、印花税。因转让房地产缴纳的教育费附加也可视同税金予以扣除。

土地增值税扣除项目涉及的增值税进项税额,允许在销项税额中计算抵扣的,不计入扣除项目;不允许在销项税额中计算抵扣的,可以计入扣除项目。

营改增后,房地产开发企业实际缴纳的城市维护建设税、教育费附加,凡能够按清算项目准确计算的,允许据实扣除。凡不能按清算项目准确计算的,则按该清算项目预缴增值税时实际缴纳的城市维护建设税、教育费附加扣除。

印花税是指在转让房地产时缴纳的印花税。按照《施工、房地产开发企业财务制度》的有关规定,房地产开发企业缴纳的印花税列入管理费用,已相应予以扣除,因此,不允许作为与转让环节有关的税金再重复扣除。其他的土地增值税纳税义务人在计算土地增值税时允许扣除在转让时缴纳的印花税(按照产权转移书据记载的金额的 0.5‰计算)。

对于个人购入房地产再转让的,其在购入环节缴纳的契税,由于已经包含在旧房及建筑物的评估价格之中,因此,计征土地增值税时,不另作为"与转让房地产有关的税金"予以扣除。

提炼点睛

扣除项目中,与转让房地产有关的税金的内容,所有企业都一样吗?

不一样。

房地产开发企业＝城市维护建设税＋教育费附加＋地方教育附加

其他企业＝$\dfrac{\text{印花税}0.5‰}{(\text{产权转移书据})}$＋城市维护建设税＋教育费附加＋地方教育费附加

练习 7-5(多选题) 工业企业转让使用过的办公楼,在计算土地增值税时允许从收入中直接扣减的与转让房地产有关的税费有( )。

A. 教育费附加
B. 印花税
C. 耕地占用税
D. 城市维护建设税
E. 企业所得税

转让房地产可以
扣除的税金

---

5. 财政部确定的其他扣除项目

对从事房地产开发的纳税人,允许按取得土地使用权时所支付的金额和房地产开发成本之和,加计 20%扣除。

由于房地产开发项目从取得土地使用权后投入资金开发房地产,开发周期长,投入资金量大,为了给正常房地产开发以合理的投资回报,调动其从事房地产开发的积极性,准予其按取得土地使用权时所支付的金额和房地产开发成本之和,加计 20%扣除。

此项优惠只适用于从事房地产开发的纳税人的房地产开发项目,除此之外的其他纳税人不适用该项优惠。

此外,对于县级及县级以上人民政府要求房地产开发企业在售房时代收的各项费用可以根据代收费用是否计入房价和是否作为转让收入,确定能否扣除。

(1)如果代收费用计入房价向购买方一并收取,则应作为转让房地产所取得的收入计税。相应地,在计算扣除项目金额时,代收费用可以扣除,但不得作为加计 20%扣除的基数。

(2)如果代收费用未计入房价中,而是在房价之外单独收取,则不作为转让房地产的收入征税。相应地,在计算增值额时,代收费用就不得在收入中扣除。

6. 旧房及建筑物的评估价格

旧房是指已使用一定时间或达到一定磨损程度的房产。使用时间和磨损程度标准可由各省、自治区、直辖市财政厅(局)和税务局具体规定。

纳税人转让旧房及建筑物的扣除项目金额的确定分以下三种情况。

(1)纳税人转让旧房及建筑物能够取得评估价格的,应按房屋及建筑物的评估价格、取得土地使用权所支付的地价款和按国家统一规定缴纳的有关费用以及在转让环节缴纳的税金作为扣除项目金额计征土地增值税。对取得土地使用权时未支付地价款或不能提供已支付的地价款凭据的,不允许扣除取得土地使用权时所支付的金额。

旧房及建筑物的评估价格,是指转让已使用过的房屋及建筑物时,由政府批准设立的房地产评估机构评定的重置成本价乘以成新度折扣率后的价格。评估价格须经当地税务机关确认。

旧房及建筑物的评估价格＝重置成本价×成新度折扣率

使用上述公式计算、评估时应注意以下两点。

① 重置成本价也称为重新购建成本,是指假设在估价时点重新取得全新状况的估价对象的必要支出,或者重新开发全新状况的估价对象的必要支出及应得利润。

② 房屋的成新度折扣不同于会计核算中的折旧。房屋的成新度折扣是根据房屋在评估时的实际新旧程度,按专业机构规定的房屋新旧等级标准进行对照,并参考房屋的使用时间、使用程度和保养情况,综合确定的房屋新旧度比例,一般用几成新来表示。

纳税人转让旧房及建筑物时,因计算纳税需要对房地产进行评估,其支付的评估费用允许在计算土地增值税时予以扣除。但是,对纳税人因隐瞒、虚报房地产成交价格等情形而按房地产评估价格计算征收土地增值税时所发生的评估费用,则不允许在计算土地增值税时予以扣除。

(2) 纳税人转让旧房及建筑物,凡不能取得评估价格,但能提供购房发票的,经当地税务部门确认,取得土地使用权所支付的金额、旧房及建筑物的评估价格,可按发票所载金额并从购买年度起至转让年度止每年加计5%计算扣除。计算扣除项目时"每年"是指按购房发票所载日期起至售房发票开具之日止,每满12个月计1年;超过1年,未满12个月但超过6个月的,可以视同为1年。

对纳税人购房时缴纳的契税,凡能提供契税完税凭证的,准予作为"与转让房地产有关的税金"予以扣除,但不作为加计5%的基数。

营改增后,纳税人转让旧房及建筑物,凡不能取得评估价格,但能提供购房发票的,扣除项目的金额按照下列方法计算。

① 提供的购房凭据为营改增前取得的营业税发票的,按照发票所载金额(不扣减营业税)并从购买年度起至转让年度止每年加计5%计算。

② 提供的购房凭据为营改增后取得的增值税普通发票的,按照发票所载价税合计金额从购买年度起至转让年度止每年加计5%计算。

③ 提供的购房发票为营改增后取得的增值税专用发票的,按照发票所载不含增值税金额加上不允许抵扣的增值税进项税额之和,从购买年度起至转让年度止每年加计5%计算。

【例 7-1】 甲公司位于县城(增值税一般纳税人),2022年12月销售一栋旧办公楼,取得含增值税收入1 000万元,缴纳印花税0.5万元。因无法取得评估价格,公司提供了购房发票,该办公楼购于2016年4月,购买价为500万元,缴纳契税15万元(能提供契税完税凭证)。已知甲公司选择简易计税办法计算增值税,当地规定计算土地增值税时可以扣除地方教育附加。

要求:计算土地增值税时,可扣除项目金额合计。

解析:本题目的购置至转让期间可以按照7年计算,按每年加计5%扣除,可扣除取得土地使用权所支付的金额、旧房及建筑物的评估价格金额:500×(1+5%×7)＝675(万元)。

交易税费:购买契税 15 万元;交易印花税 0.5 万元

城建税、教育费附加、
地方教育费附加 $= (1\,000 - 500) \div (1 + 5\%) \times 5\% \times (5\% + 3\% + 2\%)$
$= 2.38(万元)$

可扣除项目金额合计 $= 675 + 15 + 0.5 + 2.38 = 692.88(万元)$

(3) 转让旧房及建筑物不能取得评估价,也不能提供购房发票的,对转让旧房及建筑物,既没有评估价格,又不能提供购房发票的,税务机关可以根据《税收征收管理法》第三十五条的规定,实行核定征收。

练习 7-6(单选题) 某工业企业为增值税一般纳税人,2023 年 5 月转让 7 年前自行建造的厂房,厂房对应的地价款为 600 万元。评估机构评定的重置成本价为 2 000 万元,支付评估费 20 万元,厂房 6 成新。转让环节缴纳税金 16 万元。该企业转让厂房计算土地增值税时准予扣除的项目金额是(　　)万元。

A. 1 836　　　B. 1 104　　　C. 1 200　　　D. 1 096

转让旧房及建筑物可以扣除的项目

提炼点睛

转让旧房,根据不同的情况,扣除项目包括哪些内容?

(1) 有评估价格的,包括取得土地使用权所支付的金额、与转让房地产有关的税金、房屋及建筑物的评估价格。

(2) 无评估价格,有购房发票,包括取得土地使用权所支付的金额、购房发票所载金额×(1+5%×购买年限)、与转让房地产有关的税金。

(3) 无评估价格,也无购房发票的,核定征收。

第三节　税　收　优　惠

一、转让普通标准住宅,转让旧房作为改造安置住房、公租房的税收优惠

(1) 纳税人建造普通标准住宅出售,增值额未超过扣除项目金额之和 20%(含 20%)的,免征土地增值税;增值额超过扣除项目金额之和 20% 的,应就其全部增值额按规定计税(包括未超过扣除项目金额 20% 的部分)。

普通标准住宅,是指按所在地一般民用住宅标准建造的居住用住宅。高级公寓、别墅、度假村等不属于普通标准住宅。从 2005 年 6 月 1 日起,享受优惠政策的住房原则上应同时满足以下条件:住宅小区建筑容积率在 1.0 以上,单套建筑面积在 120 平方米以下,实际成交价格低于同级别土地上住房平均交易价格 1.2 倍。

各省、自治区、直辖市要根据实际情况,制定本地区享受优惠政策普通住房的具体标准。允许单套建筑面积和价格标准适当浮动,但向上浮动的比例不得超过上述标准的 20%。普通标准住宅与其他住宅的具体划分界限由各省、自治区、直辖市人民政府规定。

对纳税人既建普通标准住宅,又建造其他房地产开发的,应分别核算增值额;不分别核算增值额或不能准确核算增值额的,其建造的普通标准住宅不适用该免税规定。

(2)事业单位、社会团体以及其他组织转让旧房作为改造安置住房房源且增值额未超过扣除项目金额20%的,免征土地增值税。

改造安置住房是指相关部门和单位与棚户区被征收人签订的房屋征收(拆迁)补偿协议或棚户区改造合同(协议)中明确用于安置被征收人的住房或通过改建、扩建、翻建等方式实施改造的住房。

(3)对企事业单位、社会团体以及其他组织转让旧房作为公租房房源,且增值额未超过扣除项目金额20%的,免征土地增值税。

享受优惠政策的公租房是指纳入省、自治区、直辖市、计划单列市人民政府及新疆生产建设兵团批准的公租房发展规划和年度计划,或者市、县人民政府批准建设(筹集),并按照《财政部 国家税务总局关于公共租赁住房税收优惠政策的通知》(财税〔2015〕139号)和市、县人民政府制定的具体管理办法进行管理的公租房,如图7-3所示。

图7-3 关于公共租赁住房税收优惠政策的通知官网截图

二、国家征收、收回的房地产的税收优惠

(1)因国家建设需要依法征收、收回的房地产,免征土地增值税。因国家建设需要依法征收、收回的房地产,是指因城市实施规划、国家建设的需要而被政府批准征收的房产或收回的土地使用权。

(2)因城市实施规划、国家建设的需要而搬迁,由纳税人自行转让原房地产的,免征土地增值税。

三、企业改制重组的税收优惠

自2021年1月1日至2027年12月31日,企业改制重组的税收优惠如下。

(1)企业按照《中华人民共和国公司法》有关规定整体改制,包括非公司制企业改制为有限责任公司或股份有限公司,有限责任公司变更为股份有限公司,股份有限公司变更为有限责任公司,对改制前的企业将国有土地使用权、地上的建筑物及其附着物(以下称房地产)转移、变更到改制后的企业,暂不征收土地增值税。

(2)按照法律规定或者合同约定,两个或两个以上企业合并为一个企业,且原企业投资主体存续的,对原企业将房地产转移、变更到合并后的企业,暂不征收土地增值税。

(3)按照法律规定或者合同约定,企业分设为两个或两个以上与原企业投资主体相同的企业,对原企业将房地产转移、变更到分立后的企业,暂不征收土地增值税。

(4)单位、个人在改制重组时以房地产作价入股进行投资,对其将房地产转移、变更到被投资的企业,暂不征收土地增值税。

第四节 土地增值税应纳税额的计算

土地增值税按照纳税人转让房地产所取得的增值额和规定的税率计算征收。计算的基本原理和方法是首先以转让房地产的总收入减除扣除项目金额,求得增值额;其次将增值额同扣除项目金额相比,其比值即为土地增值率;最后根据土地增值率的高低确定适用税率,按照超率累进税率的计算原理计算应纳税额。

一、增值额的确定

确定增值额是计算土地增值税的基础。核算增值额需要有准确的房地产转让收入和扣除项目金额。

$$增值额=转让房地产取得的收入-扣除项目金额$$

在实际房地产交易活动中,有些纳税人由于各种原因不能准确提供房地产转让价格或扣除项目金额,无法准确确定房地产转让的增值额,从而影响应纳土地增值税的计算和缴纳。《土地增值税暂行条例》第九条规定,纳税人有下列情形之一的,按照房地产评估价格计算征收。

1. 隐瞒、虚报房地产成交价格

隐瞒、虚报房地产成交价格,是指纳税人不报或有意低报转让土地使用权、地上建筑物及其附着物价款的行为。

隐瞒、虚报房地产成交价格,应由评估机构参照同类房地产的市场交易价格进行评估。税务机关根据评估价格确定转让房地产的收入。

2. 提供扣除项目金额不实

提供扣除项目金额不实的,是指纳税人在纳税申报时不据实提供扣除项目金额的行为。

提供扣除项目金额不实的,应由评估机构按照房屋重置成本价乘以成新度折扣率计算的房屋成本价和取得土地使用权时的基准地价进行评估。税务机关根据评估价格确定扣除项目金额。

3. 转让房地产的成交价格低于房地产评估价格,又无正当理由

转让房地产的成交价格低于房地产评估价格,又无正当理由的,是指纳税人申报的转让房地产的实际成交价低于房地产评估机构评定的交易价,纳税人又不能提供凭据或无正当理由的行为。

转让房地产的成交价格低于房地产评估价格,又无正当理由的,由税务机关参照房地产评估价格确定转让房地产的收入。

二、应纳税额的计算

土地增值税以纳税人转让房地产取得的增值额为计税依据,按照规定的超率累进税率计算征收。应纳土地增值税税额可按增值额乘以适用的税率减去扣除项目金额乘以速算扣除系数的简便方法计算。

土地增值税税额＝增值额×适用税率－扣除项目金额×速算扣除系数

增值额＝收入额－扣除项目金额

增值率＝增值额÷扣除项目金额×100％

根据增值率不同,土地增值税计算具体公式如下。

(1) 增值额未超过扣除项目金额50％

土地增值税税额＝增值额×30％

(2) 增值额超过扣除项目金额50％未超过100％

土地增值税税额＝增值额×40％－扣除项目金额×5％

(3) 增值额超过扣除项目金额100％未超过200％

土地增值税税额＝增值额×50％－扣除项目金额×15％

(4) 增值额超过扣除项目金额200％

土地增值税税额＝增值额×60％－扣除项目金额×35％

公式中的5％、15％、35％为速算扣除系数。每级"增值额未超过扣除项目金额"的比例,均包括本比例数。

【例7-2】 2023年某房地产开发公司出售一幢已竣工验收的写字楼,应税收入总额为12 000万元。开发该写字楼有关支出为:支付地价款及各种费用1 600万元;房地产开发成本3 000万元;财务费用中的利息支出为500万元(可按转让项目计算分摊并提供金融机构证明),但其中有50万元属加罚的利息;转让环节缴纳的有关税费共计为560万元;该单位所在地政府规定的其他房地产开发费用计算扣除比例为5％。请计算该房地产开发公司出售该写字楼应纳的土地增值税税额。

解析:(1) 取得土地使用权支付的地价款及有关费用为1 600万元

(2) 房地产开发成本为3 000万元

(3) 房地产开发费用＝500－50＋(1 600＋3 000)×5％＝680(万元)

(4) 允许扣除的税费为560万元

(5) 从事房地产开发的纳税人加计扣除20％

加计扣除额＝(1 600＋3 000)×20％＝920(万元)

(6) 扣除项目金额＝1 600＋3 000＋680＋560＋920＝6 760(万元)

(7) 增值额＝12 000－6 760＝5 240(万元)

(8) 增值率＝5 240÷6 760×100％＝77.51％

(9) 应纳税额＝5 240×40％－6 760×5％＝1 758(万元)

第五节 征 收 管 理

一、预征管理

根据《土地增值税暂行条例实施细则》的规定,对纳税人在项目全部竣工结算前转让房地产取得的收入可以预征土地增值税。具体办法由各省、自治区、直辖市税务局根据当地情况制定。

对纳税人预售房地产所取得的收入,当地税务机关规定预征土地增值税的,纳税人应当到主管税务机关办理纳税申报,并按规定比例预交,待办理决算后,多退少补;当地税务机关规定不预征土地增值税的,也应在取得收入时先到税务机关登记或备案。

对实行预征办法的地区,除保障性住房外,东部地区省份预征率不得低于2%,中部和东北地区省份不得低于1.5%,西部地区省份不得低于1%,各地要根据不同类型房地产确定适当的预征率。

二、纳税申报

纳税人在转让房地产合同签订后的7日内,到房地产所在地主管税务机关办理纳税申报,并向税务机关提交房屋及建筑物产权、土地使用权证书,土地转让、房产买卖合同,房地产评估报告及其他与转让房地产有关的资料。

纳税人因经常发生房地产转让而难以在每次转让后申报的,可以定期进行纳税申报,具体期限由税务机关根据情况确定。

纳税人因经常发生房地产转让而难以在每次转让后申报,是指房地产开发企业开发建造的房地产因分次转让而频繁发生纳税义务,难以在每次转让后申报纳税的情况,土地增值税可按月或按各省、自治区、直辖市和计划单列市税务局规定的期限申报缴纳。

纳税人选择定期申报方式的,应向纳税所在地的税务机关备案。定期申报方式确定后,1年之内不得变更。

三、纳税地点

土地增值税的纳税人应向房地产所在地主管税务机关办理纳税申报,并在税务机关核定的期限内缴纳土地增值税。房地产所在地是指房地产的坐落地。纳税人转让房地产坐落在两个或两个以上地区的,应按房地产所在地分别申报纳税。

今言税语

知识点梳理

土地增值税是以纳税人转让国有土地使用权、地上建筑物及其附着物所取得的增值额为征税对象征收的一种税。

土地增值税的纳税义务人为转让国有土地使用权、地上建筑物及其附着物并取得收入的单位和个人。

土地增值税的征税范围为转让国有土地使用权、地上建筑物及其附着物并取得收入的行为征税。对房地产的继承、赠予、出租、抵押等行为不征收土地增值税。

土地增值税实行四级超率累进税率,最高税率为60%。

土地增值税以增值额为税基,要计算增值额必须确定应税收入和扣除项目。

扣除项目包括取得土地使用权所支付的金额、房地产开发成本、房地产开发费用、与转让房地产有关的税金、其他扣除项目和旧房的评估价格。

一、单项选择题

1. 根据土地增值税法律制度的规定,下列情形中,应征收土地增值税的是(　　)。
   A. 王某继承房屋所有权
   B. 甲地板厂将厂房抵押,尚处于抵押期间
   C. 乙房地产开发公司将办公楼出租
   D. 丙水泥厂有偿转让国有土地使用权

2. 2017年5月,某国有企业转让2009年5月在市区购置的一栋办公楼,取得收入1 000万元,签订产权转移书据,相关税费115万元,2009年购买时支付价款8 000万元,办公楼经税务机关认定的重置成本价为12 000万元,成新率70%。该企业在缴纳土地增值税时计算的增值额为(　　)万元。
   A. 400　　　　B. 1 485　　　　C. 1 490　　　　D. 200

3. 房地产开发企业销售新房时,土地增值税扣除项目允许单独扣除的税金是(　　)。
   A. 增值税　　　　　　　　B. 房产税
   C. 城市维护建设税　　　　D. 印花税

4. 下列各项中,应当计算征收土地增值税的是(　　)。
   A. 公司与公司之间互换房产
   B. 房地产开发公司为客户代建房产
   C. 个人之间互换居住用房地产(经核实)
   D. 双方合作建房后按比例分房自用

5. 关于转让旧房及建筑物土地增值税扣除项目的税务处理,下列说法正确的是(　　)。
   A. 凡不能取得评估价格的,按购房发票所载金额作为扣除项目金额
   B. 因计算纳税需要对房地产进行评估的,其支付的评估费用不得扣除
   C. 出售旧房或建筑物的,首选按评估价格计算扣除项目的金额
   D. 凡不能取得评估价格的,以税务机关核定的金额作为扣除项目金额

6. 转让新建房计算土地增值税时,可以作为与转让房地产有关的税金扣除的是(　　)。
   A. 契税　　　　　　　　　B. 城镇土地使用税
   C. 城市维护建设税　　　　D. 增值税

7. 某企业为增值税一般纳税人,2019年11月转让5年前自行建造的厂房,厂房对应的地价款为600万元,评估机构评定的重置成本价为1 450万元,厂房六成新。该企业转让厂房计算土地增值税时准予扣除的项目金额是(　　)万元。(不考虑其他相关税费)
   A. 600　　　　B. 870　　　　C. 2 050　　　　D. 1 470

8. 2023年3月,某公司销售自用办公楼,不能取得评估价格,该公司提供的购房发票所载购房款为1 200万元,购买日期为2013年1月1日。购入及转让环节相关税费80万元。该公司在计算土地增值税时允许扣除项目金额(　　)万元。
   A. 1 280　　　　B. 1 895　　　　C. 1 940　　　　D. 1 880

9. 土地增值税纳税人应在签订房地产转让合同后的(　　)内,到房地产所在地主管税务机关办理纳税申报。
   A. 15日　　　　B. 10日　　　　C. 7日　　　　D. 5日

10. 土地增值税的税率形式是( )。
    A. 比例税率 B. 定额税率
    C. 超额累进税率 D. 超率累进税率

二、多项选择题
1. 下列行为属于土地增值税征税范围的有( )。
    A. 抵押期间的房地产抵押 B. 房地产的继承
    C. 房地产交换 D. 合作建房,建成后转让
2. 下列各项中,属于房地产开发成本的项目有( )。
    A. 取得土地使用权支付的金额 B. 土地征用费
    C. 耕地占用税 D. 周转房摊销
3. 下列不属于房地产开发成本的是( )。
    A. 耕地占用税
    B. 利息支出
    C. 取得土地使用权时缴纳的契税和过户手续费
    D. 地价款
4. 在计算土地增值税时,下列支出项目可计入房地产开发成本扣除的有( )。
    A. 公共配套设施费
    B. 取得土地使用权实际缴纳的印花税
    C. 项目设计费
    D. 组织管理开发项目所发生的开发间接费用
5. 关于转让旧房及建筑物土地增值税扣除项目的税务处理,下列说法不正确的是( )。
    A. 凡不能取得评估价格的,按购房发票所载金额作为扣除项目金额
    B. 凡不能取得评估价格的,以税务机关核定的金额作为扣除项目金额
    C. 因计算纳税需要对房地产进行评估的,其支付的评估费用不得扣除
    D. 出售旧房或建筑物的,首选按评估价格计算扣除项目
6. 下列关于土地增值税税收优惠政策的说法中正确的有( )。
    A. 纳税人建造普通标准住宅出售,增值额未超过扣除项目金额20%的,免征土地增值税
    B. 因国家建设需要依法征用、收回的房地产,免征土地增值税
    C. 国家机关转让自用房产,免征土地增值税
    D. 企业以房抵债,减征土地增值税
7. 下列关于土地增值税收入额确定的表述中,正确的有( )。
    A. 纳税人转让房地产的土地增值税应税收入为不含增值税的收入
    B. 取得的收入为外国货币的,应当以取得收入当天或当月1日国家公布的市场汇价折合成人民币
    C. 收入包括货币收入、实物收入和其他收入
    D. 县级及县级以上人民政府要求房地产开发企业在售房时代收的各项费用,代收费用是计入房价中向购买方一并收取的,应单独核算,不作为转让房地产的收入
8. 下列各项中,不能在计算土地增值税时作为扣除项目据实扣除的有( )。
    A. 加罚的利息 B. 管理费用

C. 销售费用　　　　　　　　　D. 超过上浮幅度的利息

9. 下列各项中,属于房地产开发企业土地增值税加计 20%扣除基数的有(　　)。
   A. 超过贷款期限的利息
   B. 公共配套设施费
   C. 取得土地使用权过程中缴纳的过户手续费
   D. 拆迁补偿费

10. 以下关于土地增值税征收管理的表述,正确的有(　　)。
    A. 纳税人转让房地产坐落在两个或两个以上地区的,按房地产所在地分别申报纳税
    B. 纳税人应向机构所在地主管税务机关办理纳税申报
    C. 纳税人应在转让房地产合同签订后的 10 日内申报纳税
    D. 除保障性住房外,东部地区省份预征率不得低于 2%

三、判断题

1. 我国土地增值税将土地、房屋的转让收入合并征收,作为计税依据的增值额,是纳税人转让房地产的收入减除税法规定准予扣除项目后的余额。(　　)
2. 土地增值税采用超额累进税率。(　　)
3. 房地产交换,一律征收土地增值税。(　　)
4. 土地增值税采用四级超率累进税率。最高税率为 60%。(　　)
5. 房地产企业为取得土地使用权所支付的契税,应视同"按国家统一规定缴纳的有关费用"计入"与转让房地产有关的税金"中扣除。(　　)
6. 纳税人不能按转让房地产项目计算分摊利息支出或不能提供金融机构证明的,房地产开发费用以取得土地使用权所支付的金额和房地产开发成本计算的金额之和的 5%以内计算扣除。(　　)
7. 纳税人转让旧房及建筑物,对购房时缴纳的契税,凡能提供契税完税凭证的,准予作为"与转让房地产有关的税金"予以扣除,但不作为加计 5%的基数。(　　)
8. 对个人销售住房,暂免征收土地增值税。(　　)
9. 土地增值税以纳税人转让房地产取得的增值额为计税依据。(　　)
10. 土地增值税的纳税人应向机构所在地主管税务机关办理纳税申报,并在税务机关核定的期限内缴纳土地增值税。(　　)

四、计算分析题

1. 某工业企业 2023 年 3 月转让一幢新建办公楼取得不含增值税收入 4 750 万元,该办公楼土地使用权费、开发成本和开发费用合计 3 700 万元,缴纳与转让办公楼相关的除增值税之外的税金 27.5 万元(其中印花税税金 2.5 万元)。
   请计算该企业转让办公楼应缴纳的土地增值税。

2. 某市甲房地产开发公司 2023 年 3 月出售一幢已竣工验收的写字楼。该写字楼开发支出和销售情况如下。
   (1) 2015 年 3 月受让一宗土地使用权,支付地价款 6 000 万元,缴纳契税 180 万元,已取得合规财政票据及契税完税凭证。支付登记过户手续费等 3 万元,当月取得土地使用证。
   (2) 开发过程中,发生前期工程费 125 万元,建筑安装工程费 3 500 万元,基础设施建造费 500 万元,公共配套设施费 800 万元,开发期间间接费用 73 万元。一期开发缴纳的土地闲置费 2 万元,发生管理费用 500 万元,销售费用 400 万元,利息支出 450 万元(包括罚息 50 万元,

能提供金融机构证明)。

(3) 截至2023年3月底已销售可售面积的80%,取得含税销售收入18 000万元,剩余面积全部用于对外投资。

已知,主管税务机关要求甲公司对该写字楼进行土地增值税清算,甲公司对该写字楼选择简易计税办法计算增值税、除利息支出外的房地产开发费用扣除比例为5%、不考虑印花税、地方教育附加。

根据上述资料,回答下列问题。

① 允许扣除取得土地使用权所支付的金额。
② 允许扣除的转让环节的税金。
③ 甲公司准予扣除项目金额合计。
④ 甲公司应缴纳土地增值税。

第八章

资源税法和环境保护税法

资源税法是指国家制定的用以调整资源税征收与缴纳相关权利及义务关系的法律规范。资源税是对在我国领域和管辖的其他海域开发应税资源的单位和个人课征的一种税,属于对自然资源开发课税的范畴。为了贯彻习近平生态文明思想、落实税收法定原则,2019年8月26日第十三届全国人民代表大会常务委员会第十二次会议通过了《中华人民共和国资源税法》(以下简称《资源税法》),并自2020年9月1日起施行。征收资源税的主要作用如下。

(1) 促进对自然资源的合理开发利用。通过对开发、利用应税资源的行为课征资源税,体现了国有自然资源有偿占用的原则,从而可以促使纳税人节约、合理地开发和利用自然资源,有利于我国经济可持续发展。

(2) 为国家筹集财政资金。随着其课征范围的逐渐扩展,资源税的收入规模及其在税收收入总额中所占的比重都相应增加,其财政意义也日渐明显,在为国家筹集财政资金方面发挥着不可忽视的作用。

环境保护税法是指国家制定的调整环境保护税征收与缴纳相关权利及义务关系的法律规范。现行环境保护税法的基本规范包括2016年12月25日第十二届全国人民代表大会常务委员会第二十五次会议通过的《中华人民共和国环境保护税法》(以下简称《环境保护税法》)、2017年12月30日国务院发布的《中华人民共和国环境保护税法实施条例》等。《环境保护税法》自2018年1月1日起正式实施。《环境保护税法》自2018年1月1日起实施,同时停征排污费。

资源税改革历程

 学习目标

知识目标

(1) 学习资源税的概念、征税范围、税率及应纳税额的计算。

(2) 学习环境保护税的概念、征收范围、税率及应纳税额的计算。

能力目标

(1) 能够掌握资源税的征税范围、计税依据及应纳税额的计算方法。

(2) 能够掌握环境保护税的征税范围、计税依据及应纳税额的计算方法。

素养目标

(1) 培养环保意识,从自身做起,从小事做起。

(2) 加强环保教育,让更多的人了解环境保护的重要性。

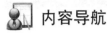

内容导航

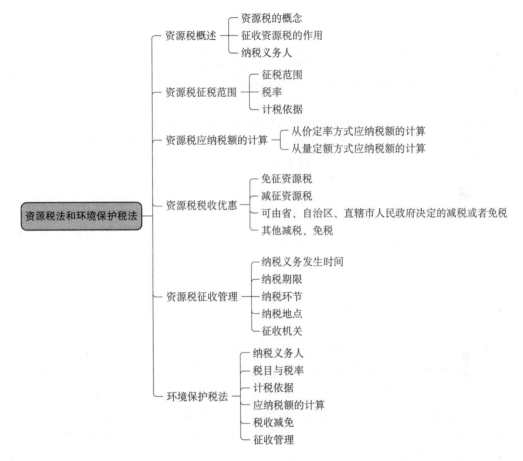

以案为鉴

连云港市邦仁新型建材有限公司大气超标排放及未采取防风抑尘措施案

2021年3月28日、29日、31日,江苏省生态环境厅组织执法人员对连云港市邦仁新型建材有限公司进行大气专项执法检查,现场检查发现该公司废气处理设施喷淋液循环池pH值异常;厂区内砂土堆场未采取覆盖、围挡、喷淋等防风抑尘措施。执法人员委托连云港市环境监测中心对该公司开展废气监测,经监测发现该公司隧道窑废气排放口废气中颗粒物浓度为164.8mg/m³,超过相应大气排放标准,如图8-1所示。

以案释法

《中华人民共和国环境保护法》第四十二条规定:"排放污染物的企业事业单位和其他生产经营者,应当采取措施,防治在生产建设或者其他活动中产生的废气、废水、废渣、医疗废物、粉

图 8-1　江苏省生态环境厅官网截图

尘、恶臭气体、放射性物质以及噪声等对环境的污染和危害……"该公司在废气排放物中颗粒浓度超标，其行为违反了《中华人民共和国大气污染防治法》第四十八条的规定，依据《中华人民共和国大气污染防治法》第九十九条的规定，江苏省生态环境厅下达行政处罚决定书，责令该公司停产整治1个月，处罚款36.9万元。

问题思考与讨论

（1）企业一旦受到环境保护方面的行政处罚，极有可能被取消享受增值税即征即退的资格，环保罚款虽然是一次性缴纳，但由于受到罚款后，企业无法继续享受税收优惠且需补缴税款，特别是对于上市公司而言，影响更大。

（2）高新技术企业如果有严重的环境违法行为，将被取消高新技术企业资格，税务机关将追缴其自发生环境违法行为之日所属年度起已享受的高新技术企业税收优惠。建议企业不要忽视环保工作，增强风险意识。

以案说法

隐匿销售收入偷逃税费违法案件

近日，国家税务总局宁波市税务局第二稽查局（以下简称第二稽查局），查处一起企业隐匿销售收入偷逃税费违法案件。涉案 H 公司是一家非金属露天矿山开采企业，主要从事建筑用石料的露天开采，以及相关建筑材料的批发、零售业务。企业销售产品主要为石料、石子、机制砂等。该企业为增值税一般纳税人，按税率3%实行简易征收。

检查人员发现该企业砂石产量"缺口"明显，企业借用户购买毛石等石料不开发票之机，采取收入不入账、虚假申报方式，隐匿销售收入近3 000万元；在以往涉税信息的过程中，还发现该企业在纳税申报方面的确存在异常，2019—2021年，该企业向资源管理部门报送的开采石料量为1 151万吨，但企业向税务机关申报的石料开采数量却为1 025.30万吨。即使剔除企业在砂石开采、生产过程中的损耗、销售滞后等各项因素,企业开采量与申报量仍然存在较大差异,存在少缴资源税嫌疑。面对检查人员出示的翔实证据,公司负责人最终承认了账外销售93.93万吨毛石等货物,收入未依法申报的违法事实。

第二稽查局依法对涉案企业作出补缴增值税、资源税、企业所得税等相关税费889.95万元、加收滞纳金,并处企业偷逃税款数额0.5倍罚款的处理决定。

第一节　资源税概述

一、资源税的概念

2019年8月26日第十三届全国人民代表大会常务委员会第十二次会议通过了《中华人民共和国资源税法》,并自2020年9月1日起施行,如图8-2所示。

图8-2　《中华人民共和国资源税法》官网截图

资源税是对在我国领域和管辖的其他海域开发应税资源的单位和个人课征的一种税,属于对自然资源开发课税的范畴。征收资源税主要依据受益原则、公平原则和效率原则三方面。从受益方面考虑,资源属国家所有,开采者因开采国有资源而得益,有责任向所有者支付其地租;从公平角度来看,条件公平是有效竞争的前提,资源级差收入的存在影响资源开采者利润的真实性,故级差收入以归政府支配为宜;从效率角度分析,稀缺资源应由社会净效率高的企业来开采,对资源开采中出现的掠夺和浪费行为,国家有权采取经济手段促其转变。

二、征收资源税的作用

(一)促进对自然资源的合理开发利用

通过对开发、利用应税资源的行为课征资源税,体现了国有自然资源有偿占用的原则,从而可以促使纳税人节约、合理地开发和利用自然资源,有利于我国经济可持续发展。

（二）为国家筹集财政资金

随着其课征范围的逐渐扩展，资源税的收入规模及其在税收收入总额中所占的比重都相应增加，其财政意义也日渐明显，在为国家筹集财政资金方面发挥着不可忽视的作用。

三、纳税义务人

资源税的纳税义务人是指在中华人民共和国领域及管辖的其他海域开发应税资源的单位和个人。应税资源的具体范围，由《资源税法》所附《资源税税目税率表》确定。

资源税规定仅对在中国境内开发应税资源的单位和个人征收，因此，进口的矿产品和盐不征收资源税。由于对进口应税产品不征收资源税，相应地，对出口应税产品也不免征或退还已纳资源税。

纳税人自用应税产品，如果属于应当缴纳资源税的情形，应按规定缴纳资源税。纳税人自用应税产品应当缴纳资源税的情形包括纳税人以应税产品用于非货币性资产交换、捐赠、偿债、赞助、集资、投资、广告、样品、职工福利、利润分配或者连续生产非应税产品等。纳税人开采或者生产应税产品自用于连续生产应税产品的，不缴纳资源税。如铁原矿用于继续生产铁精粉的，在移送铁原矿时不缴纳资源税；但对于生产非应税产品的，如将铁精粉继续用于冶炼的，应当在移送环节缴纳资源税。

开采海洋或陆上油气资源的中外合作油气田，在 2011 年 11 月 1 日前已签订的合同继续缴纳矿区使用费，不缴纳资源税；合同期满后，依法缴纳资源税。

第二节　资源税征税范围

一、征税范围

资源税税目包括五大类，在 5 个税目下面又设有若干个子目。《资源税法》所列的税目有 164 个，涵盖了所有已经发现的矿种和盐。

（一）能源矿产

通过对开发、利用应税资源的行为课征资源税，体现了国有自然资源有偿占用的原则，从而可以促使纳税人节约、合理地开发和利用自然资源，有利于我国经济可持续发展。需征资源税的能源矿产包括以下几种：

(1) 原油；
(2) 天然气、页岩气、天然气水合物；
(3) 煤；
(4) 煤成(层)气；
(5) 铀、钍；
(6) 油页岩、油砂、天然沥青、石煤；
(7) 地热。

（二）金属矿产

需征资源税的金属矿产包括黑色金属和有色金属。
(1) 黑色金属，包括铁、锰、铬、钒、钛。

(2) 有色金属，包括铜、铅、锌、锡、镍、锑、镁、钴、铋、汞、铝土矿、钨、钼、轻稀土、中重稀土等。

（三）非金属矿产

需征资源税的非金属矿产包括以下几种。

(1) 矿物类，包括高岭土、石灰岩、磷、石墨、萤石、硫铁矿、自然硫、天然石英砂、脉石英、粉石英、水晶、工业用金刚石、冰洲石、蓝晶石、硅线石、长石、滑石、刚玉、菱镁矿、颜料矿物、天然碱、芒硝、钠硝石、明矾石、砷、硼、碘、溴、膨润土、硅藻土、陶瓷土、耐火黏土、铁矾土、凹凸棒石黏土、海泡石黏土、伊利石黏土、累托石黏土、叶蜡石、硅灰石、透辉石、珍珠岩、云母、沸石、重晶石、毒重石、方解石、蛭石、透闪石、工业用电气石、白垩、石棉、蓝石棉、红柱石、石榴子石、石膏、其他黏土等。

(2) 岩石类，包括大理岩、花岗岩、白云岩、石英岩、砂岩、辉绿岩、安山岩、闪长岩、板岩、玄武岩、片麻岩、角闪岩、页岩、浮岩、凝灰岩、黑曜岩、霞石正长岩、蛇纹岩、麦饭石、泥灰岩、含钾岩石、含钾砂页岩、天然油石、橄榄岩、松脂岩、粗面岩、辉长岩、辉石岩、正长岩、火山灰、火山渣、泥炭、砂石。

(3) 宝玉石类，包括宝石、玉石、宝石级金刚石、玛瑙、黄玉、碧玺。

（四）水气矿产

需征资源税的水气矿产包括以下几种：

(1) 二氧化碳气、硫化氢气、氦气、氡气；

(2) 矿泉水。

（五）盐

需征资源税的盐包括以下几种：

(1) 钠盐、钾盐、镁盐、锂盐；

(2) 天然卤水；

(3) 海盐。

上述各税目征税时有的对原矿征税，有的对选矿征税，具体适用的征税对象按照《资源税税目税率表》的规定执行，主要包括以下三类：

(1) 按原矿征税；

(2) 按选矿征税；

(3) 按原矿或者选矿征税。

纳税人以自采原矿（经过采矿过程采出后未进行选矿或者加工的矿石）直接销售，或者自用于应税情形的，按照原矿计征资源税。

纳税人以自采原矿洗选加工为选矿产品（通过破碎、切割、洗选、筛分、磨矿、分级、提纯、脱水、干燥等过程形成的产品，包括富集的精矿和研磨成粉、粒级成型、切割成型的原矿加工品）销售，或者将选矿产品自用于应税情形的，按照选矿产品计征资源税，在原矿移送环节不缴纳资源税。对于无法区分原生岩石矿种的粒级成型砂石颗粒，按照砂石税目征收资源税。

二、税率

资源税法按原矿、选矿分别设定税率。对原油、天然气、中重稀土、钨、钼等战略资源实行固定税率,由税法直接确定。其他应税资源实行幅度税率,其具体适用税率由省、自治区、直辖市人民政府统筹考虑该应税资源的品位、开采条件以及对生态环境的影响等情况,在规定的税率幅度内提出,报同级人民代表大会常务委员会决定,并报全国人民代表大会常务委员会和国务院备案。资源税税目税率表如表 8-1 所示。

表 8-1 资源税税目税率表

序号	税目		征税对象	税率
1	能源矿产	原油	原矿	6%
2		天然气、页岩气、天然气水合物	原矿	6%
3		煤	原矿或者选矿	2%~10%
4		煤成(层)气	原矿	1%~2%
5		铀、钍	原矿	4%
6		油页岩、油砂、天然沥青、石煤	原矿或者选矿	1%~4%
7		地热	原矿	1%~20%或者每立方米1~30元
8	金属矿产	黑色金属 铁、锰、铬、钒、钛	原矿或者选矿	1%~9%
9		有色金属 铜、铅、锌、锡、镍、锑、镁、钴、铋、汞	原矿或者选矿	2%~10%
10		铝土矿	原矿或者选矿	2%~9%
11		钨	选矿	6.5%
12		钼	选矿	8%
13		金、银	原矿或者选矿	2%~6%
14		铂、钯、钌、锇、铱、铑	原矿或者选矿	5%~10%
15		轻稀土	选矿	7%~12%
16		中重稀土	选矿	20%
17		铍、锂、锆、锶、铷、铌、钽、锗、镓、铟、铊、铪、铼、镉、硒、碲	原矿或者选矿	2%~10%
18	非金属矿产	矿物类 高岭土	原矿或者选矿	1%~6%
19		石灰岩	原矿或者选矿	1%~6%或者每吨(或者每立方米)1~10元
20		磷	原矿或者选矿	3%~8%
21		石墨	原矿或者选矿	3%~12%
22		萤石、硫铁矿、自然硫	原矿或者选矿	1%~8%
23		天然石英砂、脉石英、粉石英、水晶、工业用金刚石、冰洲石、蓝晶石、硅线石、长石、滑石、刚玉、菱镁矿、颜料矿物、天然碱、芒硝、钠硝石、明矾石、砷、硼、碘、溴、膨润土、硅藻土、陶瓷土、耐火黏土、铁矾土、凹凸棒矿石黏土、海泡石黏土、伊利石黏土、累托石黏土	原矿或者选矿	1%~12%

续表

序号	税　目			征税对象	税　率
24	非金属矿产	矿物类	叶蜡石、硅灰石、透辉石、珍珠岩、云母、沸石、重晶石、毒重石、方解石、蛭石、透闪石、工业用电气石、白垩、石棉、蓝石棉、红柱石、石榴子石、石膏	原矿或者选矿	2%～12%
25			其他黏土（铸型用黏土、砖瓦用黏土、陶粒用黏土、水泥配料用黏土、水泥配料用红土、水泥配料用黄土、水泥配料用泥岩、保温材料用黏土）	原矿或者选矿	1%～5%或者每吨（或每立方米）0.1～5元
26		岩石类	大理岩、花岗岩、白云岩、石英岩、砂岩、辉绿岩、安山岩、闪长岩、板岩、玄武岩、片麻岩、角闪岩、页岩、浮石、凝灰岩、黑曜岩、霞石正长岩、蛇纹岩、麦饭石、泥灰岩、含钾岩石、含钾砂页岩、天然油石、橄榄岩、松脂岩、粗面岩、辉长岩、辉石岩、正长岩、火山灰、火山渣、泥炭	原矿或者选矿	1%～10%
27			砂石	原矿或者选矿	1%～5%或者每吨（或每立方米）0.1～5元
28		宝玉石类	宝石、玉石、宝石级金刚石、玛瑙、黄玉、碧玺	原矿或者选矿	4%～20%
29	水气矿产		二氧化碳气、硫化氢气、氦气、氡气	原矿	2%～5%
30			矿泉水	原矿	1%～20%或者每立方米1～30元
31	盐		钠盐、钾盐、镁盐、锂盐	选矿	3%～15%
32			天然卤水	原矿	3%～15%或者每吨（或者每立方米）1～10元
33			海盐		2%～5%

纳税人开采或者生产不同税目应税产品的，应当分别核算不同税目应税产品的销售额或者销售数量；未分别核算或者不能准确提供不同税目应税产品的销售额或者销售数量的，从高适用税率。

纳税人开采或者生产同一税目下适用不同税率应税产品的，应当分别核算不同税率应税产品的销售额或者销售数量；未分别核算或者不能准确提供不同税率应税产品的销售额或者销售数量的，从高适用税率。

三、计税依据

资源税的计税依据为应税产品的销售额或销售量，各税目的征税对象包括原矿、选矿等。

资源税适用从价计征为主、从量计征为辅的征税方式。根据《资源税税目税率表》的规定，地热、石灰岩、其他黏土、砂石、矿泉水和天然卤水可采用从价计征或从量计征的方式，其他应税产品统一适用从价定率征收的方式。

（一）从价定率征收的计税依据

一般来说，资源税应税产品（以下简称应税产品）的销售额，按照纳税人销售应税产品向购买方收取的全部价款确定，不包括增值税税款。

计入销售额中的相关运杂费用，凡取得增值税发票或者其他合法有效凭据的，准予从销售额中扣除。相关运杂费用是指应税产品从坑口或者洗选（加工）地到车站、码头或者购买方指定地点的运输费用、建设基金以及随运销产生的装卸、仓储、港杂费用。

纳税人申报的应税产品销售额明显偏低且无正当理由的，或者有自用应税产品行为而无销售额的，主管税务机关可以按下列方法和顺序确定其应税产品销售额。

（1）按纳税人最近时期同类产品的平均销售价格确定。
（2）按其他纳税人最近时期同类产品的平均销售价格确定。
（3）按后续加工非应税产品销售价格，减去后续加工环节的成本利润后确定。
（4）按应税产品组成计税价格确定。

$$组成计税价格 = 成本 \times (1 + 成本利润率) \div (1 - 资源税税率)$$

上述公式中的成本利润率由省、自治区、直辖市税务机关确定。
（5）按其他合理方法确定。

纳税人外购应税产品与自采应税产品混合销售或者混合加工为应税产品销售的，在计算应税产品销售额或者销售数量时，准予扣减外购应税产品的购进金额或者购进数量；当期不足扣减的，可结转下期扣减。纳税人应当准确核算外购应税产品的购进金额或者购进数量，未准确核算的，一并计算缴纳资源税。

纳税人核算并扣减当期外购应税产品购进金额、购进数量，应当依据外购应税产品的增值税发票、海关进口增值税专用缴款书或者其他合法有效凭据。

纳税人以外购原矿与自采原矿混合为原矿销售，或者以外购选矿产品与自产选矿产品混合为选矿产品销售的，在计算应税产品销售额或者销售数量时，直接扣减外购原矿或者外购选矿产品的购进金额或者购进数量。

纳税人以外购原矿与自采原矿混合洗选加工为选矿产品销售的，在计算应税产品销售额或者销售数量时，按照下列方法进行扣减。

$$\text{准予扣减的外购应税产品购进金额（数量）} = \text{外购原矿购进金额（数量）} \times \left(\frac{\text{本地区原矿适用税率}}{\text{本地区选矿产品适用税率}} \right)$$

不能按照上述方法计算扣减的，按照主管税务机关确定的其他合理方法进行扣减。

【例8-1】 某煤炭企业将外购100万元原煤与自采200万元原煤混合洗选加工为选煤销售，选煤销售额为450万元。当地原煤税率为3%，选煤税率为2%，在计算应税产品销售额时，准予扣减的外购应税产品购进金额是多少？

解析：$\text{准予扣减的外购应税产品购进金额} = \text{外购原煤购进金额} \times \left(\frac{\text{本地区原煤适用税率}}{\text{本地区选煤适用税率}} \right) = 100 \times (3\% \div 2\%)$
$= 150（万元）。$

（二）从量定额征收的计税依据

实行从量定额征收的，以应税产品的销售数量为计税依据。应税产品的销售数量，包括纳税人开采或者生产应税产品的实际销售数量和自用于应当缴纳资源税情形的应税产品数量。

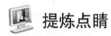 **提炼点睛**

资源税计征方式有哪几种？

资源税计征方式有从价定率和从量定额两种方式。实行从价计征方式的计税依据为销售额，且不含增值税。不含税的销售额＝含税销售额÷(1＋增值税税率)。实行从量定额计征方式的计税依据为销售量。

第三节 资源税应纳税额的计算

资源税的应纳税额，按照从价定率或者从量定额的办法，分别以应税产品的销售额乘以纳税人具体适用的比例税率或者以应税产品的销售数量乘以纳税人具体适用的单位税额计算。

一、从价定率方式应纳税额的计算

实行从价定率方式征收资源税的，根据应税产品的销售额和规定的适用税率计算应纳税额，具体计算公式为

应纳税额＝销售额×适用税率

【例8-2】 某石化企业为增值税一般纳税人，2022年5月发生以下业务。

(1) 从国外某石油公司进口原油 50 000 吨，支付不含税价款折合人民币 9 000 万元，其中包含包装费及保险费折合人民币 10 万元。

(2) 开采原油 10 000 吨，并将开采的原油对外销售 6 000 吨，取得不含税销售额 2 340 万元，另外支付运输费用 7.02 万元。

(3) 用开采的原油 2 000 吨加工生产汽油 1 300 吨。

请你帮该石化公司计算其当月应缴纳多少资源税？

解析：业务(1)　由于资源税仅对在中国境内开采或生产应税产品的单位和个人征收，因此业务(1)中该石化公司进口原油无须缴纳资源税。

业务(2)　应缴纳的资源税＝2 340×6％＝140.4(万元)

业务(3)　每吨原油的不含税销售价格＝2 340÷6 000＝0.39(万元)

应缴纳的资源税＝0.39×2 000×6％＝46.8(万元)

该石化公司当月应纳资源税＝140.4＋46.8＝187.2(万元)

二、从量定额方式应纳税额的计算

实行从量定额征收资源税的，根据应税产品的课税数量和规定的单位税额计算应纳税额，具体计算公式为

应纳税额＝课税数量×单位税额

第四节 资源税税收优惠

一、免征资源税

有下列情形之一的,免征资源税。

(1) 开采原油以及油田范围内运输原油过程中用于加热的原油、天然气。

(2) 煤炭开采企业因安全生产需要抽采的煤成(层)气。

税收优惠记忆口诀

二、减征资源税

有下列情形之一的,减征资源税。

(1) 从低丰度油气田开采的原油、天然气减征 20% 资源税。陆上低丰度油田是指每平方公里原油可采储量丰度低于 25 万立方米的油田;陆上低丰度气田是指每平方公里天然气可采储量丰度低于 2.5 亿立方米的气田。海上低丰度油田是指每平方公里原油可开采储量丰度低于 60 万立方米的油田;海上低丰度气田是指每平方公里天然气可开采储量丰度低于 6 亿立方米的气田。

(2) 高含硫天然气、三次采油和从深水油气田开采的原油、天然气,减征 30% 的资源税。高含硫天然气是指硫化氢含量在每立方米 30 克以上的天然气。三次采油是指二次采油后继续以聚合物驱、复合驱、泡沫驱、二氧化碳驱、气水交替驱、微生物驱等方式进行采油。深水油气田是指水深超过 300 米的油气田。

(3) 稠油、高凝油减征 40% 资源税。稠油是指地层原油黏度大于或等于 50 毫帕/秒,或原油密度大于或等于 0.92 克/立方厘米的原油。高凝油是指凝固点高于 40℃ 的原油。

(4) 从衰竭期矿山开采的矿产品,减征 30% 资源税。衰竭期矿山是指设计开采年限超过 15 年,且剩余可采储量下降到原设计可采储量的 20% 以下或者剩余开采年限不超过 5 年的矿山。衰竭期矿山以开采企业下属的单个矿山为单位确定。

根据国民经济和社会发展的需要,国务院对有利于促进资源节约集约利用、保护环境等情形可以规定免征或者减征资源税,报全国人民代表大会常务委员会备案。

三、可由省、自治区、直辖市人民政府决定的减税或者免税

有下列情形之一的,省、自治区、直辖市人民政府可以决定减税或者免税。

(1) 纳税人开采或者生产应税产品过程中,因意外事故或者自然灾害等原因遭受重大损失的。

(2) 纳税人开采共伴生矿、低品位矿、尾矿。

上述两项的免征或者减征的具体办法,由省、自治区、直辖市人民政府提出,报同级人民代表大会常务委员会决定,并报全国人民代表大会常务委员会和国务院备案。

自 2022 年 1 月 1 日至 2024 年 12 月 31 日,由省、自治区、直辖市人民政府根据本地区实际情况,以及宏观调控需要确定,对增值税小规模纳税人、小型微利企业和个体工商户可以在 50% 的税额幅度内减征资源税。

四、其他减税、免税

有下列情形之一的,可减税、免税。

(1) 对青藏铁路公司及其所属单位运营期间自采自用的砂、石等材料免征资源税。

(2) 为促进页岩气开发利用,有效增加天然气供给,在2027年12月31日之前,继续对页岩气资源税(按6%的规定税率)减征30%。

(3) 为了鼓励煤炭资源集约开采利用,自2023年9月1日至2027年12月31日,对充填开采置换出来的煤炭,资源税减征50%。

纳税人开采或者生产同一应税产品,其中既有享受减免税政策的,又有不享受减免税政策的,按照免税、减税项目的产量占比等方法分别核算确定免税、减税项目的销售额或者销售数量。

纳税人开采或者生产同一应税产品同时符合两项或者两项以上减征资源税优惠政策的,除另有规定外,只能选择其中一项执行。

纳税人享受资源税优惠政策,实行"自行判别、申报享受、有关资料留存备查"的办理方式,另有规定的除外。纳税人对资源税优惠事项留存材料的真实性和合法性承担法律责任。

第五节 资源税征收管理

一、纳税义务发生时间

(1) 纳税人销售应税产品,其纳税义务发生时间为:①纳税人采取分期收款结算方式的,其纳税义务发生时间,为销售合同规定的收款日期的当天;②纳税人采取预收货款结算方式的,其纳税义务发生时间,为发出应税产品的当天;③纳税人采取除分期收款和预收货款以外其他结算方式的,其纳税义务发生时间为收讫销售款或者取得索取销售款凭据的当天。

(2) 纳税人自产自用应税产品的纳税义务发生时间,为移送使用应税产品的当天。

(3) 扣缴义务人代扣代缴税款的纳税义务发生时间,为支付首笔货款或首次开具支付货款凭据的当天。

二、纳税期限

资源税按月或者按季申报缴纳;不能按固定期限计算缴纳的,可以按次申报缴纳。

纳税人按月或者按季申报缴纳的,应当自月度或者季度终了之日起15日内,向税务机关办理纳税申报并缴纳税款。

三、纳税环节

纳税人应在以下环节缴纳资源税。

(1) 资源税在应税产品的销售或者自用环节计算缴纳。纳税人以自采原矿加工精矿产品的,在原矿移送使用时不缴纳资源税,在精矿销售或者自用时缴纳资源税。

(2) 纳税人以自采原矿直接加工为非应税产品或者以自采原矿加工的精矿连续生产非应税产品的,在原矿或者精矿移送环节计算缴纳资源税。

（3）以应税产品投资、分配、抵债、赠与、以物易物等，在应税产品所有权转移时计算缴纳资源税。

（4）纳税人以自采原矿加工金锭的，在金锭销售或者自用时缴纳资源税。纳税人销售自采原矿或者自采原矿加工的金精矿、粗金，在原矿或者金精矿、粗金销售时缴纳资源税，在移送使用时不缴纳资源税。

四、纳税地点

按照税法的规定，纳税人应缴纳的资源税，应当向应税产品的开采或者生产所在地的主管税务机关缴纳。跨省开采的矿山或油（气）田（独立矿山或独立油气田联合企业），其下属生产单位与核算单位不在同一省、自治区、直辖市的，对其开采的矿产品，一律在采掘地纳税。

五、征收机关

资源税由税务机关按照《资源税法》和《税收征收管理法》的规定征收管理。海上开采的原油和天然气资源税由海洋石油税务管理机构征收管理。税务机关与自然资源等相关部门应当建立工作配合机制，加强资源税征收管理。海上开采的原油和天然气资源税由海洋石油税务管理机构负责征收管理。

第六节 环境保护税法

《中华人民共和国环境保护税法》是为保护和改善环境，减少污染物排放，推进生态文明建设而制定的国家法律。2016年12月25日，由中华人民共和国第十二届全国人民代表大会常务委员会第二十五次会议通过，中华人民共和国主席令第61号公布，自2018年1月1日起施行，如图8-3所示。

环境保护税历史起源

图8-3 《中华人民共和国环境保护税法》官网截图

环境保护税是对在我国领域及管辖的其他海域直接向环境排放应税污染物的企业事业单

位和其他生产经营者征收的一种税,其立法目的是保护和改善环境,减少污染物排放,推进生态文明建设。环境保护税是我国首个明确以环境保护为目标的独立型环境税税种,有利于解决排污费制度存在的执法刚性不足等问题,有利于增强纳税人环保意识和强化企业治污减排责任。

直接向环境排放应税污染物的企业事业单位和其他生产经营者,除依照《环境保护税法》规定缴纳环境保护税外,应当对所造成的损害依法承担责任。

一、纳税义务人

环境保护税的纳税义务人是在中华人民共和国领域和中华人民共和国管辖的其他海域直接向环境排放应税污染物的企业事业单位和其他生产经营者。

应税污染物是指《环境保护税法》所附《环境保护税税目税额表》《应税污染物和当量值表》所规定的大气污染物、水污染物、固体废物和噪声。

有下列情形之一的,不属于直接向环境排放污染物,不缴纳相应污染物的环境保护税。

(1) 企业事业单位和其他生产经营者向依法设立的污水集中处理、生活垃圾集中处理场所排放应税污染物。

(2) 企业事业单位和其他生产经营者在符合国家和地方环境保护标准的设施、场所贮存或者处置固体废物。

(3) 达到省级人民政府确定的规模标准并且有污染物排放口的畜禽养殖场,应当依法缴纳环境保护税,但依法对畜禽养殖废弃物进行综合利用和无害化处理的不属于直接向环境排放污染物,不缴纳环境保护税。

二、税目与税率

(一) 税目

环境保护税税目包括大气污染物、水污染物、固体废物和噪声四大类。

1. 大气污染物

大气污染物包括二氧化硫、氮氧化物、一氧化碳、氯气、氯化氢、氟化物、氰化氢、硫酸雾、铬酸雾、汞及其化合物、一般性粉尘、石棉尘、玻璃棉尘、炭黑尘、铅及其化合物、镉及其化合物、铍及其化合物、镍及其化合物、锡及其化合物、烟尘、苯、甲苯、二甲苯、甲醛、乙醛、丙烯醛、甲醇、酚类、沥青烟、苯胺类、氯苯类、硝基苯、丙烯腈、氯乙烯、光气、硫化氢、氨、三甲胺、甲硫醇、甲硫醚、二甲二硫、苯乙烯、二硫化碳,共计44项。环境保护税的征税范围不包括温室气体二氧化碳。

2. 水污染物

水污染物分为两类:第一类水污染物包括总汞、总镉、总铬、六价铬、总砷、总铅、总镍等;第二类水污染物包括悬浮物、生化需氧量、化学需氧量、总有机碳、石油类、动植物油、挥发酚、总氰化物、硫化物、氨氮、氟化物、甲醛、苯胺类、硝基苯类等。

3. 固体废物

固体废物包括煤矸石、尾矿、危险废物、冶炼渣、粉煤灰、炉渣、其他固体废物(含半固态、液态废物)。

4. 噪声

应税噪声污染目前只包括工业噪声。

（二）税率

环境保护税采用定额税率，其中，对应税大气污染物和水污染物规定了幅度定额税率，具体适用税额的确定和调整由省、自治区、直辖市人民政府统筹考虑本地区环境承载能力、污染物排放现状和经济社会生态发展目标要求，在规定的税额幅度内提出，报同级人民代表大会常务委员会决定，并报全国人民代表大会常务委员会和国务院备案。环境保护税税目税额表如表 8-2 所示。

表 8-2　环境保护税税目税额表

税　目		计税单位	税　额（元）	备　注
大气污染物		每污染当量	1.2～12	
水污染物		每污染当量	1.4～14	
固体废物	煤矸石	每吨	5	
	尾矿	每吨	15	
	危险废物	每吨	1 000	
	冶炼渣、粉煤灰、炉渣、其他固体废物（含半固态、液态废物）	每吨	25	
噪声	工业噪声	超标 1～3 分贝	每月 350	1. 一个单位边界上有多处噪声超标，根据最高一处超标声级计算应纳税额；当沿边界长度超过 100 米有两处以上噪声超标，按照两个单位计算应纳税额。 2. 一个单位有不同地点作业场所，应分别计算应纳税额，合并计征。 3. 昼、夜均超标的环境噪声，昼、夜分别计算应纳税额，累计计征。 4. 声源一个月内超标不足 15 天的，减半计算应纳税额。 5. 夜间频繁突发和夜间偶然突发厂界超标噪声，按等效声级和峰值噪声两种指标中超标分贝值高的一项计算应纳税额
		超标 4～6 分贝	每月 700	
		超标 7～9 分贝	每月 1 400	
		超标 10～12 分贝	每月 2 800	
		超标 13～15 分贝	每月 5 600	
		超标 16 分贝以上	每月 11 200	

三、计税依据

（一）计税依据确定的基本方法

1. 应税大气污染物、水污染物按照污染物排放量折合的污染当量数确定计税依据

污染当量数以该污染物的排放量除以该污染物的污染当量值计算。计算公式为

$$\text{应税大气污染物、水污染物} = \text{该污染物的排放量} \div \text{该污染物的污染当量值的污染当量数}$$

污染当量是指根据污染物或者污染排放活动对环境的有害程度以及处理的技术经济性，衡量不同污染物对环境污染的综合性指标或者计量单位。

同一介质相同污染当量的不同污染物,其污染程度基本相当。

每种应税大气污染物、水污染物的具体污染当量值,依照《环境保护税法》所附《应税污染物和当量值表》执行如表 8-3~表 8-7 所示。

表 8-3 大气污染物污染当量值

污染物	污染当量值(千克)	污染物	污染当量值(千克)
1. 二氧化硫	0.95	23. 二甲苯	0.27
2. 氮氧化物	0.95	24. 苯并(a)芘	0.000 002
3. 一氧化碳	16.7	25. 甲醛	0.09
4. 氯气	0.34	26. 乙醛	0.45
5. 氯化氢	10.75	27. 丙烯醛	0.06
6. 氟化物	0.87	28. 甲醇	0.67
7. 氰化氢	0.005	29. 酚类	0.35
8. 硫酸雾	0.6	30. 沥青烟	0.19
9. 铬酸雾	0.000 7	31. 苯胺类	0.21
10. 汞及其化合物	0.000 1	32. 氯苯类	0.72
11. 一般性粉尘	4	33. 硝基苯	0.17
12. 石棉尘	0.53	34. 丙烯腈	0.22
13. 玻璃棉尘	2.13	35. 氯乙烯	0.55
14. 炭黑尘	0.59	36. 光气	0.04
15. 铅及其化合物	0.02	37. 硫化氢	0.29
16. 镉及其化合物	0.03	38. 氨	9.09
17. 铍及其化合物	0.000 4	39. 三甲胺	0.32
18. 镍及其化合物	0.13	40. 甲硫醇	0.04
19. 锡及其化合物	0.27	41. 甲硫醚	0.28
20. 烟尘	2.18	42. 二甲二硫	0.28
21. 苯	0.05	43. 苯乙烯	25
22. 甲苯	0.18	44. 二硫化碳	20

表 8-4 第一类水污染物污染当量值

污染物	污染当量值(千克)
1. 总汞	0.000 5
2. 总镉	0.005
3. 总铬	0.04
4. 六价铬	0.02
5. 总砷	0.02
6. 总铅	0.025
7. 总镍	0.025
8. 苯并(a)芘	0.000 000 3
9. 总铍	0.01
10. 总银	0.02

表 8-5 第二类水污染物污染当量值

污 染 物	污染当量值（千克）
11. 悬浮物(SS)	4
12. 生化需氧量(BOD)	0.5
13. 化学需氧量(COD)	1
14. 总有机碳(TOC)	0.49
15. 石油类	0.1
16. 动植物油	0.16
17. 挥发酚	0.08
18. 总氰化物	0.05
19. 硫化物	0.125
20. 氨氮	0.8
21. 氟化物	0.5
22. 甲醛	0.125
23. 苯胺类	0.2
24. 硝基苯类	0.2
25. 阴离子表面活性剂(LAS)	0.2
26. 总铜	0.1
27. 总锌	0.2
28. 总锰	0.2
29. 彩色显影剂(CD-2)	0.2
30. 总磷	0.25
31. 元素磷(P)	0.05
32. 有机磷农药(P)	0.05
33. 乐果	0.05
34. 甲基对硫磷	0.05
35. 马拉硫磷	0.05
36. 对硫磷	0.05
37. 五氯酚及五氯酚钠（以五氯酚计）	0.25
38. 三氯甲烷	0.04
39. 可吸附有机卤化物(AOX)（以 Cl 计）	0.25
40. 四氯化碳	0.04
41. 三氯乙烯	0.04
42. 四氯乙烯	0.04
43. 苯	0.02
44. 甲苯	0.02
45. 乙苯	0.02
46. 邻二甲苯	0.02
47. 对二甲苯	0.02
48. 间二甲苯	0.02
49. 氯苯	0.02

续表

污 染 物	污染当量值（千克）
50. 邻二氯苯	0.02
51. 对二氯苯	0.02
52. 对硝基氯苯	0.02
53. 2,4-二硝基氯苯	0.02
54. 苯酚	0.02
55. 间甲酚	0.02
56. 2,4-二氯酚	0.02
57. 2,4,6-三氯酚	0.02
58. 邻苯二甲酸二丁酯	0.02
59. 邻苯二甲酸二辛酯	0.02
60. 丙烯腈	0.125
61. 总硒	0.02

注：① 第一、第二类污染物的分类依据为《污水综合排放标准》(GB 8978—1996)。
② 同一排放口中的化学需氧量、生化需氧量和总有机碳，只征收一项。

表 8-6　pH值、色度、大肠菌群数、余氯量污染当量值

污 染 物		污染当量值	备　注
1. pH 值	(1) 0~1,13~14	0.06 吨污水	pH 值 5~6 指大于等于 5，小于 6；pH 值 9~10 指大于 9，小于等于 10，其余类推
	(2) 1~2,12~13	0.125 吨污水	
	(3) 2~3,11~12	0.25 吨污水	
	(4) 3~4,10~11	0.5 吨污水	
	(5) 4~5,9~10	1 吨污水	
	(6) 5~6	5 吨污水	
2. 色度		5 吨水倍	—
3. 大肠菌群数（超标）		3.3 吨污水	大肠菌群数和余氯量只征收一项
4. 余氯量（用氯消毒的医院废水）		3.3 吨污水	

表 8-7　禽畜养殖业、小型企业和第三产业水污染物污染当量值

类　　型		污染当量值
禽畜养殖场	牛	0.1 头
	猪	1 头
	鸡、鸭等家禽	30 羽
小型企业		1.8 吨污水
饮食娱乐服务业		0.5 吨污水
医院	消毒	0.14 床
		2.8 吨污水
	不消毒	0.07 床
		1.4 吨污水

注：① 本表仅适用于计算无法进行实际监测或物料衡算的禽畜养殖业、小型企业和第三产业等小型排污者的污染当量数。
② 仅对存栏规模大于 50 头牛，500 头猪，5 000 羽鸡、鸭等的禽畜养殖场征收。
③ 医院病床数大于 20 张的按本表计算污染当量。

【例 8-3】 某企业 2021 年 3 月向水体直接排放第一类水污染物总汞 10 千克,根据第一类水污染物污染当量值表,总汞的污染当量值为 0.000 5 千克,请计算其污染当量数是多少?

解析: 污染当量数=10÷0.000 5=20 000

2. 应税固体废物按照固体废物的排放量确定计税依据

固体废物的排放量为当期应税固体废物的产生量减去当期应税固体废物的贮存量、处置量、综合利用量的余额。其中,固体废物的贮存量、处置量,是指在符合国家和地方环境保护标准的设施、场所贮存或者处置的固体废物数量;固体废物的综合利用量,是指按照国务院发展改革、工业和信息化主管部门关于资源综合利用要求及国家和地方环境保护标准进行综合利用的固体废物数量。

计算公式为

固体废物的排放量=当期固体废物的产生量-当期固体废物的综合利用量-当期固体废物的贮存量-当期固体废物的处置量

纳税人有下列情形之一的,以其当期应税固体废物的产生量作为固体废物的排放量。

(1) 非法倾倒应税固体废物。

(2) 进行虚假纳税申报。

3. 应税噪声按照超过国家规定标准的分贝数确定计税依据

工业噪声按照超过国家规定标准的分贝数确定每月税额,超过国家规定标准的分贝数是指实际产生的工业噪声与国家规定的工业噪声排放标准限值之间的差值。

(二) 应税大气污染物、水污染物、固体废物的排放量和噪声分贝数的确定方法

应税大气污染物、水污染物、固体废物的排放量和噪声的分贝数,按照下列方法和顺序计算。

(1) 纳税人安装使用符合国家规定和监测规范的污染物自动监测设备的,按照污染物自动监测数据计算。

(2) 纳税人未安装使用污染物自动监测设备的,按照监测机构出具的符合国家有关规定和监测规范的监测数据计算。

(3) 因排放污染物种类多等原因不具备监测条件的,按照国务院生态环境主管部门规定的排污系数、物料衡算方法计算。

属于排污许可管理的排污单位,适用生态环境部发布的排污许可证申请与核发技术规范中规定的排(产)污系数、物料衡算方法计算应税污染物排放量;排污许可证申请与核发技术规范未规定相关排(产)污系数的,适用生态环境部发布的排放源统计调查制度规定的排(产)污系数方法计算应税污染物排放量。

不属于排污许可管理的排污单位,适用生态环境部发布的排放源统计调查制度规定的排(产)污系数方法计算应税污染物排放量。

(4) 不能按照上述方法计算的,按照省、自治区、直辖市人民政府生态环境主管部门规定的抽样测算的方法核定计算。

四、应纳税额的计算

(一) 大气污染物应纳税额的计算

应税大气污染物应纳税额为污染当量数乘以具体适用税额。计算公式为

$$大气污染物的应纳税额＝污染当量数×适用税额$$

【例 8-4】 某企业 2021 年 3 月向大气直接排放二氧化硫、氟化物各 100 千克,一氧化碳 200 千克、氯化氢 80 千克,假设当地大气污染物每污染当量税额 1.2 元,该企业只有一个排放口。请问该企业应该缴纳多少环境保护税?

解析:第一步:计算各污染物的污染当量数。

$$污染当量数＝该污染物的排放量÷该污染物的污染当量值$$

据此计算各污染物的污染当量数为

$$二氧化硫污染当量数＝100÷0.95＝105.26$$
$$氟化物污染当量数＝100÷0.87＝114.94$$
$$一氧化碳污染当量数＝200÷16.7＝11.98$$
$$氯化氢污染当量数＝80÷10.75＝7.44$$

第二步:按污染当量数排序。

氟化物污染当量数(114.94)＞二氧化硫污染当量数(105.26)＞一氧化碳污染当量数(11.98)＞氯化氢污染当量数(7.44)

企业只有一个排放口,排序选取计税前三项污染物为氟化物、二氧化硫、一氧化碳。

第三步:计算应纳税额。

$$应纳税额＝(114.94＋105.26＋11.98)×1.2＝278.62(元)$$

(二)水污染物应纳税额的计算

应税水污染物的应纳税额为污染当量数乘以具体适用税额。

1. 适用监测数据法的水污染物应纳税额的计算

适用监测数据法的水污染物(包括第一类水污染物和第二类水污染物)的应纳税额为污染当量数乘以具体适用税额。计算公式为

$$水污染物的应纳税额＝污染当量数×适用税额$$

2. 适用抽样测算法的水污染物应纳税额的计算

适用抽样测算法的情形,纳税人按照《环境保护税法》所附《禽畜养殖业、小型企业和第三产业水污染物污染当量值》中规定的当量值计算污染当量数。

(1) 规模化禽畜养殖业排放的水污染物应纳税额。禽畜养殖业的水污染物应纳税额为污染当量数乘以具体适用税额。其污染当量数以禽畜养殖数量除以污染当量值计算。

练习 8-1(计算题) 某养殖场,2021 年 2 月养牛存栏量为 500 头,污染当量值为 0.1 头,假设当地水污染物适用税额为每污染当量 2.8 元,请问该养殖场应缴纳多少环境保护税?

水污染物应纳税额的计算

(2) 小型企业和第三产业排放的水污染物应纳税额。小型企业和第三产业的水污染物应纳税额为污染当量数乘以具体适用税额。其污染当量数以污水排放量(吨)除以污染当量值(吨)计算。计算公式为

$$应纳税额＝污水排放量(吨)÷污染当量值(吨)×适用税额$$

(3) 医院排放的水污染物应纳税额。医院排放的水污染物应纳税额为污染当量数乘以具

体适用税额。其污染当量数以病床数或者污水排放量除以相应的污染当量值计算。计算公式为

$$应纳税额＝医院床位数÷污染当量值×适用税额$$

或

$$应纳税额＝污水排放量÷污染当量值×适用税额$$

(三) 固体废物应纳税额的计算

固体废物的应纳税额为固体废物排放量乘以具体适用税额,其排放量为当期应税固体废物的产生量减去当期应税固体废物的综合利用量、贮存量、处置量的余额。计算公式为

$$固体废物的应纳税额＝(当期固体废物的产生量－当期固体废物的综合利用量－$$
$$当期固体废物的贮存量－当期固体废物的处置量)×$$
$$适用税额$$

(四) 噪声应纳税额的计算

应税噪声的应纳税额为超过国家规定标准的分贝数对应的具体适用税额。

【例 8-5】 假设某工业企业只有一个生产场所,只在昼间生产,边界处声环境功能区类型为 1 类,生产时产生噪声为 60 分贝,《工业企业厂界环境噪声排放标准》规定 1 类功能区昼间的噪声排放限值为 55 分贝,当月超标天数为 18 天。请问该养殖场应缴纳多少环境保护税?

解析:超标分贝数＝60－55＝5(分贝),根据《环境保护税税目税额表》,可得出该企业当月噪声污染应缴纳环境保护税为 700 元。

提炼点睛

环境保护税应纳税额的计算

大气污染物、水污染物环境保护税计算的关键是准确计算其污染当量值,在此基础上计算应纳税额。固体废物环境保护税应纳税额计算的关键是准确核算排放量。噪声环境保护税应纳税额计算的关键是确定计税单位和税额。

五、税收减免

(一) 暂免征税项目

下列情形,暂予免征环境保护税。

(1) 农业生产(不包括规模化养殖)排放应税污染物的。

(2) 机动车、铁路机车、非道路移动机械、船舶和航空器等流动污染源排放应税污染物的。

(3) 依法设立的城乡污水集中处理、生活垃圾集中处理场所排放相应应税污染物,不超过国家和地方规定的排放标准的。

(4) 纳税人综合利用的固体废物,符合国家和地方环境保护标准的。

(5) 国务院批准免税的其他情形。

(二) 减征税额项目

下列情形,减征环境保护税。

(1) 纳税人排放应税大气污染物或者水污染物的浓度值低于国家和地方规定的污染物排放标准 30％的,减按 75％征收环境保护税。

(2) 纳税人排放应税大气污染物或者水污染物的浓度值低于国家和地方规定的污染物排

放标准 50%的,减按 50%征收环境保护税。

六、征收管理

(一)征管方式

环境保护税采用"企业申报、税务征收、环保协同、信息共享"的征管方式。纳税人应当依法如实办理纳税申报,对申报的真实性和完整性承担责任;税务机关依照《税收征收管理法》和《环境保护税法》的有关规定征收管理;生态环境主管部门依照《环境保护税法》和有关环境保护法律法规的规定对污染物监测管理;县级以上地方人民政府应当建立税务机关、生态环境主管部门和其他相关单位分工协作工作机制;生态环境主管部门和税务机关应当建立涉税信息共享平台和工作配合机制,定期交换有关纳税信息资料。

(二)数据传递和比对

生态环境主管部门应当将排污单位的排污许可、污染物排放数据、环境违法和受行政处罚情况等环境保护相关信息,定期交送税务机关。

税务机关应当将纳税人的纳税申报、税款入库、减免税额、欠缴税款以及风险疑点等环境保护税涉税信息,定期交送生态环境主管部门。

税务机关应当将纳税人的纳税申报数据资料与生态环境主管部门交送的相关数据资料进行比对。纳税人申报的污染物排放数据与生态环境主管部门交送的相关数据不一致的,按照生态环境主管部门交送的数据确定应税污染物的计税依据。

(三)复核

税务机关发现纳税人的纳税申报数据资料异常或者纳税人未按照规定期限办理纳税申报的,可以提请生态环境主管部门进行复核,生态环境主管部门应当自收到税务机关的数据资料之日起 15 日内向税务机关出具复核意见。税务机关应当按照生态环境主管部门复核的数据资料调整纳税人的应纳税额。

纳税人的纳税申报数据资料异常,包括但不限于下列情形。

(1)纳税人当期申报的应税污染物排放量与上一年同期相比明显偏低,且无正当理由。

(2)纳税人单位产品污染物排放量与同类型纳税人相比明显偏低,且无正当理由。

(四)纳税时间

环境保护税纳税义务发生时间为纳税人排放应税污染物的当日。环境保护税按月计算,按季申报缴纳。不能按固定期限计算缴纳的,可以按次申报缴纳。

纳税人按季申报缴纳的,应当自季度终了之日起 15 日内,向税务机关办理纳税申报并缴纳税款。纳税人按次申报缴纳的,应当自纳税义务发生之日起 15 日内,向税务机关办理纳税申报并缴纳税款。

(五)纳税地点

纳税人应当向应税污染物排放地的税务机关申报缴纳环境保护税。应税污染物排放地,是指应税大气污染物、水污染物排放口所在地;应税固体废物产生地;应税噪声产生地。

纳税人跨区域排放应税污染物,税务机关对税收征收管辖有争议的,由争议各方按照有利于征收管理的原则协商解决。

纳税人从事海洋工程向中华人民共和国管辖海域排放应税大气污染物、水污染物或者固体废物,申报缴纳环境保护税的具体办法,由国务院税务主管部门会同国务院海洋主管部门规定。

知识点梳理

资源税是对在我国领域和管辖的其他海域开发应税资源的单位和个人课征的一种税,属于对自然资源开发课税的范畴。

资源税税目包括能源矿产、金属矿产、非金属矿产、水气矿产、盐五类。

资源税的计税依据为应税产品的销售额或销售量,计算方式有从价定率和从量定额两种。

纳税人销售应税产品,纳税义务发生时间为收讫销售款或者取得索取销售款凭据的当日;自用应税产品的,纳税义务发生时间为移送应税产品的当日。

资源税按月或者按季申报缴纳;不能按固定期限计算缴纳的,可以按次申报缴纳。

环境保护税是对在我国领域以及管辖的其他海域直接向环境排放应税污染物的企业事业单位和其他生产经营者征收的一种税,其立法目的是保护和改善环境,减少污染物排放,推进生态文明建设。

环境保护税的纳税义务人是在中华人民共和国领域和中华人民共和国管辖的其他海域直接向环境排放应税污染物的企业事业单位和其他生产经营者。

环境保护税税目包括大气污染物、水污染物、固体废物和噪声四大类,环境保护税采用定额税率。

应税污染物应纳税额为污染当量数乘以具体适用税额。环境保护税采用"企业申报、税务征收、环保协同、信息共享"的征管方式。

环境保护税纳税义务发生时间为纳税人排放应税污染物的当日。环境保护税按月计算,按季申报缴纳。不能按固定期限计算缴纳的,可以按次申报缴纳。

一、单项选择题

1. 假设某企业 2021 年 3 月产生尾矿 1 000 吨,其中综合利用的尾矿 300 吨(符合国家相关规定),在符合国家和地方环境保护标准的设施贮存 300 吨。该企业当月尾矿应缴纳的环境保护税(　　)元。

　　A. 6 000　　　　　B. 600　　　　　C. 300　　　　　D. 3 000

2. 下列企业中,属于资源税纳税人的是(　　)。

　　A. 进口铁矿石的钢铁企业　　　　B. 出口铝土矿的商贸企业
　　C. 购买洗选煤的发电企业　　　　D. 开采矿泉水的饮料企业

3. 下列关于资源税减征优惠的说法中,不正确的是(　　)。

　　A. 稠油减征 40% 资源税
　　B. 从衰竭期矿山开采的矿产品减征 30% 资源税
　　C. 从低丰度油气田开采的原油减征 20% 资源税
　　D. 煤炭开采企业抽采的煤成(层)气免征资源税

4. 某油田开采企业 2022 年 12 月销售天然气 90 万立方米,取得不含增值税收入 1 350 000 元,另外支付运输费用 2 200 元。天然气的资源税税率为 6%,该企业 2022 年 12 月销售天然气应缴纳的资源税为( )元。
　　A. 135 150　　　B. 135 338.03　　C. 81 211.93　　D. 81 000
5. 下列关于环境保护税计税依据确定方法的表述中,符合税法规定的是( )。
　　A. 应税噪声按照实际产生的分贝数确定
　　B. 应税水污染物按照污染物排放量确定
　　C. 应税固体废物按照污染物排放量确定
　　D. 应税大气污染物按照污染物排放量确定
6. 下列情形中,属于直接向环境排放污染物应缴纳环境保护税的是( )。
　　A. 企业在符合国家和地方环境保护标准的场所处置固体废物的
　　B. 事业单位向依法设立的生活垃圾集中处理场所排放应税污染物的
　　C. 企业向依法设立的污水集中处理场所排放应税污染物的
　　D. 依法设立城乡污水集中处理场所超过国家和地方规定的排放标准排放应税污染物的
7. 下列情形中,免征环境保护税的是( )。
　　A. 规模化养殖企业排放的污染物　　B. 医院排放的污染物
　　C. 船舶排放的污染物　　　　　　　D. 污水处理厂超标排放的污染物
8. 下列排放的应税污染物,免征环境保护税的是( )。
　　A. 机动车排放的应税污染物
　　B. 医疗机构排放的应税污染物
　　C. 高新技术企业达标排放的应税污染物
　　D. 垃圾处理厂超标排放的应税污染物
9. 某餐饮公司,通过安装水流量计测得2021年12月排放污水量为60吨,污染当量值为0.5吨。假设当地水污染物适用税额为每污染当量2.8元,该餐饮公司当月应纳环境保护税( )元。
　　A. 0　　　　　　B. 84　　　　　　C. 168　　　　　　D. 336
10. 某油田开采企业2022年10月销售天然气90万立方米,取得含增值税收入135万元。天然气的资源税税率为6%,该企业2022年10月销售天然气应缴纳的资源税为( )元。
　　A. 7.43　　　　B. 8.1　　　　　　C. 10.75　　　　　D. 12.15

二、多项选择题
1. 下列项目中,属于资源税征税范围的有( )。
　　A. 森林　　　　B. 地热　　　　　C. 草地　　　　　D. 宝石原矿
2. 下列项目中,属于资源税征税范围的有( )。
　　A. 天然卤水　　B. 人造石油　　　C. 海盐　　　　　D. 地热
3. 下列各项中,属于环境保护税征税范围的有( )。
　　A. 煤矸石　　　B. 氮氧化物　　　C. 二氧化硫　　　D. 光污染
4. 下列情形中,以纳税人当期大气污染物、水污染物的产生量作为排放量计征环境保护税的有( )。
　　A. 未依法安装使用污染物自动监测设备
　　B. 通过暗管方式违法排放污染物
　　C. 损毁或擅自移动污染物自动监测设备

D. 篡改、伪造污染物监测数据

5. 下列生产或开采的资源产品中，征收资源税的有（　　）。
   A. 矿泉水　　　B. 选煤　　　C. 汽油　　　D. 食用盐

6. 下列行为既要缴纳增值税，也要缴纳资源税的有（　　）。
   A. 进口矿产品　　　　　　　　B. 销售购进的煤炭
   C. 自用开采的天然气　　　　　D. 销售生产的海盐

7. 纳税人开采的下列资源中，减征30%资源税的有（　　）。
   A. 低丰度油田开采的原油　　　B. 深水油气田开采的原油
   C. 衰竭期矿山开采的煤炭　　　D. 充填开采置换出的煤炭

8. 下列关于资源税征收管理的表述中，正确的有（　　）。
   A. 自产自用应税产品，移送使用当天发生纳税义务
   B. 矿产品的纳税地点为销售地
   C. 按月或者按季申报缴纳的，应当自月度或者季度终了之日起15日内申报纳税
   D. 不能按固定期限计算纳税的，无须缴纳资源税

9. 下列关于水资源税的说法中，正确的有（　　）。
   A. 直接取用的地下水纳税，直接取用的地表水不纳税
   B. 一般取用水以实际取用水量作为计税依据
   C. 纳税义务发生时间为纳税人取用水资源的当日
   D. 长江以北地区实行水资源税试点

10. 下列各项中，属于环境保护税纳税人的有（　　）。
    A. 直接向河流排放污水的造纸企业
    B. 向垃圾集中处理场处理生活垃圾的甲公司
    C. 未经处理排放污水的养鸡场
    D. 排放大气污染物的化工厂

三、判断题

1. 资源税是对在我国领域和管辖的其他海域开发应税资源的单位和个人课征的一种税。（　　）
2. 开征资源税有利于我国经济可持续发展。（　　）
3. 开采陆上油气资源的中外合作油气田，在2011年11月1日前签订合同，继续缴纳矿区使用费，合同期满也不缴纳资源税。（　　）
4. 资源税税目包括五大类。（　　）
5. 资源税的计税依据为应税产品的销售额或销售量。（　　）
6. 从价定率征收的计税依据是应税产品的销售额，包括增值税。（　　）
7. 实行从量定额征收的，以应税产品的销售数量为计税依据。（　　）
8. 从低丰度油气田开采的原油、天然气减征20%资源税。（　　）
9. 高含硫天然气、三次采油和从深水油气田开采的原油、天然气，减征30%资源税。（　　）
10. 纳税人开采或者生产应税产品过程中，因意外事故或者自然灾害等原因遭受重大损失的，省、自治区、直辖市人民政府无权决定减税或者免税。（　　）

四、计算题

1. 某油田2022年10月销售原油20 000吨，开具增值税专用发票取得销售额10 000万

元、增值税税额 1 300 万元，按资源税法所附《资源税税目税率表》的规定，其适用税率为 6%。请计算该油田当月应缴纳多少资源税？

2. 某砂石开采企业 2021 年 3 月销售砂石 3 000 立方米，资源税税率为 2 元/立方米。请计算该企业当月应纳多少资源税？

3. 某县医院，床位 56 张，每月按时消毒，无法计量月污水排放量，污染当量值为 0.14 床，假设当地水污染物适用税额为每污染当量 2.8 元，当月应纳多少环境保护税？

第九章

房产税法、契税法、城镇土地使用税法和耕地占用税法

　　房产税是以房屋为征税对象,按房屋的计税余值或租金收入为计税依据,向产权所有人征收的一种财产税。

　　契税是以在中华人民共和国境内转移土地、房屋权属为征税对象,向承受权属的单位和个人征收的一种财产税。征收契税有利于增加地方财政收入,有利于保护合法产权,避免产权纠纷。

　　城镇土地使用税是以国有土地为征税对象,对拥有土地使用权的单位和个人征收的一种税。征收城镇土地使用税有利于促进土地的合理使用,调节土地级差收入,也有利于筹集地方财政资金。

　　耕地占用税法是指国家制定的调整耕地占用税征收与缴纳权利及义务关系的法律规范。耕地占用税是对占用耕地建房或从事其他非农业建设的单位和个人,就其实际占用的耕地面积征收的一种税,它属于对特定土地资源占用课税。耕地是土地资源中最重要的组成部分,是农业生产最基本的生产资料。

房产税-公共财政的屋檐

 学习目标

知识目标

(1) 学习房产税的概念、纳税义务人、征税范围和税收优惠。

(2) 学习契税的概念、纳税义务人、征税范围和税收优惠。

(3) 学习城镇土地使用税的概念、纳税义务人、征税范围和税收优惠。

(4) 学习耕地占用税的概念、纳税义务人、征税范围和税收优惠。

能力目标

(1) 能根据相关业务资料计算房产税。

(2) 能根据相关业务资料计算契税。

(3) 能根据相关业务资料计算城镇土地使用税。

(4) 能根据相关业务资料计算耕地占用税。

素养目标

（1）增强依法纳税意识和社会责任感。

（2）树立学生严谨的工作作风，培养工匠精神。

 内容导航

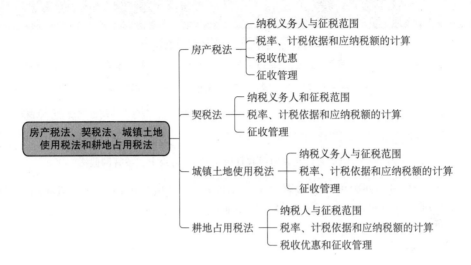

 以案为鉴

城镇土地使用税 8 年未申报，拟定偷税，罚款 314 万元

青岛某苑置业有限公司（纳税人识别号：9137028****1758）：

（一）你单位未设置 2018 年至 2021 年度账簿、凭证。

（二）你单位于 2011 年 5 月 19 日与胶州市国土资源局签订《国有建设用地使用权出让合同》9 份（1～9#地块），应从签订土地出让合同次月起，至土地的实物或权利状态发生变化的当月止，缴纳城镇土地使用税，你单位 2011 年 6 月至 2019 年 6 月少申报缴纳城镇土地使用税 6 288 581.90 元。

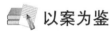 以案释法

（一）你单位未设置 2018 年至 2021 年度账簿、凭证，根据《中华人民共和国税收征收管理法》第六十条第一款第（二）项，拟处罚款 7 000.00 元。

（二）根据《中华人民共和国税收征收管理法》第六十三条第一款，纳税人伪造、变造、隐匿、擅自销毁账簿、记账凭证，或者在账簿上多列支出或者不列、少列收入，或者经税务机关通知申报而拒不申报或者进行虚假的纳税申报，不缴或者少缴应纳税款的，是偷税。对纳税人偷税的，由税务机关追缴其不缴或者少缴的税款、滞纳金，并处不缴或者少缴的税款百分之五十以上五倍以下的罚款；构成犯罪的，依法追究刑事责任，如图 9-1 所示。对你公司上述行为定性偷税，根据《税收征收管理法》第六十三条第一款，拟处罚款 3 144 290.95 元。

问题思考与讨论

（1）征收城镇土地使用税有利于促进合理、节约使用土地，提高土地使用效益，企业应缴未缴的城镇土地使用税，不利于对国家土地进行管理，在一定程度上损害了公共利益。

图 9-1 《中华人民共和国税收征收管理法》第六十三条官网截图

（2）纳税人在规定期限内不缴或者少缴应纳的税款，经税务机关责令限期缴纳，逾期仍未缴纳的，税务机关可以采取强制执行措施，这体现了法律的尊严。

以案说法

厂房之间新增的连廊，是否需要缴纳房产税？

"房产"是以房屋形态表现的财产。房屋是指有屋面和围护结构（有墙或两边有柱），能够遮风避雨，可供人们在其中生产、工作、学习、娱乐、居住或储藏物资的场所。

独立于房屋之外的建筑物，如围墙、烟囱、水塔、变电塔、油池油柜、酒窖菜窖、酒精池、室外游泳池、玻璃暖房、砖瓦石灰窑以及各种油气罐等，不属于房产。

厂房之间新增的连廊，已经与厂房构成为一个整体，不属于"独立于房屋之外的建筑物"，因此，应作为房产税的计税范围。

第一节 房产税法

房产税法是指国家制定的用于调整房产税征纳双方权利和义务关系的法律规范。我国现行房产税的基本法律规范是1986年9月15日国务院颁布的《中华人民共和国房产税暂行条例》，如图9-2所示。征收房产税有利于地方政府筹集财政资金，也有利于加强房产管理。

一、纳税义务人与征税范围

（一）纳税义务人

房产税是以房屋为征税对象，按照房屋的计税余值或租金收入，向产权所有人征收的一种财产税。房产税以在征税范围内的房屋产权所有人为纳税人。

（1）产权属国家所有的，由经营管理单位纳税；产权属集体和个人所有的，由集体单位和个人纳税。

所称单位，包括国有企业、集体企业、私营企业、股份制企业、外商投资企业、外国企业以及其他企业和事业单位、社会团体、国家机关、军队以及其他单位；所称个人，包括个体工商户以

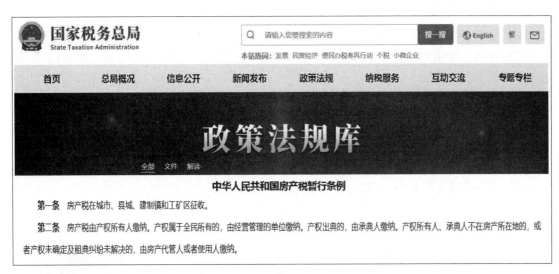

图 9-2 《中华人民共和国房产税暂行条例》官网截图

及其他个人。

(2) 产权出典的,由承典人纳税。所谓产权出典,是指产权所有人将房屋、生产资料等的产权,在一定期限内典当给他人使用,而取得资金的一种融资业务。这种业务大多发生于出典人急需用款,但又想保留产权回赎权的情况。承典人向出典人交付一定的典价之后,在质典期内即获抵押物品的支配权,并可转典。产权的典价一般要低于卖价。出典人在规定期间内须归还典价的本金和利息,方可赎回出典房屋等的产权。由于在房屋出典期间,产权所有人已无权支配房屋,因此,税法规定由对房屋具有支配权的承典人为纳税人。

(3) 产权所有人、承典人不在房屋所在地的,或者产权未确定及租典纠纷未解决的,由房产代管人或者使用人纳税。

所谓租典纠纷是指产权所有人在房产出典和租赁关系上,与承典人、租赁人发生各种争议,特别是权利和义务的争议悬而未决的。此外还有一些产权归属不清的问题,也都属于租典纠纷。对租典纠纷尚未解决的房产,规定由代管人或使用人为纳税人,主要目的在于加强征收管理,保证房产税及时入库。

(4) 无租使用其他房产的问题。无租使用其他单位房产的应税单位和个人,依照房产余值代缴纳房产税。

(二) 征税范围

房产税以房产为征税对象。所谓房产是指有屋面和围护结构(有墙或两边有柱),能够遮风避雨,可供人们在其中生产、学习、工作、娱乐、居住或储藏物资的场所。房地产开发企业建造的商品房,在出售前,不征收房产税;但对出售前房地产开发企业已使用或出租、出借的商品房应按规定征收房产税。

房产税的征税范围为城市、县城、建制镇和工矿区,具体规定如下。

城市是指国务院批准设立的市;县城是指县人民政府所在地的地区;建制镇是指经省、自治区、直辖市人民政府批准设立的建制镇。

工矿区是指工商业比较发达、人口比较集中、符合国务院规定的建制镇标准,但尚未设立建制镇的大中型工矿企业所在地。开征房产税的工矿区须经省、自治区、直辖市人民政府批准。

房产税的征税范围不包括农村,主要是因为农村的房屋,除农副业生产用房外,大部分是农民居住用房。对农村房屋不纳入房产税征税范围,有利于减轻农民负担,繁荣农村经济,促进农业发展和社会稳定。

提炼点睛

房地产开发企业建造的商品房如何缴纳房产税?

(1) 出售前:不征。
(2) 出售前使用或出租、出借:征。

练习 9-1(单选题) 下列房产中应缴纳房产税的是( )。
A. 名胜古迹自用的房产
B. 高校学生公寓
C. 个人出租位于县城的住房
D. 非营利性老年服务机构自用的房产

房产税的征税范围

二、税率、计税依据和应纳税额的计算

(一) 税率

我国现行房产税采用的是比例税率。由于房产税的计税依据分为从价计征和从租计征两种形式,所以房产税的税率也有两种:一种是按房产原值一次减除10%~30%后的余值计征,税率为1.2%;另一种是按房产出租的租金收入计征,税率为12%。自2008年3月1日起,对个人出租住房,不区分用途,均按4%的税率征收房产税。对企事业单位、社会团体以及其他组织向个人、专业化规模化住房租赁企业出租住房的,减按4%的税率征收房产税。

(二) 计税依据

房产税的计税依据是房产的计税余值或房产的租金收入。按照房产计税余值征税的,称为从价计征;按照房产租金收入计征的,称为从租计征。

1. 从价计征

《房产税暂行条例》规定,从价计征房产税的计税余值,是指依照税法规定按房产原值一次减除10%~30%损耗价值以后的余值。各地扣除比例由当地省、自治区、直辖市人民政府确定。

2. 从租计征

房产出租的,以房产租金收入为房产税的计税依据。

所谓房产的租金收入,是房屋产权所有人出租房产使用权所得的报酬,包括货币收入和实物收入。

(三) 应纳税额的计算

房产税的计税依据有两种,与之相适应的应纳税额计算也分为两种:一种是从价计征的计算;另一种是从租计征的计算。

1. 从价计征的计算

从价计征是按房产的原值减除一定比例后的余值计征,其计算公式为

$$应纳税额=应税房产原值\times(1-扣除比例)\times 1.2\%$$

【例9-1】 甲企业的经营用房原值为5 000万元,按照当地规定允许减除30%后按余值计税,适用税率为1.2%。请计算其应纳房产税税额。

解析:应纳税额=5 000×(1-30%)×1.2%=42(万元)

提炼点睛

房产原值的注意事项

(1) 原值包括不可分割的附属设备和不单独计价的配套设施。

(2) 原有房屋进行改建、扩建的要相应增加原值。

(3) 更换房屋附属设备和配套设施:将其价值计入房产原值时,可扣减原来相应设备和设施的价值,其中的易损坏、需要经常更换的零配件更新后不再计入原值。

2. 从租计征的计算

从租计征是按房产的租金收入计征,其计算公式为

$$应纳税额=租金收入\times 12\%(或4\%)$$

【例9-2】 某公司出租房屋10间,年租金收入为300 000元,适用税率为12%,请计算其应纳房产税税额。

解析:应纳税额=300 000×12%=36 000(元)

三、税收优惠

房产税的税收优惠是根据国家政策需要和纳税人的负担能力制定的。由于房产税属地方税,因此给予地方一定的减免权限,有利于地方因地制宜地处理问题。目前,房产税的税收优惠政策主要有以下三种。

(1) 国家机关、人民团体、军队自用的房产免征房产税。上述人民团体,是指经国务院授权的政府部门批准设立或登记备案并由国家拨付行政事业费的各种社会团体。上述自用的房产,是指这些单位本身的办公用房和公务用房。需要注意的是,上述免税单位的出租房产以及非自身业务使用的生产、营业用房不属于免税范围。

(2) 由国家财政部门拨付事业经费的单位,如学校、医疗卫生单位、托儿所、幼儿园、敬老院、文化、体育、艺术等实行全额或差额预算管理的事业单位所有的,本身业务范围内使用的房产免征房产税。需要注意的是,由国家财政部门拨付事业经费的单位,其经费来源实行自收自支后,应征收房产税。

(3) 宗教寺庙、公园、名胜古迹自用的房产免征房产税。宗教寺庙自用的房产,是指举行宗教仪式等的房屋和宗教人员使用的生活用房。公园、名胜古迹自用的房产,是指供公共参观游览的房屋及其管理单位的办公用房。宗教寺庙、公园、名胜古迹中附设的营业单位,如影剧院、饮食部、茶社、照相馆等所使用的房产及出租的房产,不属于免税范围,应照章纳税。

个人所有非营业用的房产免征房产税。个人所有的非营业用房,主要是指居民住房,不分面积多少,一律免征房产税。对个人拥有的营业用房或者出租的房产,不属于免税房产,应照章纳税。

对非营利性医疗机构、疾病控制机构和妇幼保健机构等卫生机构自用的房产,免征房产税。

> **练习 9-2（单选题）** 下列各项中,免征房产税的是(　　)。
> A. 企业因修理停用 3 个月的行政办公楼
> B. 企业拥有并运营的体育场馆
> C. 公园中附设的饮食部所使用的房产
> D. 公立高校的教学楼

房产税税收优惠

四、征收管理

（一）纳税义务发生时间

纳税人将原有房产用于生产经营,从生产经营之月起,缴纳房产税。

纳税人自行新建房屋用于生产经营,从建成之次月起,缴纳房产税。

纳税人委托施工企业建设的房屋,从办理验收手续之次月起,缴纳房产税。

纳税人购置新建商品房,自房屋交付使用之次月起,缴纳房产税。

纳税人购置存量房,自办理房屋权属转移、变更登记手续,房地产权属登记机关签发房屋权属证书之次月起,缴纳房产税。

纳税人出租、出借房产,自交付出租、出借房产之次月起,缴纳房产税。

房地产开发企业自用、出租、出借本企业建造的商品房,自房屋使用或交付之次月起,缴纳房产税。

纳税人因房产的实物或权利状态发生变化而依法终止房产税纳税义务的,其应纳税款的计算应截止到房产的实物或权利状态发生变化的当月末。

（二）纳税期限

房产税实行按年计算、分期缴纳的征收方法,具体纳税期限由省、自治区、直辖市人民政府确定。

（三）纳税地点

房产税在房产所在地缴纳。房产不在同一地方的纳税人,应按房产的坐落地点分别向房产所在地的税务机关申报纳税。

（四）纳税申报

房产税的纳税人应按照《房产税暂行条例》的有关规定,及时办理纳税申报,并如实填写《财产和行为税纳税申报表》及相应的税源明细表。

第二节　契　税　法

一、纳税义务人和征税范围

（一）纳税义务人

契税的纳税义务人是境内转移土地、房屋权属,承受的单位和个人。境内是指中华人民共和国实际税收行政管辖范围内。土地、房屋权属是指土地使用权和房屋所有权。单位是指企业单位、事业单位、国家机关、军事单位和社会团体以及其他组织。个人是指个体工商户及其他个人,包括中国公民和外籍人员。

(二)征税范围

征收契税的土地、房屋权属,具体为土地使用权、房屋所有权。

转移土地、房屋权属,是指土地使用权出让;土地使用权转让,包括出售、赠与、互换,不包括土地承包经营权和土地经营权的转移;房屋买卖、赠与、互换。

提炼点睛

不需要缴纳契税的特殊情形

土地、房屋权属的典当、分拆(分割)、抵押以及出租等行为。

具体征税范围包括以下内容。

1. 国有土地使用权出让

国有土地使用权出让是指土地使用者向国家交付土地使用权出让费用,国家将国有土地使用权在一定年限内让与土地使用者的行为。

2. 土地使用权的转让

土地使用权的转让是指土地使用者以出售、赠与、互换方式将土地使用权转移给其他单位和个人的行为。土地使用权的转让不包括土地承包经营权和土地经营权的转移。

3. 房屋买卖

房屋买卖是指房屋所有者将其房屋出售,由承受者交付货币及实物、其他经济利益的行为。以下几种特殊情况,视同买卖房屋。

(1)以作价投资(入股)、偿还债务等应交付经济利益的方式转移土地、房屋权属的,参照土地使用权出让、出售或房屋买卖确定契税适用税率、计税依据等。

(2)以划转、奖励等没有价格的方式转移土地、房屋权属的,参照土地使用权或房屋赠与确定契税适用税率、计税依据等。

税务机关依法核定计税价格,应参照市场价格,采用房地产价格评估等方法合理确定。

以自有房产作股投入本人独资经营的企业,不征契税。因为以自有房产投入本人独资经营的企业,产权所有人和使用权使用人未发生变化,不需要办理房产变更手续,也不办理契税手续。

4. 房屋赠与

房屋赠与是指房屋产权所有人将房屋无偿转让给他人所有。其中,将自己的房屋无偿赠与他人的法人和自然人,称作房屋赠与人;接受他人房屋的法人和自然人,称为受赠人。房屋赠与的前提必须是产权无纠纷,且赠与人和受赠人双方自愿。

由于房屋是不动产,价值较大,故法律要求赠与房屋应有书面合同(契约),并到房地产管理机关或农村基层政权机关办理登记过户手续,才能生效。如果房屋赠与行为涉及涉外关系,还需公证处证明和外事部门认证,才能有效。

以获奖方式取得房屋产权,实质上是接受赠与房产的行为,也应缴纳契税。

5. 房屋互换

房屋互换是指房屋所有者之间互相交换房屋的行为。

下列情形发生土地、房屋权属转移的,承受方应当依法缴纳契税。
(1) 因共有不动产份额变化的。
(2) 因共有人增加或者减少的。
(3) 因人民法院、仲裁委员会的生效法律文书或者监察机关出具的监察文书等因素,发生土地、房屋权属转移的。

> **练习 9-3**(单选题) 下列各项中,属于契税纳税人的是( )。
> A. 继承父母车辆的子女
> B. 转让土地使用权的企业
> C. 出租自有住房的个人
> D. 受赠房屋权属的个体工商户

契税纳税人

提炼点睛

如何判断某种行为是否缴纳契税?

(1) 土地、房屋权属未发生转移的,不征收契税。
(2) "互换"行为仅指"房房、地地"之间的互换。但是"以房抵债"和"以房易货"均属于"买卖"行为,不属于"互换"行为,按照买卖行为的规定征税。

二、税率、计税依据和应纳税额的计算

(一)税率

契税实行3‰~5‰的幅度税率。具体适用税率,由各省、自治区、直辖市人民政府在3‰~5‰的幅度内提出,报同级人民代表大会常务委员会决定,并报全国人民代表大会常务委员会和国务院备案。

省、自治区、直辖市可以依照上述规定的程序对不同主体、不同地区、不同类型的住房的权属转移确定差别税率。

(二)计税依据

(1) 契税计税依据不包括增值税,具体情形包括以下三点。
① 土地使用权出售、房屋买卖,承受方计征契税的成交价格不含增值税;实际取得增值税发票的,成交价格以发票上注明的不含税价格确定。
② 土地使用权互换、房屋互换,契税计税依据为不含增值税价格的差额。
③ 税务机关核定的契税计税价格为不含增值税价格。
(2) 由于土地、房屋权属转移方式不同,定价方法不同,因而具体计税依据视不同情况而决定。
① 土地使用权出让、出售,房屋买卖,其计税依据为土地、房屋权属转移合同确定的成交价格,包括应交付的货币、实物、其他经济利益对应的价款。
② 土地使用权赠与、房屋赠与以及其他没有价格的转移土地、房屋权属行为,其计税依据为税务机关参照土地使用权出售、房屋买卖的市场价格依法核定的价格。
③ 以划拨方式取得的土地使用权,经批准改为出让方式重新取得该土地使用权的,应由

该土地使用权人以补缴的土地出让价款为计税依据缴纳契税。

④ 先以划拨方式取得土地使用权，后经批准转让房地产，划拨土地性质改为出让的，承受方应分别以补缴的土地出让价款和房地产权属转移合同确定的成交价格为计税依据缴纳契税。

⑤ 先以划拨方式取得土地使用权，后经批准转让房地产，划拨土地性质未发生改变的，承受方应以房地产权属转移合同确定的成交价格为计税依据缴纳契税。

⑥ 土地使用权及所附建筑物、构筑物等（包括在建的房屋、其他建筑物、构筑物和其他附着物）转让的，计税依据为承受方应交付的总价款。

⑦ 土地使用权出让的，计税依据包括土地出让金、土地补偿费、安置补助费、地上附着物和青苗补偿费、征收补偿费、城市基础设施配套费、实物配建房屋等应交付的货币以及实物、其他经济利益对应的价款。

⑧ 房屋附属设施（包括停车位、机动车库、非机动车库、顶层阁楼、储藏室及其他房屋附属设施）与房屋为同一不动产单元的，计税依据为承受方应交付的总价款，并适用与房屋相同的税率；房屋附属设施与房屋为不同不动产单元的，计税依据为转移合同确定的成交价格，并按当地确定的适用税率计税。

⑨ 承受已装修房屋的，应将包括装修费用在内的费用计入承受方应交付的总价款。

⑩ 土地使用权互换、房屋互换，互换价格相等的，互换双方计税依据为零；互换价格不相等的，以其差额为计税依据，由支付差额的一方缴纳契税。

纳税人申报的成交价格、互换价格差额明显偏低且无正当理由的，由税务机关依照《税收征收管理法》的规定核定。

（三）应纳税额的计算

契税应纳税额的计算公式为

$$应纳税额＝计税依据×税率$$

【例9-3】 居民甲有两套住房，将一套出售给居民乙，成交价格为1 200 000元；将另一套两室住房与居民丙交换成两套一室住房，并支付给丙换房差价款300 000元。试计算甲、乙、丙相关行为应缴纳的契税（假定税率为4%）。

解析：(1) 甲应缴纳契税＝300 000×4%＝12 000（元）

(2) 乙应缴纳契税＝1 200 000×4%＝48 000（元）

(3) 丙无须缴纳契税。

三、征收管理

（一）纳税义务发生时间

契税申报以不动产单元为基本单位，契税的纳税义务发生时间是纳税人签订土地、房屋权属转移合同的当日，或者纳税人取得其他具有土地、房屋权属转移合同性质凭证的当日。

特殊情形下，契税纳税义务发生时间规定如下。

(1) 因人民法院、仲裁委员会的生效法律文书或者监察机关出具的监察文书等发生土地、房屋权属转移的，纳税义务发生时间为法律文书等生效当日。

(2) 因改变土地、房屋用途等情形应当缴纳已经减征、免征契税的，纳税义务发生时间为改变有关土地、房屋用途等情形的当日。

(3) 因改变土地性质、容积率等土地使用条件需补缴土地出让价款，应当缴纳契税的，纳税义务发生时间为改变土地使用条件当日。

发生上述情形，按规定不再需要办理土地、房屋权属登记的，纳税人应自纳税义务发生之日起 90 日内申报缴纳契税。

（二）纳税期限

纳税人应当在依法办理土地、房屋权属登记手续前申报缴纳契税。

（三）纳税地点

契税在土地、房屋所在地的税务征收机关缴纳。

第三节　城镇土地使用税法

城镇土地使用税法是指国家制定的调整城镇土地使用税征收与缴纳权利及义务关系的法律规范。现行城镇土地使用税法的基本规范是 2006 年 12 月 31 日国务院修改并颁布的《中华人民共和国城镇土地使用税暂行条例》，2013 年 12 月 4 日国务院第三十二次常务会议作了部分修改（自 2013 年 12 月 7 日起实施），如图 9-3 所示。

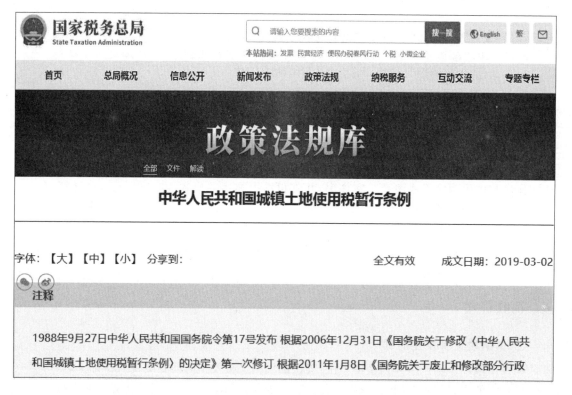

图 9-3　《中华人民共和国城镇土地使用税暂行条例》官网截图

城镇土地使用税是以国有土地为征税对象，对拥有土地使用权的单位和个人征收的一种税。征收城镇土地使用税有利于促进土地的合理使用，调节土地级差收入，也有利于筹集地方财政资金。

一、纳税义务人与征税范围

（一）纳税义务人

在城市、县城、建制镇、工矿区范围内使用土地的单位和个人，为城镇土地使用税的纳税人。

上述所称单位，包括国有企业、集体企业、私营企业、股份制企业、外商投资企业、外国企业以及其他企业和事业单位、社会团体、国家机关、军队以及其他单位；所称个人，包括个体工商户以及其他个人。

城镇土地使用税的纳税人通常包括以下几类。

（1）拥有土地使用权的单位和个人。

（2）拥有土地使用权的单位和个人不在土地所在地的，其土地的实际使用人和代管人为纳税人。

（3）土地使用权未确定或权属纠纷未解决的，其实际使用人为纳税人。

（4）土地使用权共有的，共有各方都是纳税人，由共有各方分别纳税。

（5）在城镇土地使用税征税范围内，承租集体所有建设用地的，由直接从集体经济组织承租土地的单位和个人，缴纳城镇土地使用税。

几个人或几个单位共同拥有一块土地的使用权，这块土地的城镇土地使用税的纳税人应是对这块土地拥有使用权的每一个人或每一个单位。他们应以其实际使用的土地面积占总面积的比例，分别计算缴纳土地使用税。例如，某城市的甲与乙共同拥有一块土地的使用权，这块土地面积为1 500平方米，甲实际使用1/3，乙实际使用2/3，则甲应是其所占的500平方米（1 500×1/3）土地的城镇土地使用税的纳税人，乙是其所占的1 000平方米（1 500×2/3）土地的城镇土地使用税的纳税人。

（二）征税范围

城镇土地使用税的征税范围，包括在城市、县城、建制镇和工矿区内的国家所有和集体所有的土地。

建立在城市、县城、建制镇和工矿区以外的企业不需要缴纳城镇土地使用税。

二、税率、计税依据和应纳税额的计算

（一）税率

城镇土地使用税采用定额税率，即采用有幅度的差别税额，按大、中、小城市和县城、建制镇、工矿区分别规定每平方米城镇土地使用税年应纳税额。具体标准如下：

（1）大城市 1.5～30 元/m²；

（2）中等城市 1.2～24 元/m²；

（3）小城市 0.9～18 元/m²；

（4）县城、建制镇、工矿区 0.6～12 元/m²。

大、中、小城市以公安机关登记在册的非农业正式户口人数为依据，按照国务院颁布的《中华人民共和国城市规划法》中规定的标准划分。人口在50万人以上者为大城市；人口在20万～50万人者为中等城市；人口在20万人以下者为小城市。城镇土地使用税税率见表9-1所示。

表 9-1 城镇土地使用税税率

级　别	人口(人)	每平方米税额(元)
大城市	50 万以上	1.5～30
中等城市	20 万～50 万	1.2～24
小城市	20 万以下	0.9～18
县城、建制镇、工矿区	—	0.6～12

(二)计税依据

城镇土地使用税以纳税人实际占用的土地面积为计税依据,土地面积计量标准为每平方米。即税务机关根据纳税人实际占用的土地面积,按照规定的税额计算应纳税额,向纳税人征收城镇土地使用税。

(三)应纳税额的计算

城镇土地使用税的应纳税额可以通过纳税人实际占用的土地面积乘以该土地所在地段的适用税额求得。其计算公式为

$$全年应纳税额 = 实际占用应税土地面积(平方米) \times 适用税额$$

【例 9-4】 设在某城市的一家企业使用土地面积为 50 000 平方米,经税务机关核定,该土地为应税土地,每平方米年税额为 4 元。请计算其全年应纳的城镇土地使用税税额。

解析:全年应纳税额=50 000×4=200 000(元)

三、征收管理

(一)纳税期限

城镇土地使用税实行按年计算、分期缴纳的征收方法,具体纳税期限由省、自治区、直辖市人民政府确定。

(二)纳税义务发生时间

(1)纳税人购置新建商品房,自房屋交付使用之次月起,缴纳城镇土地使用税。

(2)纳税人购置存量房,自办理房屋权属转移、变更登记手续,房地产权属登记机关签发房屋权属证书之次月起,缴纳城镇土地使用税。

(3)纳税人出租、出借房产,自交付出租、出借房产之次月起,缴纳城镇土地使用税。

(4)以出让或转让方式有偿取得土地使用权的,应由受让方从合同约定交付土地时间之次月起缴纳城镇土地使用税;合同未约定交付土地时间的,由受让方从合同签订之次月起缴纳城镇土地使用税。

(5)纳税人新征用的耕地,自批准征用之日起满 1 年时开始缴纳城镇土地使用税。

(6)纳税人新征用的非耕地,自批准征用次月起缴纳城镇土地使用税。

(7)自 2009 年 1 月 1 日起,纳税人因土地的权利发生变化而依法终止城镇土地使用税纳税义务的,其应纳税款的计算应截止到土地权利发生变化的当月末。

(三)纳税地点和征收机构

城镇土地使用税在土地所在地缴纳。纳税人使用的土地不属于同一省、自治区、直辖市管辖的,由纳税人分别向土地所在地的税务机关缴纳城镇土地使用税;在同一省、自治区、直辖市

管辖范围内,纳税人跨地区使用的土地,其纳税地点由各省、自治区、直辖市税务局确定。

城镇土地使用税由土地所在地的税务机关征收,其收入纳入地方财政预算管理。

(四)纳税申报

城镇土地使用税的纳税人应按照规定及时办理纳税申报,并如实填写《财产和行为税纳税申报表》及相应的税源明细表。

第四节 耕地占用税法

耕地占用税法,是指国家制定的调整耕地占用税征收与缴纳权利及义务关系的法律规范。现行耕地占用税法的基本规范,是2018年12月29日第十三届全国人民代表大会常务委员会第七次会议通过的《中华人民共和国耕地占用税法》。

一、纳税人与征税范围

(一)纳税人

耕地占用税的纳税人是指在中华人民共和国境内占用耕地建设建筑物、构筑物或者从事非农业建设的单位和个人。

经批准占用耕地的,纳税人为农用地转用审批文件中标明的建设用地人;农用地转用审批文件中未标明建设用地人的,纳税人为用地申请人,其中用地申请人为各级人民政府的,由同级土地储备中心、自然资源主管部门或政府委托的其他部门、单位履行耕地占用税申报纳税义务。

未经批准占用耕地的,纳税人为实际用地人。

(二)征税范围

耕地占用税的征税范围包括纳税人占用耕地建设建筑物、构筑物或者从事非农业建设的国家所有和集体所有的耕地。

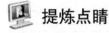

不需要缴纳耕地占用税的特殊情形

(1)耕地不包括城镇村庄范围内绿化林木用地,铁路、公路征地范围内的林木用地,以及河流、沟渠的护堤林用地。

(2)建设直接为农业生产服务的生产设施占用农用地的不征。

所称耕地是指用于种植农作物的土地,包括菜地、园地。其中,园地包括花圃、苗圃、茶园、果园、桑园和其他种植经济林木的土地。

占用鱼塘及其他农用土地建房或从事其他非农业建设,也视同占用耕地,必须依法征收耕地占用税。占用已开发从事种植、养殖的滩涂、草场、水面和林地等从事非农业建设,由省、自治区、直辖市本着有利于保护土地资源和生态平衡的原则,结合具体情况确定是否征收耕地占用税。

(1)园地,包括果园、茶园、橡胶园、其他园地。

上述其他园地包括种植桑树、可可、咖啡、油棕、胡椒、药材等其他多年生作物的园地。

（2）林地，包括乔木林地、竹林地、红树林地、森林沼泽、灌木林地、灌丛沼泽、其他林地，不包括城镇村庄范围内的绿化林木用地，铁路、公路征地范围内的林木用地，以及河流、沟渠的护堤林用地。

上述其他林地包括疏林地、未成林地、迹地、苗圃等林地。

（3）草地，包括天然牧草地、沼泽草地、人工牧草地，以及用于农业生产并已由相关行政主管部门发放使用权证的草地。

（4）农田水利用地，包括农田排灌沟渠及相应附属设施用地。

（5）养殖水面，包括人工开挖或者天然形成的用于水产养殖的河流水面、湖泊水面、水库水面、坑塘水面及相应附属设施用地。

（6）渔业水域滩涂，包括专门用于种植或者养殖水生动植物的海水潮浸地带和滩地，以及用于种植芦苇并定期进行人工养护管理的苇田。

（7）建设直接为农业生产服务的生产设施占用上述农用地的，不征收耕地占用税。

二、税率、计税依据和应纳税额的计算

（一）税率

由于我国不同地区之间人口和耕地资源的分布极不均衡，有些地区人口稠密，耕地资源相对匮乏；不同地区之间客观条件以及与此相关的税收调节力度和纳税人负担能力方面也存在差别，因此耕地占用税在税率设计上采用了地区差别定额税率。税率具体标准如下。

（1）人均耕地不超过1亩的地区（以县、自治县、不设区的市、市辖区为单位，下同），每平方米为10~50元。

（2）人均耕地超过1亩但不超过2亩的地区，每平方米为8~40元。

（3）人均耕地超过2亩但不超过3亩的地区，每平方米为6~30元。

（4）人均耕地超过3亩的地区，每平方米为5~25元。

各省、自治区、直辖市耕地占用税适用税额的平均水平，不得低于《各省、自治区、直辖市耕地占用税平均税额表》规定的平均税额见表9-2所示。

表9-2 各省、自治区、直辖市耕地占用税平均税额表

省、自治区、直辖市	每平方米平均税额（元）
上海	45
北京	40
天津	35
江苏、浙江、福建、广东	30
辽宁、湖北、湖南	25
河北、安徽、江西、山东、河南、重庆、四川	22.5
广西、海南、贵州、云南、陕西	20
山西、吉林、黑龙江	17.5
内蒙古、西藏、甘肃、青海、宁夏、新疆	12.5

在人均耕地低于0.5亩的地区，省、自治区、直辖市可以根据当地经济发展情况，适当提高耕地占用税的适用税额，但提高的部分不得超过确定的适用税额的50%。具体适用税额按照规定程序确定。

占用基本农田的,应当按照当地适用税额,加按150%征收。

基本农田是指依据《基本农田保护条例》划定的基本农田保护区范围的耕地。

(二) 计税依据

耕地占用税以纳税人实际占用的属于耕地占用税征税范围的土地(以下简称应税土地)面积为计税依据,按应税土地当地适用税额计税,实行一次性征收。

实际占用的耕地面积,包括经批准占用的耕地面积和未经批准占用的耕地面积。

临时占用耕地,应当依照规定缴纳耕地占用税。纳税人在批准临时占用耕地的期限内恢复所占用耕地原状的,全额退还已经缴纳的耕地占用税。

纳税人临时占用耕地是指经自然资源主管部门批准,在一般不超过2年内临时使用耕地并且没有修建永久性建筑物的行为。依法复垦应由自然资源主管部门会同有关行业管理部门认定并出具验收合格确认书。

(三) 应纳税额的计算

耕地占用税以纳税人实际占用的应税土地面积为计税依据,以每平方米土地为计税单位,按适用的定额税率计税。应纳税额为纳税人实际占用的应税土地面积(平方米)乘以适用税额。其计算公式为

$$应纳税额 = 应税土地面积 \times 适用税额$$

加按150%征收耕地占用税的计算公式为

$$应纳税额 = 应税土地面积 \times 适用税额 \times 150\%$$

应税土地面积包括经批准占用面积和未经批准占用面积,以平方米为单位。适用税额是指省、自治区、直辖市人民代表大会常务委员会决定的应税土地所在地县级行政区的现行适用税额。

三、税收优惠和征收管理

耕地占用税对占用耕地实行一次性征收,对生产经营单位和个人不设立减免税,仅对公益性单位和需照顾群体设立减免税。

纳税人改变原占地用途,不再属于免征或减征情形的,应自改变用途之日起30日内申报补缴税款,补缴税款按改变用途的实际占用耕地面积和改变用途时当地适用税额计算。

(一) 免征耕地占用税

以下情况,免征耕地占用税。

(1) 军事设施占用耕地。

(2) 学校、幼儿园、社会福利机构、医疗机构占用耕地。

(3) 农村烈士遗属、因公牺牲军人遗属、残疾军人以及符合农村最低生活保障条件的农村居民,在规定用地标准以内新建自用住宅,免征耕地占用税。

练习9-4(单选题) 下列各项中,需要缴纳耕地占用税的是( )。

A. 占用耕地建设储存农用机具的仓库
B. 占用养殖水面建设专为农业生产服务的灌溉排水设施
C. 占用竹林地建设木材集材道
D. 占用天然牧草地建设旅游度假村

耕地占用税征税范围

（二）减征耕地占用税

以下情况，减征耕地占用税。

（1）铁路线路、公路线路、飞机场跑道、停机坪、港口、航道、水利工程占用耕地，减按每平方米2元的税额征收耕地占用税。

（2）农村居民在规定用地标准以内占用耕地新建自用住宅，按照当地适用税额减半征收耕地占用税；其中农村居民经批准搬迁，新建自用住宅占用耕地不超过原宅基地面积的部分，免征耕地占用税。

免征或者减征耕地占用税后，纳税人改变原占地用途，不再属于免征或者减征耕地占用税情形的，应当按照当地适用税额补缴耕地占用税。

（三）征收管理

1. 纳税义务发生时间

耕地占用税由税务机关负责征收。耕地占用税的纳税义务发生时间为纳税人收到自然资源主管部门办理占用耕地手续的书面通知的当日。纳税人应当自纳税义务发生之日起30日内申报缴纳耕地占用税。

纳税人改变原占地用途，需要补缴耕地占用税的，其纳税义务发生时间为改变用途当日，具体为经批准改变用途的，纳税义务发生时间为纳税人收到批准文件的当日；未经批准改变用途的，纳税义务发生时间为自然资源主管部门认定纳税人改变原占地用途的当日。

未经批准占用耕地的，耕地占用税纳税义务发生时间为自然资源主管部门认定的纳税人实际占用耕地的当日。

2. 纳税申报

（1）纳税人占用耕地，应当在耕地所在地申报纳税。

（2）纳税人的纳税申报数据资料异常或者纳税人未按照规定期限申报纳税的。

（3）纳税人因建设项目施工或者地质勘查临时占用耕地，应当依照规定缴纳耕地占用税。纳税人在批准临时占用耕地期满之日起1年内依法复垦，恢复种植条件的，全额退还已经缴纳的耕地占用税。

（4）县级以上地方人民政府自然资源、农业农村、水利、生态环境等相关部门向税务机关提供的农用地转用、临时占地等信息，包括农用地转用信息、城市和村庄集镇按批次建设用地转而未供信息、经批准临时占地信息、改变原占地用途信息、未批先占农用地查处信息、土地损毁信息、土壤污染信息、土地复垦信息、草场使用和渔业养殖权证发放信息等。

（5）耕地占用税的征收管理，依照《耕地占用税法》和《税收征收管理法》的规定执行。

纳税人、税务机关及其工作人员违反规定的，依照《税收征收管理法》和有关法律法规的规定追究法律责任。

（6）纳税人应按照规定及时办理纳税申报，并如实填写《财产和行为税纳税申报表》及相应的税源明细。

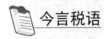

知识点梳理

房产税是以房屋为征税对象，按照房屋的计税余值或租金收入，向产权所有人征收的一种财产税。房产税以在征税范围内的房屋产权所有人为纳税人。

房产税以房产为征税对象。我国现行房产税采用的是比例税率。房产税的计税依据是房产的计税余值或房产的租金收入。按照房产计税余值征收的,称为从价计征;按照房产租金收入计征的,称为从租计征。房产税的计税依据有两种,与之相适应的应纳税额计算也分为两种:一是从价计征的计算;二是从租计征的计算。

房产税的税收优惠是根据国家政策需要和纳税人的负担能力制定的。由于房产税属地方税,因此给予地方一定的减免权限,有利于地方因地制宜地处理问题。

契税的纳税义务人是境内转移土地、房屋权属,承受的单位和个人。

征收契税的土地、房屋权属,具体为土地使用权、房屋所有权。

契税实行3%~5%的幅度税率。省、自治区、直辖市可以依照上述规定的程序对不同主体、不同地区、不同类型的住房的权属转移确定差别税率。

在城市、县城、建制镇、工矿区范围内使用土地的单位和个人,为城镇土地使用税的纳税人。城镇土地使用税的征税范围,包括在城市、县城、建制镇和工矿区内的国家所有和集体所有的土地。

城镇土地使用税采用定额税率,即采用有幅度的差别税额,按大、中、小城市和县城、建制镇、工矿区分别规定每平方米城镇土地使用税年应纳税额。

耕地占用税的纳税人是指在中华人民共和国境内占用耕地建设建筑物、构筑物或者从事非农业建设的单位和个人。耕地占用税的征税范围包括纳税人占用耕地建设建筑物、构筑物或者从事非农业建设的国家所有和集体所有的耕地。

耕地占用税在税率设计上采用了地区差别定额税率。

一、单项选择题

1. 下列关于房产税纳税人的表述中,不符合房产税法律制度规定的是(   )。
   A. 房屋出租的,承租人为纳税人
   B. 房屋产权所有人不在房产所在地的,房产代管人或使用人为纳税人
   C. 房屋产权属于国家的,其经营管理单位为纳税人
   D. 房屋产权未确定的,房产代管人或使用人为纳税人

2. 根据房产税法律制度的规定,下列各项中,属于房产税征税范围的是(   )。
   A. 市区的商业大楼　　　　　　B. 独立于房屋之外的水塔
   C. 农村居民住宅　　　　　　　D. 独立于房屋之外的围墙

3. 甲公司为增值税一般纳税人,拥有一处原值800万元的仓库。2023年9月将仓库由自用转为出租,并于当月将仓库交付给承租方乙公司使用。至年底共收取当年不含增值税租金3万元。已知,房产税从价计征税率为1.2%、从租计征税率为12%,当地规定的房产原值扣除比例为30%。甲公司该仓库2023年度应缴纳房产税税额的下列算式中,正确的是(   )。
   A. $3\times12\%$
   B. $800\times(1-30\%)\times1.2\%$
   C. $800\times(1-30\%)\times1.2\%\div12\times9+3\times12\%$
   D. $800\times(1-30\%)\times1.2\%\div12\times9+3\times12\%\div12\times3$

4. 甲公司将其自有商铺出租,租期为2023年全年,一次性收取含增值税租金525 000元。已知,增值税征收率为5%,房产税从租计征的税率为12%。计算甲公司出租商铺应缴纳房产

税税额,下列正确的是( )。

A. 525 000÷(1+5%)×(1−30%)×12%
B. 525 000÷(1+5%)×12%
C. 525 000×(1−30%)×12%
D. 525 000×12%

5. 根据契税法律制度的规定,下列行为不属于契税征税范围的是( )。

A. 以土地置换房屋　　　　　　B. 以房屋抵偿债务
C. 以土地抵押贷款　　　　　　D. 以土地对外投资

6. 2023年10月周某以200万元(不含增值税)出售自有住房一套,另购进价格为300万元(不含增值税)住房一套。已知,契税适用税率为5%,计算周某上述行为应缴纳契税税额的下列算式中,正确的是( )。

A. 200×5%　　　　　　　　B. 300×5%
C. 200×5%+300×5%　　　　D. 300×5%−200×5%

7. 根据土地增值税法律制度的规定,下列各项中,不属于土地增值税纳税人的是( )。

A. 出租商铺的甲公司　　　　　B. 转让国有土地使用权的乙公司
C. 出售商铺的赵某　　　　　　D. 出售写字楼的丙公司

8. 甲房地产开发企业开发一住宅项目,实际占地面积15 000平方米,建筑面积30 000平方米,容积率为2.0,甲房地产开发企业缴纳城镇土地使用税的计税依据是( )。

A. 30 000平方米　　　　　　B. 15 000平方米
C. 22 500平方米　　　　　　D. 45 000平方米

9. 甲林场面积100万平方米,其中森林公园占地60万平方米,防火设施占地25万平方米,办公用地10万平方米,生活区用地5万平方米。该林场需要缴纳城镇土地使用税的面积是( )万平方米。

A. 100　　　B. 75　　　C. 40　　　D. 15

10. 甲公司开发住宅社区,经批准共占用耕地150 000平方米,其中500平方米兴建幼儿园,8 000平方米修建学校。已知,耕地占用税适用税率为30元/平方米。甲公司应缴纳耕地占用税税额的下列算式中,正确的是( )。

A. 150 000×30
B. (150 000−500−8 000)×30
C. (150 000−8 000)×30
D. (150 000−500)×30

二、多项选择题

1. 根据契税法律制度的规定,有关契税计税依据的下列表述中,正确的是( )。

A. 房屋互换的,以互换房屋的市场价格作为计税依据
B. 土地使用权出让的,以成交价格作为计税依据
C. 没有价格的房屋权属转移的,为税务机关参照房屋买卖的市场价格依法核定的价格作为计税依据
D. 土地使用权赠与的,为税务机关参照土地使用权出售的市场价格依法核定的价格作为计税依据

2. 根据土地增值税法律制度的规定,下列各项中,不属于土地增值税纳税人的是( )。

A. 承租商铺的甲公司　　　　　B. 出让国有土地使用权的乙市人民政府
C. 接受房屋捐赠的丙学校　　　D. 转让厂房的丁公司

3. 根据土地增值税法律制度规定,在计算土地增值税时,应计入房地产开发成本的是(   )。
   A. 公共配套设施费　　　　　　B. 建筑安装工程费
   C. 取得土地使用权所支付的地价款　　D. 土地征用及拆迁补偿费
4. 根据城镇土地使用税法律制度的规定,下列各项中,属于城镇土地使用税征税范围的是(   )。
   A. 集体所有的位于农村的土地　　B. 集体所有的位于建制镇的土地
   C. 国家所有的位于工矿区的土地　　D. 集体所有的位于城市的土地
5. 下列关于城镇土地使用税的计税依据,表述正确的是(   )。
   A. 尚未组织测定,但纳税人持有政府部门核发的土地使用证书的,以证书确定的土地面积为准
   B. 尚未核发土地使用证书的,应由纳税人据实申报土地面积,并据以纳税,待核发土地使用证书后再做调整
   C. 凡由省级人民政府确定的单位组织测定土地面积的,以测定的土地面积为准
   D. 城镇土地使用税以实际占用的应税土地面积为计税依据

三、判断题

1. 纳税人自行新建房屋用于生产经营,从建成之月起缴纳房产税。（　）
2. 甲公司委托施工企业建设一栋办公楼,从该办公楼建成之次月起缴纳房产税。（　）
3. 居住在甲市的赵某将位于乙市的一处自有住房对外出租,赵某应向甲市税务机关申报缴纳该处住房的房产税。（　）
4. 房产所有人将房屋产权赠与直系亲属的行为,不征收土地增值税。（　）
5. 土地使用权未确定或权属纠纷未解决的,暂不缴纳城镇土地使用税。（　）

四、简答题

1. 如何理解房产税的征税范围和意义?
2. 如何理解城镇土地使用税的纳税人及征税意义?

第十章

车辆购置税法和车船税法

车辆购置税法是指国家制定的用以调整车辆购置税征收与缴纳权利及义务关系的法律规范。现行车辆购置税法的基本规范,是 2018 年 12 月 29 日第十三届全国人民代表大会常务委员会第七次会议通过,并于 2019 年 7 月 1 日起施行的《中华人民共和国车辆购置税法》(以下简称《车辆购置税法》)。征收车辆购置税有利于合理筹集财政资金,规范政府行为,调节收入差距,也有利于配合打击车辆走私和维护国家权益。车船税法,是指国家制定的用以调整车船税征收与缴纳权利及义务关系的法律规范。

现行车船税法的基本规范,是 2011 年 2 月 25 日,由中华人民共和国第十一届全国人民代表大会常务委员会第十九次会议通过的《中华人民共和国车船税法》(以下简称《车船税法》),自 2012 年 1 月 1 日起施行。车船税是以车船为征税对象,向拥有车船的单位和个人征收的一种税。征收车船税有利于为地方政府筹集财政资金,促进车船的管理和合理配置,也有利于调节社会财富差异。

车辆购置税法

 学习目标

知识目标

(1) 学习车辆购置税法、车船税法的相关法律内容。

(2) 学习车辆购置税法、车船税法应纳税额的计算。

能力目标

(1) 能理解车辆购置税法、车船税法的征收管理规定。

(2) 能正确计算车辆购置税、车船税的应纳税额。

素养目标

明确国家立法的根本目的,遵守国家的税收法律,依法纳税,做懂法、遵法、守法、护法的好公民。

第十章 车辆购置税法和车船税法

内容导航

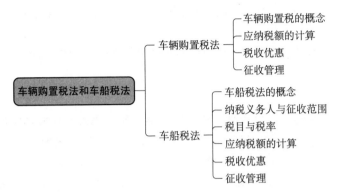

以案为鉴

播州区××车辆购置税行政复议应诉案

××购买自用汽车，申报的计税价格为 211 452.99 元，税收管理系统中该车辆的最低计税价格为 237 000 元[当时执行的最低计税价为《国家税务总局关于核定第 67 版车辆购置税最低计税价格的通知》（税总函〔2018〕46 号）]，××在缴纳税款时未提供证据证明其车辆属于《车辆购置税征收管理办法》第九条第（六）项规定的情形，故纳税人××申报的计税价格低于同类型应税车辆的最低计税价格，又无正当理由。

以案释法

根据《中华人民共和国车辆购置税暂行条例》第七条第二款"纳税人购买自用或者进口自用应税车辆，申报的计税价格低于同类型应税车辆的最低计税价格，又无正当理由的，按照最低计税价格征收车辆购置税"，《车辆购置税征收管理办法》第十二条"纳税人购买自用或者进口自用的应税车辆，申报的计税价格低于同类型应税车辆的最低计税价格，又无正当理由的，是指除本办法第九条第（六）项规定车辆之外的情形"的规定，认定××申报的计税依据偏低，按照最低计税价格 237 000 元，征收其车辆购置税 23 700 元，如图 10-1 所示。

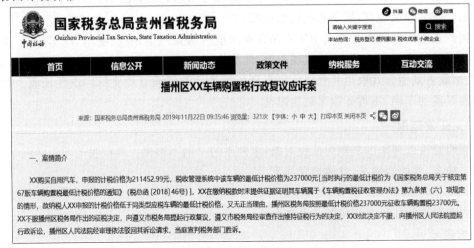

图 10-1　国家税务总局贵州省税务局官网截图

问题思考与讨论

（1）消费者在买车过程中一般都要缴纳车辆购置税，车辆购置税涉及消费者登记使用所购车辆、履行纳税义务等切身利益。但有些特殊车辆不用缴纳车辆购置税，你知道是哪些车辆吗？

（2）小李在二手车市场购买了一辆已完税的应税车辆，他还需要缴纳车辆购置税吗？

以案说法

汽车销售人员以代缴车辆购置税等费用为由占为己有被判刑

许某利用担任汽车销售公司销售顾问的便利，以需要缴纳车辆购置税、首付款为由，私自收取客户的购车款共计6万余元，用于偿还个人债务以及生活花销。

许某身为公司工作人员，利用职务上的便利，将本单位财物6万余元占为己有，数额较大，其行为已构成职务侵占罪。

新车申领正式车牌需购车人本人直接向税务机关及保险公司缴纳车辆购置税、保险等费用。当遇到销售员主动代办缴费并要求转账给个人时，就需要特别小心。

消费者在选择代办服务时，要了解相关流程，以免"服务盲区"被不法分子所利用。特别是在购车、购房等大宗交易时，切勿向个人账户转账，要将钱款转给对公账户，并谨慎辨别收款方信息。

第一节　车辆购置税法

一、车辆购置税的概念

车辆购置税法是指国家制定的用于调整车辆购置税征纳双方权利和义务关系的法律规范。车辆购置税是指在中华人民共和国境内购置汽车、有轨电车、汽车挂车、排气量超过150毫升的摩托车（以下统称应税车辆）的单位和个人征收的一种税。

（一）纳税义务人

车辆购置税是以在中国境内购置规定车辆为课税对象、在特定的环节向车辆购置者征收的一种税。就其性质而言，属于直接税的范畴。

车辆购置税的纳税人是指在中华人民共和国境内购置汽车、有轨电车、汽车挂车、排气量超过150毫升的摩托车（以下统称应税车辆）的单位和个人。其中购置是指以购买进口、自产、受赠、获奖或者其他方式取得并自用应税车辆的行为。车辆购置税实行一次性征收。购置已征车辆购置税的车辆，不再征收车辆购置税。

（二）征收范围

车辆购置税以列举的车辆为征税对象，未列举的车辆不纳税。其征收范围包括汽车、摩托车、电车、挂车、农用运输车，具体规定如下。

1. 汽车

车辆购置税的征税范围包括各类汽车。

2. 摩托车

（1）轻便摩托车：最高设计车速不大于50km/h，发动机气缸总排量不大于50cm³的两个或三个车轮的机动车。

(2) 二轮摩托车:最高设计车速大于 50km/h,或者发动机气缸总排量大于 $50cm^3$ 的两个车轮的机动车。

(3) 三轮摩托车:最高设计车速大于 50km/h,或者发动机气缸总排量大于 $50cm^3$,空车重量不大于 400kg 的三个车轮的机动车。

3. 电车

(1) 无轨电车:以电能为动力,由专用输电电缆线供电的轮式公共车辆。

(2) 有轨电车:以电能为动力,在轨道上行驶的公共车辆。

4. 挂车

(1) 全挂车:无动力设备,独立承载,由牵引车辆牵引行驶的车辆。

(2) 半挂车:无动力设备,与牵引车辆共同承载,由牵引车辆牵引行驶的车辆。

5. 农用运输车

(1) 三轮农用运输车:柴油发动机,功率不大于 7.4kW,载重量不大于 500kg,最高车速不大于 40km/h 的三个车轮的机动车。

(2) 四轮农用运输车:柴油发动机,功率不大于 28kW,载重量不大于 1 500kg,最高车速不大于 50km/h 的四个车轮的机动车。

提炼点睛

需要注意的两点

(1) 地铁、轻轨等城市轨道交通车辆,装载机、平地机、挖掘机、推土机等轮式车用机械车,以及起重机、叉车、电动摩托车,不属于应税车辆。

(2) 纳税人进口自用应税车辆,指纳税人直接从境外进口或者委托代理进口自用的应税车辆,不包括在境内购买的进口车辆。

(三) 税率

车辆购置税实行统一比例税率,税率为 10%。

(四) 计税依据

计税依据为应税车辆的计税价格,按照下列规定确定。

(1) 纳税人购置应税车辆,以发票电子信息中的不含增值税价作为计税价格。纳税人依据相关规定提供其他有效价格凭证的情形除外。

应税车辆存在多条发票电子信息或者没有发票电子信息的,纳税人按照购置应税车辆实际支付给销售方的全部价款(不包括增值税税款)申报纳税。

(2) 纳税人进口自用应税车辆的计税价格,为关税完税价格加上关税和消费税;纳税人进口自用应税车辆是指纳税人直接从境外进口或者委托代理进口自用的应税车辆,不包括在境内购买的进口车辆。

(3) 纳税人自产自用应税车辆的计税价格,按照纳税人生产的同类应税车辆(即车辆配置序列号相同的车辆)的销售价格确定,不包括增值税税款;没有同类应税车辆销售价格的,按照组成计税价格确定。组成计税价格计算公式为

$$组成计税价格 = 成本 \times (1 + 成本利润率)$$

属于应征消费税的应税车辆,其组成计税价格中应加计消费税税额。

上述公式中的成本利润率,由国家税务总局各省、自治区、直辖市和计划单列市税务局确定。

(4) 纳税人以受赠、获奖或者其他方式取得自用应税车辆的计税价格,按照购置应税车辆时相关凭证载明的价格确定,不包括增值税税款。

这里所称的购置应税车辆时相关凭证,是指原车辆所有人购置或者以其他方式取得应税车辆时载明价格的凭证。无法提供相关凭证的,参照同类应税车辆市场平均交易价格确定其计税价格。原车辆所有人为车辆生产或者销售企业,未开具机动车销售统一发票的,按照车辆生产或者销售同类应税车辆的销售价格确定应税车辆的计税价格。无同类应税车辆销售价格的,按照组成计税价格确定应税车辆的计税价格。

二、应纳税额的计算

(一) 计算公式

车辆购置税实行从价定率的方法计算应纳税额,计算公式为

$$应纳税额 = 计税依据 \times 税率$$

(二) 购买自用应税车辆应纳税额的计算

纳税人购买自用的应税车辆的计税价格,为纳税人实际支付给销售者的全部价款,不包括增值税税款。

【例 10-1】 王某 2023 年 10 月从某汽车有限公司购买一辆小汽车供自己使用,支付了含增值税税款在内的款项 169 500 元,所支付的款项由该汽车有限公司开具"机动车销售统一发票"。请计算王某应缴纳的车辆购置税。

解析:(1) 计税依据 = 169 500 ÷ (1 + 13%) = 150 000(元)

(2) 应纳税额 = 150 000 × 10% = 15 000(元)

(三) 进口自用应税车辆应纳税额的计算

纳税人进口自用应税车辆的计税价格,为关税完税价格加上关税和消费税。纳税人进口自用的应税车辆应纳税额的计算公式为

$$应纳税额 = (关税完税价格 + 关税 + 消费税) \times 税率$$

【例 10-2】 某外贸进出口公司 2023 年 8 月从国外进口 10 辆某公司生产的某型号小轿车。该公司报关进口这批小轿车时,经报关地海关对有关报关资料的审查,确定关税完税价格为每辆 135 000 元人民币,海关按关税政策规定每辆征收了关税 33 700 元,并按消费税、增值税有关规定分别代征了每辆小轿车的进口消费税 22 000 元和增值税 17 550 元。由于联系业务需要,该公司将一辆小轿车留在本单位使用。根据以上资料,计算应纳车辆的购置税。

解析:(1) 计税依据 = 135 000 + 33 700 + 22 000 = 190 700(元)

(2) 应纳税额 = 190 700 × 10% = 19 070(元)

(四) 其他自用应税车辆应纳税额的计算

纳税人自产自用应税车辆的计税价格,按照纳税人生产的同类应税车辆的销售价格确定,不包括增值税税款。

纳税人以受赠、获奖或者其他方式取得自用应税车辆的计税价格,按照购置应税车辆时相关凭证载明的价格确定,不包括增值税税款。

【例10-3】 某客车制造厂将自产的一辆某型号的客车,用于本厂后勤服务,该厂在办理车辆上牌落籍前,出具该车的发票,注明金额为90 000元。计算该车应纳车辆购置税。

解析:应纳税额=90 000×10%=9 000(元)

(五)已经办理免税、减税手续的车辆因转让、改变用途等原因不再属于免税、减税范围的,纳税人、纳税义务发生时间、应纳税额按以下规定执行

(1)发生转让行为的,受让人为车辆购置税纳税人;未发生转让行为的,车辆所有人为车辆购置税纳税人。

(2)纳税义务发生时间为车辆转让或者用途改变等情形发生之日。

(3)应纳税额计算公式为

$$应纳税额 = 初次办理纳税申报时确定的计税价格 \times (1-使用年限\times 10\%)\times 10\% - 已纳税额$$

注意:应纳税额不得为负数。

使用年限的计算方法是自纳税人初次办理纳税申报之日起,至不再属于免税、减税范围的情形发生之日止。使用年限取整计算,不满1年的不计算在内。

提炼点睛

车辆购置税是价外税吗,可以转嫁吗?

车辆购置税的计税依据中不包含车辆购置税税额,车辆购置税税额是附加在价格之外的,且纳税人即为负税人,税负不发生转嫁。因此,车辆购置税属于直接税的范畴。

三、税收优惠

我国车辆购置税实行法定减免,减免税范围的具体规定如下。

(1)外国驻华使馆、领事馆和国际组织驻华机构及其外交人员自用车辆免税。

(2)中国人民解放军和中国人民武装警察部队列入装备订货计划的车辆免税。

(3)悬挂应急救援专用号牌的国家综合性消防救援车辆免税。

(4)设有固定装置的非运输专用作业车辆免税。设有固定装置的非运输专用作业车辆,是指采用焊接、铆接或者螺栓连接等方式固定安装专用设备或者器具,不以载运人员或者货物为主要目的,在设计和制造上用于专项作业的车辆。

(5)城市公交企业购置的公共汽电车辆免税。

(6)回国服务的在外留学人员用现汇购买1辆个人自用国产小汽车和长期来华定居专家进口1辆自用小汽车免征车辆购置税。

(7)防汛部门和森林消防部门用于指挥、检查、调度、报汛(警)、联络的由指定厂家生产的设有固定装置的指定型号的车辆免征车辆购置税。

(8)对购置日期在2023年1月1日至2023年12月31日期间的新能源汽车,免征车辆购置税。免征车辆购置税的新能源汽车是指纯电动汽车、插电式混合动力(含增程式)汽车、燃料电池汽车。

(9)中国妇女发展基金会"母亲健康快车"项目的流动医疗车免征车辆购置税。

(10)北京2022年冬奥会和冬残奥会组织委员会新购置车辆免征车辆购置税。

(11)原公安现役部队和原武警黄金、森林、水电部队改制后换发地方机动车牌证的车辆

（公安消防、武警森林部队执行灭火救援任务的车辆除外），一次性免征车辆购置税。

四、征收管理

车辆购置税由税务机关负责征收。车辆购置税的征收规定如下。

（一）纳税申报

车辆购置税的纳税义务发生时间为纳税人购置应税车辆的当日，以纳税人购置应税车辆所取得的车辆相关凭证上注明的时间为准。纳税人应当自纳税义务发生之日起60日内申报缴纳车辆购置税。

纳税人应当在向公安机关交通管理部门办理车辆注册登记前，缴纳车辆购置税。

（1）自2019年7月1日起，纳税人应到下列地点办理车辆购置税纳税申报。

① 需要办理车辆登记注册手续的纳税人，向车辆登记地的主管税务机关申报纳税。

② 不需要办理车辆登记注册手续的纳税人，单位纳税人向其机构所在地的主管税务机关申报纳税，个人纳税人向其户籍所在地或者经常居住地的主管税务机关申报纳税。

（2）车辆购置税实行一车一申报制度。

（3）车辆购置税的纳税义务发生时间以纳税人购置应税车辆所取得的车辆相关凭证上注明的时间为准。

① 购买自用应税车辆的为购买之日，即车辆相关价格凭证的开具日期。

② 进口自用应税车辆的为进口之日，即《海关进口增值税专用缴款书》或者其他有效凭证的开具日期。

③ 自产、受赠、获奖或者以其他方式取得并自用应税车辆的为取得之日，即合同、法律文书或者其他有效凭证的生效或者开具日期。

（4）纳税人办理纳税申报时应当如实填报《车辆购置税纳税申报表》，同时提供车辆合格证明和车辆相关价格凭证。

（5）自2020年6月1日起，纳税人办理车辆购置税纳税申报时，提供发票电子信息办理纳税申报。纳税人依据相关规定提供其他有效价格凭证的情形除外。

（6）纳税人在办理车辆购置税免税、减税时，除按前述第4条规定提供资料外，还应当根据不同的免税、减税情形，分别提供相关资料的原件、复印件。

（7）免税、减税车辆因转让、改变用途等原因不再属于免税、减税范围的，纳税人在办理纳税申报时，应当如实填报《车辆购置税纳税申报表》。发生二手车交易行为的，提供二手车销售统一发票；属于其他情形的，按照相关规定提供申报材料。

（8）已经缴纳车辆购置税的，纳税人向原征收机关申请退税时，应当如实填报《车辆购置税退税申请表》，提供纳税人身份证明，并区别不同情形提供相关资料。

（9）纳税人应当如实申报应税车辆的计税价格，税务机关应当按照纳税人申报的计税价格征收税款。纳税人编造虚假计税依据的，税务机关应当依照《税收征收管理法》及其实施细则的相关规定处理。

（10）前述要求纳税人提供的资料，税务机关能够通过政府信息共享等手段获取相关资料信息的，纳税人不再提交；且前述要求纳税人提供资料的，纳税人应当提供原件和相应的复印件。复印件由主管税务机关留存。主管税务机关根据不同业务管理规定要求留存统一发票报税联、车辆电子信息单、彩色照片以及《车辆购置税完税证明》（以下简称完税证明）等原件的，不再留存复印件。其他原件经主管税务机关审核后退还纳税人。

(11) 税务机关应当在税款足额入库或者办理免税手续后,将应税车辆完税或者免税电子信息,及时传送给公安机关交通管理部门。

(12) 纳税人名称、车辆厂牌型号、发动机号、车辆识别代号(车架号)、证件号码等应税车辆完税或者免税电子信息与原申报资料不一致的,纳税人可以到税务机关办理完税或者免税电子信息更正,但是不包括以下情形。

① 车辆识别代号(车架号)和发动机号同时与原申报资料不一致。
② 完税或者免税电子信息更正影响到车辆购置税税款。
③ 纳税人名称和证件号码同时与原申报资料不一致。

税务机关核实后,办理更正手续,重新生成应税车辆完税或者免税电子信息,并且及时传送给公安机关交通管理部门。

(二) 车辆购置税的退税制度

已征车辆购置税的车辆退回车辆生产或销售企业,纳税人申请退还车辆购置税的,应退税额计算公式为

$$应退税额 = 已纳税额 \times (1 - 使用年限 \times 10\%)$$

注意:应退税额不得为负数。

使用年限的计算方法是自纳税人缴纳税款之日起,至申请退税之日止。

(三) 车辆购置税征管资料

(1) 征税车辆:纳税人身份证明、车辆价格证明、车辆合格证明和《车辆购置税纳税申报表》。

(2) 免税车辆:纳税人身份证明、车辆价格证明、车辆合格证明、纳税申报表、《车辆购置税免(减)税申报表》和车辆免(减)税证明资料。

(3) 免税重新申报车辆:①发生二手车交易行为的纳税人身份证明、《二手车销售统一发票》、纳税申报表和完税证明正本;②未发生二手车交易行为的纳税人身份证明、纳税申报表、完税证明正本和其他相关材料。

(4) 补税车辆:车主身份证明、车辆价格证明、纳税申报表和补税相关材料。

(5) 完税证明补办车辆:①车辆登记注册前完税证明发生损毁丢失的纳税人(车主)身份证明、车辆购置税完税凭证、车辆合格证明和《车辆购置税完税证明补办表》;②车辆登记注册后完税证明发生损毁丢失的纳税人(车主)身份证明、《机动车行驶证》和补办表。同时,税务机关应当留存新完税证明副本。

(6) 完税证明更正车辆:完税证明正、副本和完税证明更正相关材料。

(四) 申报列入免税图册的车辆

申报列入免税图册的车辆,机动车生产企业或者纳税人按照规定填写《设有固定装置非运输车辆信息表》,并提供下列资料。

(1) 车辆合格证明原件、复印件。国产车辆,提供合格证和《中华人民共和国工业和信息化部车辆生产及产品公告》;进口车辆,提供《中华人民共和国海关货物进口证明书》。

(2) 车辆内、外观彩色五寸照片1套。

(3) 车辆内、外观彩色照片电子文档。

(五) 应用车辆购置税电子完税信息办理车辆注册登记业务

(1) 自2019年6月1日起,纳税人在全国范围内办理车辆购置税纳税业务时,税务机关

不再打印和发放纸质车辆购置税完税证明。纳税人办理完成车辆购置税纳税业务后,在公安机关交通管理部门办理车辆注册登记时,不需向公安机关交通管理部门提交纸质车辆购置税完税证明。

(2) 纳税人申请注册登记的车辆识别代号信息与完税或者免税电子信息不符的,公安机关交通管理部门不予办理车辆注册登记。

(3) 自2019年7月1日起,纳税人在全国范围内办理车辆购置税补税、完税证明换证或者更正等业务时,税务机关不再出具纸质车辆购置税完税证明。

(4) 纳税人如需纸质车辆购置税完税证明,可向主管税务机关提出,由主管税务机关打印《车辆购置税完税证明(电子版)》,亦可自行通过本省(自治区、直辖市和计划单列市)电子税务局等官方互联网平台查询和打印。

第二节 车船税法

一、车船税法的概念

车船税法是指国家制定的用以调整车船税征收与缴纳权利及义务关系的法律规范。现行车船税法的基本规范,是2011年2月25日,由中华人民共和国第十一届全国人民代表大会常务委员会第十九次会议通过的《中华人民共和国车船税法》(以下简称《车船税法》),自2012年1月1日起施行。

车船税法

车船税是以车船为征税对象,向拥有车船的单位和个人征收的一种税。征收车船税有利于为地方政府筹集财政资金,有利于车船的管理和合理配置,也有利于调节财富差异。

二、纳税义务人与征税范围

(一) 纳税义务人

所谓车船税是指在中华人民共和国境内的车辆、船舶的所有人或者管理人按照《中华人民共和国车船税法》应缴纳的一种税。

车船税的纳税义务人是指在中华人民共和国境内,车辆、船舶(以下简称车船)的所有人或者管理人,应当依照《车船税法》的规定缴纳车船税。

(二) 征税范围

车船税的征税范围是指在中华人民共和国境内属于《车船税法》所附《车船税税目税额表》规定的车辆、船舶。车辆、船舶具体包括以下方面。

(1) 依法应当在车船登记管理部门登记的机动车辆和船舶。

(2) 依法不需要在车船登记管理部门登记、在单位内部场所行驶或者作业的机动车辆和船舶。

车船登记管理部门是指公安、交通运输、农业、渔业、军队、武装警察部队等依法具有车船登记管理职能的部门;单位是指依照中国法律、行政法规规定,在中国境内成立的行政机关、企业、事业单位、社会团体以及其他组织。

(3) 境内单位和个人租入外国籍船舶的,不征收车船税。境内单位和个人将船舶出租到境外的,应依法征收车船税。

经批准临时入境的外国车船和香港特别行政区、澳门特别行政区、台湾地区的车船,不征收车船税。

三、税目与税率

车船税实行定额税率。定额税率也称固定税额,是税率的一种特殊形式。定额税率计算简便,是适宜从量计征的税种。车船税的适用税额,依照《车船税法》所附的《车船税税目税额表》执行。

车辆的具体适用税额由省、自治区、直辖市人民政府依照《车船税法》所附《车船税税目税额表》规定的税额幅度和国务院的规定确定。船舶的具体适用税额由国务院在《车船税法》所附《车船税税目税额表》规定的税额幅度内确定。

《车船税税目税额表》如表 10-1 所示。

表 10-1 车船税税目税额表

税 目		计税单位	年基准税额(元)	备 注
乘用车[按发动机气缸容量(排气量)分档]	1.0 升(含)以下的	每辆	60~360	核定载客人数 9 人(含)以下
	1.0 升以上至 1.6 升(含)的		300~540	
	1.6 升以上至 2.0 升(含)的		360~660	
	2.0 升以上至 2.5 升(含)的		660~1 200	
	2.5 升以上至 3.0 升(含)的		1 200~2 400	
	3.0 升以上至 4.0 升(含)的		2 400~3 600	
	4.0 升以上的		3 600~5 400	
商用车	客车	每辆	480~1 440	核定载客人数 9 人(包括电车)以上
	货车	整备质量每吨	16~120	1. 包括半挂牵引车、挂车、客货两用汽车、三轮汽车和低速载货汽车等; 2. 挂车按照货车税额的 50%计算
其他车辆	专用作业车	整备质量每吨	16~120	不包括拖拉机
	轮式专用机械车	整备质量每吨	16~120	
摩托车		每辆	36~180	
船舶	机动船舶	净吨位每吨	3~6	拖船、非机动驳船分别按照机动船舶税额的 50%计算;游艇的税额另行规定
	游艇	艇身长度每米	600~2 000	

四、应纳税额的计算

纳税人按照纳税地点所在的省、自治区、直辖市人民政府确定的具体适用税额缴纳车船税,车船税由税务机关负责征收。

(1)购置的新车船,购置当年的应纳税额自纳税义务发生的当月起按月计算。计算公式为

$$应纳税额=(年应纳税额÷12)×应纳税月份数$$

$$应纳税月份数=12-纳税义务发生时间(取月份)+1$$

(2)在一个纳税年度内,已完税的车船被盗抢、报废、灭失的,纳税人可以凭有关管理机关出具的证明和完税证明,向纳税所在地的主管税务机关申请退还自被盗抢、报废、灭失月份起至该纳税年度终了期间的税款。

(3)已办理退税的被盗抢车船,失而复得的,纳税人应当从公安机关出具相关证明的当月起计算缴纳车船税。

(4)已缴纳车船税的车船在同一纳税年度内办理转让过户的,不另纳税,也不退税。

(5)已经缴纳车船税的车船,因质量原因,车船被退回生产企业或者经销商的,纳税人可以向纳税所在地的主管税务机关申请退还自退货月份起至该纳税年度终了期间的税款。退货月份以退货发票所载日期的当月为准。

【例10-4】 某运输公司拥有载货汽车10辆(货车整备质量全部为8吨);大客车30辆;小客车20辆。计算该公司应纳车船税。

注意:载货汽车每吨年税额80元,大客车每辆年税额800元,小客车每辆年税额700元。

解析:(1)载货汽车应纳税额=10×8×80=6 400(元)

(2)客车应纳税额=30×800+20×700=38 000(元)

全年应纳车船税税额=6 400+38 000=44 400(元)

五、税收优惠

(1)捕捞、养殖渔船免征车船税。捕捞、养殖渔船是指在渔业船舶登记管理部门登记为捕捞船或者养殖船的船舶。

(2)军队、武装警察部队专用的车船免征车船税。军队、武装警察部队专用的车船是指按照规定在军队、武装警察部队车船登记管理部门登记,并领取军队、武警牌照的车船。

(3)警用车船免征车船税。警用车船是指公安机关、国家安全机关、监狱、劳动教养管理机关和人民法院、人民检察院领取警用牌照的车辆和执行警务的专用船舶。

(4)悬挂应急救援专用号牌的国家综合性消防救援车辆和国家综合性消防救援专用船舶免征车船税。

(5)依照法律规定应当予以免税的外国驻华使领馆、国际组织驻华代表机构及其有关人员的车船,免征车船税。

(6)对节能汽车,减半征收车船税。减半征收车船税的节能乘用车应同时符合以下标准:①获得许可在中国境内销售的排量为1.6升以下(含1.6升)的燃用汽油、柴油的乘用车(含非插电式混合动力、双燃料和两用燃料乘用车);②综合工况燃料消耗量应符合相关标准。

减半征收车船税的节能商用车应同时符合以下标准:①获得许可在中国境内销售的燃用天然气、汽油、柴油的轻型和重型商用车(含非插电式混合动力、双燃料和两用燃料轻型和重型商用车);②燃用汽油、柴油的轻型和重型商用车综合工况燃料消耗量应符合相关标准。

(7)对新能源车船,免征车船税。免征车船税的新能源汽车是指纯电动商用车、插电式(含增程式)混合动力汽车、燃料电池商用车。纯电动乘用车和燃料电池乘用车不属于车船税

征税范围,对其不征车船税。

免征车船税的新能源汽车应同时符合以下标准。

① 获得许可在中国境内销售的纯电动商用车、插电式(含增程式)混合动力汽车、燃料电池商用车;

② 符合新能源汽车产品相关技术标准;

③ 通过新能源汽车专项检测,符合新能源汽车相关标准;

④ 新能源汽车生产企业或进口新能源汽车经销商在产品质量保证、产品一致性、售后服务、安全监测、动力电池回收利用等方面符合相关要求。

免征车船税的新能源船舶应符合以下标准:船舶的主推进动力装置为纯天然气发动机。发动机采用微量柴油引燃方式且引燃油热值占全部燃料总热值的比例不超过5%的视同纯天然气发动机。

(8) 省、自治区、直辖市人民政府根据当地实际情况,可以对公共交通车船、农村居民拥有并主要在农村地区使用的摩托车、三轮汽车和低速载货汽车定期减征或者免征车船税。

六、征收管理

(一) 纳税期限

车船税纳税义务发生时间为取得车船所有权或者管理权的当月。以购买车船的发票或其他证明文件所载日期的当月为准。

(二) 纳税地点

(1) 车船税的纳税地点为车船的登记地或者车船税扣缴义务人所在地。

(2) 扣缴义务人代收代缴车船税的,纳税地点为扣缴义务人所在地。

(3) 纳税人自行申报缴纳车船税的,纳税地点为车船登记地的主管税务机关所在地。

(4) 依法不需要办理登记的车船,其车船税的纳税地点为车船的所有人或者管理人所在地。

(三) 纳税申报

车船税按年申报,分月计算,一次性缴纳,纳税年度为公历1月1日至12月31日。具体申报纳税期限由省、自治区、直辖市人民政府规定。

今言税语

知识点梳理

车辆购置税的纳税人是指在中华人民共和国境内购置汽车、有轨电车、汽车挂车、排气量超过150毫升的摩托车(以下统称应税车辆)的单位和个人。

车辆购置税实行统一比例税率,税率为10%。

车辆购置税的纳税义务发生时间为纳税人购置应税车辆的当日,以纳税人购置应税车辆所取得的车辆相关凭证上注明的时间为准。纳税人应当自纳税义务发生之日起60日内申报缴纳车辆购置税。

车船税是以车船为征税对象,向拥有车船的单位和个人征收的一种税。征收车船税有利于为地方政府筹集财政资金,促进车船的管理和合理配置,也有利于调节社会财富差异。

车船税的征税范围是指在中华人民共和国境内属于《车船税法》所附《车船税税目税额表》规定的车辆、船舶。车船税实行定额税率。

车船税按年申报，分月计算，一次性缴纳，纳税年度为公历1月1日至12月31日。

一、单项选择题

1. 关于车辆购置税的说法，正确的是（   ）。
   A. 纳税人购置自用的应税车辆，应自购买之日起15日内申报纳税
   B. 纳税人进口自用的应税车辆，应自进口之日起30日内申报纳税
   C. 纳税人购置需办理车辆登记注册手续的应税车辆，向车辆登记注册地的税务机关申报纳税
   D. 纳税人购置不需要办理车辆登记注册手续的应税车辆，向车辆销售商所在地的税务机关申报纳税

2. 纳税人新购置车辆使用税，其车船使用税的纳税义务发生时间为（   ）。
   A. 购置使用的当月起   B. 购置使用的次月起
   C. 购置使用的当年起   D. 购置使用的次年起

3. 根据车船税法律制度的规定，下列不属于车船税计税依据的是（   ）。
   A. 辆   B. 净吨位   C. 自重吨位   D. 舱位

二、多项选择题

1. 下列行为中，属于车辆购置税应税行为的有（   ）。
   A. 销售应税车辆的行为   B. 购买使用应税车辆的行为
   C. 进口使用应税车辆的行为   D. 获奖使用应税车辆的行为

2. 下列各项中，单位或个人购置车辆应按规定缴纳车辆购置税的有（   ）。
   A. 三轮农用运输车   B. 摩托车
   C. 有轨电车   D. 机场客用车

三、判断题

1. 纳税人购置需办理车辆登记注册手续的应税车辆，向车辆登记注册地的税务机关申报纳税。（   ）

2. 对节能汽车，减半征收车船税。（   ）

3. 车辆的具体适用税额由省、自治区、直辖市人民政府在规定的子税目税额幅度内确定。（   ）

第十一章

印花税法

印花税法是指国家制定的用以调整印花税征收与缴纳权利及义务关系的法律规范。现行印花税法的基本规范是由第十三届全国人民代表大会常务委员会2021年6月10日通过，2022年7月1日起施行的《中华人民共和国印花税法》（以下简称《印花税法》）。

印花税是以经济活动和经济交往中，书立、领受应税凭证的行为为征税对象征收的一种税。印花税因其采用在应税凭证上粘贴印花税票的方法缴纳税款而得名。征收印花税有利于增加财政收入、配合和加强经济合同的监督管理、培养纳税意识，以及配合对其他应纳税种的监督管理。

印花税的变化

学习目标

知识目标

(1) 学习印花税的基本概念和征收范围。

(2) 学习印花税的税率和计算方法，凭证金额和种类及应缴纳的税额计算。

(3) 学习印花税的优惠政策及印花税的征收管理和违规处理规定。

能力目标

(1) 能理解印花税法的基本内容，能应用印花税的基本法律内容分析经济业务。

(2) 能准确计算印花税税额。

素养目标

(1) 认识到税收对于国家建设和发展的重要性。

(2) 树立法治观念，了解税收权利和义务，形成依法纳税的良好习惯。

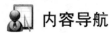
内容导航

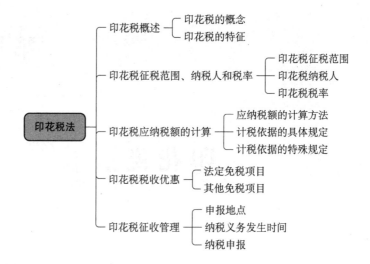

 以案为鉴

未按规定申报缴纳产权转移书据印花税,罚款 1 200 万元左右

经检查,你于 2018 年 7 月 29 日签订《公司(含项目)股权转让协议》转让茂名市××投资有限公司(以下简称××公司)45％股权给周某某,股权转让收入 67 000 000 元,股权原值 2 701 350 元,股权转让的合理税费 56 340 元。该协议列明转让金额 112 680 000 元。你未按规定申报缴纳产权转移书据印花税 56 340 元。鉴于你存在不配合税务机关检查的情形,至今仍未履行纳税申报义务,该行为对应违法程度属于严重,对你处少缴税款 1 倍罚款,罚款金额 12 904 802 元。

以案释法

根据《中华人民共和国税收征收管理法》第六十四条第二款"纳税人不进行纳税申报,不缴或者少缴应纳税款的,由税务机关追缴其不缴或者少缴的税款、滞纳金,并处不缴或者少缴的税款百分之五十以上五倍以下的罚款"和《中华人民共和国印花税法》第二条、第四条、第五条第(二)项、第八条、第十三条的规定,你应按产权转移书据补缴印花税 56 340 元。《中华人民共和国印花税法》第十五条第一款的规定,对你少缴的个人所得税、印花税从滞纳税款之日起至税款缴纳之日止按日加收万分之五的滞纳金,如图 11-1 所示。

案例思考与讨论

(1) 如果企业未及时缴纳印花税,税务部门会根据相关法规对企业实施罚款。如果长期未及时缴纳,可能会给企业造成哪些影响呢?

(2) 印花税虽然小,但如果企业不重视、漏报、少报,不仅将面临罚款和滞纳金的处罚,更会导致企业信用受影响。在大数据分析的监控下,只要印花税申报数据与财务报表申报数据不一致,就会被系统自动识别为异常而被稽查。

第十一章 印花税法

图 11-1 《中华人民共和国印花税法》官网截图

以案说法

企业自成立以来，未交过印花税，原因令人哭笑不得

某企业的主营业务为室内外装饰装修、建筑幕墙、消防设施等工程的企业，因预缴税款真实性存疑，税务人员对其涉税情况展开了风险核查。

核查人员在查看纳税人 2016—2018 年的申报记录时，注意到该纳税人在这 3 年均无印花税申报记录，不符合常理。

核查人员询问该企业财务人员签订的建设工程承包合同、财产租赁合同、购销合同等是否有按规定申报印花税，企业人员回复因公司业务量较小，没有请专业的会计，不知道这些合同需要申报印花税。

印花税虽然税率低、税负轻，但由于其应税项目较多，天长日久，相关税款也会积少成多。特别是在购销合同印花税缴纳方面，许多企业在日常经营中仅就销售合同缴纳印花税，往往会忽视采购合同也需缴纳印花税。

《印花税法》自 2022 年 7 月 1 日施行后，哪些应税凭证需缴纳印花税呢？

第一节 印花税概述

一、印花税的概念

印花税是对经济活动和经济交往中书立、使用的应税经济凭证所征收的一种税。

不要再认为印花税是小税种

因纳税人主要是通过在应税凭证上粘贴印花税票来完成纳税义务，故名印花税。其名源于中国，因为过去的税票多用印章印制，故名"印花"，并逐渐流传到世界各地而沿用至今。印花税的纳税人包括在中国境内书立应税凭证的单位和个人，以及在中国境外书立应税凭证的单位和个人。

印花税是国家财政收入的重要组成部分，意义在于为国家积累财政资金，并有利于促使当事人认真对待合同契约、各种凭证，增加凭证的可靠性，维护经济秩序，保障国家权益，有助于维护交易的公平性和合同的合法性，防止逃税行为。

二、印花税的特征

（1）征税范围广泛。经济活动中各个环节都有大量的书立、领受凭证，因此印花税的征税范围十分广泛。

（2）税率低。相对于其他税种，印花税的税率通常较低。

（3）税源零星分散。由于印花税是对经济活动中的各个环节的凭证征税，因此税源零星分散，征收管理难度较大。

（4）缴纳方法简便。由于印花税是对经济活动中的各个环节的凭证征税，因此税源零星分散，征收管理难度较大。

第二节　印花税征税范围、纳税人和税率

一、印花税征税范围

印花税征税范围包括经济活动中的各种应税凭证，具体包括以下几点。

（1）购销、加工承揽、建设工程承包、财产租赁、货物运输、仓储保管、借款、财产保险、技术合同或者具有合同性质的凭证。

（2）产权转移书据，如财产所有权和版权、商标专用权、专利权、专有技术使用权等转移书据。

（3）营业账簿，如单位和个人从事生产经营活动所设立的各种账册。

（4）权利、许可证照，如房屋产权证、工商营业执照、商标注册证、专利证、土地使用证等。

（5）经财政部确定的其他凭证。

需要注意的是，不同类型凭证的印花税税率不同，根据凭证的性质和金额大小，印花税可以采用比例税率或定额税率。同时，根据国家政策，某些特定经济活动或特定行业可能享有印花税优惠政策。

了解印花税征税范围对于企业和个人来说非常重要，有助于明确自己的纳税义务，避免不必要的税务风险。

> **练习 11-1（单选题）** 以下（　　）不属于印花税的征税范围。
> A. 购销合同
> B. 借款合同
> C. 赠与合同
> D. 劳动合同

印花税的征税范围

二、印花税纳税人

在中华人民共和国境内书立应税凭证、进行证券交易的单位和个人，为印花税的纳税人，应当依照本法规定缴纳印花税。在中华人民共和国境外书立在境内使用的应税凭证的单位和个人，应当依照《印花税法》规定缴纳印花税。

应税凭证是指《印花税法》所附《印花税税目税率表》列明的合同、产权转移书据和营业账簿。证券交易，是指转让在依法设立的证券交易所、国务院批准的其他全国性证券交易场所交易的股票和以股票为基础的存托凭证。

(一) 纳税人

(1) 书立应税凭证的纳税人,为对应税凭证有直接权利义务关系的单位和个人。

(2) 采用委托贷款方式书立的借款合同纳税人,为受托人和借款人,不包括委托人。

(3) 按买卖合同或者产权转移书据税目缴纳印花税的拍卖成交确认书纳税人,为拍卖标的的产权人和买受人,不包括拍卖人。

证券交易印花税对证券交易的出让方征收,不对受让方征收。

(二) 在中华人民共和国境外书立在境内使用的应税凭证

在中华人民共和国境外书立在境内使用的应税凭证,应当按规定缴纳印花税。包括以下几种情形。

(1) 应税凭证的标的为不动产的,该不动产在境内。

(2) 应税凭证的标的为股权的,该股权为中国居民企业的股权。

(3) 应税凭证的标的为动产或者商标专用权、著作权、专利权、专有技术使用权的,其销售方或者购买方在境内,但不包括境外单位或者个人向境内单位或者个人销售完全在境外使用的动产或者商标专用权、著作权、专利权、专有技术使用权。

(4) 应税凭证的标的为服务的,其提供方或者接受方在境内,但不包括境外单位或者个人向境内单位或者个人提供完全在境外发生的服务。

(三) 下列情形的凭证,不属于印花税征收范围

(1) 人民法院的生效法律文书,仲裁机构的仲裁文书,监察机关的监察文书。

(2) 县级以上人民政府及其所属部门按照行政管理权限征收、收回或者补偿安置房地产书立的合同、协议或者行政类文书。

(3) 总公司与分公司、分公司与分公司之间书立的作为执行计划使用的凭证。

三、印花税税率

(一) 印花税税目

印花税征税范围包括合同类、产权转移书据类、营业账簿类和证券交易类。其中采取正列举方式列举了17个明细税目。列入税目的就要征税,未列入税目的就不需要征税。

(二) 印花税税率

印花税的税率采用比例税率形式。计算公式为

$$应纳税额 = 计税依据 \times 适用税率$$

1. 合同类

合同类印花税税率,如表11-1所示。

表11-1 印花税税目税率表

税 目	税 率	计税依据	备 注
借款合同	0.05‰	借款金额(不含利息)	(1)仅针对银行业金融机构、经批准设立的其他金融机构与借款人所签订的借款合同征税; (2)不包括企业与非金融机构之间(企业与企业/个人之间)所签订的借款合同。 提示:采用委托贷款方式书立的借款合同纳税人,为受托人和借款人,不包括委托人

续表

税目	税率	计税依据	备注
融资租赁合同	0.05‰	租金	—
买卖合同	0.3‰	价款	包括(1)企业之间书立的确定买卖关系、明确买卖双方权利义务的订单、要货单等单据(未另外书立买卖合同的);(2)发电厂与电网之间、电网与电网之间书立的购售电合同。不包括(1)电网与用户之间签订的供用电合同;(2)个人书立的动产买卖合同
承揽合同	0.3‰	报酬	包括加工、定做、修缮、修理、印刷、广告、测绘、测试等合同
建设工程合同	0.3‰	价款	包括建设工程勘察、设计合同、承包合同
运输合同	0.3‰	运输费用	(1)指货运合同和多式联运合同;不包括管道运输合同。(2)境内的货物多式联运,采用在起运地统一结算全程运费的,以全程运费作为计税依据,由起运地运费结算双方缴纳印花税;采用分程结算运费的,以分程运费作为计税依据,分别由办理运费结算的各方缴纳印花税
技术合同	0.3‰	价款、报酬或使用费	不包括(1)专利权、专有技术使用权转让书据(属于产权转移书据);(2)一般的法律、会计、审计等方面的咨询合同
租赁合同	1‰	租金	税依据均不包含"标的物"价值
保管合同	1‰	保管费	
仓储合同	1‰	仓储费	
财产保险合同	1‰	保险费	不包括再保险合同、人身保险合同

提示:应税合同的计税依据,为合同所列的金额,不包括列明的增值税税款。

2. 产权转移书据

"转让"书据包括买卖(出售)、继承、赠与、互换、分割所签订的书据。

应税产权转移书据的计税依据,为产权转移书据所列的金额,不包括列明的增值税税款,如表11-2所示。

表 11-2 印花税税目税率表

税目	税率	计税依据	备注
土地使用权出让合同	0.5‰	价款	
土地使用权、房屋等建筑物和构筑物所有权转让书据	0.5‰		不包括土地承包经营权和土地经营权转移
股权转让书据(此税目不包括证券交易印花税)	0.5‰		股权转让书据的计税依据,按照产权转移书据所列的金额确定,不包括列明的认缴后尚未实际出资权益部分。提示:假如A持有B公司100%股权,注册资本认缴500万元,实缴100万元。A将B公司100%股权转让,实缴部分转让价100万元,约定由买方履行后续400万元的出资义务。则此股权转移书据印花税计税依据为100万元
商标专用权、著作权、专利权、专有技术使用权的转让书据	0.3‰		

3. 产权转移书据

产权转移书据如表 11-3 所示。

表 11-3 印花税税目税率表

税目	税率	计税依据	备注
营业账簿	0.025%	实收资本（股本）、资本公积合计金额	已缴纳印花税的营业账簿，以后年度实收资本（股本）、资本公积合计金额增加的，按照增加部分纳税
证券交易	1‰	成交金额	证券交易无转让价格的，按照办理过户登记时该证券前一个交易日收盘价确定；无收盘价的，按照证券面值确定

练习 11-2（单选题） 印花税的计算基数是（　　）。

A. 合同金额
B. 交易金额
C. 利润金额
D. 税额

印花税的计税基数

第三节　印花税应纳税额的计算

一、应纳税额的计算方法

印花税的应纳税额按照计税依据乘以适用税率计算。

应纳税额＝计税依据×适用税率

印花税需要计提吗

【例 11-1】 某企业某年 12 月开业，当年发生以下有关业务事项：与其他企业订立转移专用技术使用权书据 1 份，所载不含增值税金额 100 万元；订立产品购销合同 1 份，所载不含增值税金额 200 万元；与银行订立借款合同 1 份，所载不含增值税金额 400 万元。计算该企业上述内容应缴纳的印花税税额。

解析：(1) 企业订立产权转移书据应纳税额：

应纳税额＝1 000 000×0.3‰＝300(元)

(2) 企业订立购销合同应纳税额：

应纳税额＝2 000 000×0.3‰＝600(元)

(3) 企业订立借款合同应纳税额：

应纳税额＝4 000 000×0.05‰＝200(元)

(4) 当年企业应纳印花税税额：

应纳印花税税额＝300＋600＋200＝1 100(元)

同一应税凭证载有两个以上税目事项并分别列明金额的，按照各自适用的税目税率分别计算应纳税额；未分别列明金额的，从高适用税率。

同一应税凭证由两方以上当事人书立的，按照各自涉及的金额分别计算应纳税额。

已缴纳印花税的营业账簿，以后年度记载的实收资本（股本）、资本公积合计金额比已缴纳印花税的实收资本（股本）、资本公积合计金额增加的，按照增加部分计算应纳税额。

二、计税依据的具体规定

印花税的计税依据为各种应税凭证上所记载的计税金额。具体规定如下。
(1) 应税合同的计税依据,为合同所列的金额,不包括列明的增值税税款。
(2) 应税产权转移书据的计税依据,为产权转移书据所列的金额,不包括列明的增值税税款。
(3) 应税营业账簿的计税依据,为账簿记载的实收资本(股本)、资本公积合计金额。
(4) 证券交易的计税依据,为成交金额。

三、计税依据的特殊规定

(1) 应税合同、产权转移书据未列明金额的,印花税的计税依据按照实际结算金额确定。

计税依据按照前款规定仍不能确定的,按照书立合同、产权转移书据时的市场价格确定;依法应当执行政府定价或者政府指导价的,按照国家有关规定确定。

(2) 证券交易无转让价格的,按照办理过户登记手续时该证券前一个交易日收盘价计算确定计税依据;无收盘价的,按照证券面值计算确定计税依据。

(3) 同一应税合同、应税产权转移书据中涉及两方以上纳税人,且未列明纳税人各自涉及金额的,以纳税人平均分摊的应税凭证所列金额(不包括列明的增值税税款)确定计税依据。

(4) 应税合同、应税产权转移书据所列的金额与实际结算金额不一致,不变更应税凭证所列金额的,以所列金额为计税依据;变更应税凭证所列金额的,以变更后的所列金额为计税依据。已缴纳印花税的应税凭证,变更后所列金额增加的,纳税人应当就增加部分的金额补缴印花税;变更后所列金额减少的,纳税人可以就减少部分的金额向税务机关申请退还或者抵缴印花税。

(5) 纳税人因应税凭证列明的增值税税款计算错误导致应税凭证的计税依据减少或者增加的,纳税人应当按规定调整应税凭证列明的增值税税款,重新确定应税凭证计税依据。已缴纳印花税的应税凭证,调整后计税依据增加的,纳税人应当就增加部分的金额补缴印花税;调整后计税依据减少的,纳税人可以就减少部分的金额向税务机关申请退还或者抵缴印花税。

(6) 纳税人转让股权的印花税计税依据,按照产权转移书据所列的金额(不包括列明的认缴后尚未实际出资权益部分)确定。

(7) 应税凭证金额为人民币以外的货币的,应当按照凭证书立当日的人民币汇率中间价折合人民币确定计税依据。

(8) 境内的货物多式联运,采用在起运地统一结算全程运费的,以全程运费作为运输合同的计税依据,由起运地运费结算双方缴纳印花税;采用分程结算运费的,以分程的运费作为计税依据,分别由办理运费结算的各方缴纳印花税。

(9) 未履行的应税合同、产权转移书据,已缴纳的印花税不予退还及抵缴税款。
(10) 纳税人多贴的印花税票,不予退税及抵缴税款。

第四节　印花税税收优惠

一、法定免税项目

法定免税项目包括以下几种。

(1) 应税凭证的副本或者抄本。
(2) 依照法律规定应当予以免税的外国驻华使馆、领事馆和国际组织驻华代表机构为获得馆舍书立的应税凭证。
(3) 中国人民解放军、中国人民武装警察部队书立的应税凭证。
(4) 农民、家庭农场、农民专业合作社、农村集体经济组织、村民委员会购买农业生产资料或者销售农产品书立的买卖合同和农业保险合同。
(5) 无息或者贴息借款合同、国际金融组织向中国提供优惠贷款书立的借款合同。
(6) 财产所有权人将财产赠与政府、学校、社会福利机构、慈善组织书立的产权转移书据。
(7) 非营利性医疗卫生机构采购药品或者卫生材料书立的买卖合同。
(8) 个人与电子商务经营者订立的电子订单。

国务院对居民住房需求保障、企业改制重组、破产、支持小型微型企业发展等情形可以规定减征或者免征印花税,报全国人民代表大会常务委员会备案。

二、其他免税项目

其他免税项目包括以下几种。
(1) 对铁路、公路、航运、水路承运快件行李、包裹开具的托运单据,免税。
(2) 各类发行单位之间,以及发行单位与订阅单位或个人之间书立的征订凭证,免税。
(3) 军事物资运费结算凭证,免税。
(4) 抢险救灾物资运费结算凭证,免税。
(5) 资产公司收购、承接和处置不良资产,免税。
(6) 在融资性售后回租业务中,对承租人、出租人因出售租赁资产及购回租赁资产所签订的合同,不征收印花税。
(7) 住房相关印花税优惠政策。
① 对个人出租、承租住房签订的租赁合同,免税。
② 个人销售或购买住房签订的合同,免税。
③ 对廉租住房、经济适用住房经营管理单位、廉租住房承租人、经济适用住房购买人涉及的印花税免税。
④ 对改造安置住房经营管理单位、开发商以及购买安置住房的个人涉及的印花税免税。
⑤ 公租房经营管理单位免征建设、管理公租房涉及的印花税。对公租房经营管理单位购买住房作为公租房,免征契税、印花税;对公租房租赁双方免征签订租赁协议涉及的印花税。
⑥ 对与高校学生签订的高校学生公寓租赁合同,免税。
(8) 企业改制过程中有关印花税优惠政策。
① 实行公司制改造的企业在改制过程中成立的新企业(重新办理法人登记的),其新启用的资金账簿记载的资金凡原已贴花的部分可不再贴花,未贴花的部分和以后新增加的资金按规定贴花;
② 以合并或分立方式成立的新企业,其新启用的资金账簿记载的资金,凡原已贴花的部分可不再贴花,未贴花的部分和以后新增加的资金按规定贴花;
③ 企业改制前签订但尚未履行完的各类应税合同,改制后需要变更执行主体的,对仅改变执行主体、其余条款未作变动且改制前已贴花的,不再贴花;
④ 企业因改制签订的产权转移书据免予贴花;

⑤ 对经国务院和省级人民政府决定或批准进行的国有(含国有控股)企业改组改制而发生的上市公司国有股权无偿转让行为,暂不征收证券(股票)交易印花税;

⑥ 股权分置改革过程中因非流通股股东向流通股股东支付对价而发生的股权转让免税。

(9) 从2022年1月1日至2024年12月31日,由省、自治区、直辖市人民政府根据本地区实际情况,以及宏观调控需要确定,对增值税小规模纳税人、小型微利企业和个体工商户可以在50%的税额幅度内减征资源税、城市维护建设税、房产税、城镇土地使用税、印花税(不含证券交易印花税)、耕地占用税和教育费附加、地方教育附加。

第五节 印花税征收管理

一、申报地点

(1) 如果纳税人为单位,那么应当向其机构所在地的主管税务机关申报缴纳印花税;如果纳税人为个人,应当向应税凭证书立地或者纳税人居住地的主管税务机关申报缴纳印花税。

不动产产权发生转移的,纳税人应当向不动产所在地的主管税务机关申报缴纳印花税。

(2) 纳税人为境外单位或者个人,在境内有代理人的,以其境内代理人为扣缴义务人,向境内代理人机构所在地(居住地)主管税务机关申报解缴税款。

在境内没有代理人的,由纳税人自行申报缴纳印花税,境外单位或者个人可以向资产交付地、境内服务提供方或者接受方所在地(居住地)、书立应税凭证境内书立人所在地(居住地)主管税务机关申报缴纳;涉及不动产产权转移的,应当向不动产所在地主管税务机关申报缴纳。

证券登记结算机构为证券交易印花税的扣缴义务人,应当向其机构所在地的主管税务机关申报解缴税款以及银行结算的利息。

二、纳税义务发生时间

(1) 印花税的纳税义务发生时间为纳税人书立应税凭证或者完成证券交易的当日。

证券交易印花税扣缴义务发生时间为证券交易完成的当日。

(2) 应税合同、产权转移书据未列明金额,在后续实际结算时确定金额的,纳税人应当于书立应税合同、产权转移书据的首个纳税申报期申报应税合同、产权转移书据书立情况,在实际结算后下一个纳税申报期,以实际结算金额计算申报缴纳印花税。

(3) 印花税按季、按年或者按次计征。

实行按季、按年计征的,纳税人应当自季度、年度终了之日起15日内申报缴纳税款。实行按次计征的,纳税人应当自纳税义务发生之日起15日内申报缴纳税款。

应税合同、产权转移书据印花税可以按季或者按次申报缴纳,应税营业账簿印花税可以按年或者按次申报缴纳,具体纳税期限由各省、自治区、直辖市、计划单列市税务局结合征管实际确定。

境外单位或者个人的应税凭证印花税可以按季、按年或者按次申报缴纳,具体纳税期限由各省、自治区、直辖市、计划单列市税务局结合征管实际确定。

证券交易印花税按周解缴。证券交易印花税扣缴义务人应当自每周终了之日起5日内申报解缴税款及银行结算的利息。

三、纳税申报

（1）纳税人应当根据书立印花税应税合同、产权转移书据和营业账簿情况，如实填写《财产和行为税纳税申报表》及相应的税源明细表进行申报。

（2）印花税可以采用粘贴印花税票或者由税务机关依法开具其他完税凭证的方式缴纳。印花税票粘贴在应税凭证上的，由纳税人在每枚税票的骑缝处盖戳注销或者画销。印花税票由国务院税务主管部门监制。

知识点梳理

印花税是针对经济活动和交往中使用的应税凭证征收的一种税。它的主要目的是通过在应税凭证上粘贴印花税票或缴纳相应的税款来完成纳税义务。

纳税义务人是指在中华人民共和国境内书立、领受《中华人民共和国印花税暂行条例》规定的应税凭证的单位和个人。无论这些凭证是在国内还是国外书立的，只要满足条件，都是印花税的应税凭证。

印花税的纳税时间是在书立或领受应税凭证时进行的。具体来说，就是在合同签订、书据立据、账簿启用和证照领受时贴花或缴纳税款。如果合同是在国外签订的，也应当在国内使用时进行贴花或缴纳税款。

印花税的计税依据是应税凭证上所载明的金额，在填报印花税时，需要按照上一个季度的营业收入来填写相应的申报金额。

在申报印花税时，需要登录电子税务局进行申报。具体步骤包括选择"税费申报及缴纳""财产和行为税纳税申报"，然后选择印花税进行申报。根据购销合同上的金额填列相应的数据，并完成报送和扣款等步骤。

一、单项选择题

1. 下列单位或个人，属于印花税纳税人的是（　　）。
   A. 商品买卖合同的保证人
   B. 采用委托贷款方式书立的借款合同的委托人
   C. 在国外书立技术转让合同，在国内使用的单位
   D. 拍卖收藏品的拍卖人

2. 印花税应税凭证金额为人民币以外的货币的，在确定计税依据折合为人民币时适用的汇率是（　　）。
   A. 凭证书立当日的人民币汇率中间价
   B. 凭证书立当月1日的人民币汇率中间价
   C. 凭证书立当月最后1日的人民币汇率中间价
   D. 申报纳税之日的人民币汇率中间价

3. 下列合同中，应按"买卖合同"税目征收印花税的是（　　）。
   A. 企业之间签订的土地使用权转让合同

B. 发电厂与电网之间签订的购售电合同
  C. 银行与工商企业之间签订的借款合同
  D. 开发商与个人之间签订的商品房销售合同
4. 下列关于印花税计税依据的表述中,正确的是(　　)。
  A. 营业账簿的计税依据为实收资本的金额
  B. 财产保险合同的计税依据包括所保财产的金额
  C. 运输合同的计税依据包括货物装卸费和保险费
  D. 应税产权转移书据的计税依据不包括列明的增值税税款
5. 根据《印花税法》的相关规定,下列关于印花税的说法中,错误的是(　　)。
  A. 未履行的应税合同,已缴纳的印花税不可以退还
  B. 证券交易无转让价格的,计税依据以办理过户登记时该证券前一个交易日收盘价确定
  C. 同一应税合同涉及两方以上纳税人,且未列各自涉及金额的,应平均分摊合同所列金额确定计税依据
  D. 应税合同所列的金额与实际结算金额不一致,应以应税合同所列金额为计税依据

二、多项选择题

1. 下列凭证及行为,无须缴纳印花税的有(　　)。
  A. 总公司与分公司书立的作为执行计划使用的凭证
  B. 境外单位向境内单位提供的完全在境外发生的建设工程服务
  C. 未书立买卖合同,明确双方权利义务的订单
  D. 进行证券交易的受让方所签订的交易合同
2. 根据《印花税法》相关规定,下列关于印花税计税依据的说法中,错误的有(　　)。
  A. 同一应税凭证由两方以上当事人书立的,当事人各方均应按合同总金额作为计税依据
  B. 应税合同所列金额和实际结算金额不一致,应以实际结算金额作为计税依据缴纳印花税
  C. 应税合同未列明金额的,应以实际结算金额作为计税依据缴纳印花税
  D. 纳税人多贴的印花税票,不予退税及抵缴税款
3. 下列关于印花税计税依据的说法中,正确的有(　　)。
  A. 人身保险合同以保险费为计税依据
  B. 融资租赁合同以合同所载租金总额为计税依据
  C. 已缴纳印花税的营业账簿,以后年度实收资本、资本公积合计金额增加的,按照增加部分纳税
  D. 借款合同以借款本金和利息之和为计税依据
4. 下列凭证中,免征印花税的有(　　)。
  A. 贴息贷款合同
  B. 个人书立的动产买卖合同
  C. 个人与电子商务经营者订立的电子订单
  D. 农业保险合同
5. 下列凭证中,免征印花税的有(　　)。

A. 个人销售或购买住房签订的合同　　B. 抢险救灾物资运费结算凭证
C. 小规模纳税人签订的借款合同　　D. 发行单位与订阅单位书立的征订凭证

6. 下列属于印花税的纳税期限的有( )。
A. 按次计征　　B. 按月计征　　C. 按季计征　　D. 按年计征

三、计算题

1. 某房地产开发商在 1 年内签订了多份房地产购销合同,总金额为 5 亿元人民币。请根据印花税税率计算该开发商应缴纳的印花税金额。

2. 某公司租赁了一处办公用房,年租金为 100 万元。请计算该公司应缴纳的印花税金额。

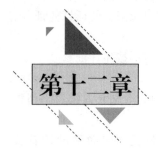

第十二章

城市维护建设税法和烟叶税法

城市维护建设税法是我国税收体系中的重要组成部分,其宗旨在于加强对城市维护建设税的征收管理,保障城市建设资金来源,并促进资金的合理利用。

根据城市维护建设税法,具体的纳税期限由各省、自治区、直辖市人民政府根据当地实际情况确定。扣缴义务人的扣缴义务发生时间为纳税人增值税、消费税纳税义务发生的当天。扣缴义务人应当在申报期限内申报并缴纳城市维护建设税。

总之,城市维护建设税法是保障城市建设资金来源和维护城市基础设施的重要法律制度。通过加强对城市维护建设税的征收管理,可以提高财政收入的使用效益,促进城市的可持续发展。

烟叶税法是国家对烟叶收购环节,依法向烟叶收购单位和个人征收的一种税。该税种的设立旨在适当调节烟草行业生产,增加国家财政收入。

此外,烟叶税法还规定了税收优惠等方面的内容,对于符合条件的企业、单位和个人,可以享受减税、免税等税收优惠政策。

总之,烟叶税法是保障国家财政收入和调节烟草行业生产的重要法律制度。通过征收烟叶税,可以增加国家财政收入,同时调节烟草行业生产,促进产业的健康发展。

为你介绍具有生态功能的一个税种

学习目标

知识目标

(1)学习城市维护建设税和烟叶税的基本概念和征收范围,了解哪些经济活动需要缴纳城市维护建设税和烟叶税。

(2)学习城市维护建设税、烟叶税的税率和计算方法。

(3)学习城市维护建设税和烟叶税的优惠政策及税收的征收管理办法和违规处理规定。

能力目标

(1)能理解城市维护建设税法和烟叶税法的基本内容,能按照税收法律要求规范工作。

（2）能准确计算城建税和烟叶税的税额，掌握税收优惠政策和征收管理办法。
素养目标
（1）认识到税收对于国家建设和发展的重要性。
（2）树立法治观念及税务合规意识，形成依法纳税的良好习惯。

内容导航

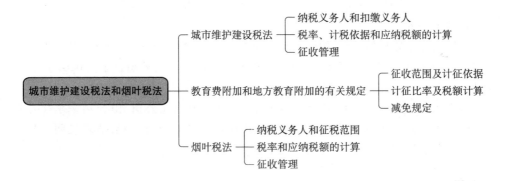

以案为鉴

个体户火锅店偷税，补税罚款超 2 000 万元

经查，杨××在 2016 年至 2021 年 7 月登记有五家餐厅，稽查局是根据相关部门转办的线索，对杨某某开展税务检查，进而发现了其通过虚假申报手段达到了少缴个税、增值税、城建税金额 1 398.26 万元，认定该行为为偷税。

对于杨××的偷税行为，稽查局根据相关法律法规，追缴税款、滞纳金和罚款，共计 2 444.73 万元，如图 12-1 所示。

图 12-1 吉林省税务局官网截图

以案释法

杨元波从事餐饮业取得收入，通过虚假申报少缴个人所得税、增值税、城市维护建设税手段偷逃税款 1 398.26 万元，属于《中华人民共和国税收征收管理法》第六十三条"进行虚假的纳税申报，不缴或者少缴应纳税款的，是偷税。"长春市税务局第二稽查局依据《中华人民共和国个人所得税法》《中华人民共和国税收征收管理法》《中华人民共和国行政处罚法》等相关法律法规规定，对杨元波追缴税款、滞纳金并处罚款，共计人民币 2 444.73 万元。

问题思考与讨论

（1）一般认为个体户的规模都比较小，税务机关也不会去太过关注，可吉林省税务稽查局通报的这起个体户火锅店偷税案件，补税、缴滞纳金和罚款加起来超过了 2 000 万元，这个数据着实让人吃惊。这起案例给我们什么警示？

（2）对于达到一定经营规模的个体户来说，可以考虑成立公司，由公司来承接业务。另外，建议开设对公账户，以避免公私财务混同，这样在税务核查时，能够清晰说明账户流水情况，防止被认定为涉嫌偷税。

 以案说法

城市维护建设税对市区、县城、镇的范围是如何规定的？

城市维护建设税是指针对城市维护建设而实行的一种税收制度。这项税收制度的征收对象主要包括从事生产经营活动的企业单位和个人，以增值税、消费税"二税"实际缴纳的税额为计税依据，城建税的税款专款专用，但也属于一种附加税，其税率一般根据城建规模而设计。

根据《国家税务总局关于城市维护建设税征收管理有关事项的公告》（国家税务总局公告2021 年第 26 号）第四条规定，城建税纳税人按所在地在市区、县城、镇和不在上述区域适用不同税率。市区、县城、镇按照行政区划确定。

那么，哪些纳税人需要缴纳城建税？所在市区、县城、镇的城市维护建设税的税率又是怎么规定的呢？一起学习一下吧！

第一节　城市维护建设税法

城市维护建设税法是指国家制定的用以调整城市维护建设税征收与缴纳权利及义务关系的法律规范。城市维护建设税是对缴纳增值税、消费税的单位和个人征收的一种附加税。1985 年 2 月 8 日国务院正式颁布了《中华人民共和国城市维护建设税暂行条例》，并于 1985 年 1 月 1 日在全国范围内施行。2020 年 8 月 11 日，第十三届全国人大常委会第二十一次会议表决通过《中华人民共和国城市维护建设税法》。

我国现行城市维护建设税主要有以下几个特点。

（1）属于附加税。城市维护建设税本身没有特定的课税对象，而是以纳税人实际缴纳的增值税、消费税的税额之和为计税依据。

（2）根据城镇规模设计地区差别比例税率。城市维护建设税根据城镇规模不同，设计不同比例税率。

（3）征收范围较广。增值税、消费税是我国流转环节的主体税种，而城市维护建设税又是其附加税,一般而言,缴纳增值税、消费税的纳税人就要缴纳城市维护建设税,因此城市维护建设税的征收范围也相应较广。

一、纳税义务人和扣缴义务人

(一)纳税义务人

在中华人民共和国境内缴纳增值税、消费税的单位和个人,为城市维护建设税的纳税人,应当依照规定缴纳城市维护建设税。

对进口货物或者境外单位和个人向境内销售劳务、服务、无形资产缴纳的增值税、消费税税额,不征收城市维护建设税。

采用委托代征、代扣代缴、代收代缴、预缴、补缴等方式缴纳两税的,应当同时缴纳城市维护建设税。

(二)扣缴义务人

城市维护建设税的扣缴义务人为负有增值税、消费税扣缴义务的单位和个人,在扣缴增值税、消费税的同时扣缴城市维护建设税。

二、税率、计税依据和应纳税额的计算

(一)税率

城市维护建设税根据纳税人所在地的不同,设置以下三档地区差别比例税率。
(1)纳税人所在地为市区的,税率为7%。
(2)纳税人所在地为县城、镇的,税率为5%。
(3)纳税人所在地不在市区、县城或者镇的,税率为1%。

上述所称"纳税人所在地"是指纳税人住所地或者与纳税人生产经营活动相关的其他地点,具体地点由省、自治区、直辖市确定。

纳税人按所在地在市区、县城、镇和不在上述区域适用不同税率。市区、县城、镇按照行政区划确定。行政区划变更的,自变更完成当月起适用新行政区划对应的适用税率,纳税人在变更完成当月的下一个纳税申报期按新税率申报缴纳。

(二)计税依据

1. 基本规定

城市维护建设税的计税依据,是纳税人依法实际缴纳的增值税、消费税税额(以下简称两税税额)。

依法实际缴纳的两税税额,是指纳税人依照增值税、消费税相关法律法规和税收政策规定计算的应当缴纳的两税税额(不含因进口货物或境外单位和个人向境内销售劳务、服务、无形资产缴纳的两税税额),加上增值税免抵税额,扣除直接减免的两税税额和期末留抵退税退还的增值税税额后的金额。

具体计算公式如下

$$\text{城市维护建设税计税依据} = \text{依法实际缴纳的增值税税额} + \text{依法实际缴纳的消费税税额}$$

$$\text{依法实际缴纳的增值税税额} = \text{纳税人依照增值税相关法律法规和税收政策规定计算应当缴纳的增值税税额} + \text{增值税免抵税额} - \text{直接减免的增值税税额} - \text{留抵退税额}$$

$$\text{依法实际缴纳的消费税税额} = \text{纳税人依照消费税相关法律法规和税收政策规定计算应当缴纳的消费税税额} - \text{直接减免的消费税税额}$$

另外,纳税人违反增值税、消费税等有关规定而加收的滞纳金和罚款,是税务机关对纳税人违法行为的经济制裁,不作为城市维护建设税的计税依据;但纳税人在被查补增值税、消费税并被处以罚款时,应同时对其偷漏的城市维护建设税进行补税、征收滞纳金并按规定处以罚款。

2. 免抵税额城市维护建设税的申报缴纳时间

对增值税免抵税额征收的城市维护建设税,纳税人应在税务机关核准免抵税额的下一个纳税申报期内向主管税务机关申报缴纳。

3. 直接减免的两税税额含义

直接减免的两税税额,是指依照增值税、消费税相关法律法规和税收政策规定,直接减征或免征的两税税额,不包括实行先征后返、先征后退、即征即退办法退还的两税税额。

4. 留抵退税额在计税依据中扣除的具体规则

纳税人自收到留抵退税额之日起,应当在以后纳税申报期从城市维护建设税计税依据中扣除。

留抵退税额仅允许在按照增值税一般计税方法确定的城市维护建设税计税依据中扣除。当期未扣除完的余额,在以后纳税申报期按规定继续扣除。

对于增值税小规模纳税人更正、查补此前按照一般计税方法确定的城市维护建设税计税依据,允许扣除尚未扣除完的留抵退税额。

(三) 应纳税额的计算

城市维护建设税纳税人的应纳税额的计算公式为

$$\text{应纳税额} = \text{纳税人实际缴纳的增值税、消费税税额} \times \text{适用税率}$$

【例 12-1】 位于某市区的一家企业,2023 年 9 月实际缴纳增值税 500 000 元、消费税 400 000 元。计算该企业当月应申报缴纳的城市维护建设税。

解析:应纳城市维护建设税 = (实际缴纳的增值税 + 实际缴纳的消费税) × 适用税率
= (500 000 + 400 000) × 7% = 63 000(元)

【例 12-2】 位于某市区的甲企业,2023 年 10 月申报期,享受直接减免增值税优惠(不包含先征后退、即征即退,下同)后申报缴纳增值税 60 万元,9 月已核准增值税免抵税额 10 万元(其中涉及出口货物 6 万元,涉及增值税零税率应税服务 4 万元),9 月收到增值税留抵退税额 6 万元。计算该企业 10 月应申报缴纳的城市维护建设税。

解析:应纳城市维护建设税 = (60 + 6 + 4 − 6) × 7% = 4.48(万元)

【例 12-3】 位于某县城的乙企业,2023 年 9 月收到增值税留抵退税 200 万元;10 月申报缴纳增值税 120 万元(其中按照一般计税方法计算的税额 100 万元,按照简易计税方法计算的税额 20 万元);11 月申报期该企业申报缴纳增值税 200 万元,均为按照一般计税方法产生的税额。分别计算该企业 10 月、11 月应申报缴纳的城市维护建设税。

解析:10 月应纳城市维护建设税 = (100 − 100) × 5% + 20 × 5% = 1(万元)
11 月应纳城市维护建设税 = (200 − 100) × 5% = 5(万元)

练习12-1（单选题） 下列关于城市维护建设税的说法中，正确的是（ ）。

A. 城市维护建设税是一种中央税
B. 城市维护建设税的纳税人是所有在中国境内的单位和个人
C. 城市维护建设税的税基是增值税和消费税的实际缴纳额
D. 城市维护建设税的税收收入全部用于城市基础设施建设

城市维护建设税

三、征收管理

城市维护建设税的纳税义务发生时间与两税的纳税义务发生时间一致，分别在缴纳两税的同一缴纳地点、同一缴纳期限内，一并缴纳对应的城市维护建设税。

由于《城市维护建设税法》规定对进口货物或者境外单位和个人向境内销售劳务、服务、无形资产缴纳的两税税额，不征收城市维护建设税。因此，上述的代扣代缴，不含因境外单位和个人向境内销售劳务、服务、无形资产代扣代缴增值税情形。

在退税环节，因纳税人多缴发生的两税退税，同时退还已缴纳的城市维护建设税。但是，两税实行先征后返、先征后退、即征即退的，除另有规定外，不予退还随两税附征的城市维护建设税。

"另有规定"主要指在增值税实行即征即退等情形下，城市维护建设税可以给予免税的特殊规定。例如，《财政部国家税务总局关于黄金税收政策问题的通知》（财税〔2002〕142号）规定，黄金交易所会员单位通过黄金交易所销售标准黄金（持有黄金交易所开具的《黄金交易结算凭证》），发生实物交割的，由税务机关按照实际成交价格代开增值税专用发票，并实行增值税即征即退的政策，同时免征城市维护建设税。

对出口产品退还增值税、消费税的，不退还已缴纳的城市维护建设税。

【例12-4】 位于某市区的丙企业，由于申报错误未享受优惠政策，2023年12月申报期，申请退还了多缴的增值税和消费税共200万元，同时当月享受增值税即征即退税款100万元。计算该企业12月应退税的城市维护建设税。

解析： 应退城市维护建设税＝200×7％＝14（万元）

第二节 教育费附加和地方教育附加的有关规定

教育费附加和地方教育附加是对缴纳增值税、消费税的单位和个人，就其实际缴纳的税额为计算依据征收的一种附加费。

教育费附加是为加快地方教育事业、扩大地方教育经费的资金而征收的一项专用基金。1984年，国务院颁布了《关于筹措农村学校办学经费的通知》，开征了农村教育事业经费附加。1985年，中共中央作出了《关于教育体制改革的决定》，指出必须在国家增拨教育基本建设投资和教育经费的同时，充分调动企事业单位和其他各种社会力量办学的积极性，开辟多种渠道筹措经费。

为此，国务院于1986年4月28日颁布了《征收教育费附加的暂行规定》，决定从同年7月1日开始在全国范围内征收教育费附加。自2006年9月1日起施行的《中华人民共和国教育法》规定:"税务机关依法足额征收教育费附加,由教育行政部门统筹管理,主要用于实施义务教育。省、自治区、直辖市人民政府根据国务院的有关规定,可以决定开征用于教育的地方附加费,专款专用。"

2010年财政部下发了《关于统一地方教育附加政策有关问题的通知》,对各省、自治区、直辖市的地方教育附加进行了统一。

> **练习 12-2(单选题)** 企业缴纳教育费附加的主要目的是( )。
> A. 增加企业税负
> B. 促进教育事业的发展
> C. 调节收入分配
> D. 增加政府财政收入

教育费附加

一、征收范围及计征依据

教育费附加和地方教育附加对缴纳增值税、消费税的单位和个人征收,以其实际缴纳的增值税、消费税税款为计征依据,分别与增值税、消费税同时缴纳。

对海关进口的产品征收的增值税、消费税,不征收教育费附加。

教育费附加、地方教育附加计征依据与城市维护建设税计税依据一致。

二、计征比率及税额计算

(一)计征比率

教育费附加征收比率为3%。教育费附加计征比率曾几经变化,1986年开征时,规定为1%;1990年5月《国务院关于修改〈征收教育费附加的暂行规定〉的决定》中规定为2%;按照1994年2月7日《国务院关于教育费附加征收问题的紧急通知》的规定,教育费附加征收比率为3%。地方教育附加征收率从2010年起统一为2%。

(二)税额计算

教育费附加和地方教育附加的计算公式为

应纳教育费附加或地方教育附加=实际缴纳的增值税、消费税×征收比率(3%或2%)

【例 12-5】 某企业2024年3月实际缴纳增值税300 000元,缴纳消费税300 000元。计算该企业应缴纳的教育费附加和地方教育附加。

解析:应纳教育费附加=(实际缴纳的增值税+实际缴纳的消费税)×征收比率
=(300 000+300 000)×3%=18 000(元)

应纳地方教育附加=(实际缴纳的增值税+实际缴纳的消费税)×征收比率
=(300 000+300 000)×2%=12 000(元)

三、减免规定

(1)对由于减免增值税、消费税而发生退税的,可同时退还已征收的教育费附加。但对出口产品退还增值税、消费税的,不退还已征的教育费附加。

(2)对国家重大水利工程建设基金免征教育费附加。

(3) 自 2016 年 2 月 1 日起,按月纳税的月销售额或营业额不超过 10 万元(按季度纳税的季度销售额或营业额不超过 30 万元)的缴纳义务人,免征教育费附加、地方教育附加。

(4) 自 2022 年 1 月 1 至 2024 年 12 月 31 日,由省、自治区、直辖市人民政府根据本地区实际情况,以及宏观调控需要确定,对增值税小规模纳税人、小型微利企业和个体工商户可以在 50% 的税额幅度内减征教育费附加、地方教育附加。

第三节 烟叶税法

烟叶税是以纳税人收购烟叶的收购金额为计税依据征收的一种税。烟叶税是随着中华人民共和国的成立和发展而逐步成熟的,1958 年我国颁布实施了《中华人民共和国农业税条例》(以下简称《农业税条例》)。2005 年 12 月 29 日,第十届全国人民代表大会常务委员会第十九次会议决定,《农业税条例》自 2006 年 1 月 1 日起废止。

基于以上情况,为了保持政策的连续性,充分兼顾地方利益和有利于烟叶产区可持续发展,国务院决定制定《中华人民共和国烟叶税暂行条例》,开征烟叶税取代原烟叶特产农业税。

2006 年 4 月 28 日,国务院公布了《中华人民共和国烟叶税暂行条例》,并自公布之日起施行。2017 年 12 月 27 日第十二届全国人民代表大会常务委员会第三十一次会议通过了《中华人民共和国烟叶税法》,自 2018 年 7 月 1 日起施行。

一、纳税义务人和征税范围

(一)纳税义务人

在中华人民共和国境内,依照《中华人民共和国烟草专卖法》的规定收购烟叶的单位为烟叶税的纳税人。

(二)征税范围

烟叶税的征税范围包括晾晒烟叶、烤烟叶。

(三)计税依据

烟叶税的计税依据为纳税人收购烟叶实际支付的价款总额。

二、税率和应纳税额的计算

(一)税率

烟叶税实行比例税率,税率为 20%。烟叶税实行全国统一的税率,主要是考虑烟叶属于特殊的专卖品,其税率不宜存在地区间的差异,否则会形成各地之间的不公平竞争,不利于烟叶种植的统一规划和烟叶市场、烟叶收购价格的统一。

(二)应纳税额的计算

烟叶税应纳税额按照纳税人收购烟叶实际支付的价款总额乘以税率计算,计算公式为

$$应纳税额 = 实际支付价款 \times 税率$$

纳税人收购烟叶实际支付的价款总额包括纳税人支付给烟叶生产销售单位和个人的烟叶收购价款和价外补贴。其中,价外补贴统一按烟叶收购价款的 10% 计算。

$$实际支付价款 = 收购价款 \times (1+10\%)$$

【例12-6】 某烟草公司系增值税一般纳税人,2021年8月收购烟叶100 000千克,烟叶收购价格10元/千克,总计1 000 000元,货款已全部支付。请计算该烟草公司8月收购烟叶应缴纳的烟叶税。

解析:应缴纳烟叶税=1 000 000×(1+10%)×20%=220 000(元)

三、征收管理

烟叶税的征收管理,依照《税收征收管理法》和《烟叶税法》的有关规定执行。

(一)纳税义务发生时间

烟叶税的纳税义务发生时间为纳税人收购烟叶的当日。收购烟叶的当日是指纳税人向烟叶销售者付讫收购烟叶款项或者开具收购烟叶凭据的当日。

(二)纳税地点

纳税人收购烟叶,应当向烟叶收购地的主管税务机关申报缴纳烟叶税。

(三)纳税期限

烟叶税按月计征,纳税人应当于纳税义务发生月终了之日起15日内申报并缴纳税款。

知识点梳理

城市维护建设税的纳税义务人为缴纳增值税和消费税的单位和个人。

城市维护建设税的计税依据是纳税人实际缴纳的增值税和消费税税额之和。

城市维护建设税与增值税、消费税同时缴纳,由税务机关负责征收管理。

教育费附加的目标是筹集资金,专门用于改善和发展地方教育事业。它是地方财政的一项重要来源,用于提升教育资源、改善教育设施和促进优质教育的普及。

教育费附加是根据增值税、消费税等税种的纳税额来征收的。任何需要缴纳这些税种的企业和个人都需要按照一定比例缴纳教育费附加。

根据国家政策的规定,教育费附加的征收比例通常为3%。这意味着纳税人在缴纳税款时,需要额外支付相当于税款3%的教育费附加。

教育费附加的资金由税务机关负责征收,并交给同级教育部门统筹安排使用。这些资金必须专款专用,用于地方教育事业的改善和发展,接受同级财政部门的监督和管理。

烟叶税实行比例税率,纳税人应当向烟叶收购地的主管税务机关申报缴纳烟叶税。烟叶税的纳税义务发生时间为纳税人收购烟叶的当日。

一、单项选择题

1. 企业缴纳的下列税额中,应作为城市维护建设税计税依据的是(　　)。
   A. 消费税税额　　　　　　　　　B. 房产税税额
   C. 关税税额　　　　　　　　　　D. 城镇土地使用税税额

2. 位于市区的甲企业2022年7月销售产品缴纳增值税和消费税共计50万元,被税务机关查补增值税15万元并处罚款5万元,甲企业7月应缴纳的城市维护建设税为(　　)。

A. 3.25万元　　　B. 3.50万元　　　C. 4.55万元　　　D. 4.90万元

3. 位于某县城的甲企业2022年7月缴纳增值税80万元,其中含进口环节增值税20万元;缴纳消费税40万元,其中含进口环节消费税20万元。甲企业当月应缴纳的城市维护建设税为(　　)。

A. 5.60万元　　　B. 8.40万元　　　C. 4.00万元　　　D. 6.00万元

4. 位于某市的甲企业为增值税一般纳税人,2022年9月收到增值税留抵退税50万元。10月应纳增值税60万元,其中按照一般计税方法40万元,按照简易计税方法20万元。甲企业在10月申报期应申报的城市维护建设税为(　　)。

A. 0.70万元　　　B. 1.40万元　　　C. 2.80万元　　　D. 4.20万元

5. 位于甲省某市的A卷烟厂将一批烟叶委托位于乙省某县城的B工厂加工成烟丝,支付不含税加工费80 000元。已知该批烟叶的成本为900 000元,B工厂2月交付50%的烟丝,3月完工交付剩余部分。B工厂无同类烟丝的对外销售价格。已知烟丝的消费税税率为30%,B工厂3月应代收代缴城市维护建设税为(　　)。

A. 10 500元　　　B. 21 000元　　　C. 14 700元　　　D. 29 400元

6. 某市一家进出口公司为增值税一般纳税人,2022年7月将2017年购置的一处位于外省某县城的房产出租,取得收入(含增值税)109万元。该公司在房屋所在地应预缴的城市维护建设税为(　　)。

A. 0.15万元　　　B. 0.21万元　　　C. 0.45万元　　　D. 0.63万元

二、多项选择题

1. 下列关于教育费附加的说法,正确的有(　　)。
   A. 海关对进口货物代征的进口环节增值税和消费税不计算缴纳教育费附加
   B. 对小规模纳税人免征教育费附加和地方教育附加
   C. 对国家重大水利工程建设基金免征教育费附加
   D. 延期纳税而补缴的增值税、消费税,教育费附加和地方教育附加也应补缴

2. 下列税费中属于"进口不征、出口不退"的有(　　)。
   A. 增值税　　　　　　　　　　B. 关税
   C. 城市维护建设税　　　　　　D. 地方教育附加

3. 下列关于城市维护建设税计税依据的表述中,正确的有(　　)。
   A. 境外向境内提供服务的,境内单位在代扣代缴增值税的同时,应代扣代缴城市维护建设税
   B. 城市维护建设税的计税依据应当按照规定扣除纳税人收到的留抵退税额
   C. 城市维护建设税的计税依据应当按照规定扣除出口业务的增值税免抵税额
   D. 纳税人被查补消费税时应同时对查补的消费税补缴城市维护建设税

4. 下列各项中,不属于城市维护建设税的计税依据的有(　　)。
   A. 纳税人出口货物缴纳的消费税
   B. 纳税人实行即征即退办法退还的增值税
   C. 纳税人缴纳的进口环节增值税
   D. 纳税人按相关规定依法享受减免的增值税

5. 下列各项中,符合城市维护建设税法律制度规定的有(　　)。
   A. 一般而言,纳税人应在缴纳增值税、消费税的地点缴纳城市维护建设税

B. 城市维护建设税的纳税义务发生时间与增值税、消费税的纳税义务发生时间一致
C. 城市维护建设税以一个月为纳税期限
D. 在我国境内,对个人发生应税行为缴纳的增值税,无须缴纳城市维护建设税

三、计算题

1. 某企业当月应缴纳的增值税为 100 000 元,位于市区的该企业需缴纳多少城市维护建设税?

2. 某位于县城的工业企业,当月实际缴纳的增值税和消费税共计 500 000 元,请问该企业当月应缴纳多少城市维护建设税?

第十三章

税收征收管理法

税收是国家宏观调控的重要杠杆,税收收入是国家财政的主要来源,组织税收收入是税收的基本职能之一。《税收征收管理法》是调整、规范税收征收管理的法律规范的总称。《税收征收管理法》第一条规定"为了加强税收征收管理,规范税收征收和缴纳行为,保障国家税收收入,保护纳税人的合法权益,促进经济和社会发展,制定本法。"《税收征收管理法》是税收征收管理的标准和规范,确立了征纳双方在税收征管中的基本权利和义务,其根本目的是保证税收收入的及时、足额入库。税收征管法不仅是纳税人全面履行纳税义务必须遵守的法律准则,也是税务机关履行征税职责的法律依据。

税收征管工作的内容

🔍 学习目标

知识目标

(1) 学习税收征收管理法的立法目的及适用范围。

(2) 学习税务登记管理、账簿凭证管理、发票管理的相关内容。

(3) 学习税款征收的原则、税款征收的方式及违反税收行为应承担的法律责任。

能力目标

(1) 能根据税务机关的规定办理税务登记,掌握办理的流程。

(2) 能根据税务机关的要求,领购、开具、保管发票。

(3) 能按照税法规定的期限和内容,向税务机关提交有关纳税事项。

素养目标

(1) 树立依法纳税意识,保障自身的权益,维护国家财政安全。

(2) 培养法律意识,一切行为都要依法进行,违者要承担相应的法律责任。

内容导航

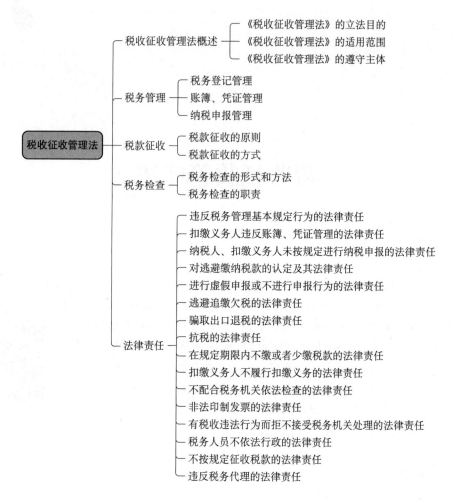

 以案为鉴

河南省洛阳市税务局稽查局依法对网络主播马海涛、梁娜偷税案进行处理

前期,国家税务总局洛阳市税务局稽查局通过精准分析,发现网络主播马海涛、梁娜夫妻二人涉嫌偷税,在国家税务总局河南省税务局稽查局指导下,依法对马海涛、梁娜二人开展了税务检查。

经查,马海涛、梁娜二人在 2020 年至 2022 年通过隐匿直播带货佣金收入、转换收入性质等手段,进行虚假申报,少缴个人所得税、增值税等税费 207 万元,如图 13-1 所示。

以案释法

根据《中华人民共和国税收征收管理法》第六十三条:"对纳税人偷税的,由税务机关追缴其不缴或者少缴的税款、滞纳金,并处不缴或者少缴的税款百分之五十以上五倍以下的罚款;构成犯罪的,依法追究刑事责任。"根据《中华人民共和国行政处罚法》《中华人民共和国个人所得税法》第二条、《中华人民共和国行政处罚法》第三十二条等规定,洛阳市税务局稽查局对马海涛、梁娜二人依法追缴少缴税费、加收滞纳金并处罚款，共计 317 万元。

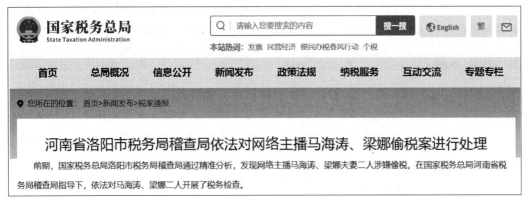

图 13-1　国家税务总局对网络主播处理的公告

案例思考与讨论

（1）《中华人民共和国刑法修正案（七）（草案）》的说明文件指出："为了维护税收征管秩序，保证国家税收收入，对属于初犯，经税务机关指出后积极补缴税款和滞纳金，履行了纳税义务、接受行政处罚的，可不再作为犯罪追究刑事责任，这样处理可以较好地体现宽严相济的刑事政策。"

（2）随着网络直播行业的快速发展，越来越多的年轻人选择成为网络主播，通过各种平台展示自己的才艺，部分网络主播侥幸心理作祟、法律意识淡薄，本案告诫人们网络不是法外之地，"网红"不是违法经营的挡箭牌，纵然是网红，也需履行法律义务，承担法律责任。

以案说法

发票犯罪中的"虚开"

李某有一家销售办公用品的公司，属于小规模纳税人，李某的一个朋友找到李某说："我需要一张 5 万元的发票用来报销，你的公司是小规模纳税人，你开发票也不用交税是吧？每季度 30 万元以下不用交税，你替我开一张 5 万元的办公用品或者信息服务费发票……"

李某的公司没有这笔 5 万元的销售业务，如果开了发票，这张发票就是虚开，属于为他人开具与实际经营不符的发票。

如何认定虚开发票，虚开发票怎么处罚？

第一节　税收征收管理法概述

一、《税收征收管理法》的立法目的

《税收征收管理法》第一条规定："为了加强税收征收管理，规范税收征收和缴纳行为，保障国家税收收入，保护纳税人的合法权益，促进经济和社会发展，制定本法。"此条规定对《税收征收管理法》的立法目的作了高度概括。

智慧微厅

二、《税收征收管理法》的适用范围

《税收征收管理法》第二条规定："凡依法由税务机关征收的各种税收的征收管理，均适用本法。"这就明确界定了《税收征收管理法》的适用范围。

我国税收的征收机关有税务部门和海关部门,税务机关征收各种工商税收,海关征收关税和船舶吨税。《税收征收管理法》只适用于由税务机关征收的各种税收的征收管理。海关征收的关税和船舶吨税及代征的增值税、消费税,适用其他法律法规的规定。

提炼点睛

目前还有一部分政府收费由税务机关征收,如教育费附加。这些收费不适用《税收征收管理法》,不能采取该法规定的措施,其具体管理办法由各种收费的条例和规章决定。

农税征收机关负责征收耕地占用税、契税的征收管理,由国务院另行规定。

三、《税收征收管理法》的遵守主体

(一)税务行政主体——税务机关

《税收征收管理法》第五条规定:"国务院税务主管部门主管全国税收征收管理工作。各地税务局应当按照国务院规定的税收征收管理范围分别进行征收管理。"《税收征收管理法》和《中华人民共和国税收征收管理法实施细则》(以下简称《实施细则》)规定:"税务机关是指各级税务局、税务分局、税务所和省以下税务局的稽查局。稽查局专司偷税、逃避追缴欠税、骗税、抗税案件的查处。国家税务总局应明确划分税务局和稽查局的职责,避免职责交叉。"上述规定既明确了税收征收管理的行政主体(执法主体),也明确了《税收征收管理法》的遵守主体。

(二)税务行政管理相对人——纳税人、扣缴义务人和其他有关单位

《税收征收管理法》第六条第二款规定:"纳税人、扣缴义务人和其他有关单位应当按照国家有关规定如实向税务机关提供与纳税和代扣代缴、代收代缴税款有关的信息。"纳税人、扣缴义务人和其他有关单位是税务行政管理的相对人,是《税收征收管理法》的遵守主体,必须按照《税收征收管理法》的有关规定接受税务管理,享受合法权益。

(三)有关单位和部门

《税收征收管理法》第五条规定:"地方各级人民政府应当依法加强对本行政区域内税收管理工作的领导或者协调,支持税务机关依法执行职务,依照法定税率计算税额,依法征收税款。各有关部门和单位应当支持、协助税务机关依法执行职务。"这说明包括地方各级人民政府在内的有关单位和部门同样是《税收征收管理法》的遵守主体。

> 练习 13-1(多选题) 下列各项中,不适用《税收征收管理法》的有( )。
> A. 契税
> B. 关税
> C. 车辆购置税
> D. 教育费附加

税收征管法的征收范围

第二节 税务管理

一、税务登记管理

税务登记是税务机关对纳税人的生产、经营活动进行登记并据此对纳税人实施税务管理

的一种法定制度。税务登记又称纳税登记,是税务机关对纳税人实施税收管理的首要环节和基础工作,是征纳双方法律关系成立的依据和证明。

(一) 设立税务登记

县级及县以上税务局(分局)是税务登记的主管税务机关,负责税务登记的设立登记、变更登记、注销登记和税务登记证验证、换证以及非正常户处理、报验登记等有关事项。

县级及县级以上税务局(分局)按照国务院规定的税收征收管理范围,实施属地管理。税务登记证件包括税务登记证及其副本。

税务局(分局)执行统一纳税人识别号。纳税人识别号由省、自治区、直辖市和计划单列市税务局按照纳税人识别号代码行业标准联合编制,统一下发各地执行。

已领取组织机构代码的纳税人,其纳税人识别号共15位,由"纳税人登记所在地6位行政区划码"+"9位组织机构代码"组成。

以业主身份证件为有效身份证明的组织,即未取得组织机构代码证书的个体工商户以及持回乡证、通行证、护照办理税务登记的纳税人,其纳税人识别号由"身份证件号码"+"2位顺序码"组成。纳税人识别号具有唯一性。

纳税人办理下列事项时,必须持税务登记证件:
(1) 开立银行账户;
(2) 申请减税、免税、退税;
(3) 申请办理延期申报、延期缴纳税款;
(4) 领购发票;
(5) 申请开具外出经营活动税收管理证明;
(6) 办理停业、歇业;
(7) 其他有关税务事项。

企业在外地设立的分支机构和从事生产、经营的场所,个体工商户和从事生产、经营的事业单位自领取营业执照之日起三十日内,持有关证件,向税务机关申报办理税务登记。税务机关应当于收到申报的当日办理登记并发给税务登记证件。

已办理税务登记的扣缴义务人应当自扣缴义务发生之日起30日内,向税务登记地税务机关申报办理扣缴税款登记。

从事生产、经营的纳税人应当按照国家有关规定,持税务登记证件,在银行或者其他金融机构开立基本存款账户和其他存款账户,并将其全部账号向税务机关报告。

银行和其他金融机构应当在从事生产、经营的纳税人的账户中登录税务登记证件号码,并在税务登记证件中登录从事生产、经营的纳税人的账户账号。

纳税人按照国务院税务主管部门的规定使用税务登记证件。税务登记证件不得转借、涂改、损毁、买卖或者伪造。

(二) 变更、注销税务登记

从事生产、经营的纳税人,税务登记内容发生变化的,自工商行政管理机关办理变更登记之日起30日内或者在向工商行政管理机关申请办理注销登记之前,持有关证件向税务机关申报办理变更或者注销税务登记。

(三) 停业、复业登记

(1) 实行定期定额征收方式的个体工商户需要停业的,应当在停业前向税务机关申报办理停业登记。纳税人的停业期限不得超过1年。

(2) 纳税人在申报办理停业登记时,应如实填写《停业复业报告书》,说明停业理由、停业期限、停业前的纳税情况和发票的领、用、存情况,并结清应纳税款、滞纳金、罚款。税务机关应收存其税务登记证正(副)本、发票领购簿、未使用完的发票和其他税务证件。

(3) 纳税人在停业期间发生纳税义务的,应当按照税收法律、行政法规的规定申报缴纳税款。

(4) 纳税人应当于恢复生产经营之前,向税务机关申报办理复业登记,如实填写《停业复业报告书》,领回并启用税务登记证、发票领购簿及其停业前领购的发票。

(5) 纳税人停业期满不能及时恢复生产经营的,应当在停业期满前到税务机关办理延长停业登记,并如实填写《停业复业报告书》。

(四) 非正常户处理

(1) 已办理税务登记的纳税人未按照规定的期限进行纳税申报,税务机关依法责令其限期改正。纳税人逾期不改正的,税务机关可以按照《税收征收管理法》第七十二条"从事生产、经营的纳税人、扣缴义务人有本法规定的税收违法行为,拒不接受税务机关处理的,税务机关可以收缴其发票或者停止向其发售发票"的规定处理。

纳税人负有纳税申报义务,但连续3个月所有税种均未进行纳税申报的,税收征管系统自动将其认定为非正常户,并停止其《发票领购簿》和发票的使用。

(2) 对欠税的非正常户,税务机关依照《税收征收管理法》及其《实施细则》的规定追征税款及滞纳金。

(3) 已认定为非正常户的纳税人,就其逾期未申报行为接受处罚、缴纳罚款,并补办纳税申报的,税收征管系统自动解除非正常状态,无须纳税人专门申请解除。

> **练习13-2(单选题)** 已办理税务登记的扣缴义务人应当自扣缴义务发生之日起( )内,向税务登记地税务机关申报办理扣缴税款登记。
> A. 15日
> B. 30日
> C. 3个月
> D. 半年
>
>
> 税务登记业务

二、账簿、凭证管理

(一) 账簿、凭证管理

1. 对账簿、凭证设置的管理

(1) 设置账簿。《税收征收管理法》第十九条和《实施细则》第二十二条规定,"纳税人、扣缴义务人按照有关法律、行政法规和国务院财政、税务主管部门的规定设置账簿,根据合法、有效凭证记账,进行核算""从事生产、经营的纳税人应当自领取营业执照或者发生纳税义务之日起15日内,按照国家有关规定设置账簿。"

(2) 对会计核算的要求。所有纳税人和扣缴义务人都必须根据合法、有效的凭证进行账务处理。

纳税人建立的会计电算化系统应当符合国家有关规定,并能正确、完整核算其收入或者所得。纳税人使用计算机记账的,应当在使用前将会计电算化系统的会计核算软件、使用说明书及有关资料报送主管税务机关备案。

纳税人、扣缴义务人会计制度健全,能通过计算机正确、完整计算其收入和所得或者代扣代缴、代收代缴税款情况的,其计算机输出的完整的书面会计记录,可视同会计账簿。

纳税人、扣缴义务人会计制度不健全,不能通过计算机正确、完整计算其收入和所得或者代扣代缴、代收代缴税款情况的,应当建立总账及与纳税或者代扣代缴、代收代缴税款有关的其他账簿。

账簿、会计凭证和报表应当使用中文。民族自治地方可以同时使用当地通用的一种民族文字。外商投资企业和外国企业可以同时使用一种外国文字。

2. 对财务会计制度的管理

(1) 备案制度。根据《税收征收管理法》第二十条和《实施细则》第二十四条的有关规定,凡从事生产、经营的纳税人必须将所采用的财务、会计制度和具体的财务、会计处理办法,按税务机关的规定,自领取税务登记证件之日起 15 日内,及时报送主管税务机关备案。

(2) 财会制度、办法与税收规定相抵触的处理办法。根据《税收征收管理法》第二十条的有关规定,当从事生产、经营的纳税人、扣缴义务人所使用的财务会计制度和具体的财务、会计处理办法与国务院、财政部和国家税务总局有关税收的规定相抵触时,纳税人、扣缴义务人必须按照国务院制定的税收法规的规定或者财政部、国家税务总局制定的有关税收的规定计缴税款。

3. 关于账簿、凭证的保管

根据《税收征收管理法》第二十四条的有关规定:"从事生产经营的纳税人、扣缴义务人必须按照国务院财政、税务主管部门规定的保管期限保管账簿、记账凭证、完税凭证及其他有关资料。账簿、记账凭证、报表、完税凭证及其他有关资料不得伪造、变造或者擅自损毁。"

除另有规定外,根据《实施细则》第二十九条,账簿、记账凭证、报表、完税凭证、发票、出口凭证以及其他有关涉税资料应当保存 10 年。

(二) 发票管理

1. 发票的主管机关

税务机关是发票的主管机关,负责发票印制、领购、开具、取得、保管、缴销的管理和监督。国务院税务主管部门统一负责全国的发票管理工作。省、自治区、直辖市税务机关依据职责做好本行政区域内的发票管理工作。财政、审计、市场监督管理、公安等有关部门在各自的职责范围内,配合税务机关做好发票管理工作。

2. 发票的联次及印制

发票的种类、联次、内容以及使用范围由国务院税务主管部门规定。发票的联次包括存根联、发票联、记账联。存根联由收款方或开票方留存备查;发票联由付款方或受票方作为付款原始凭证;记账联由收款方或开票方作为记账原始凭证。

增值税专用发票由国务院税务主管部门确定的企业印制;其他发票,按照国务院税务主管部门的规定,由省、自治区、直辖市税务机关确定的企业印制。禁止私自印制、伪造、变造发票。印制发票应当使用国务院税务主管部门确定的全国统一的发票防伪专用品。禁止非法制造发票防伪专用品。

发票应当套印全国统一发票监制章。全国统一发票监制章的式样和发票版面印刷的要求,由国务院税务主管部门规定。发票监制章由省、自治区、直辖市税务机关制作。禁止伪造发票监制章。发票实行不定期换版制度。

3. 发票的领购管理

需要领购发票的单位和个人,应当持税务登记证件、经办人身份证明、按照国务院税务主管部门规定式样制作的发票专用章的印模,向主管税务机关办理发票领购手续。主管税务机关根据领购单位和个人的经营范围和规模,确认领购发票的种类、数量以及领购方式,在5个工作日内发给发票领购簿。

4. 发票的开具和保管

(1) 销售商品、提供服务以及从事其他经营活动的单位和个人,对外发生经营业务收取款项,收款方应当向付款方开具发票;特殊情况下,由付款方向收款方开具发票。

(2) 所有单位和从事生产、经营活动的个人在购买商品、接受服务以及从事其他经营活动支付款项时,应当向收款方取得发票。取得发票时,不得要求变更品名和金额。

(3) 不符合规定的发票,不得作为财务报销凭证,任何单位和个人有权拒收。

(4) 开具发票应当按照规定的时限、顺序、栏目,全部联次一次性如实开具,并加盖发票专用章。

任何单位和个人不得有下列虚开发票行为:

① 为他人、为自己开具与实际经营业务情况不符的发票;

② 让他人为自己开具与实际经营业务情况不符的发票;

③ 介绍他人开具与实际经营业务情况不符的发票。

(5) 安装税控装置的单位和个人,应当按照规定使用税控装置开具发票,并按期向主管税务机关报送开具发票的数据。

使用非税控电子器具开具发票的,应当将非税控电子器具使用的软件程序说明资料报主管税务机关备案,并按照规定保存、报送开具发票的数据。

(6) 开具纸质发票后,如发生销售退回、开票有误、应税服务中止等情形,需要作废发票的,应当收回原发票全部联次并注明"作废"字样后作废发票。

(7) 除国务院税务主管部门规定的特殊情形外,发票限于领购单位和个人在本省、自治区、直辖市内开具。省、自治区、直辖市税务机关可以规定跨市、县开具发票的办法。

(8) 除国务院税务主管部门规定的特殊情形外,任何单位和个人不得跨规定使用区域携带、邮寄、运输空白发票。禁止携带、邮寄或者运输空白发票出入境。

(9) 开具发票的单位和个人应当建立发票使用登记制度,设置发票登记簿,并定期向主管税务机关报告发票使用情况。

(10) 开具发票的单位和个人应当在办理变更或者注销税务登记的同时,办理发票和发票领购簿的变更、缴销手续。

(11) 开具发票的单位和个人应当按照税务机关的规定存放和保管发票,不得擅自损毁。已经开具的发票存根联和发票登记簿,应当保存5年。保存期满,报经税务机关查验后方可销毁。

练习13-3(多选题) 下列( )属于虚开发票的行为。

A. 为他人、为自己开具与实际经营业务情况不符的发票

B. 让他人为自己开具与实际经营业务情况不符的发票

C. 介绍他人开具与实际经营业务情况不符的发票

D. 根据已发生的销售业务开具的发票

发票的开具与保管

（三）电子发票

电子发票是指在购销商品、提供或者接受服务以及从事其他经营活动中，按照税务机关发票管理规定以数据电文形式开具、收取的收付款凭证。电子发票与纸质发票的法律效力相同，任何单位和个人不得拒收。增值税电子普通发票票样如图 13-2 所示。

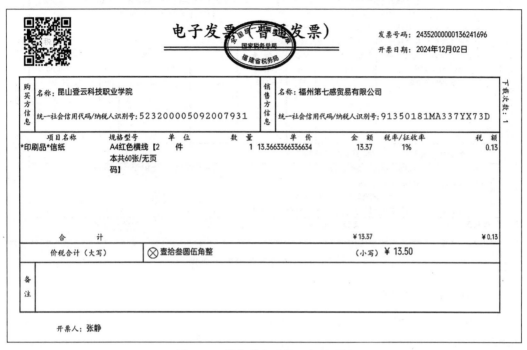

图 13-2　增值税电子普通发票票样

电子专票的发票代码为 12 位，编码规则：第 1 位为 0，第 2～5 位代表省、自治区、直辖市和计划单列市，第 6、7 位代表年度，第 8～10 位代表批次，第 11、12 位为 13。发票号码为 8 位，按年度、分批次编制。

纳税人开具增值税专用发票时，既可以开具电子专票，也可以开具纸质专票。开具电子发票后，如发生销售退回、开票有误、应税服务中止、销售折让等情形的，应当按照规定开具红字发票。增值税专用发票票样如图 13-3 所示。

（四）税控管理

税控管理是税收征收管理的一个重要组成部分，它是税务机关利用税控装置对纳税人的生产经营情况进行监督和管理，以保障国家税收收入，防止税款流失，提高税收征管工作效率，降低征收成本的各项活动的总称。《税收征收管理法》第二十三条规定："国家根据税收征收管理的需要，积极推广使用税控装置。纳税人应当按照规定安装、使用税控装置，不得损毁或者擅自改变税控装置。"

三、纳税申报管理

纳税申报是纳税人按照税法规定的期限和内容，向税务机关提交有关纳税事项书面报告的法律行为，既是纳税人履行纳税义务、税务机关界定纳税人法律责任的主要依据，也是税务机关税收管理信息的主要来源和税务管理的重要制度。

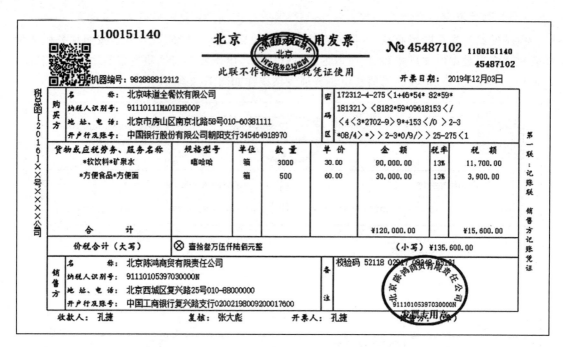

图 13-3　增值税专用发票票样

（一）纳税申报的对象

根据《税收征收管理法》第二十五条的规定，纳税申报的对象为纳税人和扣缴义务人。纳税人在纳税期内没有应纳税款的，也应当按照规定办理纳税申报。纳税人享受减税、免税待遇的，在减税、免税期间应当按照规定办理纳税申报。

（二）纳税申报的内容

纳税申报的内容，主要在各税种的纳税申报表和代扣代缴、代收代缴税款报告表中体现，还可以在随纳税申报表附报的财务报表和有关纳税资料中体现。纳税人和扣缴义务人的纳税申报和代扣代缴、代收代缴税款报告的主要内容包括税种、税目、应纳税项目或者应代扣代缴、代收代缴税款项目，计税依据，扣除项目及标准，适用税率或者单位税额，应退税项目及税额、应减免税项目及税额，应纳税额或者应代扣代缴、代收代缴税额，以及税款所属期限、延期缴纳税款、欠税、滞纳金等。

（三）纳税申报的方式

《税收征收管理法》第二十六条规定："纳税人、扣缴义务人可以直接到税务机关办理纳税申报，或者报送代扣代缴、代收代缴税款报告表，也可以按照规定采取邮寄、数据电文或者其他方式办理上述申报、报送事项。"目前，纳税申报的形式主要有以下三种。

1. 直接申报

直接申报是指纳税人自行到税务机关办理纳税申报。这是一种传统申报方式。

2. 邮寄申报

邮寄申报是指经税务机关批准的纳税人使用统一规定的纳税申报特快专递专用信封，通过邮政部门办理交寄手续，以邮政部门收据作为申报凭据。邮寄申报以寄出的邮戳日期为实际申报日期。

3. 数据电文

数据电文是指经税务机关确定的电话语音、电子数据交换和网络传输等电子方式。例如，目前纳税人的网上申报，就是数据电文申报方式的一种形式。除上述方式外，实行定期定额缴纳税款的纳税人，可以实行简易申报、简并征期等申报纳税方式。

（四）延期申报管理

根据《税收征收管理法》第二十七条和《实施细则》第三十七条及有关法规的规定，纳税人因有特殊情况，不能按期进行纳税申报的，经县以上税务机关核准，可以延期申报。但应当在规定的期限内向税务机关提出书面延期申请，经税务机关核准，在核准的期限内办理。如纳税人、扣缴义务人因不可抗力，不能按期办理纳税申报或者报送代扣代缴、代收代缴税款报告表的，可以延期办理，但应当在不可抗力情形消除后立即向税务机关报告。

经核准延期办理纳税申报的，应当在纳税期内按照上期实际缴纳的税额或者税务机关核定的税额预缴税款，并在核准的延期内办理纳税结算。

第三节 税 款 征 收

税款征收是税收征收管理工作中的中心环节，是全部税收征管工作的目的和归宿，在整个税收工作中占据着极其重要的地位。

一、税款征收的原则

（1）税务机关是征税的唯一行政主体。《税收征收管理法》第二十九条规定："除税务机关、税务人员以及经税务机关依照法律、行政法规委托的单位和个人外，任何单位和个人不得进行税款征收活动。"《税收征收管理法》第四十一条同时规定："采取税收保全措施、强制执行措施的权力，不得由法定的税务机关以外的单位和个人行使。"

（2）税务机关只能依照法律、行政法规的规定征收税款。

（3）税务机关不得违反法律、行政法规的规定开征、停征、多征、少征、提前征收、延缓征收税款或者摊派税款。

（4）税务机关征收税款必须遵守法定权限和法定程序。

（5）税务机关征收税款或扣押、查封商品、货物或其他财产时，必须向纳税人开具完税凭证或开付扣押、查封的收据或清单。

（6）税款、滞纳金、罚款统一由税务机关上缴国库。《税收征收管理法》第五十三条规定："税务机关应当按照国家规定的税收征管范围和税款入库预算级次，将征收的税款缴入国库。"这也是税款征收的一个基本原则。

（7）税款优先原则。《税收征收管理法》第四十五条的规定，第一次在税收法律上确定了税款优先的地位，确定了税款征收在纳税人支付各种款项和偿还债务时的顺序。

二、税款征收的方式

税款征收方式是指税务机关根据各税种的不同特点、征纳双方的具体条件而确定的计算征收税款的方法和形式。税款征收的方式主要有以下几种。

（一）查账征收

查账征收是指税务机关按照纳税人提供的账表所反映的经营情况，依照适用税率计算缴纳税款的方式。这种方式一般适用于财务会计制度较为健全，能够认真履行纳税义务的纳税单位。

（二）查定征收

查定征收是指税务机关根据纳税人的从业人员、生产设备、采用原材料等因素，对其生产的应税产品查实核定产量、销售额并据以征收税款的方式。这种方式一般适用于账册不够健全，但是能够控制原材料或进销货的纳税单位。

（三）查验征收

查验征收是指税务机关通过查验数量，对纳税人应税商品按市场一般销售单价计算其销售收入并据以征税的方式。这种方式一般适用于经营品种比较单一，经营地点、时间和商品来源不固定的纳税单位。

（四）定期定额征收

定期定额征收是指税务机关通过典型调查，逐户确定营业额和所得额并据以征税的方式。这种方式一般适用于无完整考核依据的小型纳税单位。

（五）委托代征税款

委托代征税款是指税务机关委托代征人以税务机关的名义征收税款，并将税款缴入国库的方式。这种方式一般适用于小额、零散税源的征收。

（六）邮寄纳税

邮寄纳税是一种新的纳税方式。这种方式主要适用于那些有能力按期纳税，但采用其他方式纳税又不方便的纳税人。

（七）其他纳税方式

其他纳税方式包括利用网络申报、用IC卡纳税等方式。

练习13-4（多选题）　下列关于纳税申报的陈述，正确的有（　　）。

A. 纳税人不论当期是否发生纳税义务，除经税务机关批准外，均应按规定办理纳税申报
B. 实行定期定额方式缴纳税款的纳税人，可以实行简易申报、简并征期等申报纳税方式
C. 纳税人采取电子方式办理纳税申报的，不再需要书面报送主管税务机关
D. 纳税人享受减免税待遇的，在减免税期限应当按规定办理纳税申报

纳税申报

第四节　税务检查

一、税务检查的形式和方法

（一）税务检查的形式

1. 重点检查

重点检查指对公民举报、上级机关交办或有关部门转来的有逃避缴纳税款行为或嫌疑的，

纳税申报与实际生产经营情况有明显不符的纳税人及有普遍逃税行为的行业的检查。

2. 分类计划检查

分类计划检查指根据纳税人历来纳税情况、纳税人的纳税规模及税务检查间隔时间的长短等综合因素，按事先确定的纳税人分类、计划检查时间及检查频率而进行的检查。

3. 集中性检查

集中性检查指税务机关在一定时间、一定范围内，统一安排、统一组织的税务检查，这种检查一般规模比较大，如以前年度的全国范围内的税收、财务大检查就属于这类检查。

4. 临时性检查

临时性检查指由各级税务机关根据不同的经济形势、偷逃税趋势、税收任务完成情况等综合因素，在正常的检查计划之外安排的检查。如行业性解剖、典型调查性的检查等。

5. 专项检查

专项检查指税务机关根据税收工作实际，对某一税种或税收征收管理某一环节进行的检查。比如增值税一般纳税专项检查、漏征漏管户专项检查等。

（二）税务检查的方法

税务检查的方法有全查法、抽查法、顺查法、逆查法、现场检查法、调账检查法、比较分析法、控制计算法、审阅法、核对法、观察法、外调法、盘存法、交叉稽核法。

二、税务检查的职责

（一）税务机关有权进行下列税务检查

（1）检查纳税人的账簿、记账凭证、报表和有关资料，检查扣缴义务人代扣代缴、代收代缴税款账簿、记账凭证和有关资料。

（2）到纳税人的生产、经营场所和货物存放地检查纳税人应纳税的商品、货物或者其他财产，检查扣缴义务人与代扣代缴、代收代缴税款有关的经营情况。

（3）责成纳税人、扣缴义务人提供与纳税或者代扣代缴、代收代缴税款有关的文件、证明材料和有关资料。

（4）询问纳税人、扣缴义务人与纳税或者代扣代缴、代收代缴税款有关的问题和情况。

（5）到车站、码头、机场、邮政企业及其分支机构检查纳税人托运、邮寄应纳税商品、货物或者其他财产的有关单据、凭证和有关资料。

（6）经县以上税务局（分局）局长批准，凭全国统一格式的检查存款账户许可证明，查询从事生产、经营的纳税人、扣缴义务人在银行或者其他金融机构的存款账户。税务机关在调查税收违法案件时，经设区的市、自治州以上税务局（分局）局长批准，可以查询案件涉嫌人员的储蓄存款。税务机关查询所获得的资料，不得用于税收以外的用途。

（二）税务机关对纳税人以前纳税期的纳税情况依法进行税务检查

发现纳税人有逃避纳税义务的行为，并有明显的转移、隐匿其应纳税的商品、货物、其他财产或者应纳税收入的迹象的，可以按照批准权限采取税收保全措施或者强制执行措施。这里的批准权限是指县级以上税务局（分局）局长批准。

税务机关采取税收保全措施的期限一般不得超过 6 个月；重大案件需要延长的，应当报国家税务总局批准。

纳税人、扣缴义务人必须接受税务机关依法进行的税务检查，如实反映情况，提供有关资料，不得拒绝、隐瞒。

税务机关调查税务违法案件时，对与案件有关的情况和资料，可以记录、录音、录像、照相和复制。

税务人员进行税务检查时，应当出示税务检查证和税务检查通知书；无税务检查证和税务检查通知书的，纳税人、扣缴义务人及其他当事人有权拒绝检查。税务机关对集贸市场及集中经营业户进行检查时，可以使用统一的税务检查通知书。

税务机关对纳税人、扣缴义务人及其他当事人处以罚款或者没收违法所得时，应当开付罚没凭证；未开付罚没凭证的，纳税人、扣缴义务人以及其他当事人有权拒绝给付。

对采用电算化会计系统的纳税人，税务机关有权对其会计电算化系统进行检查，并可复制与纳税有关的电子数据作为证据。税务机关进入纳税人电算化系统进行检查时，有责任保证纳税人会计电算化系统的安全性，并保守纳税人的商业秘密。

第五节　法　律　责　任

一、违反税务管理基本规定行为的法律责任

（1）根据《税收征收管理法》第六十条和《实施细则》第九十条规定，纳税人有下列行为之一的，由税务机关责令限期改正，可以处 2 000 元以下的罚款；情节严重的，处 2 000 元以上 1 万元以下的罚款。

① 未按照规定的期限申报办理税务登记、变更或者注销登记的；
② 未按照规定设置、保管账簿或者保管记账凭证和有关资料的；
③ 未按照规定将财务、会计制度或者财务、会计处理办法和会计核算软件报送税务机关备查的；
④ 未按照规定将其全部银行账号向税务机关报告的；
⑤ 未按照规定安装、使用税控装置，或者损毁、擅自改动税控装置的；
⑥ 纳税人未按照规定办理税务登记证件验证或者换证手续的。

（2）纳税人不办理税务登记的，由税务机关责令限期改正；逾期不改正的，由工商行政管理机关吊销其营业执照。

（3）纳税人未按照规定使用税务登记证件，或者转借、涂改、损毁、买卖、伪造税务登记证件的，处 2 000 元以上 1 万元以下的罚款；情节严重的，处 1 万元以上 5 万元以下的罚款。

二、扣缴义务人违反账簿、凭证管理的法律责任

《税收征收管理法》第六十一条规定："扣缴义务人未按照规定设置、保管代扣代缴、代收代缴税款账簿或者保管代扣代缴、代收代缴税款记账凭证及有关资料的，由税务机关责令限期改正，可以处 2 000 元以下的罚款；情节严重的，处 2 000 元以上 5 000 元以下的罚款。"

三、纳税人、扣缴义务人未按规定进行纳税申报的法律责任

《税收征收管理法》第六十二条规定："纳税人未按照规定的期限办理纳税申报和报送纳税资料的，或者扣缴义务人未按照规定的期限向税务机关报送代扣代缴、代收代缴税款报告表和有关资料的，由税务机关责令限期改正，可以处 2 000 元以下的罚款；情节严重的，可以处

2 000 元以上 1 万元以下的罚款。"

四、对逃避缴纳税款的认定及其法律责任

（1）《税收征收管理法》第六十三条规定："纳税人伪造、变造、隐匿、擅自销毁账簿、记账凭证，或者在账簿上多列支出或者不列、少列收入，或者经税务机关通知申报而拒不申报或者进行虚假的纳税申报，不缴或者少缴应纳税款的，是逃避缴纳税款。对纳税人逃避缴纳税款的，由税务机关追缴其不缴或者少缴的税款、滞纳金，并处不缴或者少缴的税款 50％以上 5 倍以下的罚款；构成犯罪的，依法追究刑事责任。"

（2）《刑法》第二百○一条有以下规定。

① 纳税人采取欺骗、隐瞒手段进行虚假纳税申报或者不申报，逃避缴纳税款数额较大并且占应纳税额 10％以上的，处 3 年以下有期徒刑或者拘役，并处罚金；数额巨大并且占应纳税额 30％以上的，处 3 年以上 7 年以下有期徒刑，并处罚金。

② 扣缴义务人采取上述第①项所列手段，不缴或者少缴已扣、已收税款，数额较大的，依照上述规定处罚。

③ 对多次实施上述第①、②项行为，未经处理的，按照累计数额计算。

④ 有第①项行为，经税务机关依法下达追缴通知后，补缴应纳税款、缴纳滞纳金，已受行政处罚的，不予追究刑事责任；但是，5 年内因逃避缴纳税款受过刑事处罚或者被税务机关给予两次以上行政处罚的除外。

五、进行虚假申报或不进行申报行为的法律责任

《税收征收管理法》第六十四条规定："纳税人、扣缴义务人编造虚假计税依据的，由税务机关责令限期改正，并处 5 万元以下的罚款。纳税人不进行纳税申报，不缴或者少缴应纳税款的，由税务机关追缴其不缴或者少缴的税款、滞纳金，并处不缴或者少缴税款 50％以上 5 倍以下的罚款。"

六、逃避追缴欠税的法律责任

《税收征收管理法》第六十五条规定："纳税人欠缴应纳税款，采取转移或者隐匿财产的手段，妨碍税务机关追缴欠缴的税款的，由税务机关追缴欠缴的税款、滞纳金，并处欠缴税款 50％以上 5 倍以下的罚款；构成犯罪的，依法追究刑事责任。"

《刑法》第二百零三条规定："纳税人欠缴应纳税款，采取转移或者隐匿财产的手段，致使税务机关无法追缴欠缴的税款，数额在 1 万元以上不满 10 万元的，处 3 年以下有期徒刑或者拘役，并处或者单处欠缴税款 1 倍以上 5 倍以下罚金；数额在 10 万元以上的，处 3 年以上 7 年以下有期徒刑，并处欠缴税款 1 倍以上 5 倍以下罚金。"

七、骗取出口退税的法律责任

《税收征收管理法》第六十六条规定："以假报出口或者其他欺骗手段，骗取国家出口退税款的，由税务机关追缴其骗取的退税款，并处骗取税款 1 倍以上 5 倍以下的罚款；构成犯罪的，依法追究刑事责任。"

对骗取国家出口退税款的，税务机关可以在规定期间内停止为其办理出口退税。《刑法》

第二百零四条规定:"以假报出口或者其他欺骗手段,骗取国家出口退税款,数额较大的,处 5 年以下有期徒刑或者拘役,并处骗取税款 1 倍以上 5 倍以下罚金;数额巨大或者有其他严重情节的,处 5 年以上 10 年以下有期徒刑,并处骗取税款 1 倍以上 5 倍以下罚金;数额特别巨大或者有其他特别严重情节的,处 10 年以上有期徒刑或者无期徒刑,并处骗取税款 1 倍以上 5 倍以下罚金或者没收财产。"

八、抗税的法律责任

《税收征收管理法》第六十七条规定:"以暴力、威胁方法拒不缴纳税款的,是抗税,除由税务机关追缴其拒缴的税款、滞纳金外,依法追究刑事责任。情节轻微,未构成犯罪的,由税务机关追缴其拒缴的税款、滞纳金,并处拒缴税款 1 倍以上 5 倍以下的罚款。"

《刑法》第二百零二条规定:"以暴力、威胁方法拒不缴纳税款的,处 3 年以下有期徒刑或者拘役,并处拒缴税款 1 倍以上 5 倍以下罚金;情节严重的,处 3 年以上 7 年以下有期徒刑,并处拒缴税款 1 倍以上 5 倍以下罚金。"

九、在规定期限内不缴或者少缴税款的法律责任

《税收征收管理法》第六十八条规定:"纳税人、扣缴义务人在规定期限内不缴或者少缴应纳或者应解缴的税款,经税务机关责令限期缴纳,逾期仍未缴纳的,税务机关除依照本法第四十条规定采取强制执行措施追缴其不缴或者少缴的税款外,可以处不缴或者少缴税款 50% 以上 5 倍以下的罚款。"

十、扣缴义务人不履行扣缴义务的法律责任

《税收征收管理法》第六十九条规定:"扣缴义务人应扣未扣、应收而不收税款的,由税务机关向纳税人追缴税款,对扣缴义务人处应扣未扣、应收未收税款 50% 以上 3 倍以下的罚款。"

十一、不配合税务机关依法检查的法律责任

(1)《税收征收管理法》第七十条规定:"纳税人、扣缴义务人逃避、拒绝或者以其他方式阻挠税务机关检查的,由税务机关责令改正,可以处 1 万元以下的罚款;情节严重的,处 1 万元以上 5 万元以下的罚款。"

逃避、拒绝或者以其他方式阻挠税务机关检查包括以下情形。

① 提供虚假资料,不如实反映情况,或者拒绝提供有关资料的。

② 拒绝或者阻止税务机关记录、录音、录像、照相和复制与案件有关情况和资料的。

③ 在检查期间,纳税人、扣缴义务人转移、隐匿、销毁有关资料的。

④ 有不依法接受税务检查的其他情形的。

(2)税务机关依照《税收征收管理法》第五十四条第(五)项的规定,到车站、码头、机场、邮政企业及其分支机构检查纳税人有关情况时,有关单位拒绝的,由税务机关责令改正,可以处 1 万元以下的罚款;情节严重的,处 1 万元以上 5 万元以下的罚款。

十二、非法印制发票的法律责任

(1)《税收征收管理法》第七十一条规定:"违反本法第二十二条规定,非法印制发票的,由

税务机关销毁非法印制的发票,没收违法所得和作案工具,并处1万元以上5万元以下的罚款;构成犯罪的,依法追究刑事责任。"

(2)《刑法》第二百零六条规定:"伪造或者出售伪造的增值税专用发票的,处3年以下有期徒刑、拘役或者管制,并处2万元以上20万元以下罚金;数量较大或者有其他严重情节的,处3年以上10年以下有期徒刑,并处5万元以上50万元以下罚金;数量巨大或者有其他特别严重情节的,处10年以上有期徒刑或者无期徒刑,并处5万元以上50万元以下罚金或者没收财产。单位犯本条规定之罪的,对单位判处罚金,并对其直接负责的主管人员和其他直接责任人员,处3年以下有期徒刑、拘役或者管制;数量较大或者有其他严重情节的,处3年以上10年以下有期徒刑;数量巨大或者有其他特别严重情节的,处10年以上有期徒刑或者无期徒刑。"

(3)《刑法》第二百零九条规定:"伪造、擅自制造或者出售伪造、擅自制造的可以用于骗取出口退税、抵扣税款的其他发票的,处3年以下有期徒刑、拘役或者管制,并处2万元以上20万元以下罚金;数量巨大的,处3年以上7年以下有期徒刑,并处5万元以上50万元以下罚金;数量特别巨大的,处7年以上有期徒刑,并处5万元以上50万元以下罚金或者没收财产。伪造、擅自制造或者出售伪造、擅自制造的前款规定以外的其他发票的,处2年以下有期徒刑、拘役或者管制,并处或者单处1万元以上5万元以下罚金;情节严重的,处2年以上7年以下有期徒刑,并处5万元以上50万元以下罚金。"

(4)非法印制、转借、倒卖、变造或者伪造完税凭证的,由税务机关责令改正,处2 000元以上1万元以下的罚款;情节严重的,处1万元以上5万元以下的罚款;构成犯罪的,依法追究刑事责任。

十三、有税收违法行为而拒不接受税务机关处理的法律责任

《税收征收管理法》第七十二条规定:"从事生产、经营的纳税人、扣缴义务人有本法规定的税收违法行为,拒不接受税务机关处理的,税务机关可以收缴其发票或者停止向其发售发票。"

十四、税务人员不依法行政的法律责任

《税收征收管理法》第八十条规定:"税务人员与纳税人、扣缴义务人勾结,唆使或者协助纳税人、扣缴义务人有本法第六十三条、第六十五条、第六十六条规定的行为,构成犯罪的,按照《刑法》关于共同犯罪的规定处罚;尚不构成犯罪的,依法给予行政处分。税务人员私分扣押、查封的商品、货物或者其他财产,情节严重,构成犯罪的,依法追究刑事责任;尚不构成犯罪的,依法给予行政处分。"

十五、不按规定征收税款的法律责任

《税收征收管理法》第八十三条规定:"违反法律、行政法规的规定提前征收、延缓征收或者摊派税款的,由其上级机关或者行政监察机关责令改正,对直接负责的主管人员和其他直接责任人员依法给予行政处分。"

《税收征收管理法》第八十四条规定:"违反法律、行政法规的规定,擅自作出税收的开征、停征或者减税、免税、退税、补税以及其他同税收法律、行政法规相抵触的决定的,除依照本法规定撤销其擅自作出的决定外,补征应征未征税款,退还不应征收而征收的税款,并由上级机

关追究直接负责的主管人员和其他直接责任人员的行政责任;构成犯罪的,依法追究刑事责任。"

此外对行政处罚的权限,《税收征收管理法》第七十四条还规定:"罚款额在 2 000 元以下的,可以由税务所决定。"

十六、违反税务代理的法律责任

税务代理人违反税收法律、行政法规,造成纳税人未缴或者少缴税款的,除由纳税人缴纳或者补缴应纳税款、滞纳金外,对税务代理人处纳税人未缴或者少缴税款 50% 以上 3 倍以下的罚款。

知识点梳理

税务登记是税务机关对纳税人的生产、经营活动进行登记并据此对纳税人实施税务管理的一种法定制度。

县级及县级以上税务局(分局)是税务登记的主管税务机关,负责税务登记的设立登记、变更登记、注销登记和税务登记证验证、换证以及非正常户处理、报验登记等有关事项。

税务机关、纳税人、扣缴义务人和其他有关单位是税收征收管理法的遵守主体。

县级及县级以上税务局(分局)是税务登记的主管税务机关,实施属地管理。

税务机关是发票的主管机关,负责发票印制、领购、开具、取得、保管、缴销的管理和监督。

电子发票是指在购销商品、提供或者接受服务以及从事其他经营活动中,按照税务机关发票管理规定以数据电文形式开具、收取的收付款凭证。

纳税申报的对象为纳税人和扣缴义务人。纳税申报的形式主要有直接申报、邮寄申报和数据电文。

税款征收的方式主要有查账征收、查验征收、定期定额征收、委托代征税款、邮寄纳税及其他方式。

一、单项选择题

1. (   )规定负有代扣代缴、代收代缴税款义务的单位和个人为扣缴义务人。
   A. 法律、行政法规　　　　　　　　B. 国家税务总局
   C. 省级税务机关　　　　　　　　　D. 主管税务机关

2. 国务院(   )主管全国税收征收管理工作。
   A. 财政主管部门　　　　　　　　　B. 审计主管部门
   C. 税务主管部门　　　　　　　　　D. 财政、税务主管部门

3. 企业在外地设立的分支机构和从事生产、经营的场所,个体工商户和从事生产、经营的事业单位自领取营业执照之日起(   )内,持有关证件,向税务机关申报办理税务登记。
   A. 15　　　　　B. 30　　　　　C. 60　　　　　D. 90

4. 从事生产、经营的纳税人,税务登记内容发生变化的,自工商行政管理机关办理变更登记之日起(   )内或者在向工商行政管理机关申请办理注销登记之前,持有关证件向税务机

关申报办理变更或者注销税务登记。

    A. 10   B. 15   C. 30   D. 60

5. 从事生产、经营的纳税人应当自领取( )或者发生纳税义务之日起15日内,按照国家有关规定设置账簿。

    A. 营业执照   B. 税务登记证   C. 法人代码证   D. 开户银行许可证

6. 对税务行政复议决定不服的,可以在接到复议决定书之日起( )日内向人民法院起诉。人民法院接到诉状,经过审查,应当在( )日内立案或者作出裁定不予受理。

    A. 15;15   B. 7;15   C. 15;7   D. 30;7

7. 账簿、记账凭证、报表、完税凭证、发票、出口凭证以及其他有关涉税资料应当保存( )年。

    A. 5   B. 10   C. 15   D. 20

8. 税务机关征收税款时,必须给纳税人开具( )。

    A. 发票   B. 收据   C. 代收税款凭证   D. 完税凭证

9. 实行定期定额征收方式的个体工商户需要停业的,应当在停业前向税务机关申报办理停业登记。纳税人的停业期限不得超过( )。

    A. 半年   B. 1年   C. 2年   D. 3年

10. 纳税人的税务登记内容发生变化时,应当依法向原税务登记机关申报办理( )。

    A. 注销税务登记   B. 变更税务登记
    C. 开业税务登记   D. 注册税务登记

二、多项选择题

1. 纳税申报的方式包括( )。

    A. 直接申报   B. 间接申报   C. 邮寄申报   D. 数据电文

2. 根据《税收征管法》的规定,应当办理纳税申报的人有( )。

    A. 负有纳税义务的单位和个人   B. 纳税期内没有应纳税款的纳税人
    C. 扣缴义务人   D. 享受减税、免税待遇的纳税人

3. 法律、行政法规规定负有( )税款义务的单位和个人为扣缴义务人。

    A. 直接征收   B. 委托代征   C. 代扣代缴   D. 代收代缴

4. 下列关于纳税申报的陈述,正确的有( )。

    A. 纳税人采取电子方式办理纳税申报的,不再需要书面报送主管税务机关
    B. 纳税人在纳税期间内没有应纳税款的,也应当按照规定办理纳税申报
    C. 邮寄申报以寄出地的邮政局邮戳日期为实际申报日期
    D. 纳税人和扣缴义务人都必须按照法定的期限办理纳税申报

5. 从事生产、经营的纳税人的( ),应当报送税务机关备案。

    A. 财务、会计制度   B. 财务、会计处理办法
    C. 会计核算软件   D. 账簿

三、判断题

1. 从事生产、经营的纳税人应当自领取税务登记证或者发生纳税义务之日起15日内,按照国家有关规定设置账簿。   ( )

2. 账簿、记账凭证、报表、完税凭证、发票、出口凭证以及其他有关涉税资料应当保存5年。   ( )

3. 纳税人采取电子方式办理纳税申报的,不再需要书面报送主管税务机关。（　　）

4. 以数据电文方式办理纳税申报的,以税务机关计算机网络系统收到该数据电文的时间为申报日期。（　　）

5. 纳税人未按照规定使用税务登记证件,或者转借、涂改、损毁、买卖、伪造税务登记证件的,处 2 000 元以上 1 万元以下的罚款;情节严重的,处 1 万元以上 5 万元以下的罚款。（　　）

第十四章

税务行政法制

　　税务行政法制是规范税务执法机关和工作人员执法行为的基本规范,它构成了税法体系中程序法的重要组成部分,并为保护纳税人合法权益提供了司法保障。税务行政法制的基本内容包括税务行政处罚、税务行政复议和税务行政诉讼三个部分,主要阐述纳税人及其他税务当事人违反税法规定的处罚程序、税收征管过程中税务争议的处理程序及税务机关应承担的行政赔偿责任等,旨在保障纳税人的合法权益。

税务行政法的
主要内容

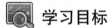 **学习目标**

知识目标

(1) 学习税务行政处罚的原则、处罚的种类、处罚的主体与管辖及行政处罚的简易程序。

(2) 学习税务行政复议的范围、管辖及复议申请的程序。

(3) 学习税务行政诉讼的原则、受案范围、起诉和受理及税务行政诉讼的审理与判决。

能力目标

(1) 能掌握税务行政处罚的原则、处罚的主体与管辖、处罚的种类及处罚的简易程序。

(2) 能掌握税务行政复议的范围、管辖及税务行政复议申请的程序。

(3) 能掌握税务行政诉讼的原则、受案范围、起诉和受理及税务行政诉讼的审理与判决。

素养目标

(1) 理解只有按照法律规定的条例、规章、制度等办理涉税事项,才能有效提升执法质量,减少税务争议。

(2) 培养知法、懂法、学法的理念,确保一切行为都要依法进行,维护法律的尊严。

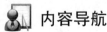

内容导航

税务行政法制
- 税务行政处罚
  - 税务行政处罚的设定和种类
  - 税务行政处罚的主体与管辖
  - 税务行政处罚的简易程序
  - 税务行政处罚的执行
- 税务行政复议
  - 税务行政复议范围
  - 税务行政复议管辖
  - 税务行政复议申请
- 税务行政诉讼
  - 税务行政诉讼的概念
  - 税务行政诉讼的原则
  - 税务行政诉讼的管辖
  - 税务行政诉讼的受案范围
  - 税务行政诉讼的起诉和受理
  - 税务行政诉讼的审理和判决

以案为鉴

杨吉全诉山东省人民政府行政复议案

杨吉全不服山东省青岛市市南区法律援助中心作出的不予法律援助决定，向青岛市市南区司法局提出异议。该局作出答复意见，认为该不予法律援助决定内容适当。杨吉全对该答复意见不服，向青岛市司法局申请行政复议。该局于2013年10月23日告知其所提复议申请已超过法定申请期限。杨吉全不服，向青岛市人民政府申请行政复议。该府于2013年10月30日告知其所提行政复议申请不符合行政复议受案条件。杨吉全不服，向山东省人民政府申请行政复议。山东省人民政府于2013年11月18日对其作出不予受理行政复议申请决定。杨吉全不服，提起行政诉讼，请求撤销该不予受理决定，判令山东省人民政府赔偿损失，如图14-1所示。

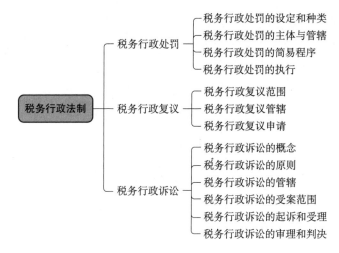

图14-1 中国政法大学法治政府研究院官网

 以案释法

裁判结果：山东省济南市中级人民法院一审判决驳回杨吉全的诉讼请求。山东省高级人民法院二审判决驳回上诉,维持一审判决。杨吉全向最高人民法院申请再审,最高人民法院裁定予以驳回。最高人民法院认为,公民可以在申请行政复议之后再行提起行政诉讼。但杨吉全在提起行政诉讼之前,针对同一事由连续申请了三级行政复议,明显且一再违反一级行政复议制度。对于明显违反复议制度的复议申请,行政复议机关不予受理后,申请人对此不服提起行政诉讼的,人民法院可以不予立案,或者在立案之后裁定驳回起诉。

问题思考与讨论
(1) 对行政复议决定不服,还可以再次申请复议吗?
(2) 行政复议是我们维护自身权利的一种主要方式,主要用于在与行政机关发生冲突时,相对于到法院诉讼,行政复议更为简单一些。那么您清楚申请行政复议的具体程序吗?

以案说法

林建国诉济南市住房保障和房产管理局房屋行政管理案

济南市退休工人林建国肢体重度残疾,行走存在严重障碍。2007年9月,其向济南市住房保障和房产管理局(以下简称市房管局)提出廉租房实物配租申请,通过摇号取得了该市槐荫区世纪中华城一套廉租房,签订了租赁合同。2010年5月,市房管局接他人实名举报后调查认定其存在取得廉租房后连续六个月未实际居住等情形。林建国主张因其肢体二级残疾,该住房位置偏远、地处山坡、交通不便,故居住不久后即搬出。同年7月13日,市房管局收回该房,并于同年9月给其办理了廉租房租金补贴。林建国又于2011年重新申请并取得廉租房实物配租资格,后以房源不适合自己居住为由放弃摇号选房。2011年4月,林建国将市房管局诉至法院,请求依法确认该局取消其实物配租资格的行政行为违法,判令该局赔偿其退房次日起至重新取得实物配租房之日止的相应租金损失。

很多时候我们会发现,无论我们是在购物、出行、学习还是工作中,都是离不开法律知识的,我们应该要学会运用法律的武器来保护好自己的合法权益。如果您的生活正面临着与如何申请行政复议相关的问题而无法解决的话,那么可以从本章中来寻找答案。

第一节 税务行政处罚

税务行政处罚是指公民、法人或者其他组织有违反税收征收管理秩序的违法行为,尚未构成犯罪,依法应当承担行政责任的,由税务机关给予行政处罚。

一、税务行政处罚的设定和种类

(一) 税务行政处罚的设定

税务行政处罚的设定是指由特定的国家机关通过一定形式首次独立规定公民、法人或者其他组织的行为规范,并规定违反该行为规范的行政制裁措施。现行我国税收法制的原则是税权集中、税法统一,税收的立法权主要集中在中央。

(1) 全国人民代表大会及其常务委员会可以通过法律的形式设定各种税务行政处罚。
(2) 国务院可以通过行政法规的形式设定除限制人身自由以外的税务行政处罚。
(3) 尚未制定法律、行政法规的,国家税务总局可通过规章的形式设定警告、通告批评或一定数额的行政处罚。尚未制定法律、行政法规,因行政管理迫切需要依法先以部门规章设定罚款的,设定的罚款数额最高不得超过 10 万元,且不得超过法律、行政法规对相似违法行为的罚款数额,涉及公民生命健康安全、金融安全且有危害后果的,设定的罚款数额最高不得超过 20 万元;超过上述限额的,要报国务院批准。

(二) 税务行政处罚的种类

根据税法的规定,现行税务行政处罚主要有:
(1) 罚款;
(2) 没收财物违法所得;
(3) 停止出口退税权;
(4) 法律法规和规章规定的其他行政处罚。

练习 14-1(单选题) 下列涉税相关处罚措施中不属于税务机关作出的税务行政处罚行为的是(　　)。

A. 罚款
B. 阻止出境
C. 没收违法所得
D. 停止出口退税权

税务行政处罚有哪些

二、税务行政处罚的主体与管辖

(一) 主体

税务行政处罚的实施主体主要是县以上的税务机关。税务机关是指能够独立行使税收征收管理职权,具有法人资格的行政机关。我国税务机关的组织构成包括国家税务总局;省、自治区、直辖市税务局;地(市、州、盟)税务局;县(市、旗)税务局四级。这些税务机关都具有税务行政处罚主体资格。

各级税务机关的内设机构、派出机构不具处罚主体资格,不能以自己的名义实施税务行政处罚。但是税务所可以实施罚款额在 2 000 元以下的税务行政处罚。这是《税收征收管理法》对税务所的特别授权。

(二) 管辖

根据《行政处罚法》和《税收征收管理法》的规定,税务行政处罚由当事人税收违法行为发生地的县(市、旗)以上税务机关管辖。这一管辖原则有以下几层含义。

(1) 从税务行政处罚的地域管辖来看,税务行政处罚实行行为发生地原则。只有当事人违法行为发生地的税务机关才有权对当事人实施处罚,其他地方的税务机关则无权实施。

(2) 从税务行政处罚的级别管辖来看,必须是县(市、旗)以上的税务机关。法律特别授权的税务所除外。

(3) 从税务行政处罚的管辖主体的要求来看,必须有税务行政处罚权。

三、税务行政处罚的简易程序

税务行政处罚的简易程序是指税务机关及其执法人员对于公民、法人或者其他组织违反税收征收管理秩序的行为,当场作出税务行政处罚决定的行政处罚程序。简易程序的适用条件一是案情简单、事实清楚、违法后果比较轻微且有法定依据应当给予处罚的违法行为;二是给予的处罚较轻,仅适用于对公民处以50元以下和对法人或者其他组织处以1 000元以下罚款的违法案件。

税务行政执法人员当场制作的税务行政处罚决定书,应当报所属税务机关备案。

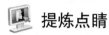提炼点睛

税务行政处罚听证

税务行政处罚听证是税务机关作出重大行政处罚决定之前,在税务机关派出专门人员或者机构的主持下,由直接参与案件调查取证的税务人员或部门为之一方,被认为违法的当事人为一方,有关证人等共同参加,由税务人员提出当事人违法的事实、证据和行政处罚建议,当事人进行申辩和质证,以进一步澄清事实,核实证据的法定程序。

税务机关对公民作出2 000元以上(含本数)罚款或者对法人或其他组织作出10 000元以上(含本数)罚款的行政处罚之前,应当向当事人送达税务行政处罚事项告知书,告知当事人已经查明的违法事实、证据、行政处罚的法律依据和拟将给予的行政处罚,并告知当事人有要求举行听证的权利。

要求听证的当事人,应当在《税务行政处罚事项告知书》送达后3日内向税务机关书面提出听证;逾期不提出的、视为放弃听证权利。

四、税务行政处罚的执行

税务机关作出行政处罚决定后,应当依法送达当事人执行。当事人应当在行政处罚决定规定的期限内,予以履行。当事人在法定期限内不申请复议又不起诉,并且在规定期限内又不履行的,税务机关可以依法强制执行或者申请法院强制执行。

税务机关对当事人作出罚款行政处罚决定的,当事人应当在收到行政处罚决定书之日起15日内缴纳罚款,到期不缴纳的,税务机关可以对当事人每日按罚款数额的3%加处罚款。

第二节 税务行政复议

税务行政复议是指当事人(纳税人、扣缴义务人、纳税担保人及其他税务当事人)不服税务机关及其工作人员作出的税务具体行政行为,依法向上一级税务机关(复议机关)提出申请,复议机关经审理对原税务机关具体行政行为依法作出维持、变更、撤销等决定的活动。我国税务行政复议具有以下特点:

(1)税务行政复议以当事人不服税务机关及其工作人员作出的处理决定为前提;
(2)税务行政复议因当事人的申请而产生;
(3)税务行政复议案件的审理一般由原处理税务机关的上一级税务机关进行;
(4)税务行政复议与行政诉讼相衔接,行政复议是行政诉讼的必经前置程序。

未经复议不能向法院起诉,经复议仍不服的,才能起诉;对于因处罚、保全措施及强制执行引起的争议,当事人可以选择适用复议或诉讼程序,如选择复议程序,对复议决定仍不服的,可以向法院起诉。

一、税务行政复议范围

1. 申请人对税务机关下列具体行政行为不服提出的行政复议申请
（1）征税行为。
（2）行政许可、行政审批行为。
（3）发票管理行为。
（4）税收保全措施、强制执行措施。
（5）行政处罚行为：①罚款；②没收财物和违法所得；③停止出口退税权。
（6）不依法履行下列职责的行为：①颁发税务登记；②开具、出具完税凭证、外出经营活动税收管理证明；③行政赔偿；④行政奖励；⑤其他不依法履行职责的行为。
（7）资格认定行为。
（8）不依法确认纳税担保行为。
（9）政府信息公开工作中的具体行政行为。
（10）纳税信用等级评定行为。
（11）通知出入境管理机关阻止出境行为。
（12）其他具体行政行为。
2. 申请人认为税务机关的具体行政行为所依据的下列规定不合法
（1）国家税务总局和国务院其他部门的规定。
（2）其他各级税务机关的规定。
（3）地方各级人民政府的规定。
（4）地方人民政府工作部门的规定。
上述规定不包括规章。

二、税务行政复议管辖

（1）对各级税务局的具体行政行为不服的，向其上一级税务局申请行政复议。对计划单列市税务局的具体行政行为不服的，向国家税务总局申请行政复议。
（2）对税务所（分局）、各级税务局的稽查局的具体行政行为不服的，向其所属税务局申请行政复议。
（3）对国家税务总局的具体行政行为不服的，向国家税务总局申请行政复议。对行政复议决定不服的，申请人可以向人民法院提起行政诉讼，也可以向国务院申请裁决。国务院的裁决为最终裁决。
（4）对下列税务机关的具体行政行为不服的，按照下列规定申请行政复议。
① 对两个以上税务机关以共同的名义作出的具体行政行为不服的，向共同上一级税务机关申请行政复议；对税务机关与其他行政机关以共同的名义作出的具体行政行为不服的，向其共同上一级行政机关申请行政复议。
② 对被撤销的税务机关在撤销以前所作出的具体行政行为不服的，向继续行使其职权的税务机关的上一级税务机关申请行政复议。
③ 对税务机关作出逾期不缴纳罚款加处罚款的决定不服的，向作出行政处罚决定的税务机关申请行政复议。但是对已处罚款和加处罚款都不服的，一并向作出行政处罚决定的税务

机关的上一级税务机关申请行政复议。

（5）申请人向具体行政行为发生地的县级地方人民政府提交行政复议申请的，由接受申请的县级地方人民政府依照下列规则予以转送。

① 对县级以上地方人民政府依法设立的派出机关的具体行政行为不服的，向设立该派出机关的人民政府申请行政复议。

② 对政府工作部门依法设立的派出机构依照法律法规或者规章规定，以自己的名义作出的具体行政行为不服的，向设立该派出机构的部门或者该部门的本级地方人民政府申请行政复议。

③ 对法律法规授权的组织的具体行政行为不服的，分别向直接管理该组织的地方人民政府、地方人民政府工作部门或者国务院部门申请行政复议。

④ 对两个或者两个以上行政机关以共同的名义作出的具体行政行为不服的，向其共同上一级行政机关申请行政复议。

⑤ 对被撤销的行政机关在撤销前所作出的具体行政行为不服的，向继续行使其职权的行政机关的上一级行政机关申请行政复议。

练习14-2（单选题） 下列关于税务行政复议管辖的说法中，不符合法律规定的是（　　）。

A. 对各级国家税务局的具体行政行为不服的，向其上一级国家税务局申请行政复议

B. 对各级地方税务局的具体行政行为不服的，只能向该税务局的本级人民政府申请行政复议

C. 对国家税务总局的具体行政行为不服的，向国家税务总局申请行政复议

D. 对行政复议决定不服的，可以向人民法院提起行政诉讼，也可以向国务院申请裁决

如何办理税务
行政复议

三、税务行政复议申请

（1）申请人可以在知道税务机关作出具体行政行为之日起60日内提出行政复议申请。

（2）申请人对复议范围中征税行为不服的，应当先向行政复议机关申请行政复议；对行政复议决定不服的，可以向人民法院提起行政诉讼。

（3）申请人对复议范围中税务机关作出的征税行为以外的其他具体行政行为不服的，可以申请行政复议，也可以直接向人民法院提起行政诉讼。

申请人对税务机关作出逾期不缴纳罚款加处罚款的决定不服的，应当先缴纳罚款和加处罚款，再申请行政复议。

（4）申请人可以在知道税务机关作出具体行政行为之日起60日内提出行政复议申请。

（5）税务机关作出的具体行政行为对申请人的权利、义务可能产生不利影响的，应当告知其申请行政复议的权利、行政复议机关和行政复议申请期限。

（6）有下列情形之一的，申请人应当提供证明材料：

① 认为被申请人不履行法定职责的，提供要求被申请人履行法定职责而被申请人未履行的证明材料；

② 申请行政复议时一并提出行政赔偿请求的，提供受具体行政行为侵害而造成损害的证

明材料；

③ 法律、法规规定需要申请人提供证据材料的其他情形。

（7）申请人提出行政复议申请时错列被申请人的，行政复议机关应当告知申请人变更被申请人。申请人不变更被申请人的，行政复议机关不予受理，或者驳回行政复议申请。

（8）申请人向行政复议机关申请行政复议，行政复议机关已经受理的，在法定行政复议期限内申请人不得向人民法院提起行政诉讼；申请人向人民法院提起行政诉讼，人民法院已经依法受理的，不得申请行政复议。

第三节 税务行政诉讼

行政诉讼是人民法院处理行政纠纷、解决行政争议的法律制度，与刑事诉讼、民事诉讼一起，共同构筑起现代国家的诉讼制度。具体来讲，行政诉讼是指公民、法人和其他组织认为行政机关及其工作人员的具体行政行为侵犯其合法权益，依照《行政诉讼法》向人民法院提起诉讼，由人民法院进行审理并作出裁决的诉讼制度和诉讼活动。

一、税务行政诉讼的概念

税务行政诉讼是指公民、法人和其他组织认为税务机关及其工作人员的具体税务行政行为违法或者不当，侵犯了其合法权益，依法向人民法院提起行政诉讼，由人民法院对具体税务行政行为的合法性和适当性进行审理并作出裁决的司法活动。

税务行政诉讼具有以下特殊性。

（1）税务行政诉讼是由人民法院进行审理并作出裁决的一种诉讼活动。这是税务行政诉讼与税务行政复议的根本区别。税务行政复议和税务行政诉讼是解决税务行政争议的两条重要途径。

（2）税务行政诉讼以解决税务行政争议为前提，这是税务行政诉讼与其他行政诉讼活动的根本区别，具体体现在以下几方面。

① 被告必须是税务机关，或经法律、法规授权的行使税务行政管理权的组织，而不是其他行政机关或组织。

② 税务行政诉讼解决的争议发生在税务行政管理过程中。

③ 因税款征纳问题发生的争议，当事人在向人民法院提起行政诉讼前，必须先经过税务行政复议程序，即复议前置。

二、税务行政诉讼的原则

除共有原则外（如人民法院独立行使审判权，实行合议、回避、公开、辩论、两审、终审等），税务行政诉讼还必须和其他行政诉讼一样，遵循以下几个特有原则。

1. 人民法院特定主管原则

人民法院特定主管原则即人民法院对税务行政案件只有部分管辖权。根据《行政诉讼法》第十一条的规定，人民法院只能受理因具体行政行为引起的税务行政争议案。

2. 合法性审查原则

除审查税务机关是否滥用权力、税务行政处罚是否显失公正外，人民法院只对具体税务行为是否合法予以审查。与此相适应,人民法院原则上不直接判决变更。

3. 不适用调解原则

税收行政管理权是国家权力的重要组成部分,税务机关无权依自己的意愿进行处置,因此,人民法院也不能对税务行政诉讼法律关系的双方当事人进行调解。

4. 起诉不停止执行原则

起诉不停止执行原则即当事人不能以起诉为理由而停止执行税务机关所作出的具体行政行为,如税收保全措施和税收强制执行措施。

5. 税务机关负举证责任原则

由于税务行政行为是税务机关单方依一定事实和法律作出的,只有税务机关最了解作出该行为的证据。如果税务机关不提供或不能提供证据,就可能败诉。

6. 由税务机关负责赔偿的原则

依据《中华人民共和国国家赔偿法》(以下简称《国家赔偿法》)的有关规定,税务机关及其工作人员因执行职务不当,给当事人造成人身及财产损害,应负担赔偿责任。

三、税务行政诉讼的管辖

税务行政诉讼管辖是指人民法院受理第一审税务案件的职权分工。税务行政诉讼的管辖分为级别管辖、地域管辖和裁定管辖。

(一)级别管辖

级别管辖是上下级人民法院之间受理第一审税务案件的分工和权限。《行政诉讼法》的规定如下。

1. 基层人民法院管辖

除上级法院管辖的第一审税务行政案件以外的所有第一审税务行政案件,即一般的税务行政案件。

2. 中级人民法院管辖

(1)对国务院部门或者县级以上地方人民政府所作的行政行为提起诉讼的案件;

(2)海关处理的案件;

(3)本辖区内重大、复杂的案件;

(4)其他法律规定由中级人民法院管辖的案件。

3. 高级人民法院管辖

本辖区内重大、复杂的第一审税务行政案件。

4. 最高人民法院管辖

全国范围内重大、复杂的第一审税务行政案件。

(二)地域管辖

地域管辖是同级人民法院之间受理第一审行政案件的分工和权限,分一般地域管辖和特殊地域管辖两种。

1. 一般地域管辖

一般地域管辖是指按照最初作出具体行政行为的行政机关所在地来确定管辖法院。凡是未经复议直接向人民法院提起诉讼的,或者经过复议,复议裁决维持原具体行政行为,当事人不服向人民法院提起诉讼的,根据《行政诉讼法》第十八条的规定,均由最初作出具体行政行为的税务机关所在地人民法院管辖。

2. 特殊地域管辖

特殊地域管辖是指经过复议的案件,复议机关改变原具体行政行为的,由原告选择最初作出具体行政行为的税务机关所在地的人民法院,或者复议机关所在地人民法院管辖,最先收到起诉状的人民法院为第一审法院。

(三) 裁定管辖

裁定管辖,是指人民法院依法自行裁定的管辖,包括移送管辖、指定管辖及管辖权的转移三种情况。

1. 移送管辖

根据《行政诉讼法》第二十二条的规定,移送管辖必须具备三个条件:①移送人民法院已经受理了该案件;②移送人民法院发现自己对该案件没有管辖权;③接受移送的人民法院必须对该案件确有管辖权。

2. 指定管辖

根据《行政诉讼法》第二十三条的规定,有管辖权的人民法院因特殊原因不能行使对行政诉讼的管辖权的,由其上级人民法院指定管辖;人民法院对管辖权发生争议且协商不成的,由它们共同的上级人民法院指定管辖。

3. 管辖权的转移

根据《行政诉讼法》第二十四条的规定,上级人民法院有权审理下级人民法院管辖的第一审税务行政案件,也可以将自己管辖的第一审行政案件移交下级人民法院审判。下级人民法院对其管辖的第一审税务行政案件,认为需要由上级人民法院审判的,可以报请上级人民法院决定。

四、税务行政诉讼的受案范围

界定税务行政诉讼的受案范围,便于明确人民法院、税务机关及其他国家机关间在解决税务行政争议方面的分工和权限。税务行政诉讼的受案范围,是指公民、法人或者其他组织对税务机关的哪些行为不服可以向人民法院提起税务行政诉讼。

税务行政诉讼的受案范围与税务行政复议的受案范围基本一致,包括以下几点。

(1) 税务机关作出的征税行为:①征收税款、加收滞纳金;②扣缴义务人、受税务机关委托的单位作出代扣代缴、代收代缴行为及代征行为。

(2) 税务机关作出的责令纳税人提交纳税保证金或者纳税担保行为。

(3) 税务机关作出的行政处罚行为:①罚款;②没收违法所得;③停止出口退税权;④收缴发票和暂停供应发票。

(4) 税务机关作出的通知出境管理机关阻止出境行为。

(5) 税务机关作出的税收保全措施:①书面通知银行或者其他金融机构冻结存款;②扣押、查封商品、货物或者其他财产。

(6) 税务机关作出的税收强制执行措施:①书面通知银行或者其他金融机构扣缴税款;②拍卖所扣押、查封的商品、货物或者其他财产抵缴税款。

(7) 认为符合法定条件申请税务机关颁发税务登记证和发售发票,税务机关拒绝颁发、发售或者不予答复的行为。

(8) 税务机关的复议行为：①复议机关改变了原具体行政行为；②期限届满，税务机关不予答复。

五、税务行政诉讼的起诉和受理

（一）税务行政诉讼的起诉

对复议决定不服的，行政复议机关决定不予受理或者受理后超过行政复议期限不作答复的，公民、法人或者其他组织可以自收到不予受理决定书之日起或者行政复议期满之日起15日内，依法向人民法院提起行政诉讼。

在税务行政诉讼等行政诉讼中，起诉权是单向性的权利，税务机关不享有起诉权，只有应诉权，即税务机关只能作为被告；与民事诉讼不同，作为被告的税务机关不能反诉。

纳税人、扣缴义务人等税务管理相对人在提起税务行政诉讼时，必须符合下列条件：

(1) 原告认为具体行政行为侵犯其合法权益的公民、法人或者其他组织；
(2) 有明确的被告；
(3) 有具体的诉讼请求和事实、法律根据；
(4) 属于人民法院的受案范围和受诉人民法院管辖；
(5) 提起税务行政诉讼，必须符合法定的期限和必经的复议程序。

（二）税务行政诉讼的受理

根据《行政诉讼法》第五十一条和第五十二条的规定，人民法院在接到起诉状时对符合规定的起诉条件的，应当登记立案，对当场不能判定是否符合规定的起诉条件的，在7日内决定是否立案。不符合起诉条件的，作出不予立案的裁定。原告对裁定不服的，可以提起上诉。起诉状内容欠缺或者有其他错误的，应当给予指导和释明，并一次性告知当事人需要补正的内容。

对于不接收起诉状、接收起诉状后不出具书面凭证，以及不一次性告知当事人需要补正的起诉状内容的，当事人可以向上级人民法院投诉，上级人民法院应当责令改正，并对直接负责的主管人员和其他直接责任人员依法给予处分。

人民法院既不立案，又不作出不予立案裁定的，当事人可以向上一级人民法院起诉。上一级人民法院认为符合起诉条件的，应当立案、审理，也可以指定其他下级人民法院立案、审理。

六、税务行政诉讼的审理和判决

（一）税务行政诉讼的审理

人民法院审理行政案件实行合议、回避、公开审判和两审终审的审判制度。审理的核心是审查被诉具体行政行为是否合法，即作出该行为的税务机关是否依法享有该税务行政管理权；该行为是否依据一定的事实和法律作出；税务机关作出该行为是否遵照必备的程序等。

（二）税务行政诉讼的判决

人民法院对受理的税务行政案件，经过调查、收集证据、开庭审理之后，分别作出如下判决。

1. 维持判决

适用于具体行政行为证据确凿，适用法律、法规正确，符合法定程序的案件。

2. 撤销判决

行政行为有下列情形之一的,人民法院判决撤销或者部分撤销,并可以判决被告重新作出行政为:①主要证据不足的;②适用法律、法规错误的;③违反法定程序的;④超越职权的;⑤滥用职权的;⑥明显不当的。

3. 履行判决

人民法院经过审理,查明被告不履行法定职责的,判决被告在一定期限内履行。

4. 判决

税务行政处罚明显不当或显失公正的,人民法院可以判决变更。对一审人民法院的判决不服,当事人可以上诉。对发生法律效力的判决,当事人必须执行,否则人民法院有权依对方当事人的申请予以强制执行。

知识点梳理

税务行政处罚是指公民、法人或者其他组织有违反税收征收管理秩序的违法行为,尚未构成犯罪,依法应当承担行政责任的,由税务机关给予行政处罚。

现行税务行政处罚主要有罚款、没收财物违法所得、停止出口退税权、法律法规和规章规定的其他行政处罚。

税务行政处罚的实施主体主要是县以上的税务机关。税务行政处罚由当事人税收违法行为发生地的县(市、旗)以上税务机关管辖。

税务行政复议是当事人(纳税人、扣缴义务人、纳税担保人及其他税务当事人)不服税务机关及其工作人员作出的税务具体行政行为,依法向上一级税务机关(复议机关)提出申请,复议机关经审理对原税务机关具体行政行为依法作出维持、变更、撤销等决定的活动。

对复议决定不服的,行政复议机关决定不予受理或者受理后超过行政复议期限不作答复的,公民、法人或者其他组织可以自收到不予受理决定书之日起或者行政复议期满之日起15日内,依法向人民法院提起行政诉讼。

税务行政诉讼是指公民、法人和其他组织认为税务机关及其工作人员的具体税务行政行为违法或者不当,侵犯了其合法权益,依法向人民法院提起行政诉讼,由人民法院对具体税务行政行为的合法性和适当性进行审理并作出裁决的司法活动。

税务行政诉讼的管辖分为级别管辖、地域管辖和裁定管辖。

一、单项选择题

1. (　　)是指税务行政主体对符合法定条件的处罚事项,当场作出处罚决定的程序。
   A. 一般程序　　B. 简易程序　　C. 普通程序　　D. 听证程序
2. 税务行政处罚通常是(　　)由税收征管关系的主管税务机关管辖。
   A. 地域管辖　　B. 级别管辖　　C. 指定管辖　　D. 移送管辖
3. 根据《税收征管法》的规定,罚款额在(　　)以下的,可以由税务所决定,超越以上规定界限的罚款,税务所就不能行使。
   A. 1 000元　　B. 2 000元　　C. 5 000元　　D. 500元

4. 根据《税收征管法》的规定,( )专司偷税、逃避追缴欠税、骗税、抗税案件的查处。
   A. 市以下税务局的查处   B. 县以下税务局的稽查局
   C. 省以下税务局的稽查局   D. 税务机关
5. 税务行政处罚的管辖不包括( )。
   A. 地域管辖   B. 级别管辖   C. 协商管辖   D. 指定管辖

二、多项选择题
1. 下列可以属于税务行政处罚的种类的是( )。
   A. 罚款   B. 吊销营业执照
   C. 责令停产停业   D. 没收违法所得、没收非法财物
2. 税务行政处罚相对人的权利包括( )。
   A. 知情权   B. 申辩权   C. 申请听证权   D. 拒绝检查权
3. 当事人逾期不履行行政处罚决定的,作出处罚决定的行政机关可以采取( )措施。
   A. 每日按罚款数额的1%加以罚款
   B. 每日按罚款数额的3%加以罚款
   C. 根据法律规定,将查封、扣押的财物拍卖或者将冻结的存款划拨抵缴罚款
   D. 申请人民法院强制执行
4. 以下何种情形符合适用行政处罚简易程序的条件( )。
   A. 对公民(包括个体工商户)处以50元以下罚款
   B. 对法人或者其他组织处以1 000元以下罚款
   C. 对相对人处以警告的行政处罚
   D. 违法情节轻微,但执法人员与行政处罚相对人对违法的事实存在争议
5. 税务行政处罚的听证标准是( )。
   A. 对公民作出50元以上罚款的案件
   B. 对法人或者其他组织处以1 000元以下罚款
   C. 对公民作出2 000元以上罚款的案件
   D. 对法人或其他组织作出10 000元以上罚款的案件

参 考 文 献

[1] 中国注册会计师协会.税法[M].北京:中国财政经济出版社,2023.
[2] 全国税务师职业资格考试教材编写组.税法[M].北京:中国税务出版社,2023.
[3] 钱淑萍.税收学教程[M].上海:上海财经大学出版社,2023.
[4] 梁伟祥.税法教程[M].7版.北京:高等教育出版社,2023.
[5] 茆晓颖.税法[M].苏州:苏州大学出版社,2021.
[6] 国家税务总局网站. https://www.chinatax.gov.cn/.